Die

Lehre von dem Erbrecht

nach

dem heutigen römischen Rechte

dargestellt

von

Dr. M. S. Mayer,
ordent. Prof. der Rechtswiss. in Tübingen.

Erster Theil.

Berlin,
bei Georg Reimer.

1840.

Tübingen, gedruckt bei L. F. Fues.

Die

Universelle Nachfolge von Todeswegen

nach

dem heutigen römischen Rechte

dargestellt

von

Dr. M. S. Mayer,
orden. Prof. der Rechtswiss. in Tübingen.

Berlin,
bei Georg Reimer.

1840.

Vorrede.

Die monographische Darstellung einer so wichtigen Lehre, wie das Erbrecht, bedarf an und für sich keiner Entschuldigung.

Eine andere Frage ist es, ob die gerade vorliegende*) den Anforderungen entspreche, welche man mit allem Rechte an eine solche Arbeit macht und machen sollte. Hierüber indessen steht keineswegs mir, sondern nur den kundigen Männern des Faches ein Urtheil zu; und bei diesen muß jedes wissenschaftliche Werk sich selbst vertreten.

Aber das werden mir billig Denkende zu gute halten, daß ich meinem Buche einige Worte mit auf den Weg gebe, um es einzuführen, d. h. nach seiner Individualität im Allgemeinen bekannt zu machen.

Wissenschaftliche Schriftsteller, die ihr Publicum wirklich ehren, stellen sich dasselbe unter dem Bilde von Lesern vor, denen selbstständige Geistesthätigkeit Genuß ist, und die ihre Freude darin finden, den Gedanken eines wissenschaftlichen Erzeugnisses nachzugehen, und durch

*) Welche, als erster Theil, die Lehre von der universellen Nachfolge enthält. Die Lehre von den Singularsuccessionen wird in einem zweiten Theil behandelt werden.

fremde Schöpfungen Veranlassung und Anregung zu eigenem, geistigen Schaffen zu erhalten. Lesern der Art und ihrer lebendigen Auffassung glauben sie dann mit langen oder kurzen Auseinandersezungen über Zweck und Plan eines Buchs auf unbescheidene Weise vorzugreifen, und eigentlich lästig zu werden. Allein hierin gerade täuschen sie sich. Denn man hört es so oft und vielfältig tadeln, wenn sich wissenschaftliche Schriften über ihr Ziel und ihre Anlage nicht erklären und über die Art und Weise ihrer Abfassung nicht ausführliche Rechenschaft geben, daß man unwillkührlich zu der Ueberzeugung hingedrängt wird, es erscheine dieß einem großen Theile der Leser als eine rücksichtslose Nachlässigkeit der Verfasser. Und zugleich dürften die Leztern an jenem Tadel wohl abnehmen, daß sie bei einem entgegengesezten Verfahren eine, nicht ganz eitele Gefahr bedrohe, von Manchen nicht verstanden oder unrichtig verstanden zu werden. Es scheint daher als ein Gebot wie der Humanität so der Klugheit betrachtet werden zu können, wissenschaftliche Productionen mit einigen kurzen Bemerkungen über Plan und Ausführung zu begleiten.

Es war bei gegenwärtiger Monographie meine Absicht, die Mitte zu halten zwischen der oft lästigen Ausführlichkeit eines Handbuchs und der nicht selten zur Undeutlichkeit führenden Kürze eines Lehrbuchs. Deshalb habe ich die Resultate, zusammengedrängt, in kurze Paragraphen gebracht, in Noten aber zu belegen, näher zu bestimmen, und weiter zu erörtern gesucht. Hier, in diesen Noten, glaubte ich, mich bald kürzer fassen zu können, bald weitläufiger auseinander sezen zu müssen; je nach der Natur und Wichtigkeit des Gegenstandes, der größern oder geringern Klarheit und Bestimmtheit der Quellen, und je nach dem Grade der Bestrittenheit. In Fällen, wo eine unbefangene und einfache Erwägung zu genügen schien, um das nach meiner Ueberzeugung Richtige zu finden, habe ich es bei einer kurzen Andeutung oder bei einer einfachen, durch ein Fragzeichen ausgedrückten Hinweisung bewenden lassen. Ob es mir indessen gelungen ist, die wahre Mitte zu treffen, und weder allzukurz zu seyn, wo mehr Erörterung, noch allzulang, wo größere Kürze erwünscht und passend gewesen wäre? — Möchte die Ansicht der Sachverständigen mit der, nach welcher ich gehandelt habe, übereinstimmen!

Durch die bezeichnete Art den Gegenstand zu behandeln, hoffte ich Doppeltes zu erreichen; erstlich die Rechtskundigen, welche es der Mühe werth halten sollten, meine Schrift näher kennen zu lernen, zu befriedigen, und zweitens bei meinen Vorträgen über Erbrecht meine Zuhörer auf ein Buch verweisen zu können, das sie bei wiederholtem Studium des Vorgetragenen zur Hand zu nehmen und als Stüze zu gebrauchen im Stande seyen. Jenen, meine ich, müsse das gedrängte Zusammenfassen und Voranstellen der wesentlichen Ergebnisse insofern angenehm seyn, als es ihnen dadurch möglich ist, das, was ihnen wichtig dünkt, bei einem raschen Ueberblick schon herauszufinden, und dann dessen Begründung, genauere Begränzung, weitere Erörterung in den Noten nachzusehen. Was diese betrifft, so habe ich bei meinen Vorträgen über Pandekten schon oft das Bedürfniß gefühlt, ihnen eine Schrift zu bezeichnen, in welcher sie das Wesentliche des Vorgetragenen beisammen fänden, und theilweise mit größern Ausführungen, die mündlich zu geben bald der freie nicht dictirende Vortrag, bald die Zeit nicht gestatten wollte. Ob diesem Bedürfniß durch vorliegendes Buch wenigstens für das Erbrecht abgeholfen worden sey, darüber kann und wird die Erfahrung mich belehren.

Auf die Weise der Bearbeitung überzugehen, so habe ich es vermieden, durch den regelmäßigen Gebrauch von abgemessenen, genau gezirkelten Definitionen, von Eintheilungen und Untereintheilungen dem Buche einen formell philosophischen Anstrich zu geben. Die Zeit der Definitionen und Divisionen ist vorüber. Ueberbleibsel einer Epoche der Jurisprudenz, die eigentlich schon im sechszehenten Jahrhundert überwunden war, sind sie später an der Hand einer, über ihren Kreis hinaus in fremde Gebiete anmaßlich und unberechtigt eingreifenden Philosophie erst recht zu Ansehen gelangt. Wie aber die Glosse in der Jurisprudenz größer war, als die folgenden Jahrhunderte, und das sechszehente Jahrhundert größer, als die darauf gekommenen Zeiten, und wie die neuere Zeit hauptsächlich dadurch wieder eine höhere Stufe wissenschaftlicher Jurisprudenz errungen hat, daß sie, bei weit mehr Hülfsmitteln und bei einem bedeutendern Grade wissenschaftlicher Ausbildung überhaupt, zu den gesunden Principien der Glosse und namentlich des sechszehnten Jahrhunderts zurückgekehrt ist; so möge sich diese neuere Zeit auch darin als die höher stehende bewähren, daß sie in der Form der Behandlung eine ihrer selbst würdige Stellung einnehme. Mag immerhin die Wissenschaft, je mehr sie sich der Definitionen, Divisionen und Subdivisionen entledigt, in einen desto schroffern Gegensaz zur Gesezgebung treten, deren neuere Produkte häufig einem Compendium oder dem Abschnitt aus einem Compendium mehr gleichen, als einem Gesezbuch oder Geseze; dieß ist allezeit so gewesen und wird allezeit so seyn. Die Wissenschaft war stets der Gesezgebung voraus und wird ihr stets voraus seyn. Während in jener schon wieder junges Leben zu sprossen beginnt, zehrt diese noch von der alten Frucht, und während dort neue Weisen erklingen, stoßen wir hier auf einen Nachhall verklungener Töne.

Abgerechnet die Fälle, wo es sich darum handelte, die Richtigkeit oder Unrichtigkeit von Behauptungen und Grundsäzen auf dogmengeschichtlichem Wege zu untersuchen, und abgerechnet einige wenige Verweisungen, habe ich keine Schriften und keine Schriftsteller angeführt. Manche könnten dieß für einen Mangel erklären; andere, die bei minder wohlwollender Gesinnung leicht geneigt sind, das, was seinen Ursprung in einem Irrthum hat, aus einer verkehrten Richtung des Gemüths abzuleiten, sogar einen unbescheidenen, sich selbst genügenden Dünkel, oder eine vornehme, die Meinungen Anderer gering schäzende Anmaßung darin erblicken. In der That glaubte ich aber zu meinem Verfahren hinlänglich berechtigt zu seyn. Wo es sich davon handelt, was Recht sey und als Recht gelte, da können zunächst nur die Quellen und ihr Inhalt entscheiden. Und wenn es sich fragt, was denn die Quellen enthalten, welche von verschiedenen, möglichen Deutungen und Auffassungen die richtige, und wie Unentschiedenes und Unbestimmtes nach dem Geiste der Quellen und vorhandener Bestimmungen zu entscheiden und zu bestimmen sey, da können nur Gründe, nicht Meinungen und Namen einzelner Rechtsgelehrten den Ausschlag geben. Stellt man auch einzelne Rechtsgelehrte noch so hoch, und freut man sich auch noch so sehr, in ihrer Autorität eine Stüze für die eigene Ansicht, und für die eigene Ueberzeugung mit einen Haltpunkt in der ihrigen zu haben; so kann doch diese subjective Schäzung nicht als objectiver Maasstab für die Wahrheit einer Behauptung gelten. Und es kann derselben eine objectiv normirende Kraft um so weniger zugelegt werden, als bei bestrittenen Punkten gerade die persönliche Bedeutsamkeit der in ihren Meinungen abweichenden Rechtsgelehrten keine sehr verschiedene seyn, und vielmehr das Ansehen auf der einen Seite dem auf der andern, dem theoretischen Ansehen auf der einen das practische auf der andern und umgekehrt das Gleichgewicht halten wird.

Kommt es somit auf die Ansichten selbst und deren Gründe allein, nicht auf Namen an, so könnte nur noch davon die Rede seyn, Schriften und Schriftsteller deshalb zu nennen, damit es nicht den Anschein gewinne, als ob man, was bereits Andere gesagt haben, für Eigenes ausgeben, oder doch denen die Ehre nicht gönnen wolle, welchen man die eigene Ueberzeugung und die Gründe dafür verdankt. Indessen gehört nur wenig Selbstvertrauen dazu, um sich über die Gefahr solcher Verdächtigungen hinwegzusezen. Vor sachkundigen Männern des Fachs, die zu einem großen Theile in der Literatur des gemeinen Civilrechts wohl bewandert sind, mit fremdem Geist und Scharfsinn als mit eigenem prangen und dabei auf den geringsten Erfolg rechnen zu wollen, wäre thörichte Verblendung. Sollte mich Jemand derselben und einer, ihr nothwendig zu Grunde liegenden unsittlichen Gesinnung fähig halten, so gehört, wie gesagt, nur ein kleines Selbstgefühl dazu, um hierauf so wenig Rücksicht zu nehmen, als auf den möglichen Verdacht des Undanks gegen Solche, Lebende oder Verstorbene, von denen ich gelernt habe, und des Neides gegen ihre Verdienste um die Wissenschaft.

Der Gedanke, durch neue Auffassungen in der Wissenschaft zu glänzen, liegt mir überhaupt ferne; wie ich auch das Verdienst wissenschaftlicher Schriftsteller ganz und gar nicht in die Neuheit ihrer Behauptungen seze, zumal für das römische Recht, das von der Glosse bis auf unsere Tage eine sehr reichhaltige Literatur aufzuweisen hat, der es zu keiner Zeit, wie sehr auch die eine vor der andern hervorragt, an ausgezeichneten Productionen gefehlt hat. Hier das vorhandene Alte aufsuchen, verarbeiten, klar und übersichtlich darstellen, ist meines Erachtens verdienstlich genug, ohne daß es des zweideutigen Lobes, Neues vorgebracht zu haben, bedürfte. Unter allen Umständen wird es mir genügen und zu großer Freude gereichen, wenn mir, sollte auch in meinem Buche nichts Neues entdeckt werden, die Anerkennung nicht versagt werden könnte, daß ich das Alte auf die rechte Weise zu benuzen, zu ordnen, lichtvoll und faßlich darzustellen gewußt habe.

An Mühe wenigstens habe ich es nicht fehlen lassen, die Ansichten Anderer kennen zu lernen. Auch habe ich sie berücksichtigt, sofern sie mir nur immer der Berücksichtigung werth schienen; bald dadurch, daß ich sie zu den meinigen machte, bald dadurch, daß ich ihnen entgegen trat, mehr ausführlich, wo es der Gegenstand forderte, kurz, oft nur mit wenigen Worten, da und dort sogar nur, indem ich auf eine Ansicht und deren Gründe aufmerksam machte, wo dieß hinzureichen schien. Ob ich jedoch so glücklich war, überall das Rechte zu treffen, das muß ich abermals dem Ermessen der Sachverständigen anheimgeben.

Anders verhält es sich mit denjenigen Grundsäzen, welche in Doctrin und Praxis wurzeln, oder von denen doch behauptet wird, daß sie darin wurzeln. Hier brachte es die Natur der Untersuchung und des Beweises für oder gegen von selbst mit sich, daß Schriften und Schriftsteller genannt und angeführt wurden. Und zwar hielt ich für nöthig, die Behauptung des Daseyns einer Doctrin und Praxis nicht blos, wie sonst wohl zu geschehen pflegt, auf wenige Schriften und Schriftsteller zu stüzen, sondern mit einer größern Anzahl zu belegen. Dieß hielt ich besonders dann für nöthig, wenn das Daseyn einer Doctrin und Praxis bezweifelt, oder gar das Entgegengesezte als Doctrin und Praxis angegeben worden ist. Zu bedauern habe ich nur, daß es Ort und Raum nicht gestattete, auf tiefere dogmengeschichtliche Erörterungen einzugehen, die in mannigfacher Beziehung nicht ohne Interesse gewesen seyn würden.

Was die rechtsgeschichtlichen Ausführungen anbelangt, welche in dem vorliegenden Buche enthalten sind, so werden dieselben, sofern sie zur Begründung dogmatischer Säze gemacht wurden, schwerlich Jemanden anstößig seyn, die nicht ausgenommen, welche vielleicht auf die Rechtsgeschichte weit weniger Werth legen als ich. Selbst solche geschichtliche Betrachtungen, die nicht zur Belegung von dogmatischem Recht dienen, aber doch unmittelbar dazu beitragen, dessen Erkenntniß zu erleichtern, und die Einsicht in dasselbe gründlicher zu machen, dürften wohl von Tadel verschont bleiben. Dagegen muß ich beinahe fürchten, daß einzelne in das Gebiet der Rechtsgeschichte hinüber greifende, kleinere oder größere Bemerkungen, wodurch weder dogmatisches Recht begründet, noch dessen Auffassung unmittelbar erleichtert oder gründlicher gemacht wird, von mancher Seite als eine überflüssige Zugabe, oder gar als verkehrte Auswüchse angesehen und bezeichnet werden möchten. Indessen beruhigt mich hiebei theils der Gedanke, daß Vieles, was unmittelbar keine dogmatische Bedeutsamkeit zu haben scheint, mittelbar selbst für das dogmatische Recht nicht unwichtig seyn dürfte. Theils vermag ich nun einmal die Rechtswissenschaft nicht als eine bloße Vorrathskammer zu betrachten, in der man sich, je nach Bedürfniß, Säze holt, um gerade vorliegende Processe zu entscheiden; und so kann auch das Interesse der Wissenschaft von meinem Standpunkte aus Manches erheischen, was weder unmittelbar anzuwenden ist, noch mittelbar zur Anwendung führt.

Möchte nun dieses Buch, indem es in die Welt ausgehet, ein Scherflein seyn zur Bereicherung der Wissenschaft, und, wirkend und anregend, auch von seiner Seite dazu beitragen, daß Sinn für sie geweckt und genährt, Liebe zu ihr angefacht und unterhalten werde.

Inhaltsverzeichniss.

Vorbegriffe.

§. 1.

Das eigenthümliche Recht [1]), in die Einheit [2]) der Vermögensverhältnisse [3]) eines Verstorbenen [4]) vermöge persönlicher Repräsentation [5]) einzutreten, nennt man Erbrecht.

Dasselbe ist entweder in Bestimmungen des Civilrechts (hereditas, heres) [6]), oder in dem prätorischen Edikte (bonorum possessio, possessor) [7]) so jedoch begründet, daß unter Umständen noch eine besondere obrigkeitliche Zutheilung erfordert wird (decretalis) [8]). Das prätorische Erbrecht, an innerm Gehalte dem civilrechtlichen gleich [9]), muß indessen, was seine Wirksamkeit betrifft, hie und da zurückstehen (bonorum possessio cum, sine re) [10]).

1) D. de V. S., l. 24. — de bonor. poss., XXXVII. 1. l. 3. §. 2. — Zu keiner Klasse anderer Rechte gehörig, namentlich nicht zu den Vermögensrechten, D. ad leg. Falcid., XXXV. 2. l. 63. pr.... est enim absurdum, ipsum me heredem institutum non esse *locupletiorem*, antequam adeam: si autem servus heres institutus sit, statim me locupletiorem effectum etc., und entschieden nicht zu den sogenannten dinglichen Rechten, D. de bon. p., XXXVII. 1. l. 3. pr. §. 1.

— de her. pet., V. 3. l. 50. — Nicht entgegen, D. de lib. et posth., XXVIII. 2. l. 11. — de hered. inst., XXVIII. 5. l. 48 pr.

2) D. de adqu. v. om. her., XXIX. 2. l. 37. — de V. S., l. 208. — Nicht durchgreifende Allheit, D. de relig., XI. 7. l. 9. — de injur., XLVII. 10. l. 13 pr.

3) Nicht in irgend andere Gerechtsamen, D. fam. herc., X. 2. l. 46. — de tut., XXVI. 1. l. 16. §. 1. — C. de jur. de lib., VI. 30. l. 7.

4) D. de her. v. act. vend., XVIII. 4. l. 1.

5) D. de usurp., XLI. 3. l. 22. Heres et hereditas, tametsi duas appellationes recipiunt, *unius personae tamen vice funguntur.* — de her. inst., XXVIII. 5. l. 31. §. 1. Hereditarium servum ante aditam hereditatem ideo placuit heredem institui posse, quia creditum est, hereditatem dominam esse, *defuncti locum obtinere.* Womit zu vergleichen Cicero, Top. 6., besonders de legib. II. 19. Quaeritur enim, qui adstringantur sacris. heredum causa justissima est. nulla est enim persona, quae ad vicem ejus, qui e vita emigrarit, proprius accedat. Deinde qui morte testamentove ejus tantundem capiat, quantum omnes heredes ... tertio loco, si nemo sit heres, is, qui de bonis, quae ejus fuerint, quum moritur, usuceperit plurimum possidendo etc. — Eine Folge der persönellen Repräsentation in D. de relig., XI. 7. l. 6. — ad Sctum Treb., XXXVI. 1. l. 42.

6) J. de bonor. poss., III. 9. pr..... Quos autem solus vocat Praetor ad hereditatem, *heredes* quidem ipso jure non fiunt; nam Praetor *heredem* facere non potest; *per legem enim tantum vel similem juris constitutionem heredes fiunt,* veluti per Scta et constitutiones principales;

7) J. l. c...; sed cum eis Praetor dat bonorum possessionem, loco heredum constituuntur, et vocantur bonorum possessores. — Indessen D. tit. ut ex legib., XXXVIII. 14.

8) D. de succ. edict., XXXVIII. 9. l. 1. §. 7. — quis ord. in poss., XXXVIII. 15. l. 2. §. 1.

9) D. de bonor. poss., XXXVII. 1. l. 2—3. — de R. J., l. 117. — de V. S., l. 138.

10) Caj. III. 35. — Ulp. XXIII. 6. — D. de inj. rupt. irr. t., XXVIII. 3. l. 12 pr..... bonorum possessionem secundum tabulas accipere heres scriptus potest, *remque obtinebit.*

§. 2.

Ist das Recht einmal durch Antretung ausgeübt und die Erbschaft (hereditas, bona) erworben, so wird, weil mit personeller Repräsentation jede Unterbrechung unvereinbar ist, die Nachfolge auf den Augenblick des Todes zurückgesetzt [1]), und kann der Erbe, weil eine Persönlichkeit in der Regel keine Entäußerung zuläßt, nie aufhören, Erbe zu seyn [2]). Hingegen wird zwischen dem Tode des Erblassers und der Ausübung des Erbrechts die Masse, welche thatsächlich mit keinem Rechtssubjekte in Verbindung steht [3]), um den Uebergang der Persönlichkeit des Erblassers auf den Erben zu vermitteln [4]), in allen rechtlichen Beziehungen [5]) selbst als eine Person, und zwar als Repräsentantin des Erblassers betrachtet [6]).

1) D. de R. J., l. 193. — de stip. serv., XLV. 3. l. 28. §. ult.

2) D. de hered. inst., XXVIII. 5. l. 88. l. 3. §. 3. — Nur vermöge privilegium eine Ausnahme, D. de test. milit., XXIX. 1. l. 41 pr.

3) D. de divis. rer., I. 8. l. 1 pr. — de hered. inst., XXVIII. 5. l. 64.

4) D. de novat., XLVI. 2. l. 24..... morte promissoris non extinguitur stipulatio, sed transit ad heredem, cujus personam *interim* hereditas sustinet.

5) D. de adquir. rer. dom., XLI. 1. l. 61. Hereditas in multis

partibus juris pro domino habetur, adeoque hereditati quoque ut domino per servum hereditarium adquiritur. in his sane, in quibus factum personae operaeve substantia desideratur, nihil hereditati quaeri per servum potest, ac propterea, quamvis servus hereditarius heres institui possit, tamen, quia adire jubentis domini persona desideratur, heres exspectandus est. ususfructus, qui sine persona constitui non potest, hereditati per servum non adquiritur. — Daraus theils D. de stip. serv., XLV. 3. l. 36. — ad leg. Aquil., IX. 2. l. 43. — quod vi aut cl., XLIII. 24. l. 13. §. 5. — de pec., XV. 1. l. 3 pr. §. 1. — theils D. si is qui test. lib., XLVII. 4. l. 1. §. 15. — Doch D. de usurp., XLI. 3. l. 44. §. 3. Nondum aditae hereditatis tempus usucapioni datum est, sive servus hereditarius aliquid comparat, sive defunctus usucapere coeperat; sed haec jure singulari recepta sunt.

6) D. de fidej., XLVI. 1. l. 22. — de legat. I. l. 116. §. 3. — de adqu. rer. dom., XLI. 1. l. 34. — Nicht entgegen D. de novat., XLVI. 2. l. 24., oben Note 4.

§. 3.

Ein Erbrecht wird Jemanden zu Theil entweder durch:

a) ein testamentum, d. h. eine vor aufgeforderten Zeugen [1]) abgegebene Erklärung [2]), wodurch sich der Erblasser einen Nachfolger in die Einheit seiner Vermögensverhältnisse ernennt [3]), oder;

b) ein bestimmtes Verhältniß zum Erblasser, womit das Gesetz an und für sich, ist nur der Erblasser ohne Testament gestorben [4]), das Recht zu erben verbunden hat (hereditas legitima) [5]).

Dagegen kann dasselbe weder aus einer usucapio [6]),

noch römischrechtlich aus einem Vertrag hervorgehen; indem durch Vertrag nicht gültig darüber verfügt wird[7]), und zwar überhaupt nicht [8]) weder insofern, als durch ihn ein Erbrecht erworben[9]) oder aufgehoben[10]) werden, noch insofern, als ein künftiges Erbrecht Gegenstand der Vereinbarung seyn sollte[11]) — eine Bestimmung, welche durch das canonische Recht modificirt[12]), durch das teutsche jedoch völlig außer Kraft gesezt wurde.

1) Darauf weist schon der Ausdruck »testamentum«, »testari« hin.

2) J. de test. ordin., II. 10 pr.... mentis *testatio*. D. qui test. f. poss., XXVIII. 1. l. 1.... voluntatis nostrae *justa* sententia. — l. 24..... judiciorum suorum *testationem*. — Nicht entgegen, daß es Testamente gibt, wobei dieses Erforderniß wegfällt.

3) D. eod. l. 1. Testamentum est voluntatis nostrae justa sententia de eo, quod quis post mortem suam fieri velit. — J. de legat., II. 20. §. 34..... heredis institutio caput et fundamentum testamenti. — D. de jure codic., XXIX. 7. l. ult.

4) Schon die zwölf Tafeln sagten, »si intestatus moritur.« Ulp. XXVI. 1. — Was „ohne Testament sterben" (intestatus) heiße, darüber J. de hered. qu. ab int. def., III. 1. pr. — D. de suis et leg. hered., XXXVIII. 16. l. 1. pr.

5) D. pro soc., XVII. 2. l. 3. §. 2. — de V. S., l. 130. Zu vergl. D. de cap. minut., IV. 5. l. 7 pr.

6) Caj. II. 52 sequ. Die in den Justinianischen Rechtsbüchern vorkommende usucapio pro herede bezieht sich nicht auf das Erbrecht, sondern auf den Erwerb einzelner Sachen, und muß in der Lehre von der Verjährung erörtert werden.

7) Die allgemeine Bemerkung, daß solche Verträge contra bonos mores seyen (D. de V. O., XLV. 1. l. 61. — C. de inut. stip., VIII. 39. l. 4.), beruhete auf einer den Römern

eigenthümlichen Ansicht, »improbum esse eum, qui sollicitus est de vivi hereditate«, D. de vulg. et pup. subst., XXVIII. 6. l. 2. §. 2. — Zu vergl. D. pro soc., XVII. 2. l. 52. §. 9. Idem respondit, societatem non posse ultra mortem porrigi, et ideo nec libertatem de supremis judiciis constringere quis poterit vel cognatum ulteriorem proximioribus praeferre. — C. de pact., II. 3. l. ult.... Sed nobis omnes hujusmodi pactiones odiosae esse videntur, et plenae tristissimi et periculosi eventus. quare enim, quodam vivente et ignorante, de rebus ejus quidam paciscentes conveniunt? secundum veteres itaque regulas sancimus, omnimodo hujusmodi pacta, quae contra bonos mores inita sunt, repelli etc.

8) C. eod. l. c. — de inut. stip., VIII. 39. l. 4.

9) C. de pact., II. 3. l. 15. — de pact. conv., V. 14. l. 5.

10) D. de suis et leg. her., XXXVIII. 16. l. ult. — C. de coll., VI. 20. l. 3.

11) D. de donat., XXXIX. 5. l. 29. §. 2. — C. de pact., II. 3. l. ult. — Die Beschränkungen in D. pro soc., XVII. 2. l. 3. §. 1—2. — de hered. inst., XXVIII. 5. l. 46. — C. eod.

12) c. 2. de pact. in VI°., 1. 18.

§. 4.

Auch einzelne Gerechtsamen können von Todeswegen erworben werden; indem der Erblasser entweder unmittelbar von sich aus gewisse Berechtigungen überträgt, oder ein obligatorisches Recht gegen Jemanden, den er bedacht hat, hervorruft, oder wenigstens durch seinen Willen die Veranlassung wird, daß Jemand von einem Bedachten etwas erwerbe.

Die Grundsätze über solche Erwerbungen hängen so innig mit der Lehre vom Erbrecht zusammen, daß man sie aus sehr natürlichen Gründen als Anhang zu dieser Lehre abhandelt [1]).

1) Schon die ursprünglichen Darstellungen des römischen Rechts haben ihnen diese Stellung angewiesen. Die Grundsätze von den singulären Erwerbungen mortis causa, wenigstens von den wesentlichsten, nehmlich von Legaten oder Fideicommissen, folgen unmittelbar auf die Lehre vom testamentlichen Erbrechte. So bei Cajus (II. 191.), Ulpian (XX. sequ., XXIV. sequ.), Paulus (R. S. III. 4. — 6 sequ.); so wahrscheinlich in den Institutionen von Florentin und Marcian, in den Digesten von Celsus und Marcellus — so weit wir aus den erhaltenen Bruchstücken einen Schluß auf die Anordnung wagen dürfen; so endlich in den Justinianeischen Digesten (lib. XXVIII—XXX. sequ.) und Institutionen (per quas pers., II. 9. §. 6.... legatorum jus, quo et ipso singulae res vobis adquiruntur, item fideicommissorum, ubi singulae res vobis relinquuntur, opportunius inferiore loco referemus. — II. 10—20 sequ.).

Erstes Buch.

Berufung zum Erbrecht.

Erster Abschnitt.

Von den Personen.

§. 5.

Römischrechtlich [1]) kann kein Unfreier (servus) [2]), und daher auch Keiner, der in Feindes Gewalt gerathen ist [3]), einen Erben haben; indessen wird der unfreie Zustand des Letztern bald durch das postliminium [4]), bald durch eine Anordnung der lex Cornelia [5]) ausgemerzt. Eben so wenig kann ein Nichtbürger (peregrinus) beerbt werden [6]).

Aus dem Grunde der Unfreiheit [7]) oder mangelnden Bürgerthums [8]) einzig und allein [9]) hat auch der keinen Erben, welcher zu einer capitalen Strafe verurtheilt wurde, er wäre denn wieder in den vorigen Stand gesetzt worden [10]).

Dem teutschen Rechte ist diese Unfähigkeit nicht bekannt [11]).

1) Sowohl was die hereditas anbelangt, als die bonor. possessio, D. qui test. f. poss., XXVIII. 1. l. 19. — de bon.

poss. c. t., XXXVII. 4. l. 1. §. ult. l. 2. — de bon. libert., XXVIII. 2. l. 3. §. 7. l. 4. §. 1.

2) C. comm. de succ., VI. 59. l. 4. — Daher D. de inj. r. irr. test., XXVIII. 3. l. 6. § 5. — ad Sctum Tert., XXXVIII. 17. l. 2. §. 2—3.

3) D. de test. milit., XXIX. 1. l. 10.

4) D. de captiv., XLIX. 15. l. 12. §. 1.

5) D. eod. l. 22. pr. §. 2.

6) D. de bon. damnat., XLVIII. 20. l. 7. §. ult.... quia civitatem amisit, heredem habere non potest. — de int. et rel., XLVIII. 22. l. 3. Eum qui civitatem amitteret, nihil aliud juris adimere liberis, nisi quod ab ipso perventurum esset ad eos, si intestatus in civitate moreretur, hoc est, *hereditatem* ejus etc. — Der Grund wohl in D. de poen., XLVIII. 19. l. 17. §. 1. — Hieraus D. de jure fisc., XLIX. 14. l. 31. — Die in dem frühern Recht vielleicht enthaltene Modification (Ulp., XX. 14.) ist in das justinianeische nicht übergegangen.

7) D. de inj. rupt. irr. t., XXVIII. 3. l. 6. §. 6.... nam poenae servus efficitur etc. — qui test. f. p., XXVIII. 1. l. 8. §. ult.

8) D. de bon. damnat., XLVIII. 20. l. 7. §. ult. — Daher D. de legat. III. l. 1. §. 2.

9) Namentlich nicht in der Confiscation, da diese nicht einmal factisch das Beerbtwerden unmöglich machte (D. mand., XVII. 1. l. 22. §. 5. — qui t. fac. p., XXVIII. 1. l. 8. §. 1.), und wenn der Fiscus später Erworbenes in Anspruch nimmt, so geschieht es nur, weil der Gestorbene keine Erben hat, D. de bon. damnat., XLVIII. 20. l. 7. §. ult. — C. de bon. proscr., IX. 49. l. 2.

10) D. de inj. r. irr. t., XXVIII. 3. l. 6. §. 12. — ad Sctum Tert., XXXVIII. 17. l. 2. §. 3. — de bonor. poss. c. t., XXXVII. 4. l. 1. §. ult. l. 2.

11) Denn wir haben keine Sclaverei, und C. comm. de succ., VI. 59. Auth. *Omnes* peregrini..... si testari voluerint, de

rebus suis liberam ordinandi habeant facultatem, quorum ordinatio inconcussa servetur. Si vero intestati decesserint, **bona** ipsorum ..... si fieri potest, heredibus tradantur etc.

§. 6. [1])

Eines jeden Erbrechts (des gesetzlichen wie des testamentlichen) [2]) überhaupt unfähig sind:

a) römischrechtlich alle Nichtbürger (peregrini) [3]) und theils als Unfreie ohne Herrn [4]), theils als Nichtbürger [5]) alle zu einer capitalen Strafe Verurtheilten; doch nicht teutschrechtlich [6])

b) Abtrünnige und Ketzer [7]) und Söhne der Hochverräther [8]).

Eines jeden Erbrechts, nur nicht gegenüber von Jedermann, unfähig sind:

a) gegenüber von Allen mit Ausnahme ihrer Mutter die Töchter der Hochverräther [9]);

b) nach römischem Rechte die Entführte, rücksichtlich des Entführers, welchen sie geheurathet hat [10]);

c) in Betreff der Personen, welche in einer blutschänderischen ehelichen [11]) oder einer solchen ausserehelichen Verbindung [12]) lebten, alle, welche in dieser Verbindung erzeugt sind [13]), zu derselben mitwirkten [14]), so wie die verbundenen Personen selbst unter sich [15]). Ein begründeter Irrthum und guter Glaube bewirkt indessen eine Ausnahme [16]).

Bei der relativen Unfähigkeit tritt aber stets, sofern nur irgend die Rede davon seyn könnte, eine Gegenseitigkeit ein [17]).

1) Was hier von der Erbesfähigkeit gesagt ist, das gilt nicht nur von der hereditas, sondern auch von der bonorum possessio, D. de bon. possess., XXXVII. 1. l. 12. §. 1. l. 13. — de b. poss. c. tab., XXXVII. 4. l. 1. §. 8. — l. 2. — de bonis lib., XXXVIII. 2. l. 3. §. 7. l. 4. §. 1—2.

2) Von der Unfähigkeit oder Beschränktheit, welche sich auf den einen oder andern Grund des Erbrechts ausschließlich bezieht, wird später am passenden Orte gehandelt werden.

3) D. de hered. inst., XXVIII. 5. l. 6. §. 2. — D. ad Sctum Tert., XXXVIII. 17. l. 1. §. 8.

4) D. de poen., XLVIII. 19. l. 17. pr. — de his qu. pro n. scr. hab., XXXIV. 8. l. 3. pr. — ad Sctum Tert., XXXVIII. 17. l. 1. §. 4. Der Sclave war als Werkzeug des Erwerbs für einen Herrn nicht unfähig, J. de hered. inst., II. 14. pr. §. 1.

5) D. de liber. et posth., XXVIII. 5. l. 29. §. 5. — C. de hered. inst., VI. 24. l. 1.

6) C. comm. de succ., VI. 59. Auth. *Omnes* peregrini etc.

7) C. de apost., I. 7. l. 3. — de haeret., I. 5. l. ult.... jussimus *neminem* errore constrictum haereticorum haereditatem ... accipere etc. — Auth. *Credentes* praeterea etc.

Daß nach teutschem Rechte allerdings der Begriff des Häretikers anders gefaßt werden müsse als nach römischem und canonischem Rechte, aber die Erbesunfähigkeit derselben nicht aufgehoben sey, ergiebt sich sowohl aus dem Westph. Friedensvertrag (art. V. §. 35. VII. §. 1—2.), welcher den Anhängern der Augsburg. Confession, und ihnen gleich den Reformirten, aber auch nur diesen Gemeinschaft des bürgerlichen Rechts (nec a mercatorum, opificum, aut tribuum communione, *hereditatibus*, legatis ... aliisve juribus aut commerciis ... arceantur) zugesteht, von jeder andern christlichen Ansicht aber sagt: nulla ... recipiatur vel toleretur, als auch aus der Bundesacte (Art. 16.), welche eine Verschiedenheit in den bürgerlichen und politischen Rechten für die christlichen Religionspartheien, aber auch nur für diese verwirft. Daß aber die Bundesacte unter Religionspartheien, obgleich das Wörtchen „drei" aus dem frühern Entwurf gestrichen wurde, einzig die Anhänger der katholischen und der zwei protest. Confessionen gemeint habe, ergiebt sich daraus. Man fand es bedenklich, d. h. doch wohl, man mißbilligte es, die Bestimmung des Artikels auf andere christliche Partheien, selbst Mennoniten, Herrenhuter auszudehnen. Klüber, Acten 2c. Band 2. S. 439—440.

8) C. ad leg. Jul. maj., IX. 8. l. 5. §. 1. — Ob Hochverräther selbst?

9) C. eod. l. 5. §. 3.

10) Nov. CXLIII.... Sancimus itaque, si rapta mulier, cujuscunque sit conditionis vel aetatis, raptoris nuptias eligendas esse censuerit, parentibus praesertim non consentientibus, nec ex *beneficio legis* nec ex *testamento* raptoris hereditatem suscipere vel *quocunque modo substantiam vindicare* etc. — Die durch das kanonische Recht bewirkte Modification, c. 6. 7. X. de rapt., V. 17. — conc Trid. XXIV. c. 6.

11) C. de inc. nupt., V. 5. l. 6., nicht ehebrecherische, arg. C. Th. de inc. nupt., III. 12. l. 3.

12) arg. D. ad leg. Jul. de adult., XLVIII. 5. l. 38. §. 1. — de quaest., XLVIII. 18. l. 5.

13) C. eod.., neque uxorem neque filios ex ea editos habere credatur. Nihil prorsus praedictis neque per interpositam quidem personam vel donet superstes vel moriturus derelinquat.

14) C. eod... ab hereditate defuncti penitus arceatur, si quis ex his, quos memoravimus, in contrahendis incestis nuptiis consilium iniisse monstrabitur etc.

15) C eod. — An allen diesen Bestimmungen der l. 6. hat die Novelle XII. c. 1—3. um so weniger geändert, als sie nur die Strafe dessen, der in einer blutschänderischen Ehe lebt,

festsetzt, aber das Verhältniß anderer Personen zu ihm, und seine Fähigkeit, Andere zu beerben, und, sofern er nach der Verurtheilung wieder Vermögen erwirbt, von Andern beerbt zu werden, gar nicht berührt; obgleich, wenn die Novelle Deportation verhängt, wenigstens römischrechtlich das Erben und Beerben desselben von selbst wegfällt.

16) arg. C. eod. l. 4. — D. solut. matr., XXIV. 3. l. 22. §. ult. — de ritu nupt., XXIII. 2. l. 57. §. 1. — de legat. I., l. ult. Si tutor pupillam suam contra Senatusconsultum uxorem duxit, illa quidem ex testamento ejus capere potest, ipse autem non potest, et merito; delinquunt enim hi, qui prohibitas nuptias contrahunt, et merito puniendi sunt, *quod imputari non potest mulieri, quae a tutore decepta est.* — Damit stimmt auch das canonische Recht überein, c. 10. 14. X. qui fil. sint leg., IV. 17. — arg. c. 3. §. 1. X. de cland. desp., IV. 3.

17) Nov. LXXXIX. c. 13.

Zweiter Abschnitt.

Gründe des Erbrechts.

Erster Theil.

Das Testament.

Erste Unterabtheilung.

Das Civilrecht.

Erstes Kapitel.

Fähigkeit des Erblassers.

Quellen.

J. quib. non est perm. f. t., II. 12.
D. qui test. f. poss., XXVIII. 1.
C. qui test. f. poss., VI. 22.

§. 7.

Unfähig, ein Testament zu errichten (testamenti factionem non habent), sind diejenigen, welche überhaupt nicht beerbt werden, deren es jedoch teutschrechtlich keine gibt [1]), weiter die gerichtlich erklärten Verschwender und die intestabiles [2]), die Kinder in väterlicher Gewalt [3]), nicht einmal mit dem Willen des Hausvaters [4]), außer über militärische Peculien [5]), Abtrünnige und gewisse Ketzer [6]), Unmündige [7]), furiosi, es wäre denn in lichten Zwischenräumen [8]), Taubstumme von Natur [9]), es würde denn durch ein Privilegium gestattet [10]), und endlich nach canonischem Recht, soweit dessen Zinsverbot noch Anwendung findet, offenbare Zinswucherer, es wäre denn für der Zinsen Rückgabe Fürsorge getroffen [11]).

1) oben §. 5.

2) D. ht., l. 18. Der Grund historisch, Ulp., XX. 13.... prodigus, quoniam commercio illi interdictum est, et ob id familiam mancipare non potest. — Intestabilis heißt zunächst der, welcher nicht Zeuge seyn kann, Aul. Gell., VI. 7.... qua lege ei plurimi honores fiunt, inter quos jus quoque *testimonii dicendi* tribuitur, *testabilisque* una omnium foeminarum ut sit datur. Id verbum est ipsius legis Horatiae. contrarium est in XII tabulis scriptum, improbus *intestabilisque* esto. — D. ht., l. 26. Cum lege quis intestabilis jubetur esse, eo pertinet, ne ejus testimonium recipiatur etc., und davon ward abgeleitet, daß einem solchen auch kein Anderer Zeuge werden solle, D. eod.... et eo amplius (*ut quidam putant*) neve ipsi dicatur testimonium; woraus sich dann für ihn die Unmöglichkeit, ein Testament zu errichten, von selbst ergab, ein Ergebniß, das denn auch Ulpian schon als etwas Entschiedenes darstellt, D. ht., l. 18. §. 1.... Scto expressum est, ut intestabilis sit: ergo nec testamentum facere poterit, nec ad testamentum adhiberi. Zu vergl. C. de apost., I. 7. l. 3. .... a testimoniis alieni testamenti non habeant facultatem etc. — Dagegen muß die Ansicht, daß ein intestabilis nicht zum Erben eingesetzt werden konnte, wenn sie gleich nicht ohne Unterstützung ist (zu vergl. Theoph. ad J. ht., §. 6. und Schol. Cruq. ad Hor. sat., II. 3. v. 181.), bedenklich erscheinen. Denn der

Grundsatz selbst ließ sich nur durch Zusammenstellung des Erben mit dem familiae emptor aus der ursprünglichen Bedeutung des intestabilis folgern. Aber diese Zusammenstellung ist selbst in Rücksicht der Frage, ob der Erbe und wer mit ihm in Gemeinschaft väterlicher Gewalt stehe, Zeuge seyn könne, für die Zeit der classischen Juristen nicht über jeden Zweifel erhaben (Caj. II. 108. — D. ht., l. 20. pr.) gewesen. Zu vergl. unten §. 16. Note 15.

3) J. ht., pr. — C. ht., l. penult. — Der Grund auch hier historisch, Ulp., XX. 10.

4) D. ht., l. 6 pr.

5) J. l. c. — de milit. test., II. 11. §. ult. — Andere Ausnahmen sind weder durch Nov. CXVII. c. 1., noch durch Nov. CXXIII. c. 19., noch endlich canonischrechtlich (in c. 4. de sepult. in VI°., III. 12.) begründet, indem sich namentlich die Bestimmung des canonischen Rechts leicht auf eine mit dem römischen Recht übereinstimmende Weise (D. de donat., XXXIX. 5. l. 7. §. 4—5.) erklärt.

6) C. de apost., I. 7. l. 3. — de haeret., I. 5. l. 4 pr. §. 5. — Zu vergl. oben §. 6.

7) J. ht., §. 1. — Zeit der Testaments-Unmündigkeit, D. ht., l. 5.

8) J. ht., §. 1. — Was körperliche Krankheit betrifft, D. ht., l. 17. — C. ht., l. 3. — de test., VI. 23. l. 15. — Zustände von Aufregung und Leidenschaft, D. de R. J. l. 48.

9) C. ht., l. 10. ... Ubi autem ... morbus postea superveniens et vocem abstulit et aures conclusit, si ponamus hujusmodi personam litteras scientem, omnia, quae priori interdiximus, haec ei sua manu scribenti permittimus ... Sin vero aures quidem apertae sunt et vocem recipientes, lingua autem ejus penitus praepedita ... si hunc peritum litterarum esse proponamus, nihil prohibet eum scribentem haec omnia facere etc. — Das frühere Recht, Ulp. XX. 13. — D. ht., l. 6. §. 1. — unde cogn., XXXVIII. 8. l. 9 §. 1.

10) arg. D. ht., l. 7. — Eine allgemeine Ausnahme für Soldaten, arg. J. de mil. test., II. 11. §. 2. — D. de test. mil., XXIX. 1. l. 4.

11) c. 2. de usur. in VI°., V. 5. Testamenta quoque manifestorum usuriarorum aliter facta (d. h. si de usuris non satisfecerint, vel de satisfaciendo ... non praestent idoneam cautionem) non valeant sed sint irrita ipso jure. Wucherer ist nach canonischem Rechte jeder Zinsnehmer, während dieser Begriff für unsere Zeiten einen viel beschränktern Umfang hat.

§. 8.

Es wird aber, der Regel nach [1]), für alle Unfähigkeit auf die Zeit der Errichtung [2]) eines Testaments gesehen. Doch muß auch der um diese Zeit Fähige das Bewußtseyn seiner Fähigkeit haben [3]).

Mehrere zusammen können nach römischem Rechte [4]) nie in Einem Act ihr Testament errichten; wohl übrigens nach teutschem [5]).

1) Ausnahmen unten §. 51. a.)

2) J. ht., §. 1—3. — D. ht., l. 2. l. 19. l. 20. §. 4.

3) D. ht., l. 15. — de legat. III., l. 1 pr. — Eine Ausnahme für Soldaten, D. de test. mil., XXIX. 1. l. 11. §. 1.

4) Schon die nothwendige Einheit steht entgegen. Nur für Soldaten, sofern sie militärisch testiren, und bei öffentlichen dem Regenten vorgelegten Testamenten, wären Ausnahmen denkbar (C. de pact., II. 3. l. 19. — Nov. Valent. 4.). Allein die letztere ist in das justinianeische Recht nicht übergegangen.

5) Glük, Pandectencomm., 35. S. 50 ff. — 38. S. 214 ff. Rhein. Mus., 3. S. 239 ff. S. 490 ff.

Zweites Kapitel.

Form der Errichtung.

Quellen.

J. de test. ordin., II. 10.
D. qui test. f. p., XXVIII. 1.
C. de testam., VI. 23.
X. de testam. III. 26.
RO. von 1512. Tit. von Testamenten.

§. 9.

Die Errichtung eines Testaments setzt in der Regel voraus, daß sie von dem Erblasser in eigener Person [1]), unter Zuziehung und Aufforderung [2]) von sieben [3]) fähigen [4]) Zeugen, und in Einheit der Handlung [5]) vorgenommen werde.

Das schriftliche Testament insbesondere erfordert noch, daß der Erblasser einen, mit dem gehörigen [6]) Inhalt versehenen, von ihm selbst oder einem Dritten [7]) geschriebenen Aufsatz [8]) mit angemessener Erklärung den Zeugen vorlege [9]), unter Umständen vor denselben unterschreibe [10]), und jedenfalls von diesen unterschreiben und besiegeln [11]) lasse.

Ein mündliches Testament hingegen muß den Zeugen in einer denselben verständlichen Sprache vorgetragen werden [12]).

1) Dafür nicht nur, daß das frühere testamentum per aes et libram keine Stellvertretung zuließ, sondern auch die ausdrückliche Anordnung in C. ht., l. 9.... in conspectu testa-

toris etc. l. 12... coram testatore etc. l. 21... dum tamen testibus praesentibus testator suum testamentum dixerit quod offertur, eique ipse coram testibus sua manu ... subscripserit etc. l. 28—30.

2) C. ht., l. 21. — Deren Art D. ht., l. 20. §. ult. l. 21. §. 2.

3) C. ht. l. 21. — Der Grund wohl nur historisch, doch C. de fideic., VI. 42. l. ult.

4) Unfähig sind a) nach römischem Rechte alle, die nicht zu Erben eingesetzt werden können, J. ht., §. 6., dann Manche aus einem natürlichen Grunde, J. eod. — D. ht., l. 20. §. 4., — andere aus einem juristisch-historischen, indem sie eben bei den Geschäften per aes et libram, in deren Form auch die civile Testamentserrichtung vor sich ging, nicht zeugnißfähig waren. J. ht., §. 6. D. ht. l. 20. §. 6. l. 26. Namentlich diejenigen, welche α) mit dem Erblasser in Gemeinschaft der väterlichen Gewalt stehen, J. ht., §. 9. In testibus autem non debet esse, qui in potestate testatoris est. sed si filiusfamilias de castrensi peculio post missionem faciat testamentum, nec pater ejus recte testis adhibetur, nec is qui in potestate ejusdem patris est: reprobatum est enim in ea re domesticum testimonium. D. ht., l. 20. §. 1—3. Zu vergl. Caj. I. 105—107. — Ulp. XX. 3 sequ. — oder β) als Erben ernannt oder mit Erben in Gemeinschaft der väterlichen Gewalt sind, J. ht. §. 10. Sed neque heres scriptus, neque is, qui in potestate ejus est, neque pater ejus, qui habet eum in potestate, neque fratres, qui in ejusdem patris potestate sunt, testes adhiberi possunt: quia totum hoc negotium ... creditur hodie inter heredem et testatorem agi etc. Caj. I. 108. — Singularsuccessoren, und mithin auch universelle Fideicommissare, ernannte Tutoren sind keineswegs unfähig, J. ht., §. 11. Legatariis autem et *fideicommissariis*, quia non juris successores sunt, et aliis personis eis conjunctis testimonium non denegamus etc. D. ht., l. 20 pr. — b) nach teutschem alle, die selbst kein Testament machen mögen, RO. §. 6—7. — Blinde? —

Ueber Zeit der Fähigkeit, D. ht., l. 22. §. 1., begründeten Irrthum, J. ht., §. 7. — C. ht., l. 1.

5) D. ht., l. 21. §. 3. — C. ht., l. 28. pr. — Nähere Bestimmung, als gleichzeitige Gegenwart aller Zeugen, J. ht., §. 3. D. ht., l. 20. §. 8. — C. ht., l. 21. l. 28. und des Testirers neben ihnen, C. ht., l. 12. l. 21. l. 28. l. 9.... in conspectu testatoris etc. und als eine durch nichts Fremdartiges oder etwas längere Zeit unterbrochene Handlung, D. ht., l. 21. §. 3. — C. ht., l. 21. l. 28 pr. Doch C. l. c.... Si tamen in quemdam vel quosdam testium aliquid tale contingat, si quidem ex brevi temporis intervallo necessitas potest transire, iterum eorumdem testium reversum exspectari et solennia peragi sancimus. sin autem longiore spatio refectio fortuiti casus indigeat, et maxime si salus testatoris periclitantis immineat, tunc illo vel illis testibus, circa quos aliquid tale eveniet, separatis alios surrogari, et ab eo vel ab iis testatorem quam alios testes sciscitari, si ea, quae eorum praesentiam antecedunt, omnia coram his processissent etc. — NO. ht., §. 7.

6) D. de inj. r. irr. t., XXVIII. 3. l. 11. l. 16.

7) Zu vergl. C. ht., l. 29. mit Nov. CXIX. c. 9.

8) Ueber das Material, J. ht., §. 12. NO. Tit. von Notarien, §. 19., die Sprache C. ht., l. 21. §. ult. Die Art der Schrift, C. ht., l. 12. — D. de bon. poss., XXXVII. 1. l. 6. §. 2. — de test. milit., XXIX. 1. l. 40 pr. Die Hinzufügung eines Datum? D. test. quemadm. aper., XXIX. 3. l. 2. §. 6. — C. quemadm. test. aper., VI. 32. l. 3. — Schulting jurispr. antej. p. 801. Herennii Modestini fragmentum : Cum in testamento dies et consules adjecti non sunt, non nocet, quo minus valeat testamentum. — Nov. CVII. c. 1.

9) C. ht., l. 21. — D. ht., l. 20. §. 9.

10) C. ht., l. 21. junct. l. 28. §. 1. Könnte Testirer nicht schreiben, C. ht., l. 21.... Quod si... subscribere nequeat, octavo *subscriptore* pro eo adhibito, eadem servari decernimus. l. 28. §. 1. Cum autem constitutione .. cavetur, quatenus

septem *testium* praesentia in testamentis requiratur, et subscriptio a testatore fiat vel ab aliquo pro eo, et constitutio sic edixit, octavo *subscriptore* adhibito etc. NO. ht., §. 7.... durch eines andern achten Zeugen ꝛc.

11) D. ht., l. 22. §. 4. — C. ht., l. 21. — Art der Unterschrift, D. ht., l. 30., der Besiegelung, D. ht., l. 22. §. 5. — NO. ht., §. 7. und 10. — J. ht., §. 5. — C. ht., l. 12. Ort der Siglirung a) nach römischem Recht, Sueton., Nero, 17. — Paulus, S. R., V. 25. §. 6., vergl. mit Paulus, l. c., IV. 6. §. 1. — D. de b. poss. sec. t., XXXVII. 11. l. 1. §. 10. 11. — C. ht., l. 30. — D. ht., l. 22. §. ult. — C. ht., l. 21. Daher wohl Ort der Unterschrift, Paulus, l. c. V. 25. §. 6..... ut exteriores scripturae fidem interiori servent. D. ht., l. 22. §. 4. l. 30. Singulos testes, qui in testamento adhibentur, proprio chirographo adnotare convenit, quis et cujus testamentum *signaverit*. Ob doppelte Unterschrift? wohl nicht aus Sueton., l. c... ut in testamentis *primae* duae cerae, testatorum modo nomine inscripto, vacuae *signaturis* ostenderentur. Doch Beispiele bei Spangenberg, juris romani tabulae negotiorum etc. nr. 14. 18., aber als Nothwendigkeit? D. ht., l. 22. §. ult. — C. ht., l. 21.... Sancimus licere ... *consignatam* vel *ligatam*, vel tantum clausam *involutamque* proferre scripturam ... eique ipse coram testibus sua manu in reliqua parte testamenti subscripserit, quo facto et testibus uno eodemque die ac tempore subscribentibus et consignantibus testamentum valere etc. b) nach teutschem Rechte, NO. ht., §. 7.

12) D. ht., l. 21 pr. Ueber ein formelles Erforderniß des frühern Rechts, C. ht., l. 21. §. 2. l. 26. Sofern eine Urkunde abgefaßt wird, NO. ht., §. 5. Fürter, so ist auch in einem jeden Testament, ob es gleich nuncupativum als ohne Schrift gemacht wäre, nöthig, daß alle Handlung, so zu solches Testaments Aufrichtung ergangen und aufgeschrieben wären, vor dem Testirer und denen Zeugen, ehe dann sie von einander scheiden, vorgelesen werden.

§. 10.

Ist der Erblasser blind, so muß noch ein Notar oder achter Zeuge zugezogen [1]), und überdieß [2]) ein mündlich erklärtes Testament von dem Notar oder achten Zeugen unter den Augen der übrigen sieben Zeugen zu Papier gebracht [3]), ein schriftlich vorgelegter Aufsatz dem Erblasser und den Zeugen vorgelesen, und nach gehöriger Genehmigung von Seiten des Erblassers durch die acht anwesenden Personen unterschrieben und besiegelt werden [4]).

1) C. qui test. f. p., VI. 22. l. 8.... Sed quia tabulariorum copia non in omnibus locis datur quaerentibus, jubemus, ubi tabularius reperiri non possit, octavum adhiberi testem, ut, quod tabulario pro supradicto modo commisimus, id per octavum testem effectum capiat etc.

2) Muß zur gewöhnlichen rogatio noch Etwas hinzukommen? C. eod. ... ut cunctis ibidem collectis primum ad se convocatos omnes, ut sine scriptis testentur edoceant ..... ut in eodem loco postea convocatis testibus et tabulario, re etiam (ut dictum est) patefacta, cujus causa convocati sunt etc. NO. ht.. §. 9... und worzu sie berufen worden seyn, wissend gemacht werden ..... Doch so mag der, so das Testament machen will, ... darvor durch einen andern .. seinen Willen und Testament begreifen und schreiben lassen, und darnach vor den Zeugen und Notarien, die zuvor, worzu sie berufen worden seynd, wissend gemacht waren.

3) C. eod.... Sancimus ut carentes oculis.. per nuncupationem suae condant moderamina voluntatis, scilicet praesentibus septem testibus, quos aliis quoque testamentis interesse juris est, tabulario etiam ... deinde exprimant nomina specialiter heredum, et dignitates singulorum et indicia, ne sola nominum commemoratio quicquam ambiguitatis pariat, et ex quanta parte vel ex quot unciis in successionem admitti debeant, et quid unumquemque legatarium seu fidei-

commissarium adsequi velint .. Quibus omnibus ex ordine peroratis, uno eodemque loco et tempore, sed et tabularii manu conscriptis sub obtutu septem (ut dictum est) testium, et eorumdem testium manu subscriptis, dehinc consignatis tam ab eisdem testibus quam a tabulario, plenum obtinebit robur testantis arbitrium. NO. l. c.

4) C. eod. .. patebit eis licentia, voluntatem suam, sive in testamenti sive in codicilli tenore compositam, cui velint, scribendam credere, ut in eodem loco postea convocatis testibus et tabulario .. chartula promatur, quam susceptam testatori recitabit tabularius simul et testibus, ut, ubi tenor eorum cunctis innotuerit, elogium ipse suum profiteatur agnoscere, et ex animi sui, quae lecta sunt, disposuisse sententia, et in fine subscriptio sequatur testium nec non omnium signacula tam testium (prout dictum est) quam tabularii. NO. l. c.

§. 11. [1]

Dagegen Soldaten [2], sofern sie ihrem Dienste obliegen [3], und ihnen gleich gewisse Andere, wenn sie auf dem Kriegsschauplatze umkommen [4], a) römischrechtlich ohne alle Förmlichkeit [5], b) teutschrechtlich bald eben so, bald unter Zuziehung von zwei Zeugen [6], ein Testament errichten können [7].

1) J. de milit. test., II. 11. — D. de test. milit., XXIX. 1. — C. de test. milit., VI. 21.

2) Begriff, D. ht., l. 42., vergl. mit C. ht., l. 16. — D. de bon. poss. ex test. milit., XXXVII. 13. l. un. §. 1—2.

3) J. ht., §. 3. Sed hactenus hoc illis a principalibus constitutionibus conceditur, quatenus *militant* et *in castris degunt;* post *missionem vero* veterani vel *extra castra* si faciant adhuc militantes testamentum, communi omnium civium romanorum jure facere debent. — C. ht., l. 17. . . . his solis, qui *in expeditionibus* occupati sunt, memoratum

indulgeri ... beneficium. J. ht., pr.... Illis autem temporibus, per quae, citra expeditionum necessitatem *in aliis locis vel in suis sedibus* degunt, minime ad vindicandum tale privilegium adjuvantur. Zu vergl. C. de rest. milit., II. 51. l. ult. — quib. n. obj. l. t. pr., VII. 35. l. ult.

4) D. ht., l. ult. — de bon. poss. ex test. milit., XXXVII. 13. l. un. pr. — vergl. mit Liv. VIII. 34. 38. XXIX. 2. XXXIII. 29.

5) J. ht., pr. — D. ht., l. 24.

6) ND. ht., §. 2.

7) Bestätigung eines frühern Testaments, D. ht., l. 15. §. 2. l. 20. §. 1. l. 25.

§. 12.

Eltern mögen unter Kindern [1]) ein Testament [2]) a) römischrechtlich in einer auf besondere Weise abgefaßten Schrift [3]); b) teutschrechtlich, sowohl schriftlich als mündlich, unter Zuziehung von zwei Zeugen [4]) errichten. Einem solchen Testamente können zugleich eine Vermögenstheilung, und singuläre Vergabungen für Dritte eingeschaltet seyn, sofern sie nur in ein schriftliches Testament ebenfalls durch den Erblasser selbst eingemerkt [5]) und bei solchen singulären Vergabungen Zeugen zugezogen werden [6]).

Eltern [7]), welche kein Testament errichten, dürfen auch ohne Codicille mündlich [8]), oder schriftlich in besonderer Form [9]), eine Theilung ihres Vermögens unter ihren Kindern anordnen, der aber stets die Intestaterbfolge zu Grunde liegt [10]).

1) Nov. CVII. praef. c. 1.... *μεταξυ των αὐτου παιδων* etc. — ND. ht., §. 2.

2) Dafür 1) Nov. cit. c. 1..... *σὐγκιασμους, εἰς οὐς γραφει*

κληρονομους αὐτους ..... Εἰ μεντοιγε ἡ γαμετη — την λοιπην παρατηρησιν των διαθηκων μη δεξαμενα. 2) Nov. cit., c. 2. 3) eine Vergleichung der Anordnungen in c. 1. εἰ τις γραμματα ἐπισαμενος — καθεσαναι; εἰ δε και πραγματων — καταλιμπανειν; εἰ μεντοιγε ἡ γαμετη etc., und der Anordnung in c. 3. 4) NO. l. c.... in Testamenten, so Vater und Mutter zwischen ihren Kindern machen 2c.

3) Die besondere Weise der Abfassung in Nov. cit. c. 1. εἰ τις, γραμματα ἐπισαμενος etc.... πρωτον μεν αὐτοις προγραφειν τον χρονον, εἰτα και τα των παιδων ὀνοματα οἰκειᾳ χειρι, και προσγε τους οὐγκιασμους, εἰς οὓς γραφει κληρονομους αὐτους, μη τοις συμβολοις των ἀριθμων σημαινομενους, ἀλλα δι' ὁλων γραμματων δηλουμενους etc. Nicht modificirt durch Nov. CXIX. c. 9.

4) NO. l. c. — Doch die Beschränkung „da kein andrer ihr Testament zuvorgemacht 2c."

5) Nov. CVII. c. 1.... Εἰ δε και πραγματων βουλοιτο ποιησασθαι διαιρεσιν etc. και τα τουτων ἐγγραφετω γνωρισματα ὡστε τοις αὐτου γραμμασι παντα δηλουμενα etc. Εἰ μεντοι γε ἡ γαμετη etc. και ταυτα οἰκειᾳ χειρι γραφομενα etc.

6) Nov. cit. c. 1.... λεγομενα τε παρα των διατιθεμενων ἐπι των μαρτυρων, ὡς ἁπαντα ἐφεξης τα ἐν τῃ διατυπωσει κειμενα αὐτοι και ἐγραψαν etc. Wie viele Zeugen?

7) Eine solche Theilung kann natürlich Jedermann, sey es in der Form von Legaten (Fideicommissen) oder ohne dieselbe, durch ein Testament oder durch Codicille gültig feststellen, D. fam. hercisc., X. 2. l. 33. — C. famil. herc., III. 36. l. 10. — D. eod., l. 39. §. 1. Außerdem war in dem frühern Rechte einem intestatus sterbenden Vater gestattet, sein Vermögen durch eine einfache, schriftliche oder mündliche Erklärung unter seinen Kindern wirksam zu vertheilen, D. eod., l. 20. l. 32. — C. eod., l. 16. l. 21. Doch nur vielleicht unter den Kindern als sui heredes, C. Th. fam. herc., II. 24. l. 1. Constantin erweiterte diese Bestimmung

gewissermaßen, und Theodosius bestätigte, C. Th. l. c. — Nov. Theod. de testam. 9. Justinian erweiterte durch Interpolation noch mehr, C. eod., l. ult. — ht., l. 21. §. 1. Zu vergl. Nov. CVII. praef.... *λεγει γουν ὁ νομος* (sc. Constantini), *δειν τας των τελευτωντων βουλησεις, ὁταν ὡσι γονεις πασι τροποις μεταξυ παιδων κρατειν. και τοσουτον αὑτους αἰσχυνεται γονεις ὀντας, ὁτι περ αὑτοις και την ἀσαφη των πραγματων συγχωρει δηλωσιν· λεγων, εἰ και μη ἐναργεις εἰσιν αἱ αὑτων διατυπωσεις, εἰςαγονται δε ἐκ τινων τεκμηριων και ὀνοματων, και την οἱασουν γραφης· και οὑτω ταυτα κρατειν. και τουτο ἐπι τε σουων και ἐμαγκιπατων παιδων φησιν* etc., und ordnete endlich die schriftliche Theilung näher durch Nov. XVIII. c. 7. und Nov. CVII. c. 3.

8) D. eod. l. 20. §. 3. Si pater.. *sine scriptura* bona divisit etc. — C. eod. l. 16... *quibuscunque verbis* voluntas ejus declarata sit etc. — l. 21... *qualicunque indicio* suam declaraverit voluntatem etc. Zu vergl. C. eod., l. ult. — ht., l. 21. §. 1. — Nov. CVII. praef.

9) Nov. XVIII. c. 7. — CVII. c. 3.

10) C. eod., l. 16. l. 26. — Hieraus die Rücksicht auf die Falcidia, C. loc. cit., die Art, Nichtvertheiltes zu theilen, D. eod., l. 32. — C. eod., l. 21., und das Verhältniß zu den Gläubigern, D. eod., l. 20. §. 3.

§. 13.

Römischrechtlich wird den rusticani [1]) ein Theil der regelmäßigen Förmlichkeit erlassen [2]), eben so bei Testamenten, die zur Zeit ansteckender Krankheit errichtet werden [3]); und das canonische Recht läßt einmal überhaupt, dann insbesondere für Testamente, worin piae causae eingesetzt sind, eine geringere Förmlichkeit zu [4]).

1) C. ht., l. ult. Et ab antiquis legibus et a diversis retro principibus semper rusticitati consultum est, et in multis

legum subtilitatibus stricta observatio ei remissa, quod ex ipsis rerum invenimus documentis. Cum enim testamentorum ordinatio sub certa definitione legum instituta sit, homines rustici et quibus non est literarum peritia, quomodo possunt tantum legum subtilitatem custodire in ultimis suis voluntatibus? Ideoque ad Dei humanitatem respicientes, necessarium duximus per hanc legem eorum simplicitati subvenire. *Sancimus itaque, in omnibus quidem civitatibus et in castris orbis romani, ubi et leges nostrae manifestae sunt et literarum viget scientia,* omnia quae in libris nostrorum Digestorum ... cauta sunt, observari ... *In illis vero locis, ubi raro inveniuntur homines literati,* per praesentem rusticanis concedimus antiquam eorum consuetudinem legis vicem obtinere, ita tamen, ut etc. Nov. Leon. XLIII. — NO. ht., §. 2 ... Und auf dem Gau, wo Bauersleute Testament machen.

2) C. cod. ... Ubi autem non inveniuntur literati, septem testes etiam sine scriptura testimonium adhibentes admitti. Sin autem in illo loco minime inventi fuerint septem testes, usque ad quinque modis omnibus testes adhiberi jubemus, minus autem nullo modo concedimus. Si vero unus, aut duo, vel plures fuerint literati, liceat eis pro ignorantibus literas, praesentibus tamen subscriptionem suam interponere, sic tamen, ut ipsi testes cognoscant testatoris voluntatem, et maxime quem, vel quos heredes sibi relinquere voluerit, et hoc post mortem testatoris jurati deponant etc.

3) C. ht., l. 8. Casus majoris ac novi contingentis ratione, adversus timorem contagionis, quae testes deterret, licet aliquid de jure laxatum est, non tamen prorsus testamentorum solennitas perempta est. Testes enim hujusmodi morbo oppressos (oppressis) eo tempore jungi atque sociari remissum est, non etiam conveniendi numeri eorum observatio sublata est.

4) Dorten zwei Zeugen und den Pfarrer Statt der 7 Zeugen, X. ht., c. 10., hier statt ebenderselben nur zwey Zeugen, X. eod. c. 11.

§. 14.

Die Stelle der Zeugen vertritt 1) theils der Regent 2), theils römischrechtlich, sofern mündlich testirt wird 3), teutschrechtlich auch bei dem schriftlichen Testament 4), der Richter, welcher darüber ein Protocoll aufnimmt 5).

1) C. ht., l. 19. . . . Sicut ergo securus erit, qui *actis cujuscunque* judicis aut municipum, aut *auribus privatorum* mentis suae postremum publicavit judicium, ita nec de ejus unquam successione tractabitur, qui *nobis mediis et toto jure,* quod in nostris est scriniis constitutum, *teste* succedit.

2) C. eod. Omnium testamentorum solennitatem superare videtur, quod insertum mera fide precibus inter tot nobiles probatasque personas etiam conscientiam principis tenet. . . . Nec sane illud heredibus nocere permittimus, si rescripta nostra nihil de eadem voluntate responderint, voluntates etenim hominum audire volumus, non jubere, ne post sententiam nostram inhibitum videatur commutationis arbitrium, cum hoc ipsum, quod per supplicationem nostris auribus intimatur, ita demum firmum sit, si ultimum comprobetur nec contra judicium suum defunctus postea venisse detegatur. Ne quid sane praetermisisse credamur, hujusmodi institutionis successoribus designatis, omnia, quae scriptis heredibus competunt, jubemus eos habere, nec super bonorum possessionis petitione ullam controversiam nasci. . . Omnibus etenim praestandum esse censemus, ut libero arbitrio, cui testandi facultas suppetit, successorem suum oblatis precibus possit declarare . . . nec institutus heres pertimescat, cum oblatas preces secundum voluntatem defuncti idoneis testibus possit approbare, si ei alia nocere non possunt.

3) C. eod. . . . actis cujuscunque judicis aut municipum aut auribus privatorum mentis suae *postremum publicavit judicium.* Wohl nicht hieher gehört C. ht., l. 18., zu vergl. C. ht., l. 23.

4) Mevius, in jus Lub., II. 1. art. 2. n. 78 ff. — Stryck, caut. test., VII. §. 22 ff. — Lauterbach, ad D. qui test. f. p., XXVIII. 1. §. 47 ff. — J. H. Böhmer, consult. et decis., T. II. p. 1. resp. 646. qu. 1. — Heumann, exercit. juris univ., II. Spec. VI. de test. tab. jud. exhib. — Claproth, theor. pract. Rechtswiss. von freiw. Gerichtsb. Göttingen 1789. §. 105 ff. — Hofacker, principia etc. Tom. II. §. 1273 — 1278. — Kind, quaest. for., p. 4. cap. 39. — Glück, Commentar, Thl. 34. S. 188 ff. Eine Praxis, die durchaus nicht ohne Rücksicht auf das, freilich mißkannte, römische Recht entstanden ist. H. Vultejus, consil. Vol. I. cons. 34. nr. 3 sequ. nr. 36 sequ. — Berlich, concl. pract., III. concl. 4. nr. 22—25. — Ben. Carpzov, jurispr. for., III. 3. def. 28. — Grupen, de forma confic. acta etc. observ. II. §. 3 und 10. p. 98 — 122. p. 180 sequ. — Ob ein Testament vor dem Regenten und Richter durch einen Stellvertreter errichtet werden könne? ob ein schriftliches Testament bei Gericht vorgelesen werden müsse?

5) C. eod..., *actis publicavit* etc. Zu vergl. Glück, l. c. — Puchta, Handb. des ger. Verf. in nicht streitigen bürgerl. Rechtssachen, 2. §. 143—146.

Drittes Kapitel.
Einsetzung der Erben.

Quellen.

J. de hered. inst., II. 14.
D. de hered. inst., XXVIII. 5.
C. de hered. inst., VI. 24.

§. 15.

Die Unfähigkeit, aus einem Testamente Erbe zu werden, ist bald von der Art, daß sie, ohne die Einsetzung zu vernichten, schon zur Zeit der Testamentserrichtung nicht vorhanden seyn darf [1]), bald von der Art, daß sie blos das erbliche Erwerben, sey es ganz, sey es theilweise, verhindert [2]), und daher auch nach der Zeit des möglichen Erwerbs beurtheilt wird [3]).

1) J. de hered. qual. et diff., II. 19. §. 4. In extraneis heredibus illud observatur, ut sit cum eis testamentifactio, sive ipsi heredes instituantur sive hi, qui in potestate eorum sunt. et id duobus temporibus inspicitur, testamenti quidem facti, ut *constiterit institutio*, mortis vero testatoris, ut effectum habeat etc. Wohl nur aus dem Grunde, weil man diese Unfähigkeit als eine Unfähigkeit, ein Geschäft, nehmlich das Geschäft der Testamentserrichtung, einzugehen, betrachtet. — Ehemals war der Erbe selbst der familiae emtor; später, als der letztere nur dicis gratia zugezogen ward, nahm man wenigstens an, daß er den Erben vorstelle, und kam natürlich am Ende auch dahin, den wirklichen Erben so zu behandeln, wie wenn das Geschäft der Testamentserrichtung zwischen ihm und dem Erblasser vorginge, Caj. II. 103. 105. 108. Dieß spricht Justinian als die herrschende Ansicht seiner Zeit aus, wie sie höchst wahrscheinlich schon zur Zeit der spätern classischen Juristen anerkannt war, J. de test. ordin., II. 10. §. 10..... totum hoc negotium, quod agitur testamenti ordinandi gratia, creditur hodie inter heredem et testatorem agi etc. — Daher denn auch bei einer bedingten Einsezung der Erbe zur Zeit der Testamentserrichtung fähig seyn muß, indem ein Unfähiger auch kein bedingtes Geschäft gültig eingehen kann, unten §. 18. Note 1.

2) Ein wirksames Erwerben wird durch capere bezeichnet, D. de V. S., l. 71. Daher scheint man die Fähigkeit oder Unfähigkeit zu einem wirksamen Erben, zum wirklichen Erwerb der Erbschaft durch »capere«, »capere posse« und durch »non capere«, »capere non posse«, »prohiberi« bezeichnet zu haben und zu bezeichnen. Entsprechend war wohl und

ist für die Personen der Ausdruck »capax«, »incapax« gebraucht, Caj. II. 111. 286. — Ulp. XV—XVIII. — C. Th., de bon. proscr., IX. 42. l. 1. — de jur. lib., VIII. 17. l. 2. — D. de leg. I., l. ult., vergl. mit D. de his quib. ut ind., XXXIV. 9. l. 2. §. 1. — de lib. legat., XXXIV. 3. l. 25. — Allein wie die Worte »capere«, »non capere« auch einen allgemeinern Sinn haben, so wurden sie auch von jeher und werden sie in den Justinianeischen Rechtsbüchern gebraucht, um die strengere, auf die Einsetzung selbst einfließende Unfähigkeit anzudeuten; und sie ausschließend auf die Fähigkeit oder Unfähigkeit der zweiten Art zu beziehen, würde ein großer Irrthum seyn, Cic. pro Caec., 35. ... Jubet enim eodem jure esse, quo fuerint Ariminenses, quos quis ignorat ... a civibus romanis hereditates *capere potuisse?* Caj. II. 110. Praeterea permissum est iis, et peregrinos et latinos instituere heredes vel iis legare, cum alioquin *peregrinos* quidem ratione civili *prohibeantur capere* hereditatem legatave, latini vero per legem Juniam. I. 23—26. II. 285. — Ulp. XVII. 1. Quod quis sibi testamento relictum, ita ut jure civili *capere* possit, aliqua ex causa *non ceperit* .. verbi gratia, si ..... *pereger* factus sit. — J. de hered. qu. et diff., II. 19. §. 4. .... Testamenti autem factionem non solum is habere videtur, qui testamentum facere potest; sed etiam, qui ex alieno testamento vel ipse *capere* potest, vel alii adquirere etc. — D. de leg. Corn. de fass., XLVIII. 10. l. 5. l. 11. §. 1. l. 1. §. 8. Inter filium et servum et extraneum testamentum scribentes hoc interest, quod in extraneo, si specialiter subscriptio facta est, .. poena cessat et *capi potest,* in filio vel servo vel generalis subscriptio sufficit et ad poenam evitandam et ad *capiendum* etc., vergl. mit D. eod., l. 14. §. 1. und D. de his quae pro n. script., XXXIV. 8. l. 1. — C. ht., l. 1. Qui deportantur, si heredes scribantur, tanquam *peregrini capere* non possunt, sed hereditas in ea causa est, in qua esset, si scripti non fuissent. — J. de fideic. hered., II. 23.... quibus enim non poterant hereditates vel legata relinquere, si relinquebant, fidei committebant eorum, qui *capere* ex testamento poterant etc. — D. de leg. I., 30. l. 73. §. ult. Vicis legata perinde licere *capere* atque civitatibus etc. — C. comm. de succ., VI. 59. l. 8. Antequam scriptus heres cujuscunque portionis *capax* repudiet hereditatem vel alia ratione quaerendae facultatem amittat, ei, qui testamentum reliquit, intestato nemo succedit, wo das »capax« doch unmöglich blos die beschränktere Bedeutung haben und einzig auf Fähigkeit zum Erwerben gehen kann. — Zu vergl. D. de aedil. edict., XXI. 1. l. 23. §. ult. — de bonor. poss., XXXVII. 1. l. 12. §. 1., Fragmente, in welchen das »capere« gewiß jede Fähigkeit, die der ersten wie die der zweiten Art umfaßt. — Wollen wir daher nicht auf eine gewagte Weise verfahren, so müssen wir über die Bedeutung jener Ausdrücke in einzelnen Stellen, ohne die Inscription völlig zu übersehen, hauptsächlich den jedesmaligen Zusammenhang entscheiden lassen, im Falle des Zweifels aber nach bekannten exegetischen Regeln die allgemeine Bedeutung der besondern vorziehen.

3) D. de legat. II. 31. l. 52. Non oportet prius de conditione cujusdam quaeri, quam hereditas legatumve ad eum pertineat. — de vulg. et pup. subst., XXVIII. 6. l. 11.

§. 16.

An Unfähigkeit der ersten Art leiden:

a) des Erbrechts Unfähige [1];

b) unbestimmte Personen (personae incertae) [2], d. h. solche, von welchen sich der Erblasser keine concret-individuelle Vorstellung machen konnte [3], es wären denn:

α) solche physische Personen, die durch Vornahme

irgend einer von dem Erblasser selbst bezeichneten Handlung bestimmt werden sollen [4]), oder:

β) Arme, Gefangene [5]); oder

γ) ein postumus alienus [6]), jedoch unter einer Beschränkung [7]);

δ) die juristischen Personen städtischer Gemeinheiten [8]), der Kirchen und christlich-wohlthätigen Anstalten [9]), aber auch nur diese [10]);

c) der Regent, sofern er litis causa eingesetzt wird [11]);

d) römischrechtlich eine Frau, die während des Trauerjahrs heurathet [12]), jedoch nicht canonischrechtlich [13]); andere einer solchen Frau gleichgesetzte Frauen [14]). Dem intestabilis als solchen ist diese Fähigkeit nicht abzusprechen [15]).

1) Oben §. 6.

2) D. de V. S., l. 70. ... in paucis speciebus heredis appellatio proximum continet, veluti in substitutione impuberis, quisquis mihi heres erit idem filio heres esto, ubi heredis heres non continetur, *quia incertus est.* — C. de episc. et cl., I. 3. l. 24. Id, quod pauperibus testamento vel codicillis relinquitur, non ut *incertis personis* relictum evanescat, sed omnibus modis ratum firmumque consistat. — l. 28 pr. Nulli licere decernimus, sive testamento sit heres institutus sive ab intestato succedat, sive fidecommissarius vel legatarius inveniatur, dispositiones pii testatoris infringere, vel improbata mente violare, adserendo *incertum* esse legatum vel fideicommissum, quod redemptioni captivorum relinquitur etc. — l. 49 pr. §. 1. Si quis ... ipsos captivos scripserit heredes, ne videatur, *quasi incertis personis heredibus institutis,* judicium suum oppugnandum reliquisse, sancimus ejusmodi et talem institutionem *pietatis intuitu* valere ... Sed et si pauperes quidem scripserit

heredes, et non inveniatur certum ptochotrophium vel certae ecclesiae pauperes, de quibus testator cogitaverit, sed sub *incerto vocabulo pauperes* fuerint heredes instituti, simili modo et hujusmodi institutionem valere decernimus. — Nicht entgegen, vielmehr dafür J. de legat., II. 20. §. 27. Sed nec hujusmodi species *penitus* est sine justa emendatione derelicta etc. Zu vergl. Theoph. ad h. l. ... *διαταξις δε ἡμετερου βασιλεως ... ἁπαν τουτο των ἰνκερτων παραδοξως διωρθωσεν* etc.

3) Eine unbestimmte Person ist hier nicht eine solche, die weder genau bezeichnet noch sonst aus den Aeußerungen des Erblassers mit Sicherheit zu ermitteln ist. Denn von einer solchen ließ und läßt sich vernünftiger Weise nicht sagen, sie **könne** nicht zum Erben eingesetzt werden; sondern eine Einsetzung der Art ist darum wirkungslos, weil man gar nicht weiß, wer zum Erben ernannt wurde. Persona incerta ist hier vielmehr eine solche, die, wenn sie auch recht gut und mit aller Gewißheit auszumitteln wäre, dem Erblasser doch nicht als concretes Individuum vorzuschweben vermochte; dahin gehören theils die, welche, wie juristische Personen, eine solche Individualität überhaupt nicht, oder welche, wie postumi, sie noch zur Zeit nicht, oder welche nach der Weise der Einsetzung zur Zeit der Testamentserrichtung wenigstens für den Erblasser sie nicht haben. Caj. II. 238. .. incerta autem videtur persona, quam per *incertam opinionem* (ohne bestimmt concrete Vorstellung) animo suo testator subjicit, velut ... qui primus ad funus meum venerit etc. — Ulp. XXII. 4. Incerta persona heres institui non potest, velut hoc modo, quisquis primum ad funus meum venerit, heres esto; quoniam certum consilium (ein auf ein concretes Individuum gerichteter, und darum bestimmter Wille, Entschluß) debet esse testantis. — J. eod., §. 25. — Daher natürlich die nähere Beschränkung des Grundsatzes dahin, daß man auch eine persona incerta unter einer certa demonstratio, d. h. daß man von mehreren

existirenden Individuen das eine oder das andere, je nach dem Eintritt eines ungewissen Ereignisses, immerhin einsetzen könne. Durch die certa demonstratio ist nehmlich ein bestimmter, abgegränzter Kreis von Individuen bezeichnet, von welchen insgesammt der Erblasser eine concret-individuelle Vorstellung haben kann, wenn er sich gleich das einzelne Individuum unter ihnen, das ihn etwa beerben wird, nicht vorzustellen im Stande ist, J. eod., §. 25. . . . . sub certa vero demonstratione, id est *ex certis personis incertae personae*, recte legabatur, veluti: ex cognatis meis, *qui nunc sunt*, si quis filiam meam uxorem duxerit etc. — Caj. l. c. — Ulp. XXIV. 18. — Hierauf geht wohl auch, da in den angeführten Beispielen von einer etwa nicht herzustellenden Gewißheit, welche Person der Erblasser gemeint habe, keine Rede seyn kann, D. ht., l. 9. §. 9—11. Heres institui, nisi ut *certe demonstretur*, nemo potest. Si quis ita dixerit: uter ex fratribus meis, Titio et Maevio, Sejam uxorem duxerit, ex dodrante, uter non duxerit, ex quadrante heres esto; hic recte factam institutionem certum est, sed quis, ex qua parte incertum. Plane erit similis, si ita institutio facta fuerit: uter ex suprascriptis fratribus meis Sejam uxorem duxerit, heres esto; sed et hanc puto valere institutionem, quasi sub conditione factum. — de leg. I., l. 108. §. 3. — de reb. dub., XXXIV. 5. l. 11. Der Grund, weshalb überhaupt eine incerta persona letztwillig nicht sollte, und, Ausnahmen abgerechnet, nicht soll bedacht werden, ist wohl nur ein historischer; indem, was ehemals, zur Zeit, wo der familiae emptor und der Erbe eine und dieselbe Person war, eine ganz natürliche Regel gewesen ist, hier, wie da und dort sonst, bis in das Justin. Recht sich forterhielt, obgleich ihr Grund längst nicht mehr bestand.

4) Dieß folgt a) aus J. eod., §. 27. in Verbindung mit Theoph. ad h. l. — Nachdem nehmlich Justinian bemerkt hat, er habe die frühern Grundsätze über incertae personae

nicht ohne verbessernde Aenderung gelassen, fährt er fort »tutor autem nec per nostram constitutionem incertus dari debet« und spricht es eben hiedurch aus, daß er bei der Ernennung des tutor die alte Strenge beibehalten, bei Legaten und Erbschaften aber gemildert und zwar in der Richtung gemildert habe, in welcher er sie dorten beibehielt. Nun kann, was die Ernennung eines tutor betrifft, natürlich weder von einem postumus noch von einer juristischen Person die Rede seyn, und so bleibt nur die persona incerta übrig, welche in den Beispielen von Cajus (l. c.) und den Institutionen (eod. §. 25.) bezeichnet ist, um den Gegensatz zwischen der Ernennung eines tutor und einer Erbeseinsetzung oder Legatsverschaffung zu bilden. Und dieß bestätigt Theophilus, wenn er sagt „*Ἀχρηςος τοινυν ἐςαι ἡ δοσις του ἐπιτροπου, ἐαν ὁ τεςατωρ εἰπῃ, ἐςω ἐπιτροπος του ἐμου παιδος ὁ πρωτος ἐρχομενος ἐπι την ἐμην κηδειαν.* — b) D. de reb. dub., XXXIV. 5. l. 5. Quidam relegatus facto testamento post heredis institutionem et post legata quibusdam data ita subjecit, si quis ex heredibus caeterisve amicis, quorum hoc testamento mentionem habui, *sive quis alius* restitutionem mihi impetraverit ab imperatore, et ante decessero quam ei gratias agerem, volo dari ei, qui id egerit, a caeteris heredibus aureos tot. unus ex his, quos heredes scripserat, impetravit ei restitutionem, et, antequam id sciret, decessit; cum de fideicommisso quaereretur, an deberetur, consultus Julianus respondit, deberi; *sed etiam si non heres vel legatarius sed alius ex amicis curavit eum restitui, et ei fideicommissum praestari.* Die Worte »sive quis alius« in Verbindung mit dem Schlußsatze machen es beinahe gewiß, daß wir hier eine interpolirte Stelle vor uns haben. Cajus, der Verfasser, hat eine fideicommissarische Anordnung für eine persona incerta ohne Zweifel nicht für eine gültige betrachtet (Caj. II. 287.). Der Gedanke an eine Interpolation liegt aber auch sehr nahe, da die Vergleichung mit den folgenden Fragmenten uns überzeugt, daß die besondere Aufmerksamkeit der Digestensammler auf diese Stellen gerichtet gewesen sey.

5) C. l. c. (oben Note 2.) Die Geltenmachung des Erbrechts mußte, wenn der Zweck des Erblassers erreicht werden sollte, einem Dritten anvertraut werden, der gleichsam stellvertretend zu handeln und für die sichere Vollziehung der letztwilligen Anordnung zu sorgen hätte. Diese Stellvertretung für Arme und Gefangene ist, wenn der Erblasser nicht selbst Jemand hiefür bezeichnet hat, unmittelbar und ungetheilt, im andern Fall wenigstens theilweise den Beamten der Kirche anvertraut, C. eod., l. 28. §. 1 sequ. l. 49. §. 2 sequ. — Nov. CXXXI. c. 11.

6) Ueber den Begriff zunächst, J. eod. §. 26. .. est autem alienus postumus, qui natus inter suos heredes testatoris futurus non est etc. — Caj. II. 241. Dahin gehören aber nicht blos Descendenten eines männlichen Erblassers, D. de inoff. test., V. 2. l. 6 pr., sondern überhaupt postumi als Nichtdescendenten, D. de leg. I., 30. l. 127. A fratris postumo fideicommissum dari potest, sola enim voluntas servatur in fideicommissis; et obtinuit Galli sententia, alienos quoque postumos legitimos nobis heredes fieri. — Ihre Einsetzbarkeit, J. eod., §. 28. — de bon. poss. III. 9 pr. Das prätorische Recht konnte die Unfähigkeit eines postumus alienus schon nach den Grundsätzen, die es über bonorum possessio contra tabulas aufstellte, nicht anerkennen, J. de bon. possess., III. 9 pr. Freilich fragt es sich, ob dasselbe von Anfang an jedem eingesetzten postumus alienus eine bon. poss. s. t. gab.

7) J. de legat., II. 20. §. 28. ... nisi in utero ejus sit, quae jure nostro uxor esse non potest. Ohne Zweifel soll hier auf den postumus alienus analog angewendet werden, was längst schon in Betreff des postumus suus galt, und vielleicht früher schon nach prätorischem Rechte auf die Einsetzung eines postumus alienus bezogen wurde. — Eine weitere Beschränkung, daß jeder postumus alienus zur Todeszeit

des Erblassers bereits gezeugt seyn müsse, läßt sich 1) nicht aus D. de bon. poss. s. t., XXXVII. 11. l. 3. Verum est, omnem postumum, qui moriente testatore in utero fuerit, si natus sit, bonorum possessionem petere posse ableiten, da dieser allgemeine, alle und jede bonorum possessio umfassende Ausspruch die Beschränkung enthalten mußte, wenn er in seiner Allgemeinheit, also auch für die bonorum possessio intestati wahr seyn sollte. Jeder postumus, der moriente testatore in utero fuit, kann bon. possessio sey es ex testamento sey es ab intestato erlangen. Daß aber ein postumus, der moriente testatore nicht in utero fuit, keine bon. possessio aus einem Testamente ansprechen möge, das wird in jener Stelle keineswegs gesagt. Eben so wenig spricht dafür 2) was bei der Intestaterbfolge gilt, indem die in der That eigenthümliche Ansicht, der nach dem Tode des Erblassers Erzeugte sey eigentlich gar nicht dessen Verwandter, D. de suis et leg., XXXVIII. 16. l. 8 pr. — J. de hered. quae ab int. def., III. 1. §. 8., gewiß nicht geeignet erscheint, um daraus einen Schluß auf die Fähigkeit testamentlicher Einsetzung zu ziehen. Daher kann ich auch kein Gewicht legen auf die Voraussetzungen, unter welchen postumi sui oder liberi zur Erbfolge gegen ein Testament zugelassen werden, weil diese Erbfolge wesentlich im Intestaterbrecht sich gründet. Somit sind auch für die hier vorliegende Frage die Einsetzungsformeln von postumi sui, D. de lib. et post, XXVIII. 2. l. 29 pr. §. 1—3. ohne Bedeutung. Denn wenn man in diesen Formeln nur solche postumi namentlich berücksichtigte, die, als ab intestato berufen, auch dem Testament Nachtheil bringen konnten, so folgt daraus doch nicht, daß postumi alieni, die zur Todeszeit noch nicht gezeugt waren, nicht eingesetzt werden durften. Ohnehin reichen diese Formeln in eine Zeit hinauf, von der es noch gar nicht so entschieden ist, daß prätorischrechtlich alle postumi alieni ohne Unterschied eingesetzt werden mochten. Endlich können 3) sogenannte allgemeine

Gründe keinen Ausschlag geben, weil sich auch bedingte Einsetzungen denken lassen, wo sich der Eintritt oder Nichteintritt der Bedingung erst nach sehr langer Zeit entscheidet. So wenig die bedingte Einsetzung deshalb ungültig ist, eben so wenig darf gegen die Einsetzung eines postumus alienus, qui moriente testatore in utero *non* fuit, der Umstand gelten gemacht werden, daß vielleicht eine sehr geraume Zeit darüber hingeht, bis sich die Wirksamkeit der Einsetzung entschieden hätte. — Gegen die hier bestrittene Einschränkung vielmehr spricht folgende Betrachtung. Postumi alieni waren vor Justinian auch der Fideicommisse unfähig. Caj. II. 287. — Ulp. XXV. 13. — J. eod., §. 25—28., und es ist rein unbegreiflich, wie man schon durch D. de leg. II. l. 32. §. 6. l. 69. §. 3—4. l. 77. §. 27. die Behauptung begründen wollte, daß postumi alieni zur Zeit der spätern classischen Juristen mit Fideicommissen bedacht werden konnten; da in keinem dieser Fragmente auch nur mit einem Worte darauf hingewiesen ist, daß Solche, die zur Zeit der Errichtung des letzten Willens noch nicht geboren waren, als postumi alieni zum Fideicommiß berechtigt seyen. Allerdings würde man diese Behauptung aus D. de reb. dub., XXXIV. 5. l. 5. §. 1. — l. 7. herleiten dürfen, wenn man nicht beinahe mit Sicherheit annehmen müßte, daß hier eine interpolirte Stelle vorliege. Erst Justinian hat den postumi alieni Legats- und Fideicommiß-Fähigkeit verliehen, aber, wie wir wissen, nicht blos denen, die moriente testatore in utero waren. Hieraus dürfen wir mit zwiefachem Grunde einen Schluß auf die ihnen verliehene Erbesfähigkeit ziehen. Wollte man indessen auch annehmen, daß postumi alieni schon vor Justinian fideicommißfähig waren, so würde dieser Schluß nicht im geringsten geschwächt erscheinen. Denn entweder rührt die Erweiterung der Fähigkeit auch für solche postumi, die zur Todeszeit des Erblassers noch nicht gezeugt waren, von Justinian her oder auch sie ist schon vor ihm vorhanden gewesen. In dem ersten Fall müßten wir immerhin sagen, es gälte von dem, was Justinian bei Fideicommissen und Legaten anordnete, ein Schluß doppelter Art auf das Erbrecht der postumi alieni, wie es durch ihn geregelt wurde, J. de bon. poss., III. 9 pr. In dem zweiten hingegen würde uns zur Erklärung der Fideicommißfähigkeit der postumi alieni überhaupt, und dann auch solcher postumi alieni, die moriente testatore noch nicht gezeugt waren, einzig die Voraussetzung an die Hand gegeben seyn, daß man eben Fideicommisse nicht nach dem strengen Rechte der hereditas und des legatum, sondern nach dem mildern der bonorum possessio beurtheilt habe. Unter dieser Voraussetzung würde aber die Annahme gar nicht zu umgehen seyn, daß auch postumi alieni, die moriente testatore in utero *non* fuerunt, bonorum poss. secundum tabulas erhalten haben.

8) Das frühere Recht in Ulp. XX. 5. Zu vergl. D. de libert. univ., XXXVIII. 3. l. un. — de suis et leg. her., XXXVIII. 16. l. 3. §. 6. Daher Stellen von Ulpian und Julian, wie D. ad Sctum Treb., XXXVI. 1. l. 6. §. 4. — de vulg. et pup. subst., XXVIII. 6. l. 30. für die Zeit ihrer Abfassung um so mehr nur aus besondern Fällen zu erklären sind, als nicht nur in der ersten Stelle, sondern auch in einem andern Fragment von Ulpian, D. ad Sctum Treb., XXXVI. 1. l. 1. §. 15., das Nehmliche von collegia und corpora überhaupt gesagt ist. Selbst die bonorum possessio machte im Ganzen keine Ausnahme, D. de lib. univ., XXXVIII. 3. l. un., ohne daß D. de bon. poss., XXXVII. 1. l. 3. §. 4. entgegen stünde. — Das neuere und Justinianische Recht erhellt aus C. ht., l. 12. — de Ssctis eccl., I. 2. l. 23.

9) C. eod., l. 13. l. 23. l. ult.

10) C. ht., l. 8. — de Jud., I. 6. l. 1., Constitutionen, deren Aufnahme in den Codex desto mehr beweist, je weniger irgend anderwärts eine Abänderung der darin enthaltenen Regel ausgesprochen ist. Außer einem besondern Privilegium sind indessen collegia noch erbfähig in gewissen Fällen, D. de manum. quae serv., XL. 3. l. 1—2., woraus zusam-

men sich folgende Fragmente erklären, D. de bon. poss., XXXVII. 1. l. 3. §. 4. — ad Sctum Treb., XXXVI. 1. l. 1. §. 15. l. 6. §. 4. — Mit der Einsetzung einer persona incerta darf die Einsetzung einer bestimmten, oder auch unbestimmten, doch erbfähigen Person unter der als modus angehängten Auflage zu Gunsten Dritter unbestimmter Personen nicht verwechselt werden, arg. D. de leg. I., l. 117. l. 122 pr. — de ann. leg., XXXIII. 1. l. 20. §. 1. — Auf eine solche Einsetzung möchte sich der ganzen Fassung nach beziehen, X. de testam., III. 26. c. 17. .... pecuniam et alia bona, quae per manus eorum ex test. decedentium debent in usus pios expendi, non dubitant aliis usibus applicare ...; mandamus, quatenus executores testamentorum hujusmodi, ut bona ipsa fideliter et plenarie in usus praedictos expendant, monitione praevia compellas.

11) D. h. um einen Proceß anzufangen oder fortzuführen, und dahin kann man auch rechnen, wenn der Regent in einem ungültigen Testament zum Erben ernannt ist, J. quib. mod. t. inf., II. 17. §. 8. — D. ht., l. 91.

12) C. de secund. nupt., V. 9. l. 1. — Nov. XXII. c. 22.

13) X. de secund. nupt., IV. 21. c. 4—5. Cum secundum apostolum mulier mortuo viro suo ab ejus sit lege soluta, et nubendi, cui vult .. *liberam* habeat *facultatem*, non debet legalis infamiae sustinere jacturam, quae, licet post viri obitum intra tempus luctus .. nubat, *concessa* sibi tamen ab apostolo utitur *potestate, cum in his praesertim saeculares leges non dedignentur sacros canones imitari.*

14) Nov. XXII. c. 40. — Nov. XXXIX. c. 2. Daß das canonische Recht, sofern es die Nachtheile, welche das röm. Recht auf das Heurathen während des annus luctus gesetzt hat, aufhebt, auch hierher Bezug habe, läßt sich mit Grund wohl nicht behaupten.

15) Intestabiles für erbesunfähig zu halten, dazu haben wir keine Ursache, weder a) nach Justinianischem Rechte, indem als einzige weitere Folge der ursprünglichen Intestabilität

(Aul. Gell., VI. 7. — J. de test. ordin., II. 10. §. 6.) die Unfähigkeit, ein Testament zu errichten, angeführt, von der Unfähigkeit aber, aus einem Testamente zu erben, lediglich nicht gesprochen wird. Nicht entgegen Theophilus (ad J. l. c.); da dieser nur von einem bestimmten, nehmlich dem intestabilis der 12 Tafeln redet: „*μισουσι τον τοιουτον οἱ νομοι, και οὐκ ἐωσιν αὐτον λαβειν τι ἐξ ἀλλοτριας διαθηκης*“; noch b) in Gemäßheit der Auth. *Credentes* C. de haeret. Denn wenn Friederich, den Ausdruck »intestabilis« im Sinne eines großen Theils seiner Zeitgenossen (Glossa ad D. qui test. f. poss., XXVIII. 1. l. 18. §. 1. l. 26.) auffassend, seine Absicht, gewissen Personen die active und passive Testamentificatio zu entziehen, auf die Weise ausdrückt: »sit etiam intestabilis, ut nec testandi liberam habeat facultatem, nec ad hereditatis successionem accedat»; so folgt daraus doch mit nichten, daß nun alle intestabiles erbesunfähig seyen, als wäre durch den Gebrauch des Wortes »intestabilis« in dieser Authentike dessen Bedeutung allgemein und unabänderlich festgesetzt, daß wir in ihm überall auch passive Erbesunfähigkeit finden müßten.

§. 17.

Eine Unfähigkeit der zweiten Art trifft zur Strafe [1]) alle an sich Fähigen, sofern sie:

a) als indigni angesehen werden, und an ihre Stelle ein Anderer tritt [2]);

b) eine Frau während des Trauerjahrs [3]); oder

c) eine verwittwete Person, die Kinder aus der vorhergehenden Ehe hat, geehelicht haben [4]). Endlich

d) liberi naturales [5]) und ihren Vater gegenseitig, nach teutschem nicht weniger als nach römischem Rechte [6]).

1) In einem etwas mehr eigentlichen oder in einem ganz uneigentlichen Sinn, D. de vulg. et pup. subst., XXVIII. 6. l. 43. §. ult. ... satis enim *punitus* est in eo, in quo fecit contra leges etc. — de legat. I., l. ult. ... *delinquunt* enim hi, qui prohibitas nuptias contrahunt, et merito *puniendi* sunt etc. — C. de natur. lib., V. 27. l. 12. ... quia *vitium* paternum *refraenandum* esse existimaverunt etc.

2) Unten §. 138 ff.

3) C. de sec. nupt., V. 9. l. 1. — Ob das canonische Recht (oben §. 16. Note 13.) auch hieher eingreift? Ich denke wohl.

4) C. eod., l. 6. l. 9. Zu vergl. Nov. XXII. c. 27.

5) D. h. Concubinenkinder, C. Th. (libri V. prior. ed. Wenck) de nat. fil., IV. 6. nr. 7. — C. J. eod., l. 2. — ferner l. 6. junct. l. 7. l. 8. l. 12. — Nov. XVIII. c. 5. — LXXXIX. c. 12 pr.

6) Das röm. Recht, Nov. cit., c. 12. §. 2—3. c. 13. — Ob diese Beschränkung nach canonischem und teutschem Rechte darum aufgehoben sey, weil dieselben den Concubinat nicht mehr für ein erlaubtes Institut halten, und Concubinenkinder folglich im Sinne des canonischen und teutschen Rechts von spurii, die römischrechtlich nicht beschränkt werden, sich gar nicht mehr unterscheiden, darüber läßt sich immerhin streiten. Mir scheint indessen die Meinung, welche die römischrechtliche Beschränkung nicht für aufgehoben ansieht, die richtigere zu seyn. Denn a) war auch der Concubinat römischrechtlich extra legis poenam und rechtlich eine consuetudo licita, so wurde er doch auch als etwas Verwerfliches betrachtet, und die Testamentsfähigkeit der liberi naturales gerade deßhalb beschränkt, weil man das Verhältniß zwischen Vater und Mutter für ein verwerfliches hielt, C. eod., l. ult. ... filiis enim naturalibus relinqui, quantum voluerint, ideo prohibuerunt, quia vitium paternum refrenandum esse existimaverunt. Nun kann aber doch die Beschränkung nicht dadurch aufgehoben seyn, daß die Verwerf-

lichkeit eine größere, der Concubinat sogar zu einem unerlaubten Verhältniß gestempelt worden, und nicht mehr extra legis poenam ist. Welch' ein Schluß wäre es: weil liberi naturales römischrechtlich nicht für spurii galten, aber in ihrer Erbfähigkeit dennoch beschränkter waren als spurii, so sind sie jetzt, wo sie den spurii gleich geachtet werden, weniger beschränkt, als sie es römischrechtlich waren! Dazu kommt, daß b) eine gemeine Praxis seit Jahrhunderten die römischrechtlichen Grundsätze über das Intestaterbrecht der Concubinenkinder auf spurii anwendet, und insofern nach heutigem Recht spurii und liberi naturales, weil diese auch spurii seyen, gleichstellt (unten §. 81.). Somit scheint es eine einfache Consequenz zu fordern, daß wir auch die Bestimmungen über das testamentliche Erbrecht nicht für aufgehoben halten, sondern umgekehrt in einem weitern Umfange, d. h. nicht blos bei liberi naturales im römischen Sinne, die für uns spurii sind, sondern bei allen spurii zur Anwendung bringen, soweit sie die Praxis den römischen liberi naturales gleich gestellt hat.

§. 18.

Alle Unfähigen der ersten Art können jedoch unter der Bedingung, daß sie fähig seyn würden, gültig eingesetzt werden [1]).

Alle Unfähigen der zweiten Art [2]), welche nur nicht das Ganze erhalten können, gelten alsdann für fähig, wenn sie, was ihnen über den gebührenden Theil zugedacht ist, an Andere herausgeben sollen [3]), oder die Erbschaft insolvent wäre [4]).

Personen in fremder Gewalt, d. h. bei uns Hauskinder [5]), werden, auch sofern sie nicht durchaus für sich erwerben [6]), nicht nach der Fähigkeit der Gewalthaber [7]), sondern nach ihrer eigenen beurtheilt [8]), und erwerben jedenfalls ganz für sich, sobald sie vor dem Erwerb von der Gewalt befreit werden [9]).

Soldaten können Unfähige jeder Art, mit wenigen Ausnahmen [10]), einsetzen [11]), und auch bei diesen Ausnahmen hat die Unfähigkeit nie eine Vernichtung der Einsetzung zur Folge [12]).

1) D. ht., l. 62. — Anzunehmen, daß sich dieses Fragment ursprünglich auf Unfähigkeit der zweiten Art, namentlich auf die Unfähigkeit aus der lex Papia bezogen habe, dazu ist gar kein Grund vorhanden. Der Ausdruck »capere« darf für das frühere wie für das Justinianische Recht, ohne besondere, dem Zusammenhang oder andern Umständen entnommene Ursache, nicht gerade in seinem beschränkten Sinn aufgefaßt werden (oben, §. 15. Note 2.). Und die Schrift, welcher das Fragment angehörte (pandectae), rechtfertigt eine beschränkte Auffassung auf keine Weise. — Es fragt sich indessen, ob nicht jede bedingte Einsetzung dieselbe Wirkung habe, m. a. W.: ob kein bedingt Eingesetzter überhaupt zur Zeit der Testamentserrichtung schon fähig seyn müsse? Die Frage kann nur verneint werden; auch der bedingt Eingesetzte muß zur Zeit der Errichtung Fähigkeit haben, J. de hered. qual. et diff., II. 19. §. 4. — Theoph. ad h. l. — Nicht entgegen D. de reg. Cat., XXXIV. 7. l. 4. Placet, Catonis regulam ad conditionales institutiones non pertinere; denn D. eod., l. 3. Catoniana regula *non pertinet ad hereditates*, und leidet also ihre Beschränkung bei bedingten Legaten auch keine Anwendung auf bedingte Erbeseinsetzungen.

2) Denn, was die Unfähigkeit der ersten Art betrifft, D. de lege Corn. de fals., XLVIII. 10. l. 14. §. ult. .... cum is, qui sibi jussu testatoris legatum adscripsit, etiamsi fidei suae similiter jubente testatore commisisset, ut id alii re-

stitueret: Senatus jussit eum nihilominus legato abstinere, idque apud heredem remanere cum onere fideicommissi.

3) D. de leg. II., l. 42. — ad Sctum Treb., XXXVI. 1. l. 16. §. 15. — Hieher gehört auch D. de cond. et dem., XXXV. 1. l. 62. §. 1.

4) D. ht., l. 72.

5) Da wir keine Sklaverei mehr haben.

6) wie beim peculium castrense.

7) Wie es scheinen könnte, 1) hauptsächlich nach J. de her. qu. et diff., II. 19. §. 4. — D. ht., l. 49. §. 1., allgemein redende Stellen, die mithin auch ohne entschieden entgegen stehende Aussprüche allgemein aufzufassen, d. h. auf Sclaverei und väterliche Gewalt zu beziehen wären; 2) in Folge einer auf den ersten Blick nicht unwahrscheinlichen Voraussetzung, daß sich hier eine Ansicht des ältern Rechts forterhalten habe, wie sich solche Ansichten auch bei dem Erwerb des einem Hauskinde deferirten Erbrechts forterhielten (zu vergl. D. de adqu. v. om. hered., XXIX. l. 25. 26. l. 35—36.), gleichsam als ob noch im Justinianischen Rechte der Hausvater wie ehemals durch das Hauskind erwärbe; und endlich in Betracht 3) des Umstandes, daß auch der Vater gegen den Willen des Kindes die Erbschaft ganz für sich erwerben könne, C. de bon. qu. lib., VI. 61. l. 8. Sollte nicht auch für den Fall der Unfähigkeit des Hauskindes und Fähigkeit des Hausvaters das alte jus patrium vorwalten, für den umgekehrten Fall hingegen das Hauskind mit unter der Unfähigkeit des Hausvaters leiden müssen?

8) Daß es nach Justinianischem Rechte auch auf die Fähigkeit des Hausvaters und nicht vielmehr einzig auf die des Hauskindes ankomme, dagegen spricht 1) der Hausvater erhält doch höchstens nur den ususfructus, und so vermag man nicht abzusehen, wie das zum Grundstock berechtigte Hauskind darunter leiden soll, wenn der Hausvater etwa keine Erbs- oder keine Erwerbs-Fähigkeit hätte. Insofern

und da ferner 2) das Hauskind die Erbschaft selbst gegen den Willen des Hausvaters und zwar ganz für sich erwerben kann, C. de bon. quae lib. VI. 61. l. 8., so möchte man es für juristisch-natürlicher halten, daß auch in Betreff der Fähigkeit nur auf das Hauskind zu sehen sey, das eben, bei der Unfähigkeit des Hausvaters, das Ganze unbeschränkt erwerbe. Umgekehrt würde 3) der Grundsatz, man habe auf die Fähigkeit des Hausvaters zu achten, in der That zu der Abnormität führen, daß, wo dieser fähig, das Hauskind aber unfähig wäre, der Vater nicht blos den ususfructus, sondern die Erbschaft nach Nutzen und Eigenthum erwerben, und so der eigentliche Erbe, das Hauskind, das nach Justinianeischem Rechte wesentlich, d. h. dem Grundstock nach, Erbe werden soll, völlig unberücksichtigt bleiben müßte. 4) Die beiden angeführten Stellen lauten ganz allgemein (sive ipsi heredes instituantur, sive hi, qui in potestate eorum sunt), lassen sich daher nicht nur leicht auf Herrn und Sclaven beschränken, sondern scheinen auch darauf beschränkt werden zu müssen, weil wir keine einzige Stelle im Justinianeischen Rechte besitzen, welche den darin enthaltenen Grundsatz namentlich auf Hauskinder und Hausväter anwendet, während er auf der andern Seite bei Einsetzungen von Sclaven allerdings noch namentlich zur Anwendung gebracht wird, z. B. D. ht., l. 31 pr. l. 50 pr.

9) D. de adqu. v. om. her. XXIX. 2. l. 82. Si servus ejus, qui capere non potest, heres instituatur, et, antequam jussu domini adeat hereditatem, manumissus alienatusve sit, et nihil in fraudem legis factum esset, ipse admittitur ad hereditatem. Und hieraus ergibt sich von selbst D. eod., l. 80. §. 2. Item si servus meus ex parte heres institutus sit pure, ex parte sub conditione, dato scilicet coherede, et jussu meo adierit, deinde eo manumisso conditio alterius portionis extiterit, verius est, *non mihi esse adquisitam illam portionem* sed ipsum comitari: omnia enim paria permanere debent in id tempus, quo alterius portionis condi-

tio extet, ut adquiratur ei, cui prior portio adquisita est. l. 35. pr..... Idem dico, et si filius familias, vel servus jussu domini vel patris adierint hereditatem, mox emancipatus vel manumissus ex causa substitutionis adeunt, erunt namque haeredes: sunt enim appendices praecedentis institutionis.

10) D. de test. milit., XXIX. 1. l. 13. §. 2. — C. de haeret., I. 5. l. ult. — D. eod., l. 41. §. 1. junct. D. de his quib. ut ind. XXXIV. 9. l. 14.

11) C. de test. milit., VI. 21. l. 5.

12) D. de test. milit., XXIX. 1. l. 13. §. 2.... Si servum poenae heredem scribat, institutio non valebit: sed si mortis tempore in civitate inveniatur, institutio incipit convalescere, quasi nunc data hereditate et generaliter in omnibus id poterit dici, quos miles scribit heredes, ut institutio incipiat vires habere, si mortis tempore talis inveniatur, ut a milite institui poterit.

§. 19.

Die Erbseinsezung kann an jeder Stelle des Testaments [1], mit jeden Worten [2], sofern sie nur auf eine Berufung zu einer Gesammtheit von Vermögensverhältnissen hinweisen [3], geschehen; Einen oder Mehre, und die leztern bald mit, bald ohne Theilbestimmung [4] umfassen, sogar zunächst auf einzelne Gegenstände oder Vermögensabtheilungen gerichtet werden [5], wofern nur nicht Andere zugleich ohne einen solchen Beisaz zu Erben ernannt sind [6]. Die Bezeichnung der Person muß bestimmt [7] und darf römischrechtlich nicht in den Willen eines Dritten gelegt [8], wohl aber, wird anders schriftlich testirt [9], auf eine abgesonderte Erklärung ausgesezt [10]) seyn. Der Theil hingegen, welchen Jemand erhalten soll, kann sowohl bei dem schriftlichen als mündlichen Testament durch eine abgesonderte Erklärung bestimmt [11]) und er sowohl, als die Wahl unter mehrern Personen dem Willen eines Dritten anheimgegeben werden [12]).

1) Caj., II. 229—231. Ulp., XXIV. 15. — C. de test., VI. 23. l. 24. — J. de legat., II. 20. §. 34.

2) Caj., II. 117. Ulp. XXI. — C. eod., l. 15.

3) D. ht., l. 1. §. 5. — C. eod., l. 7. — Aber jedenfalls in Worten. Eine bloße Schlußfolgerung ohne unmittelbar auf die Einsetzung gerichtete Erklärung genügt nicht. D. ht. l. 19. l. 65., nicht entgegen D. ht., l. 85.

4) J. ht., §. 4. 6.

5) D. ht., l. 35. pr..... dicebam, receptum esse, rerum heredem institui posse, nec esse inutilem institutionem etc. — ad Sctum Treb., XXXVI. 1. l. 29..... testamentum.., licet in eo certarum rerum heres scriptus sit, jure valere, perinde ac si rerum mentio facta non esset etc. Die Bedeutung, sowohl wenn Mehre auf dieselbe Sache oder Vermögensabtheilung, als wenn sie auf verschiedene Sachen oder Vermögensabtheilungen, mit oder ohne Theilbestimmung, eingesetzt sind, in D. ht., l. 10—11. l. 35. pr. l. 78. pr. Doch D. ht., l. 9. §. 13..... Celsus expeditissimam Sabini sententiam sequitur, ut, detracta fundi mentione, quasi sine partibus heredes scripti, hereditate potirentur, *si modo voluntas patrisfamilias manifestissime non refragatur.* — l. 35. §. 2..... erunt tamen heredes ex aequis partibus, *quia nulla pars adscripta est.* Die Hinzufügung der Sachen oder Vermögensabtheilungen hat indessen doch auch ihre Wirkung, D. ht., l. 35 pr. l. 78.

6) C. ht., l. 13. — Nicht abgeändert durch Nov. CXV. c. 3. und 5. Auf ähnliche Weise soll der Erbe nach der lex Falcidia den vierten Theil seiner Portion frei haben, und dennoch genügt es bei Belastungen durch universelle Fideicommisse, wenn er deducta oder retenta re etc. zu restituiren

hat, J. de fideic. hered., II. 23. §. 9. In der That gilt auch der heres ex re certa neben andern zu bestimmten Quoten oder ohne alle Theilbezeichnung ernannten Erben nicht durchaus als Legatar. Er ist vielmehr dem Erben gleich, dem der Erblasser Einzelnes zugewiesen hat, C. l. c. Quotiens certi quidem ex re certa scripti sunt heredes, *vel* certis rebus pro sua institutione contenti esse jussi sunt etc. Beide werden wohl im Allgemeinen als Legatare betrachtet, C. l. c. quos legatariorum loco haberi certum est. J. l. c... quasi ex legato ei adquisita etc., aber nur sofern die neben ihnen eingesetzten andern Erben alle, oder derselben Einer wirklich auch Erben werden. Fallen hingegen diese weg, so treten nun die ex re certa Eingesetzten, wie die, welche re certa contenti seyn sollten, in ihrer Eigenschaft als Erben wieder hervor. Daher »legatariorum *loco* haberi certum est«, und »*quasi* ex legato ei adquisita.« Und darauf, daß sie der Erbesqualität nicht durchaus entblöst seyen, weist schon der Umstand hin: es hätte im andern Fall gar nicht zweifelhaft seyn können, ob sie sich der Erbschaftsklagen bedienen können. Justinians Entscheidung spricht ihnen diese auch nur ab in der Voraussetzung, daß sich die neben ihnen eingesetzten, andern Erben derselben bedienen können, C. l. c. *eos* tantummodo omnibus hereditariis actionibus uti vel conveniri decernimus, *qui ex certa parte vel sine parte scripti fuerint*, nec aliquam deminutionem earundem actionum, occasione *heredum ex certa re scriptorum* fieri. Ob indessen durch diese Entscheidung auch die actio familiae herciscundae den Erben ex re certa entzogen ist? Man sollte meinen, da diese actio doch gewiß auch eine actio hereditaria ist. Nicht entgegen D. ht., l. 35 pr. — Bei Soldatentestamenten tritt bald die Regel ein, D. de test. milit., XXIX. 1. l. 17 pr., bald wird sie auf diese, D. eod., l. 6., oder jene Weise modificirt, D. eod., l. 17. §. 1. — ad Sctum Treb., XXXVI. 1. l. 16. §. 6.

7) D. ht., l. 9. §. 9. Nicht gerade durch den Namen, D. ht., l. 9. §. 8. l. 58. Doch D. ht., l. 9. §. 8., vergl. mit D. ht.,

l. 48. §. 1. Ohne diese Bestimmtheit, D. de reb. dub., XXXIV. 5. l. 3. In ambiguo sermone non utrumque dicimus, sed id duntaxat, quod volumus. Daher D. ht., l. 62. §. 1.

8) D. ht., l. 32. l. 68. Das canonische Recht sagt, X. de test., III. 26. c. 3.... dicimus, quod qui extremam voluntatem in alterius dispositionem committit, non videtur decedere intestatus.

9) Für das mündliche Testament, was wenigstens die Erben betrifft, D. qui test. fac. p., XXVIII. 1. l. 21. — C. de test., VI. 23. l. 26. — ND. ht., §. 8.

10) Die Natur einer solchen Erklärung, D. de cond. inst., XXVIII. 7. l. 10. Institutio talis, si codicillis Sejum heredem scripsero, heres esto, non est inutilis in quovis herede instituto praeter filium. est enim *conditionalis institutio*, nec videtur hereditas codicillis data, quod interdictum est: *verum conditionalis est haec institutio, quae testamento data esset. proinde et si ita scripserit, cujus nomen codicillis scripsero, ille mihi heres esto, pari ratione dicendum erit, institutionem valere, nullo jure impediente.* — ht., l. 77. — Zu vergl. D. de reb. dub., XXXIV. 5. l. 25. — de legat. I., l. 123. §. 1.

11) D. de cond. et dem., XXXV. 1. l. 38. Si ita scripsero, quantum codicillis Titio legavero, licet codicillis legatum explicetur, tamen ex testamento valet, solaque quantitas in codicillo delata est; nam et apud veteres talia legata fuere, quantum ei per epistolam scripsero, quantum ex illa actione detraxero, heres dato. — ht., l. 36. — Zu vergl. D. ht., l. 2. — de bon. poss. s. t., XXXVII. 11. l. ult.

12) Arg. D. de reb. dub., XXXIV. 5. l. 7. §. 1. Cum quidam, pluribus heredibus institutis, unius fideicommisisset, ut, cum moreretur, uni ex coheredibus, cui ipse vellet, restitueret eam partem hereditatis, quae ad eum pervenisset, verissimum est, utile esse fideicommissum; *nec enim in arbitrio ejus, qui rogatus est, positum est, an omnino velit resti-*

tuere, sed cui potius restituat. Plurimum enim interest, utrum in potestate ejus, quem testator obligari cogitat, faciat, si velit dare, *an post necessitatem dandi solius distribuendi liberam arbitrium* concedat.

§. 20. [1]

Der Erblasser kann Bedingungen [2]) hinzufügen, ausdrücklich oder stillschweigend [3]), Eine oder mehre [4]), aufschiebende wie der Fassung nach auflösende [5]); sie wären denn physisch unmöglich [6]), in welchem Falle sie als nicht hinzugefügt gelten [7]), oder verstießen gegen Recht [8]), gute Sitte [9]) und das Benehmen eines vernünftigen, ehrenhaften Menschen [10]), wo sie erlassen werden [11]), oder sie gingen auf eine Erbeserschleichung aus [12]), wo sie die ganze Einsetzung vernichten [13]).

1) D. de cond. inst., XXVIII. 7. (ht. [2]) — de cond. et dem., XXXV. 1. (ht. [3]) — C. de instit. et subst. et rest. sub condit. f., VI. 25. (ht.) — de cond. inst., VI. 46. (ht. [1])

2) Der weitere Begriff, D. de manum. test., XL. 4. l. 44. — ht. [3]), l. 17. §. 3. l. 107. — Der eigentliche D. ht. [2]), l. 10. §. 1. Si quem ita institutum ponamus, ille, si eum codicillis heredem scripsi, heres esto, valet institutio etiam in filio, qui in potestate est, cum nulla sit conditio, quae in praeteritum confertur vel quae in praesens. — de inj. rupt. irr. t., XXVIII. 3. l. 16. — ht. [2]), l. 12. Verba haec, Publius Maevius, si volet, heres esto, in necessario conditionem faciunt, ut, si nolit, heres non existat: nam in voluntaria heredis persona frustra adduntur, cum et si non fuerint addita, invitus non efficitur heres. — D. ht. [3]), l. 47. — quand. dies leg., XXXVI. 2. l. 22. §. 1. — D. ht. [3]), l. 79 pr. Heres meus, cum morietur Titius, centum ei dato, purum legatum est, quia non *conditione* sed mora suspen-

ditur. *non potest enim conditio non existere.* Indessen kann der Wille des Erblassers unter Umständen eine Ausnahme begründen, D. ht. [3]), l. 19. §. 1. Haec scriptura, si primus heres erit, damnas esto dare, pro conditione non est accipienda ... nisi forte hoc animo fuerat testator, ut faceret conditionem.

3) D. ht., l. 2 pr. in f. l. 29. — de vulg. et pup. subst., XXVIII. 6. l. 8 pr.

4) J. ht., §. 11.

5) Für die Statthaftigkeit auflösender Bedingungen a) die Analogie der Legate, welche früher eben so wenig als das Erbrecht ad tempus gegeben werden konnten, D. de leg. I., l. 55. — de O. et A., XLIV. 7. l. 44. §. 7. — C. de legat., VI. 37. l. ult., und doch eine auflösende, die freilich in die entgegengesetzte aufschiebende verwandelt werden sollte, und mithin blos der Fassung nach auflösende Bedingung zuließen, D. de legat. I., l. 68. §. 2. — de adim. v. transf. leg., XXXIV. 4. l. 10. l. 14. — ht. [3]), l. 107. — quand. dies leg. ced., XXXVI. 2. l. 6. — b) die Aufnahme so vieler Stellen, welche von Resolutivbedingungen und deren Umwandlung bei Legaten sprechen. Denn zu dem neuern Recht der Legate (C. de legat., VI. 37. l. ult.) passen sie nicht; und doch kann ihre Aufnahme in die Digesten schon ihrer Anzahl wegen keinem Versehen zugeschrieben werden. Welche andere Absicht könnte aber ihrer Einreihung zu Grunde liegen, als die, für Behandlung auflösender Bedingungen bei dem Erbrecht einen Grundsatz vermöge Analogie an die Hand zu geben? — c) Die völlige oder theilweise Entziehung eines Erbrechts poenae nomine, die immer in Form einer Bedingung geschah, J. de legat., II. 20. §. ult... eo amplius nec heredem poenae nomine adjici posse, Sabinus existimabat, veluti si quis ita dicat, Titius heres esto, si Titius filiam suam Sejo in matrimonium collocaverit, Sejus quoque heres esto. — D. ht. [3]), l. 12. pr. Si ita legatum sit, quoniam filius major ex arca mea decem sus-

tulit, heres minor filius decem e medio sumito, debetur legatum ... et sane haec causa est, nam causa in praeteritum, *poena in futurum confertur*, und also stets eine resolvirende Bedingung enthielt. Nun ward aber eine solche Entziehung α) nach früherem Recht nicht allgemein mißbilligt, Caj. II. 243. ... quamquam non immerito *quibusdam* placeat, poenae nomine heredem institui non posse; β) jedesfalls auch vor Justinian gestattet, wenn der Erblasser nicht in poenam, sondern einfach unter einer Bedingung für einen andern das verliehene Erbrecht ganz oder theilweise entziehen wollte, D. de his quae poen. nom., XXXIV. 6. l. 2. Poenam a conditione voluntas testatoris separat, et an *poena* an *conditio* an translatio sit, ex voluntate defuncti apparet etc., zu vergl. Caj. II. 237.; γ) von Justinian ohne weiters zugelassen, C. de his quae poen. nom., VI. 41. l. un.... praecipientes, nullum valere dicendo poenae nomine quaedam esse relicta, vel adempta in supremis testantium voluntatibus, eas infirmare, sed licere testanti pro implenda sua voluntate vel pecunias dari praecipere, vel aliam pecuniariam poenam inferri quibus voluerit, tam in *adimendis hereditatibus* vel legatis ... quam in praecipiendo ad alias personas transferri ab eo, cui relicta ab initio sunt etc. — Freilich konnte und kann das unter einer auflösenden Bedingung verliehene Erbrecht nicht anders behandelt werden, als die unter auflösenden Bedingungen verliehenen Legate nach früherem Rechte behandelt wurden.

6) Der Begriff umfaßt alles, was a) an und für sich nach Naturgesetzen, D. de inj. rupt. irr. t., XXVIII. 3. l. 16.... si vero impossibiles sunt, veluti, Titius, si digito coelum tetigerit, heres esto etc.; b) unter einer falschen Voraussetzung des Erblassers, D. ht. [3]), l. 72. §. 7. Falsam conditionem Cassius et Coelius Sabinus impossibilem esse dixerunt, veluti, Pamphilus, si quod Titio debeo solverit, liber esto, si modo Titio nihil fuit debitum. — ht., l. 45. Si Maevia mater mea et Fulvia filia mea vivent, tum mihi

Lucius Titius heres esto. Servius respondit, si testator filiam nunquam habuerit mater autem supervixisset, tamen Titium heredem fore, quia id, quod impossibile in testamento scriptum esset, nullam vim haberet. — ht.[2]), l. 20. pr. — c) in der Art, wie es der Erblasser bestimmte, menschlichen Kräften nach objektiver Beurtheilung unmöglich ist, D. ht.[2]), l. 6. Si quis institutus sit, si monumentum post mortem testatoris in triduo proximo mortis ejus fecisset, cum monumentum in triduo perfici non possit, dicendum erit, conditionem evanescere, quasi impossibilem; im Gegensatz steht das Schwierige oder individuell Unmögliche, D. ad Sctum Treb., XXXVI. 1. l. 63. §. 7. — de statulib., XL. 7. l. 4. §. 1.

7) J. ht., §. 10. — D. ht.[3]), l. 3. — Ausnahme, D. de statulib., XL. 7. l. 4. §. 1. in fine. — ht.[2]), l. 16.

8) D. ht.[2]), l. 14. — de legat. I., l. 112. §. 3.

9) D. eod. — ht.[2]), l. 9.

10) Zu diesen gehören die sogenannten conditiones ineptae, derisoriae, D. de legat. I., l. 113. §. ult. — ht.[2]), l. 27. pr., doch D. ht.[3]), l. 55., und ebenso die conditiones turpes, D. ht.[3]), l. 20. l. 71. §. 2. — ht.[2]), l. 8. pr.

11) D. ht.[2]), l. 9. — l. 8. pr. §. 4. — ht.[3]), l. 20. — C. ht., l. 5., und daher D. ht.[2]), l. 14. — J. de legat., II. 20. §. ult. circ. fin. — Auch findet hier die Beschränkung, wie sie bei Verträgen vorkommt, D. de V. O., l. 121. §. 1. nicht wohl Statt, da der Erbe stets der Berechtigte ist und mithin hier derselbe Grund eintritt, wie in D. de pact.. II. 14. l. 7. §. 3. Indessen D. ht.[2]), l. 8. §. 6. — ht.[3]), l. 26. pr.

12) Der Begriff aus D. ht., l. 70. vergl. mit D. ht. l. 2. l. 29. l. 71. pr. — ht.[2]), l. 20. §. ult.; für sich oder einen andern, D. ht. l. 71. §. 1. Ob die Einsetzung des Captanten gültig? unten, §. 31. Note 8.

13) D. ht., l. 70. — de his quae pro n. scr., XXXIV. 8. l. 1.

§. 21.

So lange Bedingungen nicht erfüllt sind, insolange wird der Erbe nicht gerufen [1]). Sie müssen aber erfüllt werden, so wie sie gestellt sind, also bald mehre zusammen [2]), bald von mehren die eine oder die andere [3]), nicht theilweise [4]), außer wenn sie mehren Personen zugleich auferlegt und theilbar wären [5]), nicht durch etwas Anderes [6]), und zu rechter Zeit [7]). Doch kann eine in einem Nichtthum bestehende Bedingung vorläufig durch Caution erfüllt werden [8]).

1) Daher seine Fähigkeit nicht nach der Zeit des Todes des Erblassers, sondern des Eintritts der Bedingung beurtheilt wird, D. ht., l. 59. §. 4. — J. de hered. qual. et diff., II. 19. §. 4.

2) J. ht., §. 11. — D. ht. [2]), l. 5.

3) J. eod. — D. eod. — Eine Modification, D. ht. [2]), l. 8. §. 5. Daß, wie man in neuester Zeit mit großem Scharfsinn auszuführen gesucht hat, die Einsetzung unter alternativen Bedingungen eigentlich in so viele Einsetzungen zerfalle, als Bedingungen in die Alternative gestellt sind, und von diesen Einsetzungen eine jede nur auf einen verhältnißmäßigen, d. h. der Zahl der Bedingungen entsprechenden Theil des Ganzen gehe, wozu man unter alternativen Bedingungen gerufen sey, widerstreitet a) den klaren Aussprüchen unsers positiven Rechts, D. ht. [3]), l. 26. pr. l. 78. §. 1. Haec scriptura, si viginti dederit aut juraverit aliquid factarum, *unam* conditionem exprimit habentes duas partes etc. Disjunctivo modo conditionibus adscriptis, alteram defecisse non *oberit,* altera vel postea impleta etc., und führte b) zu Ergebnissen, die unser positives Recht nicht anerkennt. Denn wäre neben einem Erben unter alternativen Bedingungen noch ein Anderer zum Erben eingesetzt und blos Eine jener

Bedingungen eingetreten, so müßten die, den nicht erfüllten Bedingungen entsprechenden Theile vermöge jus adcrescendi pro rata auch dem Miterben zu gut kommen, gerade wie wenn Jemand neben einem Andern theils pure theils sub conditione eingesetzt seyn würde, D. ht., l. 59. §. 5—6 —; ein Resultat, wofür wir in unsern Quellen eine Anerkennung zu entdecken nicht vermögen. Vielmehr sprechen diese so allgemein, daß man sieht, auch neben Miterben begnügen sie sich mit dem Eintritt auch nur Einer der alternativen Bedingungen, J. l. c..... si separatim, veluti si illud aut illud factum fuerit, *cuilibet obtemperare satis est.* D. ht.[2]), l. 5. — Dazu kommt noch, daß, wenn eine der alternativen Bedingungen nachgelassen (remitti) zu werden pflegt, der Erbe auch die andere nicht zu erfüllen braucht, D. ht.[2]), l. 8. §. 5..... ne alia ratione conditio alia cum *urgeat* ad jusjurandum; eine Bestimmung, die gewiß nicht auf die Einsetzung eines einzigen Erben unter alternativen Bedingungen beschränkt werden kann. Ist aber ein Miterbe vorhanden, so würde der Grund ne conditio alia eum urgeat ad jusjurandum nur dann passen, wenn durch das jusjurandum an sich allein dasselbe erreicht würde, was durch Erfüllung der andern Bedingung; unter Voraussetzung jedoch, daß eine Einsetzung unter alternativer Bedingung als eine mehrfache Einsetzung gelte, würde gegenüber von den Miterben das jusjurandum etwas Anders gewähren, als die Erfüllung der andern Bedingung, nehmlich jenes wie diese einen verhältnißmäßigen, aber deßhalb doch für sich bestehenden Theil. c) Auch die sonst ausgesprochene Ansicht unsers Rechts über alternative Bedingungen steht entgegen. Wer kann nehmlich oder wird behaupten, daß Legate oder Obligationen, welche unter alternativen Bedingungen constituirt sind, in mehrere Legate oder Obligationen zerfallen, die, je nachdem die verschiedenen, alternativen Bedingungen eintreten oder nicht eintreten, gelten oder nicht gelten gemacht werden können? Und aus welchem Grunde soll bei der Erbsein=

setzung etwas Verschiedenes gelten? Es wäre dies eine unerklärte, und wohl unerklärbare Verschiedenheit. — Wenn man sich indessen für die hier bekämpfte Ansicht theils a) auf D. ht., l. 85. — de reb. dub. XXXIV. 5. l. 13. §. ult. — C. de inst. et subst., VI. 25. l. 6., theils b) auf D. ht., l. 40. beruft, so vergißt man ad a) daß die bezeichneten Stellen den Theil des adjectus gar nicht bestimmen, und in der That der Voraussetzung eines größern Theils eben so wenig entgegen sind, als der eines kleinern; und es ist lediglich eine petitio principii, gerade einen kleinern Theil vorauszusetzen. Was hingegen ad b) die l. 40. betrifft, so müssen wir an der Hand von l. 41., J. de vulg. subst., II. 15. §. 4. und Theophilus ad h. l. die gewöhnliche Lesart des Schlußsatzes von l. 40. modificiren. Geben wir aber dem Sempronius die Hälfte der Erbschaft, so beweist das Fragment für Zerlegung der Einsetzung unter alternativen Bedingungen in mehrere Einsetzungen lediglich nichts. Jedenfalls dürfte übrigens der höchst gekünstelte, und in der That unhaltbare Versuch — (denn warum soll die Einsetzung eines Freien mit der Substitution „si heres non erit" anders beurtheilt werden, als die eines Sclaven mit der Substitution „si heres non erit"? warum soll hier der Sinn seyn „si *neque* ipse heres erit, *neque* alium fecerit" und dort „si *vel* sibi non acquisierit, *vel* alium heredem non fecerit"? ich kenne keinen irgend scheinbaren Grund für diese Unterscheidung) — eine juristisch nicht zu rechtfertigende und höchstens als Singularität zu erklärende Entscheidung juristisch zu rechtfertigen, nicht geeignet seyn, um daraus verallgemeinernde Schlüsse zu ziehen. Dürfte man diese Stelle consequent verallgemeinern, so müßte man auch, wenn der eingesetzte Freie wirklich als Freier für sich erwerben könnte, den Sempronius doch neben ihm zur Hälfte zulassen, weil ja das andere Glied der Alternation „*vel* alium heredem non fecerit" eingetroffen wäre — eine Consequenz, die man nur nennen darf, um sie für verwerflich zu erkennen.

4) D. ht. [3]), l. 23. l. 44. §. ult.

5) D. ht. [3]), l. 44. §. 8. l. 56. l. 112. §. 2. Wären sie untheilbar, dann D. ht. [3]), l. 112 pr. Doch D. ht., l. 44. — de statulib., XL. 7. l. 13. §. 2. — C. ht. [1]), l. 6., es müßte denn der Wille des Erblassers es anders bestimmt haben, D. de manum. test., XL. 4. l. 13 pr. §. 1—2.

6) D. ht. [3]), l. 45. Indessen D. eod., l. 13. l. 72. §. 4. — C. ht., l. 3.

7) D. h. zunächst nach Vorschrift des Erblassers, D. ht. [3]), l. 19 pr. — ht., l. 6., dann nach der Natur des Inhalts der Bedingung, D. ht. [3]), l. 91., außerdem für casuelle Bedingungen, D. ht. [3]), l. 2. l. 10 pr. — C. ht., l. 7., vergl. mit D. ht. [3]), l. 10. §. 1. l. 11 pr. — de legat. II., l. 45. §. ult.; über conditiones promiscuae, deren Begriff kein absolut bestimmbarer ist, D. de hered. inst., XXVIII. 5. l. 4. §. 1. Puto recte generaliter definiri, utrum in potestate fuerit conditio, an non fuerit, facti potestas est. potest enim et haec, si Alexandriam pervenerit, non esse in arbitrio per hiemis conditionem, potest et esse, si ei, qui a primo milliario Alexandriae agit, fuit imposita: potest et haec, si decem Titio dederit, esse in difficili, si Titius peregrinetur longinquo itinere. pro quae ad generalem definitionem recurrendum est. Zu vergl. C. de inst. et subst., VI. 25. l. 4., aber jedenfalls nach dem Verhältnisse zur Zeit der Testamentserrichtung bestimmt werden muß, siehe D. ht. [3]), l. 2. l. 11. §. 1. und dazu noch D. ht. [3]), l. 29. — ht., l. 23. §. 1. Ausnahme, D. ht. [3]), l. 109. ... heredem conditioni parere non posse. — de legat. I., l. 104. §. 1. — C. de caduc. toll., VI. 51. l. un. §. 7. Milderung, D. ht. [3]), l. 40 pr.

8) Durch die auf Erbschaften herübergenommene cautio Muciana, D. ht. [3]), l. 7. Mutianae cautionis utilitas consistit in conditionibus, quae in non faciendo sunt conceptae ... nec solum in legatis placuit, verum in hereditatibus quoque idem remedium admissum est etc., die freilich auch hier der

gleichen Beschränkung wie bei Legaten, D. ht.[3]), l. 72. §. 2. l. 73. unterworfen ist, ohne daß D. ht.[2]), l. 4. §. 1. entgegen stünde, D. ht.[3]), l. 7. pr.... si Stichum non manumiserit. l. 67. Zu vergl. noch D. ht.[3]), l. 72. pr. §. 1. Wem wird die Caution geleistet? D. ht.[3]), l. 18. Zu vergl. D. ht.[3]), l. 7. §. 1. — Nov. XXII. c. 44. §. 9. Worauf? D. ht.[3]), l. 67. l. 79. §. 2. — de legat. II., l. 76. §. 7. — Nov. XXII. c. 44. §. 2. 4.

§. 22.

Werden Bedingungen nicht erfüllt, so fällt die Einsetzung [1]). Eine nicht erfüllte Bedingung gilt jedoch für erfüllt, wenn:

a) Jemand unbedingt und bedingt eingesetzt würde[2]), oder theils bedingt theils unbedingt[3]), ohne daß er einen Miterben[4]) oder auf den Fall der Nichterfüllung einen Nacherben erhalten hätte[5]);

b) ein bei dem Nichteintritte der Bedingung Betheiligter die Erfüllung unmöglich macht[6]);

c) der, in dessen Person oder unter dessen Zuthun der Eingesetzte die Bedingung erfüllen sollte, die Erfüllung verhindert[7]);

d) die Bedingung auf das Heurathen überhaupt[8]) lautet, unter gewissen Umständen[9]).

1) Selbst wenn der Erblasser die Erfüllung verhinderte, D. ht.[3]), l. 72. §. 7.

2) D. ht., l. 27. §. 1. l. 67. Daher D. ht.[2]), l. 17.

3) D. ht., l. 33.

4) D. ht., l. 59. §. 6.

5) D. ht., l. 27 pr. — de adqu. v. omitt. her., XIX. 2. l. 52. §. 1.

6) D. ht. [3]), l. 24. l. 81. §. 1.

7) D. ht. [2]), l. 23. Uter ex fratribus meis consobrinam nostram duxerit uxorem, ex dodrante, qui non duxerit, ex quadrante heres esto: aut nubit alteri aut non vult nubere. consobrinam qui ex his duxit uxorem, habebit dodrantem; erit alterius quadrans. si neuter eam duxerit uxorem, non quia ipsi ducere noluerunt, sed quia illa nubere noluerit, ambo in partes aequales admittuntur. plerumque enim haec conditio, si uxorem duxerit, si dederit, si fecerit, ita accipi oportet, quod per eum non stet, quo minus ducat, det, aut faciat. Die letztern Worte müssen durch ihren Gegensatz, „sed per eam personam, in cujus persona jussus est parere conditioni", D. qu. dies legat. c., XXXVI. 2. l. 5. §. 5. — C. de his quae sub modo, VI. 45. l. 1., noch näher bestimmt werden, D. ht. [2]), l. 3. l. 11. — ht. [3]), l. 14. — C. ht., l. 1. Daher Zufall nicht dieselbe Wirkung hat, wie der hindernde Wille dessen, bei welchem oder unter dessen Zuthun die Bedingung erfüllt werden soll, D. ht. [3]), l. 31. In testamento ita erat scriptum, Stichus et Pamphila liberi sunto et si in matrimonium coierint, heres meus his centum dare damnas esto. Stichus ante apertas tabulas decessit. respondit, partem Stichi defectam esse, sed et Pamphilam defectam conditione videri, ideoque partem ejus apud heredem remansuram. Sed etsi uterque viveret, et Stichus nollet eam uxorem ducere, cum mulier parata esset nubere, illi quidem legatum deberetur, Stichi autem portio inutilis fiebat. nam cum uni ita legatum sit, Titio, si Sejam uxorem duxerit, heres meus centum dato, si quidem Seja moriatur, defectus conditione intelligitur; at si ipse decedat, nihil ad heredem suum eum transmittere, quia morte ejus conditio defecisse intelligitur: utroque autem vivente, si quidem ipse nolit uxorem ducere, quia ipsius facto conditio defecit, nihil ex legato consequitur, muliere autem nolente nubere, cum ipse paratus esset, legatum ei debetur. l. 94. — ad leg. Aquil., IX. 2. l. 23. §. 2. — de statulib., XL. 7. l. 20.

§. 3. — C. ht. [1]), l. 4. Nicht entgegen D. ht. [2]), l. 8. §. 7. — de legat. I., l. 54. §. 2. Denn diese Stellen lassen sich ganz gut auf solche Fälle beziehen, in welchen die Bedingung als eine conditio falsa und mithin unmögliche angesehen wurde, D. ht. [3]), l. 6. §. 1. Si servos certos quis manumisisset, heres esse jussus erat. quibusdam ex his *ante* (nehmlich quam manumittere jussus erat) mortuis etc. — Selbst für Alimente giebt es von den eben angeführten Grundsätzen keine Ausnahme, D. ht. [3]), l. 84. Illis libertis alimentorum nomine, si cum filio meo morati fuerint, menstruos denarios centenos et vestiaria dari volo. liberti in obsequio fuerunt, quamdiu adolescens ad militiam promoveretur, qua causa effectum est, ut quibusdam Romae *relictis* proficisceretur, et apud castra defunctus est. Quaesitum est, an ab heredibus alimenta debeantur. Paulus respondit, conditionem quidem in persona libertorum, qui cum filio defuncti morati sunt, aut *per eos non stetit,* quo minus morarentur, mortuo filio testatoris defecisse non videri. Zu vergl. D. de alim. legat., XXXIV. 1. l. 18. §. 2. Ausnahmen können jedoch durch den Willen des Erblassers begründet werden, D. ht. [3]), l. 84.... sed si testator propter filii utilitatem his, qui cum eo morati fuissent, alimenta praestari voluit, *contra voluntatem* defuncti petentes audiri non oportere. — C. de legat., VI. 37. l. 1., und finden sie allenthalben zu Gunsten der Freiheit statt, D. de statulib., XL. 7. l. 20. §. 3. — C. ht. [1]), l. ult.

8) Nicht einer bestimmten Person, in welcher Voraussetzung die Sache nach dem vorhin Gesagten beurtheilt werden muß.

9) D. ht. [3]), l. 72. §. 4. — D. de legat. I., l. 54. §. 1. und die freilich unglossirte C. de episc. et cler., I. 3. l. 53. §. 2.

§. 23.

Eine der Einsetzung angehängte Zeit wird, wenn

sie ungewiß ist [1]), als Bedingung [2]), wenn sie hingegen gewiß ist [3]), als gar nicht hinzugefügt betrachtet [4]).

1) D. ht. [3]), l. 1. §. 2. l. 79. §. 1. — Doch D. ht. [3]), l. 79 pr. — C. ht., l. 9.

2) D. ht. [3]), l. 75.

3) Eigentlich ist, wenn man die Zeit schon für ungewiß hält, bei welcher es zweifelhaft erscheint, ob der Bedachte sie erleben werde, eine jede Zeit, mit einer einzigen Ausnahme, ungewiß.

4) J. ht., §. 9. — D. ht., l. 34. — Zu vergl. oben §. 2. — Eine Modification, D. de test. mil., XXIX. 1. l. 41 pr. — C. de test. milit., VI. 21. l. 8.

§. 24.

Wird ein modus [1]) hinzugefügt, einfach [2]) oder durch eine Drohung (multa, poena) gesichert [3]), so gilt die Einsetzung unbedingt [4]). Die Erfüllung des einfachen modus kann indessen nur dann, wenn ein Dritter dabei betheiligt [5]) oder Miterben vorhanden wären [6]), die dem modus einverleibte poena hingegen jedenfalls von dem durch dieselbe Begünstigten [7]) gefordert werden. Ein modus jedoch fällt von selbst hinweg, wenn er unmöglich wäre [8]), gegen Recht, Sitte, das Benehmen eines vernünftigen und ehrenhaften Menschen verstieße [9]), und er gilt für erfüllt, wenn seine Erfüllung durch den Betheiligten selbst, oder den, in dessen Person oder unter dessen Mitwirkung er erfüllt werden sollte, verhindert wird [10]).

1) D. ht. [3]), l. 17. §. 4. — de manum. test., XL. 4. l. 17. §. 2.

2) Ohne daß der einfache modus als Bedingung behandelt wird,

D. ht. [2]), l. 8. §. 7. Mortuo autem vel manumisso Sticho vivo testatore, qui ita heres institutus est, si jurasset se Stichum manumissurum, non videbitur defectus conditione heres, quamvis verum sit, compellendum eum manumittere, si viveret. Idem est, et si ita heres institutus esset quis, Titius heres esto, *ita ut Stichum manumittat*, aut Titio centum ita lego, *ut Stichum manumittat:* nam mortuo Sticho nemo dicet summovendum eum, non videtur enim defectus conditione, si parere conditioni non posset; implenda est enim voluntas si potest. — de ann. leg., XXXIII. 1. l. 7.... Pomponius: in testamentis quaedam scribuntur, quae ad autoritatem duntaxat scribentis referuntur, nec obligationem pariunt. Haec autem talia sunt, si te heredem solum instituam et scribam, *uti monumentum mihi certa pecunia facias*. nullam enim obligationem ea scriptura recipit, sed ad auctoritatem meam conservandam poteris, si velis, facere. Zu vergl. D. de manum. test., XL. 4. l. 17. §. 2. l. 44. Nicht entgegen die aus dem Zusammenhange mit dem Vorhergehenden zu erklärende, eine Bedingung voraussetzende D. ht. [2]), l. 8. §. 6., womit, namentlich in Betreff des Wortes jubere, noch zu vergl. D. ht. [2]), l. 3. — ht. [3]), l. 26 pr.

3) D. ht. [3]), l. 6 pr. l. 27. — Eine solche poena oder vielmehr die durch sie gewährte Vergünstigung ist immer eine bedingte, D. eod., l. 27.... *nisi* factum esset, heredes magna pecunia multare etc. — de ann. leg., XXXIII. 1. l. 21. §. 3.

4) D. de manum. test., XL. 4. l. 17. §. 2. l. 44.

5) C. de his quae sub mod., VI. 45. l. 2.

6) D. de ann. legat., XXXIII. 1. l. 7.... Aliter atque si, coherede tibi dato, idem scripsero. nam sive te solum damnavero, uti moumentum facias, cohaeres tuus agere tecum poterit familiae herciscundae, ut facias, quoniam interest illius. quin etiam si utrique jussi estis hoc facere, invicem actionem habetis. Doch D. ht. [3]), l. 71 pr. Durch den im

Texte aufgestellten Grundsatz soll indessen nicht gesagt seyn, daß die Erfüllung des einfachen modus, wenn sie gleich nicht gefordert werden kann (D. de ann. leg., XXXIII. 1. l. 7... nullam enim obligationem ea scriptura recipit .... actio eo nomine nulli competit etc.), nicht dennoch sonst durch Zwang herbeigeführt werden könne, D. eod. ... et in omnibus, ubi auctoritas sola testatoris est, neque omnino spernenda neque omnino observanda est, sed interventu judicis haec omnia debent, si non ad turpem causam feruntur, ad effectum perduci. — de hered. pet., V. 3. l. 50. ... quamvis enim stricto jure nulla teneantur actione heredes ad monumentum faciendum, tamen principali vel pontificali autoritate compelluntur ad obsequium supremae voluntatis.

7) Nach früherem Rechte galt eine solche poena — da sie eine Verschaffung poenae nomine enthält — nicht allgemein. Caj., II. 285. — F. C. Conradi, de Diis heredibus, §. 22. — In dem neueren Rechte kann deren Gültigkeit nicht bezweifelt werden.

8) D. ht.[2]), l. 8. §. 7.

9) D. ht.[2]), l. 15..... quae facta laedunt pietatem, existimationem, verecundiam nostram et, ut generaliter dixerim, contra bonos mores fiunt, nec facere nos posse credendum est. — ht.[3]), l. 71. §. 2.

10) D. ht.[3]), l. 6. pr. — C. eod., l. 1. — Kann der modus durch Zufall nicht erfüllt werden, so ist wohl der Pönalmodus, welcher für den durch die poena Begünstigten eine wahre conditio enthält, anders zu beurtheilen, als der einfache modus.

Viertes Kapitel.

Vertheilung der Erbschaft.

Dieselben Quellen.

§. 25.

Es ist unmöglich, daß der Erblasser seine Erben blos zu einem Theile seines Nachlasses rufe [1]; und wäre dieß geschehen, so bekommen dieselben nichts desto weniger gegen seinen [2], wie gegen ihren Willen [3], das Ganze [4]. Sind Mehre eingesetzt, ohne Theilbestimmung, so erhalten sie Kopftheile [5]. Würden Mehre in Verbindung gerufen, so gälten sie für eine Person [6], und erlangten zusammen den ihnen zugeschiedenen oder einen Kopftheil [7], es hätte denn der Erblasser durch irgend einen Zusatz erklärt, daß er sie nicht eigentlich verbinden wollte [8].

1) Mit Ausnahme von Soldaten, D. de R. J., l. 7. Jus nostrum non patitur, eundem in paganis et *testato* et *intestato* decessisse, earumque rerum naturaliter inter se pugna est, *testatus* et *intestatus.*

2) D. ht., l. 74. Si ita quis heres institutus fuerit, excepto fundo, excepto usufructu heres esto, perinde est jure civili, atque si sine ex re heres institutus esset. Daß in dem Fall, wo der Erblasser ausdrücklich verordnet hat, es sollen die eingesetzten Erben das Nichtvergabte nicht erhalten, das Testament ungültig sey, ist eine durchaus ungerechtfertigte Behauptung. Was in der vorhin ausgeschriebenen Stelle namentlich geordnet ist, das ergibt sich aus dem Geiste der übrigen Bestimmungen von selbst. Daß, wenn der Erblasser Jemanden auf die Hälfte, oder etwas Einzelnes einsetzt, ohne einen andern Erben zu ernennen, ohne aber auch den eingesetzten Erben von dem Nichtvergabten wörtlich auszuschließen, der eingesetzte Erbe dann doch das Ganze be-

komme; das wird nicht aus einem vermutheten Willen des Erblassers abgeleitet, sondern aus der Rechtsregel nemo pro parte testatus etc., J. ht., §. 5. Die Argumentation ist folglich die, er könne nicht blos über die Hälfte verfügen, mithin gilt die Einsetzung auf die Hälfte der auf das Ganze gleich. Dieselbe Argumentation greift auch da Platz, wo der Erblasser seinen Erben von dem Nichtvergabten ausdrücklich ausgeschlossen hat; er kann nicht blos über einen Theil verfügen, und daher gilt die Einsetzung auf einen Theil wie eine auf das Ganze. Welcher Unterschied sollte auch seyn, ob der eingesetzte Erbe stillschweigend von einem Theil ausgeschlossen wird, oder ob der Erblasser den Ausschluß noch überdies wörtlich anordnet? Wenn dorten der favor des Testaments zu dessen Aufrechterhaltung wirkt, warum nicht auch hier? Sollte hier ein zur Nichtigkeit führender formeller Mangel angenommen werden, so müßten wir deßhalb eine ausdrückliche Anordnung haben.

3) D. de castr. pec., XLIX. 17. l. 19. §. 2..... *necessario* ergo castrensis peculii heres scriptus universa bona habebit.

4) Wie das ausgedrückt wird, J. ht., §. 5..... totus as in semisse erit. — oder J. ht., §. 7. — D. ht., l. 13. §. 2.

5) J. ht., §. 6. D. ht., l. 9. §. 12.

6) D. de legat. I., l. 34. pr..... conjuncti unius personae potestate funguntur.

7) D. ht., l. 59. §. 2. — de usufr. adcr., VII., 2. l. 7. — ht., l. 15. pr.

8) D. ht., l. 13. pr. Interdum haec adjectio, aeque heredes sunto, testatoris voluntatem exprimit, ut puta, Primus et fratris mei filii aeque heredes sunto, nam haec adjectio declarat, omnes ex virilibus partibus institutos, ut et Labeo scripsit, qua detracta semissem fratris filii semissem Primus haberet.

§. 26.

Gehen bestimmte Theile über die Masse hinaus, so verliert ein jeder verhältnißmäßig [1]), sofern nicht nach dem Willen des Erblassers eine frühere Einsetzung gegen eine spätere theilweise zurückstehen soll [2]). Erben ohne bestimmte Theile erhalten neben Erben, denen Theile zugewiesen sind, das nicht Vergabte [3]), es müßten denn die bestimmten Theile die Erbsmasse gerade erschöpfen, oder darüber hinaus gehen [4]), gerade zweimal oder mehr als zweimal erschöpfen [5]) u. s. w. [6])

1) J. ht. §. 7. — D. ht., l. 13. §. 4. sequ.

2) Welchen Willen man schon daraus folgert, wenn der Erblasser Jemanden zuerst ausdrücklich zur ganzen Erbschaft und nachher einen andern wiederum zu einem bestimmten Theile ruft, C. de legat., VI. 87. l. 23. *Cum quaestio talis de significatione verborum animos veterum movit*, si quis cuidam agrum Cornelianum puta vel alium quempiam *in solidum* legaverit, deinde alii *partem ejus dimidiam*, quantam portionem primus, quantam secundus legatarius consequitur, simili dubitatione et in hereditate et in fideicommissis habita, cumque computationes multae introducebantur et multis ratiocinationibus dignae, nos hujusmodi computationes quasi superfluas et contrarias voluntati testatoris omnes esse sopiendas censemus. Cum enim manifestum est, eum, qui ab initio *duodecim uncias rei* cuidam reliquit, alii autem postea *sex*, recessisse quidem a priore voluntate, voluisse autem minui eam sex unciis, cum alii eas obtulit, et praesens casus exitum apertissimum inveniet. Si quis itaque vel agrum vel hereditatem reliquerit, primo quidem in totum, secundo autem in partem dimidiam, utrumque in sex uncias esse vel dominum rei legatae vel heredem. et si tota re primo relicto tertiam partem secundo reliquerit,

secundum praedictum modum octo quidem uncias vel agri vel hereditatis apud primum remanere, tertiam autem partem vel quatuor uncias ad secundum migrare. et sic in omnibus statuendum est, id est in hereditatibus vel legatis vel fideicommissio: *vestigia enim voluntatis testatoris* non aliter nisi per hujusmodi viam aestimanda sunt. Aber auch nur, wenn der Erblasser nach Vergabung des **Ganzen** wiederum einen **bestimmten Theil** vergabt. Denn nur von diesem Fall ist C. l. c. die Rede (in *solidum,* deinde alii *partem* ejus *dimidiam* .... *duodecim* rei *uncias* (statt solidum), alii autem postea sex ... in *totum,* secundo autem in *partem dimidiam* ... *tota re* primo relicto, *tertiam partem* secundo reliquerit etc.) Nicht also, wenn Erblasser nach Vergabung des Ganzen einen Andern ohne bestimmten Theil, oder etwa auch zum Ganzen einsezt. Zu vergl. C. l. c. §. 1. In diesen Fällen treten vielmehr andere Grundsätze (Text zu Note 1. 4 — 6) ein. Zu vergl. D. ht., l. 47. §. 1. Quidam testamento ita heredes instituit: Titia filia mea heres esto, si quid mihi liberorum me vivo mortuove nascetur, tunc qui virilis sexus unus pluresve nascentur ex parte *dimidia* et *quarta,* qui feminini sexus una pluresve natae erunt, ex parte *quarta* mihi heres sit etc.

3) D. ht., l. 17. pr. l. 77.

4) J. ht., §. 6. 8. ..... si vero totus as completus sit, in partem dimidiam vocantur, et ille vel illi omnes in alteram dimidiam.... Et si plures unciae, quam duodecim distributae sunt, is, qui sine parte institutus sit, quod dupondio deerit, habebit; idemque erit, si dupondius expletus sit. — D. ht., l. 17. §. 4. l. 78. §. 2. l. 87.

5) J. ht., §. 8. — D. ht., l. 17. §. ult. Quod siquis dupondium distribuit, et tertium sine parte instituit, hic non in alium assem, sed in trientem venit etc.

6) Durchgreifende Modification, D. ht., l. 17. §. 3. l. 78. §. 3. l. 79.

§. 27.

Nachdem Justinian die bei der testamentlichen Erbfolge [1]) durch die lex Papia Popaea eingeführten Beschränkungen der Anwachsung [2]) nach der Promulgation der Digesten aufgehoben [3]) und das alte Recht [4]) wieder hergestellt hat, so gilt nun allgemein: Antheile ausgefallener Erben wachsen allen übrigen Erben [5]) nach Verhältniß ihrer Einsetzung [6]) nothwendig zu [7]), es wäre denn daß der Erblasser einzelne in Verbindung (conjunctim) eingesezt hätte [8]).

1) Es wird uns allerdings nirgends ausdrücklich gesagt, daß sich die lex caducaria auf die Intestaterbfolge nicht bezog, indem Paulus (IV., 8. §. 26.) nur dann hiefür bewiese, wenn man die Worte „eum qui substitutum acceperat" als unächt betrachten dürfte. Allein die Sache selbst ist darum nicht minder gewiß. Der vielen uns erhaltenen Nachrichten und Spuren von der lex Papia ungeachtet wird sich doch keine einzige Stelle finden lassen, woraus man auf die Anwendung bei der Intestaterbfolge schließen könnte. Allenthalben ist vielmehr ein Testament vorausgesezt. Namentlich zeugt hierüber a) die Art und Weise, wie Justinian sich äussert, C. de caduc., toll., VI. 51. l. un. pr. §. 1—2..... Sed et ipsis *testamentorum* conditoribus sic gravissima caducorum observatio visa est, ut et substitutiones introducerent ne fiant caduca .... Cum igitur materiam et exordium caducorum lex Papia ab aditionibus .. sumpsit, et ideo non a morte *testatoris* sed ab *apertura tabularum* etc. §. 2. Et cum triplici modo ea, quae in *ultimis elogiis* relinquuntur, contingebat deficere .... ea etenim vel his relinquebantur, qui in rerum natura tunc temporis, cum condebantur *ultima elogia* non fuerant....

vel vivo *testatore* is, qui aliquid ex *testamento* habuit, post testamentum ab hac luce subtrahebatur, vel ipsum relictum expirabat.... vel mortuo jam *testatore* hoc, quod relictum erat, deficiebat etc., indem er offenbar beabsichtigt, einleitend über die Entstehung und spätern Schicksale der lex caducaria zu sprechen und die Fälle, in welchen sie zur Anwendung kam, aufzuzählen, und nun sowohl in der Einleitung, als bei der Aufzählung der Fälle nur von Testamenten und testamentlichen Verfügungen spricht. b) Der Umstand, daß, wo der Personen gedacht wird, welche das jus antiquum hatten oder in der caducorum vindicatio dem Fiscus vorgingen, wiederum testamentliche Verfügung vorausgesezt wird, Ulp. XVIII..... heredibus illis *institutis*, quod quis ex eo *testamento* non capit etc. — C. l. c. pr..... solis parentibus et liberis *testatoris*.. si *scripti* fuerant heredes etc. — Caj. II. 286..... Sed postea senatus consulto Pegasiano perinde fideicommissa quoque ac legata hereditatesque capere posse prohibiti sunt. eaque translata sunt ad eos, qui *testamento* liberos habent etc. 207. — Ulp. I. 21. XXIV. 17. Fragm., de jure fisci, §. 3. — c) Daß die delatio der Erbschaft nur bei dem heres ex parte von der Eröffnung des Testaments abhängig gemacht wurde.

2) Es kann hier nicht der Ort seyn, die Abänderungen der lex Papia in Betreff der Anwachsung vollständig und ihrem Zusammenhange nach darzustellen. Nur einige Hauptpuncte, die für das Justinianeische Recht und dessen Verständniß nicht ohne Wichtigkeit seyn möchten, sollen hier herausgehoben werden.

a) Die lex Papia äußerte ihren Einfluß überhaupt nur auf solche Fälle, in welchen die letztwillige Verfügung nicht pro non scripto galt, Ulp. XVII. 1. ... ita ut jure civili capere possit. — C. l. c., §. 2—3. — Pro non scripto war aber, mit Ausnahme eines einzelnen Falles, in der Regel nur das, was schon von Anfang an nicht gültig angeordnet wurde, D. de his q. pro n. scr. hab., XXXIV. 8. l. 3. §. 1—2.

b) Diejenigen, welche in der caducorum vindicatio dem Fiscus vorgingen, erhielten die caduca in allen den Fällen mit Nothwendigkeit, in welchen für sie nach dem jus antiquum die Anwachsung eingetreten seyn würde. Man könnte zwar einer entgegengesetzten Ansicht sich deßhalb zuzuneigen bereit seyn, weil sonst unter Umständen das, was ein praemium liberorum hätte seyn sollen, zum Nachtheil ausschlagen könnte, z. B. wenn ein heres pater angetreten gehabt hätte, während die Erbschaft insolvent war. Allein der Fall, daß eine angetretene Erbschaft insolvent war, gehörte gewiß zu den Seltenheiten; und so mochte die zugestandene caducorum vindicatio, indem man nur auf die Regel sah, immerhin als ein praemium betrachtet werden, wenn auch da und dort einmal ein Nachtheil daraus erwuchs. Auf Stellen, wie D. ad leg. Falcid., XXXV. 2. l. 1. §. 14. *Si coheredis mei portio exhausta sit, mea integra, et illam vindicavero* etc. Fragm. de jure Fisci, §. 3. ... sane *si* patres .. *caducum vindicent* etc., kann man sich aber für die entgegengesetzte Ansicht deßhalb nicht berufen, weil hier nicht die caducorum vindicatio in das freie Belieben gelegt, sondern überhaupt nur der Fall gesetzt wird, daß es zu einer caducorum vindicatio von Seiten Solcher, die dem Fiscus vorgehen, komme; die Nothwendigkeit derselben verstund sich dann von selbst. — Daß jedoch wirklich die zur caducorum vindicatio Berechtigten die caduca in der oben näher bestimmten Weise entweder mit ihrem Antheil, war dieser noch nicht erworben, zugleich annehmen mußten, und wenn er schon erworben war, neben demselben von selbst erwarben, ergiebt sich daraus. α) Bei der entgegengesetzten Annahme würde, sobald der Fiscus sich einer caduken Erbsportion ebenfalls entschlug, der Erblasser pro parte testatus gewesen seyn, wenn man nicht hintendrein die Anwachsung eintreten lassen wollte; eine (obgleich die, denen nun anwuchs und die auch caduca vindicare konnten, in Rücksicht der onera im Vortheil gewesen seyn würden) gewiß nicht wahrscheinliche und auch durch Nichts unterstützte Voraussetzung. β) Wenn die portio caduca überschwert war, so sollte, nachdem einmal caduca cum onere fiebant, die Falcidia abgesondert berechnet werden, D. ad leg. Falcid., XXXV. 2. l. 78. — was sich in der That nur erklärt, wenn der Anfall des caducum ein nothwendiger gewesen ist; γ) Ulp. I. 21. Hier wird eine libertas inter medias heredum institutiones data vorausgesetzt, und dieselbe als wirkungslos dargestellt utrisque adeuntibus. Wenn hingegen einzig der erste Erbe antrete, so habe sie nicht blos nach dem jus antiquum Kraft, sondern auch nach der lex Papia, sofern die Reihe der vindicatio jenen treffe, bleibe aber ohne Wirkung, sobald legatarii patres Erben werden. Nach dem jus antiquum doch nur darum, weil der erste Erbe (vermöge des Grundsatzes der Anwachsung) den ausgefallenen Theil bekommt, als wäre ihm das Ganze verschafft, er von Anfang allein als Erbe eingesetzt worden. Und in Folge der lex Papia gewiß aus keinem andern Grunde; denn wenn legatarii patres heredes fiunt, hat die Verschaffung der Freiheit so wenig Wirkung, als wenn der zweite Erbe selbst angetreten hätte. Wurde aber die caducarum vindicatio in dem Fall, wo der Vindikant bei dem jus antiquum die Anwachsung gehabt hätte, nach dem Principe der Anwachsung beurtheilt, so ergab sich die Nothwendigkeit, das caducum anzunehmen, von selbst; da, wenn es so angesehen wurde, als wäre ihm das Ganze verschafft, er nicht pro parte annehmen, pro parte ausschlagen konnte; δ) D. ad Sctum Treb., XXXVI. 1. l. 52. §. 1. Servus ab altero ex heredibus libertatem, ab altero fideicommissum hereditatis accepit; si neuter adire velit, nullae praetoris partes erunt ... sed si forte is a quo libertas data est, portionem suam repudiavit vel conditione exclusus est, cum portio ejus ad alterum pervenerit, defendi poterit adire cogendum: quid enim interest, quo jure debitor libertatis et hereditatis idem esse coeperit? Diese Stelle ließe sich leicht für das gerade Gegentheil anführen, wenn man sich denkt, Papinian sei bei dem zweiten Fall (sed si forte etc.) davon ausgegangen, daß der mit dem fideicommissum hereditatis beschwerte Erbe angetreten habe; indem alsdann der nichts desto weniger für nothwendig erachtete Zwang zum Antreten des ausgefallenen Theils uns überzeugen müßte, daß das caducum nicht von selbst und mit Nothwendigkeit anfiel. Allein sollte Papinian das wichtige Moment des von einer Seite erfolgten Antritts gar nicht angedeutet haben? und was sollte es ausgemacht haben, wenn der mit dem fideicommissum hereditatis belastete Erbe noch nicht angetreten, aber auch noch nicht ausgeschlagen gehabt hätte? Wäre hier, nachdem derselbe die ausgefallene Portion neben der seinigen eben so gut erwerben konnte, als wenn er die seinige bereits erworben gehabt hätte, nicht der gleiche Grund zu einem Zwange vorhanden gewesen? Wie konnte endlich Papinian, wenn es richtig wäre, daß die Erwerbung des caducum freiwillig geschah, sagen *„quid enim interest,* quo jure debitor libertatis et hereditatis idem esse coeperit“? War denn wirklich kein Unterschied, ob man, nachdem man seinen Theil bereits angetreten, den andern jure adcrescendi oder jure caduci erhielt, und erschien der Antretende hier in demselben Sinne wie dorten als idem debitor libertatis et hereditatis? während er doch dorten unwillkührlich erwarb, und in voller Wahrheit debitor libertatis nicht weniger war als debitor hereditatis, hier hingegen nur nach freiem Belieben das Ausgefallene erhielt, und sofern er es nicht wollte, gewiß nicht ebenso wie dorten als debitor libertatis et hereditatis gelten mochte? — Ich meines Theils finde es nicht unwahrscheinlich, daß wir eine interpolirte Stelle vor uns haben. Ich vermuthe nemlich, daß Papinian ursprünglich geschrieben hatte „si neuter cernere velit“ „sed si forte is, a quo libertas data est, tempore cretionis vel conditione exclusus est“, und daß er dem gemäß zuerst voraussetzte, beide wollen nicht cernere, dann der eine könne es nicht mehr, weil ihm die etwa kürzere Cretionszeit abgelaufen oder die Bedingung fehlgeschlagen, dem andern hingegen sey die cretio noch möglich. Nehmen wir indessen die Stelle, wie sie vor uns liegt, und setzen wir für den zweiten Fall blos voraus, was Papinian ausdrücklich sagt, daß der mit dem fideicommissum libertatis belastete Erbe ausgeschlagen habe oder durch Nichteintritt der Bedingung ausgeschlossen sey; wovon er aber schweigt, nehmlich davon, daß der andere Erbe angetreten oder ausgeschlagen, wollen auch wir weder das eine noch das andere, sondern einfach annehmen, der andere Erbe habe nicht angetreten und nicht ausgeschlagen. So aufgefaßt würde Papinian entscheiden, der mit dem fideicommissum hereditatis beschwerte Erbe müsse gezwungen werden, sofern nun auch der andere Theil auf ihn gekommen (cum portio ejus ad alterum pervenerit), d. h. sofern der ausgefallene Theil nun mit dem seinigen vereinigt und folglich das Ganze ihm angeboten sey. Denn es mache keinen Unterschied aus, quo jure der mit dem fideicommissum hereditatis Beschwerte auch den andern Theil erhalte, ob jure adcrescendi oder jure caduci; genug der ausgefallene Theil habe sich dem seinigen angeschlossen, und beide untrennbar vereinigte Theile seyen ihm deferirt, und er mithin idem debitor libertatis et hereditatis. So aufgefaßt beweist aber die Stelle auch, daß zwischen dem jus adcrescendi und der caducorum vindicatio, in Rücksicht der Nothwendigkeit des Erwerbs, sobald ohne die Caducität die adcretio eingetreten seyn würde, gar kein Unterschied obgewaltet habe. Und jetzt darf ich mich wohl auch c) auf D. de adqu. v. om. h., XXIX. 2. l. 53. §. 1. berufen, nicht allein wegen der Inscription, sondern auch darum hauptsächlich, weil ich an einem andern Orte von dem principium der Stelle wahrscheinlich gemacht zu haben glaube (Recht der Anwachsung S. 40 ff.), daß sich dasselbe auf das Recht der lex Papia bezogen habe.

c) Alle caduca wurden cum onere erworben, Ulp. XVIII. 3.

Hieraus ergiebt sich von selbst die Art und Weise, wie caduca überhaupt erworben wurden. Der Erwerber trat an die Stelle des Bedachten, dessen Verschaffung caduc geworden war. Man könnte zwar versucht seyn, dieß zu bestreiten, theils α) darum, weil nur das caduc werde, was in der Person des Bedachten keinen Augenblick zu rechtlichem Bestand irgend wie gelangt war, also auch nicht wohl zu erklären sey, wie ein Anderer an dessen Stelle treten konnte; β) werde allenthalben von einer caducorum *vindicatio* und namentlich sogar in Beziehung auf das Damnationslegat gesprochen, das doch nach dem Rechte des Ausgefallenen nie eine vindicatio gewährte. Aus diesen Gründen ließe sich denken, daß man umgekehrt sich für berechtigt halte anzunehmen, der Vindikant sey an die Stelle des Erblassers getreten. Allein zugegeben auch ad α) das Princip, worauf die Caducität beruhen soll, so sehe ich nicht, warum nicht Jemand an die Stelle dessen, bei welchem die Verschaffung gar keinen Bestand hatte, nach dem Gesetz habe treten können, wie wenn ihm ursprünglich verschafft worden wäre. Dann aber ist das aufgestellte Princip ein unrichtiges. Dieß ergiebt sich, von allem Andern zu schweigen, daraus. Die Repudiation eines Legats bewirkte Caducität, obgleich zur Zeit der Repudiation das Legat in der Person des Honorirten vollen rechtlichen Bestand erhalten hat, D. de leg. II. 31. l. 59. Terentius Clemens, lib. 15. ad Legem Juliam et Papiam. Si mihi pure, servo meo vel pure vel sub conditione *eadem* res legata est, egoque legatum, quod mihi datum est, *repudiem*, deinde conditione existente id, quod servo meo legatum est, vellem ad me pertinere, *partem legati deficere* responsum est etc. Zu vergl. D. eod., l. 55. Wenn auch, wie das Folgende des Fragments zeigt (nisi si quis dubitet, an existente conditione, si servus vivat, omnimodo legatum meum fiat, quod semel ad me pertinere voluerim), Rücksichten der Billigkeit (quod aequius esse videtur) jene Strenge milderten; so zeigt doch die

Möglichkeit des Responsum „partem legati *deficere*“ und die Art, wie sich Clemens abweichend ausspricht, daß darüber, ob die Repudiation eines Legats Caducität herbeiführe, gar kein Zweifel obwaltete. Beruft man sich dagegen auf fragm. Vat. §. 84., so vergißt man, daß „ubi non sit caducum“ statt „qua in re non sit caducum“ in diesem Zusammenhang eine sprachlich kaum gerechtfertigte Ausdrucksweise wäre, und daß vielmehr, wenn man an die Fälle denkt, in welchen gar keine Caducität Platz greift, z. B. bei Legaten an den Caesar und die Augusta, an Eltern und Kinder unter gewissen Voraussetzungen, die Worte „ubi non sit caducum“ am natürlichsten in der zunächst liegenden, einfachen Bedeutung („sofern keine Caducität eintritt“) genommen werden. Auf fragm. Vat. §. 77. hingegen kann man schon darum kein Gewicht legen, weil die römischen Rechtsgelehrten ja häufig die Anwachsung ohne Rücksicht auf die Caducität besprechen und dabei natürlich auch Beispiele wählen, in welchen, hätten sie die Caducität gerade beachtet, von Anwachsung keine Rede gewesen wäre. ad β) daß der Ausdruck „caducorum vindicatio“ „caduca vindicare“ nicht streng auf eine actio in rem für die caduca ohne Ausnahme geht, beweist ja schon das nomen legatum, und die liberatio legata, D. de liber. leg., XXXIV. 3. l. 29. Es ist die Bezeichnung von dem hergenommen, was wohl in den meisten Fällen eingetreten seyn wird. — Jedenfalls ist die Behauptung, daß der Vindicant an die Stelle des Erblassers getreten sey, schon darum nicht haltbar, weil sich die Uebernahme der onera ganz sonderbar dabei darstellen würde, auch nicht abzusehen wäre, wie sich dieses Recht bei Verschaffung einer res aliena hätte gestalten mögen. — Also der Vindicant trat an die Stelle des ursprünglich Bedachten. Dieß ergiebt sich denn auch aus Ulp. fragm., I. 21. Wenn der erste Erbe die caduke Portion des zweiten vindicirte, so kam die Verschaffung der Freiheit zu Kraft, wenn hingegen legatarii sie vindicirten, so blieb sie ohne Kraft, offenbar darum, weil es im ersten Fall angesehen wurde, als wäre der erste Erbe doppelt instituirt, im zweiten, als wären ursprünglich die legatarii statt des zweiten Erben eingesezt gewesen. — Troz dem hat zwischen dem Eintritt an die Stelle eines Deficienten und an die eines indignus ein wesentlicher Unterschied Statt gefunden. Der indignus, ein in der Regel civilrechtlich wirklich Gerufener ward aus seiner Stelle verdrängt, der Deficient hingegen war in der Regel nicht einmal gerufen. Zu vergl. unten §. 138.

d) Unter den Personen, welche einen Vorzug in der caducorum vindicatio haben sollten, scheint die lex Papia selbst den conjunctus als besonders begünstigt bezeichnet zu haben, Caj. II. 207. ... ipsa lege Papia significatur, ut collegatarius conjunctus ... potior sit heredibus etc. Wen hatte man aber unter diesem conjunctus zu verstehen? Die Doctrin konnte, wenn sie den herrschenden juristischen Sprachgebrauch beachtete, und ihn mußte sie bei Erklärung einer juristischen Sanction doch gewiß beachten, nicht umhin, zunächst den sogenannten re et verbis conjunctus darunter zu verstehen. Denn dieser war es, welchen man im Gegensatz des sogenannten re conjunctus darunter verstand, während der leztere als disjunctus, als separatim bedacht in den Gegensatz gestellt wurde. So finden wir nehmlich den Begriff des conjunctus und den des Gegensatzes festgehalten bei Celsus, Javolenus, Julianus, Vindius, Pomponius, Cajus, Papinian, Ulpian, Paulus, fragm. Vat., §. 76—77. — D. de ususfr. adcr., VII. 2. l. 1. §. 2—3. — de hered. inst., XXVIII. 5. l. 59. §. 2. l. 63. 66. — D. de cond. et dem., XXXV. 1. l. 30. — Caj. II. 199. 205—208. 223. — Ulp., XXIV. 12—13. — Paulus, R. Sent., III. 6. §. 14. — D. de hered. inst., l. 20. §. 2. — de vulg. et pup. subst., XXVIII. 6. l. 41. §. 4. — de leg. I., l. 16 pr. l. 33. l. 34 pr. §. 9. Tiefer aufgefaßt erschien allerdings auch der disjunctus (re conjunctus) als ein conjunctus, und ward er bei der Anwachsung als ein solcher behandelt, D.

de leg. III., l. 8. — fragm. Vat., §. 77. Interdum tamen, etsi *non sint conjuncti*, tamen ususfructus legatus alteri adcrescit: ut puta si mihi fundi ususfructus separatim totius, et tibi similiter fuerit ususfructus relictus. nam, ut Celsus .. scribit, concursu partes habemus .... Vindius tamen, dum consulit Julianum, in ea opinione est, ut putet, non alias jus adcrescendi esse *quam in conjunctis;* qui responso ait, nihil refert *conjunctim an separatim* relinquatur. §. 78 sequ. — D. de usufr. adcr., VII. 2. l. 1. §. 2—3. l. 3 pr. §. 2. l. 6. §. 1. — de legat. II., l. 41. — Caj. II. 199. .... sive conjunctim, sive disjunctim etc. 223. — Unter diesen Umständen mußten natürlich Zweifel entstehen, ob nicht auch der disjunctus unter den Begriff des von der lex Papia genannten conjunctus zu stellen sey. Allein diese, genau erwogen vielleicht richtigere Meinung scheint nicht durchgedrungen zu seyn. Höchst wahrscheinlich, weil man annahm, daß, wenn die lex eine conjunctio im Sinne der Anwachsung und folglich auch den disjunctus hätte berücksichtigen wollen, nicht gerade der durch den Sprachgebrauch im Gegensatz gegen den disjunctus angewendete Ausdruck „conjunctus", sondern eine andere, das Wesen der conjunctio bei der Anwachsung, das totum datum concursu autem partes fieri, hervorhebende Bezeichnung gewählt worden wäre. Daher sagt uns Paulus in Beziehung auf die lex Papia, D. de leg. III., l. 89. ... quod si re tantum conjunctus sit, constat non esse potiorem etc., und dieß dürfte wohl auch Cajus bestätigen, II. 207., vergl. mit 199 und 205. — Stund einmal fest, daß der disjunctus keinen Vorzug in der caducorum vindicatio habe, so konnten Bedenklichkeiten, wie es mit dem sogenannten verbis conjunctus zu halten sey, gar nicht ausbleiben. Gegen den Vorzug des letztern sprach der Umstand, daß man eben unter dem conjunctus den re et verbis conjunctus zu verstehen pflegte, und wenn man auch den disjunctus ihm entgegensetzte, so folgte noch keineswegs, daß nun der bloße verbis conjunctus auf die gleiche Linie mit ihm zu stellen sey. — Auf der andern Seite ließ sich aber wiederum nicht verkennen, daß es hier durchaus nicht, wie bei der Anwachsung, auf das totum datum partes autem concursu fieri ankommen könne, nachdem man den disjunctus von einem Vorzug ausgeschlossen hatte. Man mußte sich vielmehr sagen, das, was dem re et verbis conjunctus den Vorzug gewähre, sey nicht das für die Anwachsung Wesentliche, sondern einzig die wörtliche Zusammenfassung. So konnte man zu der Meinung gelangen, daß auch dem verbis conjunctus ein Vorzug gebühre, indem ihm wohl das fehle, was für die Anwachsung wichtig sey, nicht aber das, worauf sich der Vorzug des re et verbis conjunctus ausschließlich stützte. In der That hat denn diese Meinung auch die Oberhand behalten, wie uns abermals Paulus sagt, D. de leg. III., 32. l. 89. Si vero verbis quidem conjunctus sit re autem non, *quaestionis* est, an conjunctus potior sit? et magis est, ut et ipse praeferatur, und wie schon Cajus bestätigt, indem er mittheilt II. 208., daß conjuncti auch bei dem Damnationslegat einen Vorzug in der caducorum vindicatio hatten; während doch bei diesem Legat die sogenannten conjuncti bloße verbis conjuncti waren. Denn die Verschaffung an mehrere Zusammenberufene verlieh hier, wo blos eine obligatio entstand, von selbst nur Theile; wie überhaupt, gemäß einem schon aus den zwölf Tafeln abstammenden Grundsatze „nomina ipso jure divisa sunt", allenthalben bei Obligationen Rechtens war, daß die obligatio unter Mehreren, die in einem Acte zusammen verpflichtet oder berechtigt wurden, getheilt sey, wenn nicht durch besondere Bestimmung eine Correalität herbeigeführt würde. — Ich vermuthe, daß die Doctrin vor der lex Papia theils in Beziehung auf Anwachsung, theils in Rücksicht der Folgen bei dem Damnationslegat blos den Unterschied zwischen conjuncti und disjuncti beachtet und erörtert habe, der Unterschied von re et verbis, re, verbis conjuncti hingegen erst nach der lex Papia aufgekommen und in Rücksicht auf die caducorum vindicatio besprochen worden sey. So wird auch der letzte Unterschied, soviel wir wenigstens wissen, in unmittelbarer Verbindung mit der lex Papia aufgeführt, Paulus ad legem Juliam et Papiam, D. de leg. III., 32. l. 89. — de V. S., l. 142.

3) Zwar könnte man geneigt seyn anzunehmen, daß Justinian die Caducität schon mit der Promulgation der Digesten aufgehoben habe, und sich dafür auf zwei Aeußerungen Justinians, C. de vet. jur. enucl., I. 17. l. 2. §. 6. l. 3. §. 6. berufen, welche jene Annahme auf den ersten Blick allerdings zu unterstützen scheinen. Reiflicher erwogen verhält sich jedoch die Sache ganz anders. Wenn Justinian in der ersten Stelle sagt „sed in his nihil de caducis a nobis memoratum est, ne causa, quae ... increbuit ..., in nostris remaneat temporibus ...: ne luctuosum monumentum laeta saecula inumbrare concedatur", und in der zweiten „ἐν οἷς οὐδεν ὑπερ των παλαι καδουκων ἡμιν εἰρηται. διοτι και ταυτα .... οὐκ ἐχρην ἐν καιροις πολιτευεσθαι etc.", so hat es wohl den Anschein, als ob er sagen wolle, er habe über die caduca nichts in die Digesten aufnehmen lassen, weil das Institut nicht mehr für die Zeit passe, und sie sollen hiemit abgeschafft seyn. Dieser Schein erhält noch einige Unterstützung durch die in der letzten Stelle gebrauchten Wörtchen „παλαι" und „ἐχρην", indem das erste darauf hinweisen könnte, daß es einst caduca gab, jetzt keine mehr gibt, und in dem zweiten und dem Gebrauch der vergangenen Zeit angedeutet seyn möchte, daß die caduca nun nicht weiter fortbestehen. — Allein abgesehen davon, daß, wenn man in dem „ἐχρην" die vergangene Zeit besonders pressen wollte, die Abschaffung eigentlich schon vor dieser Aeußerung Justinians geschehen seyn müßte, wofür doch lediglich nichts, gar nichts angeführt werden kann; so lag es doch auch in der That nicht in der Weise Justinians, wichtige und tief eingreifende Institute, wie das der caduca,

nur so stillschweigend abzuschaffen, die Abschaffung durch eine kurze Aeußerung nicht einmal bestimmt auszusprechen, sondern mehr folgern und errathen zu lassen. Und so bietet sich uns die Frage von selbst dar, ob und wie denn jene Aeußerungen Justinians anders zu erklären seyen? In der That können wir sie jedoch recht gut auf eine andere Weise auffassen. Justinian wollte damit aussprechen, daß er die Caducität nicht mehr an der Zeit halte, daß er sie ebendarum aufzuheben beabsichtige, und deßhalb nichts darüber in die Digesten habe aufnehmen lassen. Dieses letztere könnte indessen einen doppelten Sinn haben, es sey gar nichts darüber in die Digesten gekommen, oder es sey nur nicht besonders davon die Rede, kein eigener Titel deßhalb gemacht worden. Bedenkt man die vielen Fragmente in den Digesten, welche auf die Caducität sich beziehen und zum Theil gewiß durch die Hand der Sammler gegangen sind, so möchte es wohl eher angehen, das „nihil de caducis memoratum, dictum est" von einem eigens darüber handelnden Titel zu verstehen. Somit hätte Justinian bei Promulgation der Digesten die Caducität nicht aufgehoben, sondern nur die Absicht ausgesprochen, sie aufheben zu wollen, und in dieser Absicht schon zum Voraus dafür gesorgt, daß wegen derselben kein eigener Titel in die Digesten aufgenommen werde. Daraus erklärt sich ferner, daß man während der Abfassung der Digesten schon Manches beachtete, was mit der Caducität in Zusammenhang stand, und was Justinian in Zukunft aufzuheben ebenfalls beabsichtigte. So die Unmöglichkeit für den heres ex parte vor Eröffnung des Testaments anzutreten, den Eintritt des dies cedit bei Legaten und Fideicommissen mit derselben Eröffnung. Von jener Unmöglichkeit ist, ein Fragment abgerechnet, in den Digesten keine Rede mehr, und das regelmäßige dies cedit der Legate und Fideicommisse auf die Todeszeit des Erblassers gestellt. Auf diese Art wurde der spätern Aufhebung der Caducität vorgearbeitet, soweit man sich der Folgen dieser

Aufhebung im Voraus bewußt ward. Man glaube aber ja nicht, in diesem Nichterwähnen der apertura testamenti, als einer Bedingung des Antritts der Erbschaft und des dies cedit der Legate und Fideicommisse, ohne weiters einen Beweis der Abschaffung theils dieser besondern Bestimmung theils der Caducität überhaupt zu haben. Denn zur Zeit der Abfassung und Promulgation der Digesten war der alte Codex noch in Kraft. Hätte nun dieser über die Antretung von Erbschaften und das dies cedit der Singularsuccessionen die Grundsätze der lex Papia enthalten, so konnte man in den Pandekten dieselben übergehen, wo dann beide Rechtsbücher zusammen genommen den ganzen Umfang der einschlagenden Grundsätze erschöpft haben würden, die Pandekten für Fälle, wo die lex Papia nicht eintrat, der Codex für den Bereich der lex Papia. Die Möglichkeit, daß der alte Codex das, was man in den Pandekten ausließ, darbot, und daß man dasselbe erst bei der Ueberarbeitung auch aus ihm ausschied, kann gewiß nicht geleugnet werden. Solange man aber auch nur diese Möglichkeit anerkennen muß, insolange kann man aus dem Umstande, daß die Digesten die Bedeutsamkeit der apertura testamenti für den Antritt und das dies cedit übergehen, weiter kein bestimmter Schluß gezogen werden. Man entfernte eben vorläufig aus den Digesten, was man später nach der wirklichen Aufhebung der Caducität auch aus dem Codex zu entfernen sich vorbehielt. — Daß jedoch die Caducität nicht schon stillschweigend bei der Promulgation der Digesten aufgehoben worden sey, ergibt sich a) aus C. de caduc. toll., VI. 51. l. un. Hier wird mit keiner Silbe erwähnt, daß die Caducität bereits abgeschafft sey und nun nur noch etwa nähere Bestimmungen gemacht werden; sondern die ganze Constitution setzt von Anfang bis zu Ende voraus, daß sie selbst jetzt erst die Caducität außer Uebung bringe. Ist es nun, möchte ich fragen, wahrscheinlich, daß Justinian, wenn er bereits mit Promulgation der Digesten die Caducität abrogirt gehabt hätte, bei Erlassung dieser Constitution dessen, was er früher gethan, gar nicht gedacht hätte? Und lag es in der Weise Justinians, wenn er frühere Verfügungen später erweiterte und näher bestimmte, des früher Geschehenen gar nicht zu erwähnen? Und wenn wir namentlich den Eingang der constitutio de caduc. toll. mit const. Tanta, §. 6. *Δέδωκεν*, §. 6. vergleichen, lag es nicht nahe, zu sagen, daß er schon bei Abfassung und Promulgation der Digesten materiam ex bellis ortam et auctam civilibus nöthig gefunden habe, in pacificis temporibus ab orbe Romano zu verbannen, und jetzt nur noch die Verbannung näher bestimmen wolle? — Und nun lesen wir einmal b) die constitutio de caduc. toll. selbst genau durch. Allenthalben tritt uns der entschiedene und unverkennbare Ausspruch entgegen, daß er erst jetzt durch diese Constitution das Institut der caduca aufhebe. So gleich im pr.... et quemadmodum in multis capitulis lex Papia ... emendata fuit et per desuetudinem abolita, ita et a nobis circa caducorum observationem invidiosum suum *amittat vigorem* .... et cum lex Papia jus antiquum ... circumcludens, solis parentibus et liberis ... suum imponere jugum embuit, jus antiquum intectum eis conservans; nos omnibus nostris subjectis .. hoc *concedimus*. So in §. 1. .... primum hoc *corrigentes* et antiquum statum *renovantes sancimus*, omnes habere licentiam a morte testatoris adire hereditatem, similique modo legatorum vel fideicommissorum... diem a morte testatoris cedere. Zu vergl. §. 5., ferner im §. 4. ... vetus jus *corrigentes sancimus*, ea quae ita evenerint simili quidem modo manere apud eos etc., im §. 6. Libertatibus procul dubio et post *praesentem* sanctionem propter sui naturam .. ab adita hereditate una cum aliis ... competentibus etc., u. s. w. bis §. 14. — Ist es bei dieser Sprache Justinians, bei der allenthalben wiederkehrenden Bemerkung, jetzt verordne, bestimme, setze er fest, auch nur möglich, den Gedanken zu fassen, daß die Caducität und Wesentliches, was damit zusammenhing, schon vor der C. de caduc. toll., l. un. abgeschafft gewesen sey? — Und so ist auch der Schlußparagraph gewiß nicht ohne bedeutendes Gewicht. §. 15. Locum autem huic legi constituimus in his defunctorum elogiis, quae posthac composita fuerint: anteriores etenim casus suo marte discurrere concedimus. Zu dieser lex (huic legi) gehören nicht blos einige Nebenbestimmungen, sondern hauptsächlich und wesentlich, was im pr. — §. 6. geordnet ist, nehmlich die wieder sanktionirte Verallgemeinerung des jus antiquum, dann im Besondern die Vernichtung des Einflusses der Testamentseröffnung, die namentliche Abschaffung des quasi caducum und des caducum. Wenn somit Justinian ohne alle Beschränkung sagt, diese lex solle blos für später errichtete Testamente gelten, mit welchem Rechte werden jene Anordnungen ausgenommen? Offenbar hätte Justinian nicht mit der Allgemeinheit aussprechen können „locum *huic legi* constituimus etc.“, wäre es in seiner Meinung gelegen, daß die Hauptbestimmungen im pr. — §. 6. schon früher Geltung gehabt haben. Gewiß, hätte er dieß geglaubt, es würde die Wirksamkeit der lex nicht so allgemein und ohne allen beschränkenden Zusatz auf die Zukunft gestellt worden seyn. Nehmen wir Alles zusammen, das durchgreifende Stillschweigen Justinians über eine früher schon gemachte Aenderung, die Sprache der lex, welche alle ihre Bestimmungen so macht, als würden sie jetzt erst und zum ersten Mal gemacht, und endlich die allgemeine Beschränkung der lex auf die nach ihr errichteten letzten Willen; so vermögen wir kaum noch der Ansicht zu widerstreben, daß vor dieser lex und schon mit der Promulgation der Pandekten die Caducität nicht aufgehoben wurde. Dieß bestätigt sich denn, wenn wir c) erwägen, daß in den Digesten durchaus nicht alle Spuren der Caducität ausgemerzt, sondern viele Hinweisungen darauf erhalten sind. Hieher gehören theils solche Stellen, die offenbar die Möglichkeit einer caducorum vindicatio voraussetzen, theils solche, in welchen sonst der Fortbestand der Caducität angenommen ist. Z. B. D. de hered pet., V. 3. l. 20. §. 6—7. — de vulg. et pup. subst., XXVIII. 6. l. 5. — de legat. II., l. 29. l. 55. l. 59. — de leg. III., l. 89. — de lib. legat., XXXIV. 3. l. 21. §. 2. l. 29. — Sollten alle diese Stellen aus Versehen, oder gar um ein historisches Andenken an die lex Papia zu erhalten, in die Digesten gekommen seyn? Dieß ist doch gewiß nicht wahrscheinlich, und um so weniger, wenn wir annehmen müssen, daß einzelne dieser Stellen, z. B. die beiden letzten, eine Interpolation erfahren haben. Am wenigsten begreiflich wäre die Aufnahme von D. de leg. III., l. 89. (Meine Schrift, über das Recht der Anwachsung, S. 191—192.) Mich dünkt daher die Ansicht am meisten für sich zu haben, daß diese Stellen gerade aufgenommen wurden, um umgekehrt auf den Fortbestand der lex Papia hinzuweisen, und dadurch den Mangel einer umfassenden Beachtung der Caducität, welcher durch die Absicht künftiger Aufhebung geboten schien, keine Veranlassung zu Mißverständnissen werden zu lassen. — Insbesondere wichtig dürfte aber noch d) der Umstand seyn. Hätte Justinian die Caducität schon mit der Promulgation der Digesten abgeschafft, so wäre die nächste und einfache Folge die gewesen, daß nun das jus antiquum seinem ganzen Umfang nach wieder in's Leben trat, und daß mithin namentlich die Anwachsung sine onere eintreten und einzig eine reelle Conjunktion bei ihr beachtet werden mußte. Denn da in den Aeußerungen Justinians, aus welchen man die Abschaffung zu folgern hätte (const. Tanta, §. 6. — *Δέδωκεν*, §. 6.), lediglich keine nähere Bestimmung enthalten ist, so wüßte ich nicht, welche andere Folge die einfache Abschaffung nach sich ziehen konnte. Auf diese Weise würde sich die Anordnung in C. de caduc. toll., VI. 51. l. un., daß die Anwachsung cum onere, und auch bei verbis conjuncti eintreten solle, gegenüber von dem, was durch die Abschaffung bei Promulgation der Pandekten bewirkt wurde, als eine eigentliche Neuerung herausstellen.

Kündigt sie sich nun als solche an? Mit keinem Worte! Vielmehr erscheint in dieser l. un. Alles so, wie wenn Justinian nicht zuerst das jus antiquum rein und einfach wieder habe aufleben lassen, und jetzt erst dasselbe da und dort modificire, sondern wie wenn er jetzt mit der Wiederherstellung zugleich auch die Modificationen desselben festsetze. Und dieß spricht doch gewiß nicht für die Richtigkeit der Voraussetzung, daß Justinian bei Promulgation der Digesten schon die Caducität aufgehoben habe. — Namentlich dringt sich uns hier aber noch eine weitere Betrachtung auf. Ward die Caducität mit Promulgation der Digesten aufgehoben, und war die Wirkung davon die, daß nun die Anwachsung nach dem jus antiquum sine onere einzutreten hatte; so fehlte es an allem Grunde und an aller Veranlassung, die Frage, wie es sich bei der Erwerbung fremder überschwerter Erbsportionen mit der lex Falcidia verhalte, in den Digesten zu besprechen. Die fremden Portionen konnten ja nur durch Anwachsung erlangt werden, und wurden hier immer sine onere erlangt. Dennoch finden sich hierüber Stellen in den Pandekten. Wie erklärt sich dieß? Aus dem Standpuncte der Anwachsung zur Zeit der Promulgation der Digesten gewiß nicht. Die Aufnahme solcher Stellen erklärt sich für diese Zeit nur vom Standpunkte der lex Papia und dem der Caducität aus. Es beweist mithin jene Aufnahme so stark als nur möglich, daß die Caducität in den Pandekten nicht nur nicht als abgeschafft sollte dargestellt werden, sondern daß sogar ihr Fortbestand entschieden vorausgesetzt wurde. Und nun wollen wir einmal die Stellen selbst ansehen, und wir werden uns aus ihrem Inhalte unmittelbar überzeugen, daß sie in inniger Beziehung zur Caducität stehen. D. ad leg. Falcid., XXXV. 2. l. 1. §. 14. Si coheredis mei portio exhausta sit, mea integra, et *illam vindicavero*, Cassius confundendas esse partes existimat, Proculus contra: in qua specie et Julianus Proculo adsensit etc. l. 78. Quod si alterutro corum deficiente alter heres solus extiterit, utrum perinde ratio legis Falcidiae habenda sit, ac si statim ab initio is solus heres institutus esset, an singularum portionum separatim causae spectandae sunt? et placet, si ejus pars legatis exhausta sit, qui heres extiterit, adjuvari legatarios per *deficientem* partem ... si vero *defecta* pars fuerit exhausta, perinde in ea ponendam rationem legis Falcidiae, atque si ad eum ipsum pertineret, *a quo defecta* fieret. Für die letztere Stelle ist noch beachtungswerth, daß sie von den Sammlern mit Bewußtseyn und geflissentlich den Digesten eingereiht wurde; wie sich aus den Anfangsworten ergibt, welche offenbar nicht ohne die Absicht gewählt sind, dieses Fragment mit der, einer andern Schrift entnommenen, vorhergehenden Stelle in Verbindung zu bringen.

4) Jus antiquum, wie es vor der lex Papia galt, D. de legat. II., l. 29. §. 2. — C. de caduc. toll., VI. 51. l. un. pr. — Doch nicht in seiner Reinheit, C. eod., §. 2. §. 9. sequ.

5) Ohne Unterschied zwischen instituti und substituti, D. ht., l. 59. §. 3. — de vulg. et pup. subst., XXVIII. 6. l. 39. §. 2.

6) D. ht., l. 59. §. 3. — C. eod., §. 10.

7) Sowohl für den Erblasser mit Ausnahme von Soldaten, D. de test. milit., XXIX. 1. l. 37., als für den Erben, D. ht., l. 59. §. ult. — C. eod. Daher a) D. ht. l. 59. §. 5. — de adqu. v. om. her., XXIX. 2. l. 31. — b) D. ht. l. 59. §. 6. — de cond. et dem., XXXV. 1. l. 26. §. 1. — Doch D. de adqu. vel om. her., XXIX. 2. l. 61. Si minor annis, posteaquam ex parte heres extitit, in integrum restitutus est, D. Severus constituit, ut ejus partis onus coheres suscipere non cogatur, sed bonorum possessio creditoribus detur. Ferner, D. eod., l. 55. Cum hereditate patris necessarius heres se abstineat, conditio coheredi sive suo sive extraneo defertur, ut aut totam adgnoscat aut a tota recedat, et ita se abstinere potest propter alium, qui per suam personam non poterat, si tamen creditores dicant, se contentos esse ejus portione, quia non potest exonerari nisi deferatur con-

ditio, et alterius parte abstinere se creditores debent, ut ejus actiones ei, qui convenitur, dentur. junct. D. eod., l. 38. — Indessen, was die Anwachsung überhaupt betrifft, D. de bon. possess., XXXVII. 1. l. 6. pr. Sed cum patrono quidem contra tabulas *certae partis* bonorum possessionem praetor polliceatur, scripto autem heredi secundum tabulas alterius partis; convenit, non esse jus adcrescendi etc.

8) D. ht., l. 63. — C. eod.

§. 28.

In Verbindung einsetzen (conjungere, conjuncti) hieß aber:

A) Vor der constitutio de caducis tollendis Mehrere in der Art einsetzen, daß, wenn sie zusammen treffen, alle mit einander einen bestimmten oder unbestimmten, außerdem auch jeder einzeln denselben Theil haben sollen [1]). Angenommen ward eine solche Verbindung selbst ohne ausdrückliche Verordnung des Erblassers [2]) schon dann, wenn der Erblasser mehrere Personen, sey es durch ein Verbindungswörtchen [3]), eine Sammtbezeichnung [4]), sey es auf andere Weise durch den Ausdruck [5]) zu einem bestimmten oder unbestimmten [6]) Theil verbunden hatte (re et verbis conjuncti) [7]), ohne durch einen Zusatz anzudeuten, daß er sie nur der Kürze halben zusammen berief, nicht weil er im eigentlichen Sinn verbinden wollte [8]) (verbis conjuncti) [9]). Ohne irgend eine wörtliche Vereinigung ließ sich jedoch eine Verbindung als eine rein sachliche (re conjuncti) weder dann denken, wenn alle Erben zu bestimmten oder alle zu unbestimmten Theilen [10]), noch wenn neben Erben mit bestimmten

Theilen andere abgesondert zu unbestimmten Theilen gerufen wurden [11]).

1) D. de legat. III., l. 80. Conjunctim heredes institui aut conjunctim legari hoc est, totam hereditatem et tota legata singulis data esse, partes autem concursu fieri.

2) Z. B. D. de legat. I., l. 81. §. 8. His verbis, Lucio et Titio, eorumve cui fundum do lego, utiliter legatur, et si utrique vixerint, utrique, si alter alteri totum debebitur.

3) D. eod., l. 36. §. 2. — de usu et usufr. leg., XXXIII. 2. l. 40.

4) D. ht., l. 11. l. 13. pr. — de usufr. adcr., VII. 2. l. 7.

5) D. de V. S., l. 142. Triplici modo conjunctio intelligitur. aut enim re per se conjunctio contingit, aut re et verbis, aut verbis tantum. nec dubium est, quin conjuncti sint, quos et nominum et rei complexus jungit, veluti Titius et Maevius ex parte dimidia heredes sunto, vel ita, Titius Maeviusque heredes sunto. videamus autem, ne, etiam si hos articulos detrahas *et que cum*, interdum tamen conjunctos accipi oporteat, veluti Lucius Titius, Publius Maevius ex parte dimidia heredes sunto, vel ita, Publius Maevius, Lucius Titius heredes sunto, Sempronius ex parte dimidia heres esto: ut Titius et Maevius veniant in partem dimidiam, et re et verbis conjuncti videantur etc. — ht., l. 15 pr.

6) Wenn manche den zu unbestimmten Theilen berufenen Erben unter Beziehung auf D. ht., l. 17. §. 1..... nam, quantum ad jus adcrescendi, non sunt conjuncti, qui sine parte instituuntur etc. die Anwachsung absprechen; so scheinen sie nicht beachtet zu haben, daß es doch gewagt seyn möchte, die vorhin ausgezeichneten Worte als einen allgemeinen Ausspruch und nicht im genauen Zusammenhang mit dem in der Stelle behandelten Fall aufzufassen. Beziehen wir sie lediglich auf die gerade fragliche Art der von Ulpian vorausgesetzten Erbesernennung, so geben sie einen sehr guten Sinn (zu vergl. Note 11), und wir haben uns mit keinem Widerspruch zu quälen, in welchem außerdem das angeführte Fragment mit andern Stellen stehen würde; ein

Widerspruch, dessen einfache Lösung man durch künstliche Erklärungen dieser anderen Stellen vergeblich versuchen möchte. — Schon der Umstand, daß man Erben ohne Theilbestimmung unter den geeigneten Voraussetzungen eben so als re et verbis betrachtete, wie Erben mit Theilbestimmung, D. de V. S., l. 142. (die vorige Note), weist darauf hin, daß auch bei ihnen eine Anwachsung zugelassen seyn werde. Aus welchem Grunde sollte denn bei ihnen die wahre (reelle) conjunctio nicht die gleiche Wirkung gehabt haben, wie anderwärts? In der That für solche dem ganzen Principe der frühern Anwachsung widersprechende Ausnahme müßte es sehr triftige Gründe gegeben haben; und doch wären wir nicht im Stande auch nur einen einzigen anzuführen! Hiemit vergleiche man aber ferner die klare, durch keine, noch so scharfsinnig-künstliche Interpretation zu beseitigende Aeußerung in D. ht., l. 63., und man wird sich überzeugen, daß von jener Ausnahme in Wahrheit keine Rede seyn könne. Dasselbe Resultat liefert vermöge eines unabweislichen Schlusses D. ht., l. 66. Si ita quis heredes instituit, Titius heres esto, Cajus et Maevius aequis ex partibus heredes sunto: quamvis *et* syllaba conjunctionem faciat, si quis tamen ex his decedat, non alteri soli pars adcrescit, sed et omnibus coheredibus pro hereditariis portionibus, quia non tam conjunxisse quam celerius dixisse videatur. l. 59. §. 2—3. Titius heres esto, *Sejus et Maevius heredes sunto:* verum est, quod Proculo placet, duos semisses esse, quorum alter *conjunctim* duobus datur. Cum quis ex institutis, qui non *conjunctim* cum aliquo institutus sit, heres non est, pars ejus omnibus pro portionibus hereditariis adcrescit etc.

7) D. de V. S., l. 142.

8) Wo sie bald als gar nicht, bald wenigstens insofern als verbunden gelten, daß sie zusammen nur einen Theil bekommen. D. ht., l. 13. pr. l. 66. (Note 6.)

9) D. de leg. III., l. 89.

10) Indem a) es bei dem Erbrecht eigentlich nicht leicht möglich

ist zu unterscheiden, ob der Erblasser, wenn er zu demselben Theil abgesondert ernennt (z. B. Titius ex parte dimidia heres esto, Sejus ex parte dimidia heres esto; Titius ex parte dimidia heres esto, ex eadem parte Sejus heres esto; Titius ex semisse heres esto, Sejus ex eodem semisse heres esto etc.), nicht blos die gleiche Quote geben wollte. Daher bedarf es genauerer Erklärung, wenn man eine reelle Verbindung soll annehmen können; aber durch eine solche Erklärung wird die Verbindung, wenn man die Sache reiflicher auffaßt, doch wohl eher zu einer real-verbalen als zu einer blos realen. b) D. de V. S., l. 142.... Lucius Titius ex parte dimidia heres esto, Sejus ex parte, qua Lucium Titium heredem institui, heres esto, Sempronius ex parte dimidia heres esto: Julianus, dubitari posse, tres semisses facti sint, an Titius in eundem semissem cum Cajo Sejo institutus sit; sed eo, quod Sempronius quoque ex parte dimidia scriptus est, verisimilius esse, in eundem semissem duos coactos et *conjunctim* heredes scriptos esse. Offenbar erörtert dieses Fragment blos den Begriff der re et verbis conjuncti, und der Zusammenhang des ausgeschriebenen Schlusses mit dem Vorhergehenden (Note 5) ergiebt es, daß Julian den Titius und den Cajus Sejus als re et verbis conjuncti darstellt. Zu dem kommt, daß schon dem oben aufgewiesenen, regelmäßigen Sprachgebrauch zufolge das „conjunctim" auf re et verbis conjuncti Beziehung hat. Und so darf ich denn auch eine andere Stelle zum Beweis anführen, in welcher derselbe Julian einen ganz ähnlichen Fall auf ähnliche Weise entscheidet „*conjunctim* eos videri institutos," D. ht., l. 15. pr. c) Bei Singularsuccessionen ist freilich eine bloße reelle Conjunction leicht gedenkbar, sey es daß man separatim dieselbe Sache namentlich (Sejo hominem Stichum do lego, Cajo hominem Stichum do lego) verschafft, sey es daß man durch ein pronomen auf die Identität hinweist (Sejo hominem Stichum do lego, Cajo eundem hominem do lego) Caj. II. 199. Das pronomen erzeugt hier sowenig eine Zweideutigkeit als das Namentliche. Um so mehr muß die Art und Weise auffallen, wie sich die Institutionen hierüber ausdrücken, J. de legat., II. 20. §. 8.... disjunctim ita: Titio hominem Stichum do lego, Sejo Stichum do lego. sed et, si *expresserit: eundem* hominem Stichum, aeque disjunctim legatum *intellegitur*. Denn hier ist offenbar darauf hingedeutet, daß bei dem Gebrauche des pronomen ein Zweifel entstehen konnte, ob die Verschaffung auch disjunctive und nicht conjunctim geschehen sey (aeque intelligitur). Ein solcher Zweifel erklärt sich aber nur durch das, was bei der Erbseinsetzung angenommen wird, und weist wohl ziemlich auf diese zurück und auf die Annahme hin, daß bei einer ähnlichen Erbeseinsetzung, wenn man je eine Verbindung annahm, eine wörtlich-sachliche angenommen wurde.

11) D. ht., l. 17. §. 1—2. Unde idem tractat, si duos ex undecim unciis duos sine parte scripsit, mox unus ex his, qui sine parte fuerunt, repudiaverit, utrum omnibus semuncia, an ad solum sine parte scriptum pertineat? et variat: sed Servius omnibus adcrescere ait, quam sententiam veriorem puto; nam quantum ad jus adcrescendi non sunt conjuncti, qui sine parte iustituuntur. quod et Celsus... probat. Idemque putat, et si, expleto asse, duos sine parte heredes scripserit, neque hos neque illos conjunctos.

§. 29.

B) Nach der genannten constitutio heißt dasselbe, Mehrere in wörtlicher Zusammenfassung einsetzen (verbis conjuncti), ohne Rücksicht ob sie auch sachlich verbunden seyen[1]. Dem hieraus folgenden Grundsatz für die Anwachsung hat sich auch die Praxis stets zugeneigt[2].

1) Man könnte glauben, aus C. de caduc. toll., l. un. pr. folge das Gegentheil, indem hier Justinian einfach das jus anti-

quum wieder herstelle; nach dem jus antiquum hatte aber die blose verbalis conjunctio keinen Einfluß auf die Anwachsung, wie dieß auch noch die Digesten aufs Entschiedenste aussprechen. Allein die Voraussetzung, daß Justinian das jus antiquum einfach wieder herstellte, scheint denn doch nicht begründet zu seyn. Eine solche Wiederherstellung lag, was aus der ganzen constitutio hervorgeht, keineswegs in seiner Absicht; und wie er in Betreff der onera von dem jus antiquum abwich, so auch in Betreff der conjunctio und ihres Einflusses auf die Anwachsung. Daß er aber auch in der lezten Beziehung abgewichen sey, ergibt sich a) aus C. eod. §. 10..... hoc ita tam varie, quia conjuncti quidem propter *unitatem sermonis quasi* in unum corpus redacti sunt, et partem conjunctorum sibi heredum *quasi* suam praeoccupant, disjuncti vero ab ipso testatoris sermone apertissime sunt discreti, ut suum quidem babeant, alienum autem non soli appetant sed cum omnibus coheredibus suis accipiant etc. Zuerst ist nicht zu übersehen, daß Justinian auf die „unitas sermonis" alles Gewicht legt, und dadurch andeutet, daß er eben die verbalis conjunctio hauptsächlich im Auge habe. Sodann sagt er „*quasi* in unum corpus redacti sunt", „*quasi* suam praeoccupant". Hätte er es auf re et verbis conjuncti ausschließlich abgesehen gehabt, so würde er das „quasi" nicht beigesetzt haben, und nicht haben beisetzen können. Denn da bei re et verbis conjuncti das totum datum partes autem concursu fieri entschieden einträte, so wären sie nicht blos quasi sondern wirklich (vere) in unum corpus redacti, und wenn einer derselben ausfiele, so würden die übrigen nicht quasi sondern wirklich (vere) partem suam präoccupiren. Nur auf verbis conjuncti, von denen man sagte „non tam conjunxisse quam celerius dixisse" passen die Ausdrücke „quasi in unum corpus redacti" „quasi suam praeoccupant". Justinian redet zunächst von einer wörtlichen Verbindung, wobei es dann natürlich gleichgültig ist, ob sie zugleich eine reelle seyn möchte oder nicht. Die

Wichtigkeit des Wörtchens „quasi" tritt besonders hervor, wenn wir damit die Art vergleichen, wie sich Justinian bei Legaten und Fideicommissen (Cod. eod. §. 11.) ausdrückt. Auch hier unterscheidet er zwischen conjuncti und disjuncti, aber von den disjuncti, die bei den Legaten als wahrhafte re conjuncti genommen werden, sagt er „hoc non sentiat is, qui non alienum, sed *suum* tantum legatum imminutum habet." Also nicht *quasi* suum, weil eine sachliche Verbindung vorausgesetzt ist. b) Aus dem, was über Legate und Fideicommisse in derselben constitutio angeordnet wurde, wovon das Nähere bei dieser Lehre; endlich c) C. eod. §. 14. Haec autem omnia locum habere censemus tam in testamentis, sive in scriptis sive sine scriptis habitis, quam in codicillis et omni ultimo elogio, vel si quid ab intestato fuerit derelictum, *nec non in mortis causa donationibus etc.* Allerdings ist schon öfters behauptet worden, daß Justinian hiemit bei der mortis causa donatio nur die Caducität aufgehoben, nicht aber auch die adcretio eingeführt habe. Allein wenn Justinian sagt „haec autem *omnia* locum habere censemus", so wüßte ich nicht, mit welchem Rechte wir einzelne Bestimmungen der Constitution nicht auf die mortis causa donatio beziehen sollten. Zu einer solchen Beschränkung sind wir um so weniger befugt, als sich gerade ein großer Theil der constitutio mit den Anordnungen über die adcretio beschäftigt. Zu vergl. C. eod., §. 7—8. Tritt nun die adcretio auch bei der mortis causa donatio ein, bei welcher eine reelle conjunctio im eigentlichen Sinn stets undenkbar war und ist, so liegt hierin Beleges genug, daß Justinian unter den conjuncti bloß verbis conjuncti verstand. Die von den Grundsätzen der frühern Anwachsung so wesentlich abweichende Aenderung Justinians erklärt sich ganz einfach daraus, daß eben Justinian bei Wiederherstellung des jus antiquum einen Theil des Rechts aus der lex Papia, das so lange Zeit gegolten hatte und im Zeitalter Justinians dem Rechte der Anwachsung sehr nahe gekommen war, mit demselben zu einem Ganzen vereinigte; daher die adcretio cum onere, der Vorzug der verbis conjuncti, die Ausdehnung der Anwachsung auf Legate und Fideicommisse jeder Art, und auf die mortis causa donatio.

2) Manche, welche gewöhnlich als Gegner des Anwachsungsrechts der verbis conjuncti angeführt werden, sind es auf eine Weise, daß man sie eben so gut zu dessen Anhängern zählen könnte. Dahin rechne ich Cujacius, und die ihm folgen. Denn wenn Cujacius den verbis conjuncti nur dann eine Beachtung bei der Anwachsung angedeihen läßt, wenn der Erblasser eine wahre Verbindung stiften wollte, aber diese Absicht als das Regelmäßige voraussetzt (Observ. XXIV. 34..... et id quidem dicimus de verbis tantum conjunctis, quos celeritatis quidem studio testator conjunxit: nam si consulto consilio, cunjuncti verbis tantum ex mente testantis etiam re conjuncti videntur.... voluntatis quidem esse quaestionem, quia possit non tam eos conjunxisse, quam celerius dixisse. At *in dubio sane vel conjunxisse eos*, vel non frustra conjunxisse homo sanus credetur); so heißt dieß doch in der That nichts Anderes, als ihnen regelmäßig die Anwachsung zugestehen. Andere, die man ebenfalls als Gegner bezeichnet, geben den verbis conjuncti wenigstens im Erbrecht nicht nur eine Anwachsung überhaupt, wenn alle Erben verbis conjuncti wären, sondern auch einen Vorzug, ein sogenanntes jus praelationis, wie sie ihnen dieses auch bei Legaten gewähren; freilich in der Annahme, daß verbis conjuncti neben re conjuncti zu re et verbis conjuncti werden, z. B. Collegium argentor. XXIX. 2. §. 22. XXX — XXXII. §. 42. — de Barry, de success., lib. 13. tit. 3. et 4. — Hofacker, Principia, II. §. 1463 und 1524. — Wiederum andere wollen den verbis conjuncti bei Legaten, nicht aber bei dem Erbrecht eine Anwachsung zugestehen, wie Mühlenbruch, Doctrina pand. (ed. IIIa.) §. 789—790, obgleich auch er für das Erbrecht in zweifelhaften Fällen meint, man müsse eben eine wörtlich-sachliche

Verbindung annehmen, §. 789. Not. 6. Da und dort führt man Jemanden als Gegner an, der es in der That nicht ist; z. B. A. Fachinaens, welcher wie Duaren und Andere, auch die verbale Conjunktion beachtet wissen will, und nur die adcretio beim ususfructus ausnimmt, controvers. jur., IV. 98. V. 50. — Daß jedenfalls die Praxis — freilich nicht gerade aus dem hier gelten gemachten, und überhaupt nicht aus einem und demselben Motive — sich hinneige, auch die verbis conjuncti einer Anwachsung theilhaftig werden zu lassen, ergibt sich a) aus der Anerkenntniß von Solchen, welche theoretisch diese Zulassung nicht für begründet erachten, A. Faber, Error. pragmat., dec. XLIX., 4. sequ. — Jo. Harpprecht, ad J. II. 20. §. 8. .... tametsi *plerique* contrariam sententiam defendere conentur etc. — Joh. Strauch, Dissertat. ad jus Just. privat., diss. X. th. 9..... in his, qui verbis conjuncti, dubitatur merito, etsi *communiter* affirmatur. — de Barry, de success., lib. 13. tit. 3..... ex *receptiori* sententia Doctorum jus adcrescendi est inter legatarios, licet verbis tantum conjuncti sint. — Henr. de Cocceji, Exercit. cur., I. disp. 71. spricht von einer communis sententia, communior Drum schola, ob er gleich an einer allgemeinen Praxis zweifelt. — J. A. Bach, de jure adcresc. (opusc.) §. 14. Ac hodie fere *vulgo communis* est sententia eorum, qui existimant, etiam in his locum habere jus adcrescendi etc. §. 18..... In eo tamen *consuetudo forensis* recedit a juris civilis scitis, quod etiam inter verbis tantum conjunctos est jus adcrescendi etc. — Hofacker, Principia, II. §. 1524. Not. a..... *practicorum plerique*. — C. A. Günther, princ. jur. Rom., II. §. 882. Not. g. Sed fere *communis* est opinio eorum, qui in his quoque existimant, juri adcrescendi locum esse. b) Aus praktischen Schriften, so wie aus den Schriften Solcher, die in der Praxis ein bedeutendes Ansehen genossen und genießen, als Joach. Mynsinger, ad J. II. 20. §. 8. — Jo. Corasius ad l. test. C. de imp. et al. subst. (op. ed. Viteb. tom. 2. p. 274 sequ.)

— Fr. Duarenus, de jure adcrescendi, c. 10—11. — Ant. Gomez, Var. resol., I. 10. nr. 25—34. nr. 38. 43. — J. Schneidewin, ad J. II. 20. §. 8. nr. 9. — Math. Wesenbecius, in tit. D. VII. 2. nr. 4. — H. Donellus, Comment., VII. 13. — Mich. Grass, Rec. Sentent., §. jus adcrescendi, qu. 8. 9. 13. 29. et passim. — H. Vultejus, in J. de donat. §. ult. — D. Tulden, in Cod. VI. 51. §. 11—14. — O. Hilliger, Donellus enucl., VII. 13. Not. k. sequ. — W. Ludwell, De ultim. volunt., (Alt. 1659.) p. 154—156. — H. U. Hunnius, Var. resolut., lib. II. tr. 8. qu. 7. — A. Perez, in Cod. VI. 51. ur. 13. sequ. — R. Bachovius, ad Treutl. disp. XIII. th. 3. sub C. — G. Frantzkius, Exercit., VII. qu. 3. — Ben. Carpzov, Jurisprud. for., III. 2. def. 14. — Arn. Vinnius, in J. II. 20. §. 8. nr. 15 sequ. — Henr. Hahn, ad Wesemb., tit. de usufr. adcresc., nr. IV. — Jo. Philippi, usus pract. Instit., II. 20. §. 8. ecl. 82. nr. 10—11. — P. Christinaeus, Decisiones, I. dec. 313. — IV. dec. 57. — J. J. Wissenbach, ad Pand. I. disp. 19. §. 12. sequ. II. disp. 3. §. 12 sequ. — Brunnemann, in D. de legat. III. l. 89. nr. 6. — Decisiones, cent. I. dec. 21. — W. A. Lauterbach, Colleg. theor. pract. XXX. §. 69—70. — G. A. Struve, Synt., XXXIV. 40. XXXV. 23—24. — H. E. Flörke, ad Struv., l. c. — P. Müller ad Struv., exerc. XII. th. 28. — Jo. Pomereschius, Tirocinium jur., II. 20. §. 8. — Schilter, Praxis j. r., exerc. 17. §. 57—58. — U. Huber, Praelectiones j. c. ad. J. II. 20. §. 24. sequ. — S. Stryck, Usus modern., VII. 2. §. 2. — Ch. de Klingensberger, Inst. Imper. II. 20. qu. 19—22. — J. Hoppius, in J. II. 20. §. 8. — S. van Leeuwen, Censura forens., III. 5. §. 20. — a. Berger, Oeconom. jur., II. 4. th. 12. not. 3. — L. Mencken, Systema j. c., XXX—XXXII. §. 34. — B. a. Wernher, Select. obs. for., I. p. 4. obs. 140. 106. — p. 5. obs. 140. — tom. III. p. 2. obs. 457. — G. G. Titius, Jus priv. rom. germ., VII. 7. §. 12. — J. H. Boehmer, Introd. in jus D. XXIX. 2. §. 19—21. — Mollenbeck, Thesaur. jur. civ., VII. 2. —

XXX—XXXII. p. 1174. 1183. — Hellfeld, Jurisprud. for. §. 1498. — M. G. Wernher, Lectiss. commentat. in p. XXIX. 2. §. 19—22. — Ben. Schmidt, Princ. jurispr. rom. germ., II. 20. §. 17. — Walch, Introd. in Controv. jur. civ., II. c. 4. m. 2. §. 74. — Gebrüder Overbeck, Meditationen, Bd. 3. Med. 175. — Höpfner, Institutionen, §. 581.

Fünftes Kapitel.

Ungültigkeit des Testaments.

Quellen.

J. quib. mod. test. inf., II. 17.
D. de inj. rupt. irr. test., XXVIII. 3. (ht.)
D. de his quae in test. del. XXVIII. 4. (ht. [1])

§. 30 [1]).

Testamente sind ungültig von Anfang an (non jure facta [2]), oder werden es (rupta [3]), irrita [4]), destituta [5]) in der Folge [6]).

1) Es versteht sich von selbst, daß in diesem Kapitel von der Ungültigkeit ohne Rücksicht auf Intestaterbrecht gehandelt werde.

2) Imperfecta, injusta, J. ht., §. 1. Testamentum *jure factum* usque eo valet, donec rumpatur, irritumve fiat. §. 2. init. 3. init. 4. init. 6. init. — de hered. quae ab int. def., III. 1. §. 1. Intestatus decedit, qui aut omnino testamentum non fecit, aut *non jure fecit*, aut id, quod fecerat, ruptum irritumve factum est, aut nemo ex eo heres extitit. — D. de his quib. ut ind., XXXIV. 9. l. 5. §. 1. — ad leg. Corn.

de fals., XLVIII. 10. l. 6. pr. — Ein engerer Sinn D. ht., l. 1.

3) J. ht., §. 1—2. — D. ht., l. 1—3.

4) J. ht., §. 5. — D. ht., l. 6. §. 5.

5) J. de hered. quae ab int. def., III. 1. pr. §. 7. — D. de cond. inst., XXVIII. 7. l. ult.

6) Indessen J. ht., §. 5.

§. 31.

Von Anfang an ungültig sind alle Testamente:

a) welchen die wesentlichen, formellen Erfordernisse fehlen [1]; wesentlich sind aber auch die Förmlichkeiten, welche der Erblasser gerade anwenden wollte [2];

b) die des wesentlichen Inhalts ermangeln [3], sey es an sich, sey es nach der Vollständigkeit, die ihm der Erblasser zu geben beabsichtigte [4];

c) die an einem Irrthum in Rücksicht auf einen wesentlichen Bestandtheil [5], oder auf die Motive zur Errichtung des Testaments selbst [6] und zur Einsetzung [7] leiden;

d) bei welchen der Erblasser, sey es in einem wesentlichen Theil, sey es in den Motiven zur Errichtung und Einsetzung durch Betrug irre geführt [8];

e) deren Errichtung oder wesentlicher Innhalt durch Zwang herbeigeführt wurde [9]; endlich

f) alle, deren Einsetzungen wegen der Bestimmungen des Senatus consultum Libonianum zusammenfallen [10].

Ungültigkeit von Anfang an wird aber durch eine spätere Beseitigung ihres Grundes nicht gehoben [11].

1) D. qui test. fac. poss., XXVIII. 1. l. 4. Si quaeramus, an valeat testamentum, inprimis animadvertere debemus, an is, qui fecerit testamentum, habuerit testamentifactionem, deinde, si habuerit, requiremus, an secundum regulas juris civilis testatus sit. — l. 8. l. 18. l. 19. — C. de test., VI. 23. l. 12.

2) D. de test. milit., XXIX. 1. l. 3. Si miles, qui destinaverat communi jure testari, ante defecerit, quam testaretur, Pomponius dubitat. *Sed cur non in milite diversum probet?* neque enim, qui voluit jure communi testari, statim beneficio militari renunciavit, nec credendus est quisquam genus testandi eligere ad impugnanda sua judicia, sed magis utroque genere voluisse propter fortuitos casus; quemadmodum plerique pagani solent, cum testamenti faciunt perscripturam, adjicere, velle hoc etiam vice codicillorum valere, quisquam dixerit, si imperfectum sit testamentum, codicillos non esse? — de jure codic., XXIX. ult. l. 1. Saepissime rescriptum et constitutum est, eum, qui testamentum facere opinatus est nec voluit quasi codicillos id valere, videri nec codicillos fecisse. Ideoque quod in illo testamento scriptum est, licet quasi in codicillis poterit valere, tamen non debetur. — qui test. f. p., XXVIII. 1. l. 29. — C. de codic., VI. 36. l. 8. §. 1. — Eine beschränkende Modification für Soldaten.

3) D. de vulgari et pup. subst., XXVIII. 6. l. 1. §. 3. ... sine heredis institutione nihil in testamento scriptum valet. — D. de his quib. ut ind., XXXIV. 9. l. 12. Cum quidam scripsisset heredes, quos instituere non potuerat, quamvis institutio non valeret, neque superius testamentum ruptum esset etc. — de bon. poss. c. tab., XXXVII. 4. l. 19.

4) D. qui testam. f. poss., XXVIII. 1. l. 25. Sollte dieselbe auch nur eine auf die Einsetzung wesentlich einfließende Modalität betreffen, D. de hered. inst., XXVIII. 5. l. 9. §. 5. Tantundem Marcellus tractat et in eo, qui conditionem destinans inserere non addidit: nam et hunc pro non

instituto putat. sed si conditionem addidit dum nollet, detracta ea, heredem futurum etc. Doch C. de inst. et subst., VI. 25. l. 8. Si testamentum ita scriptum inveniatur, ille heres esto secundum conditiones infra scriptas, si quidem nihil est adjectum, neque aliqua conditio in testamento posita est, supervacuam esse conditionum pollicitationem sancimus, et testamentum puram habere institutionem etc., welche nur eine Modification, keinen Widerspruch mit dem in den Pandekten ausgesprochenen Grundsatz enthält.

5) Dahin gehört a) D. eod., l. 9 pr. §. 7. b) — eod., l. 9. §. 5. Unwesentlich ist jeder Irrthum in der Bezeichnung und den Eigenschaften, J. de legat., II. 20. §. 29. — D. de cond. et dem., XXXV. 1. l. 33 pr., solange dadurch die bezeichnete Person selbst nicht ungewiß wird, D. de hered. inst., XXVIII. 5. l. 48. §. 3. l. 62. §. 1. — C. de test., VI. 23. l. 4. — in den Motiven, J. eod., §. 31., in der Größe der Portion, D. eod., l. 9. §. 2—5.

6) D. de inoff. test., V. 2. l. 28. Cum mater militem filium falso audisset decessisse, et testamento heredes alios instituisset, Divus Hadrianus decrevit, hereditatem ad filium pertinere, ita ut libertates et legata praestentur. — de hered. inst., XXVIII. 5. l. 92. — Zu vergl. C. de test. milit., VI. 21. l. 9—10.

7) und in den Eigenschaften, sofern sie als Motiv der Einsetzung erscheinen, C. de test., VI. 23. l. 5. — de hered. inst., VI. 24. l. 4. l. 7. — Zu vergl. D. de liber. et posth., XXVIII. 2. l. 14. §. ult. l. 15. l. 25 pr. Der Irrthum in dem Motiv scheint aber nicht ipso jure auf das Testament einzuwirken, arg. D. de cond. et dem., XXXV. 1. l. 72. §. 6., und daraus erklären sich D. de inoff. test., V. 2. l. 28. .... ita ut libertates et legata praestentur. — de hered. inst., XXVIII. 5. l. 92. in f. ... sed legata ex posteriore testamento eam praestare debere.

8) Schon die Grundsätze vom Irrthum müssen hier entscheiden. Zu vergl. D. de hered. inst., XXVIII. 5. l. 9. §. 6. — de

his quib. ut ind., XXXIV. 9. l. 16 pr. Cum tabulis secundis pater impuberi filio fratris filios, coheredibus datis, substituisset, ac substituti fratris filii, post mortem pueri matrem ejus *partus subjecti* ream postulassent, ut *hereditatem patrui legitimam* obtinerent, victis auferendam esse partem hereditatis etc. — C. de hered. inst., VI. 24. l. 4. Si pater tuus eum quasi filium suum heredem instituit, quem falsa opinione ductus suum esse credebat, non instituturus, si alienum nosset, isque postea *subditus esse* ostensus est, auferendam ei successionem etc. — arg. D. de bon. poss. s. t., XXXVII. 11. l. 2. §. 7. — Als eine betrügerische kann denn auch unter Umständen die Einsetzung erscheinen, welche von Seiten eines Andern durch eine captatorische Einsetzung herausgefordert und veranlaßt wurde.

9) D. eod.... quemadmodum non potest qui heres scriptus est non consulto testatore. nam pro *non scripto est, quem scribere noluit.* — C. si quis aliqu. test. proh., VI. 34. l. 1. — arg. D. ht. [1]), l. 1. §. 3.... et si quidem illud concidit testator, denegabuntur actiones, si vero alius *invito testatore* non denegabuntur.

10) Die Bestimmung selbst D. de lege Corn. de fals., XLVIII. 10. l. 1. §. 7. l. 6 pr. l. 15 pr. l. 10—11. — Daher D. eod., l. 14. §. 1 ... quemadmodum socio debebitur, si quasi *falsum* nomen servi subducitur? etc. und ferner D. de his quae pro non scr., XXXIV. 8. l. 1. — C. de his qui sibi adscr., IX. 23. l. 3—5. Beschränkungen in a) D. eod., l. 1. §. 8. l. 15. §. 1—3. — C. eod., l. 2. und b) C. eod., l. 1., vergl. mit D. eod., l. 14. §. 2. ... respondi, et patronum incidere in poenam edicti Divi Claudii, et filium emancipatum, licet praeteriti possint petere bonorum possessionem etc.

11) D. de R. J., l. 201. l. 210. — J. quib. non est perm. f. test., II. 12. §. 1.

§. 32.

In der Folge werden Testamente ungültig durch:

a) capitis minutio des Erblassers und zwar römischrechtlich eine jede[1]; teutschrechtlich[2] wenigstens die minima, mit Ausnahme von Soldaten[3] und gewesenen Soldaten, sofern sie als Hauskinder über peculia castrensia testirten[4];

b) bloßen Zeitablauf[5] und Entlassung ohne Abschied[6], wenn sie nach soldatischem Rechte errichtet wurden[7];

c) Widerruf[8] in gehöriger Form[9], ohne daß eine derogatorische Klausul im Wege stünde[10].

1) J. ht., §. 4. — D. ht., l. 6. §. 5 sequ. — Daher auch C. de haeret., I. 5. l. 4. §. 5. — Nicht aus andern Gründen der Unfähigkeit ein Testament zu errichten, wenn sie nach errichtetem Testamente eintreten, J. quib. non est perm., II. 12. §. 1—3. — D. qui test. fac. p., XXVIII. 1. l. 18. — es wäre denn der Testirunfähigkeit auch diese Wirkung beigelegt, z. B. C. de incest. nupt., V. 5. l. 6.... nihil prorsus .. *moriturus derelinquat* ... testamento suo extraneis nihil *derelinquat* etc.

2) Oben §. 6. — Freilich kann auch nach teutschem Rechte ein testamentum eines zum Tode Verurtheilten irritum werden, in den Fällen nehmlich, wo Confiscation eintritt, nicht wegen capitis diminutio, sondern quia nihil suum habet.

3) Mögen sie filiifam. seyn, J. de milit. test., II. 11. §. 5. — D. de test. milit., XXIX. 1. l. 22. oder patresfamilias, sofern sie über bona castrensia testirten, J. eod., vergl. mit D. eod., l. 23.

4) D. ht., l. 6. §. ult. — de bon. poss. s. t., XXXVII. 11. l. 1. §. 8.

5) J. eod., §. 3. — D. de test. milit., XXIX. 1. l. 38.

6) Oder gar entehrende Ausstoßung, D. eod., l. 21. l. 26.

7) J. eod., §. 3. ... et quod in castris fecerint testamentum, *non communi jure*, sed quo modo voluerint, post missionem intra annum tantum valebit.

8) Mit ihm nicht zu verwechseln die Entziehung des Erbrechts in demselben Testament durch eine entgegengesetzte Erklärung (ademtio), D. de lib. et post., XXVIII. 2. l. 13. §. 1. Regula est juris civilis, qua constitutum est, hereditatem adimi non posse: propter quam liber et heres esse jussus, quamvis dominus ademerit eodem testamento libertatem, nihilominus et libertatem et hereditatem habebit. — de test. milit., XXIX. 1. l. 17. §. 2. Nicht entgegen D. ht.[1]), l. 1. §. 4. Et hereditatis portio adempta, vel tota hereditas si forte sit substitutus, jure facta videbitur: non quasi adempta (quoniam hereditas semel data facile adimi non potest) sed quasi nec data.

9) Denn ohne sie, J. ht., §. 7. Ex eo autem solo non potest infirmari testamentum, quod postea testator id noluit valere etc. Theoph. ad h. l. — D. de test. mil., XXIX. 1. l. 36. §. 3. — Ausnahmen in D. eod., l. 34. §. 1—2.

10) D. de adim. vel transf. leg., XXXIV. 4. l. 4. — de legat. III. l. 22. .... suprema voluntas potior habetur: nemo enim eam sibi potest legem dicere, ut a priore ei recedere non liceat, und zwar selbst dann, wenn die Klausul nur auf eine Abänderung durch Testamente in einer gewissen Form ginge, D. de jure codic., XXIX. ult. l. 6. §. 2. und ohne daß es ihrer besondern Aufhebung bedürfte, arg. D. ht., l. 12. §. 1., zu vergl. Cic. ad Att., III. 23. ... quum lex abrogatur, illud ipsum abrogatur, quo non eam abrogari oporteat. — Wie verhält es sich mit dem Widerruf wechselseitiger Testamente? Zu vergl. Glück, Comment., 35. S. 61 ff., 38. S. 214 ff. — Rhein. Mus., 3. S. 239 ff. S. 490 ff.

§. 33.

So können Testamente widerrufen werden:

α) durch ein späteres Testament [1]), sofern dasselbe gültig errichtet [2]), selbst gegen den Willen des Erblassers [3]). Wären jedoch in einem spätern Testamente die nächsten, in dem frühern Testament nicht eingesetzten Intestaterben zur Erbschaft berufen, so genügten fünf Zeugen [4]). Ein also gebrochenes Testament kömmt nicht wieder zu Kraft, wenn das spätere selbst nachher hinwegfiele [5]);

β) wenn das Testament vernichtet [6]), die Sigille abgerissen [7]) oder zerstört [8]), das ganze Testament oder die Namen aller Erben durchstrichen oder die letztern ausgemerzt würden [9]), und zwar von dem Erblasser selbst oder einem Andern mit seinem Willen [10]), in der Absicht, daß die Intestaterbfolge eintrete [11]);

γ) wörtlich vor drei fähigen Zeugen, oder vor Gericht zu Protocoll, vorausgesetzt, daß von Abfassung des Testaments an zehen Jahre abgelaufen sind [12]).

1) D. ht., l. 1.

2) J. ht., §. 2—3. — D. ht., l. 16. — de hered. inst., XXVIII. 5. l. 54. — Zwischen ordentlichen Privattestamenten und außerordentlichen oder öffentlichen Testamenten ist, mit einer Ausnahme, kein Unterschied, D. ht., l. 2. — Nov. CVII. c. 3. — NO. l. c. §. 2.

3) Er wäre denn Soldat, D. de testam. milit., XXIX. 1. l. 19. l. 36. — Doch D. ht., l. 12. §. 1. — ad Sctum Treb., XXXVI.

1. l. 29. Mehre Testamente, die nicht als Originalexemplare, D. ht. [1]), l. ult. — J. de test. ordin., II. 10. §. 13., zu gleicher Zeit solennisirt werden, oder deren Datum man nicht kennt?

4) D. ht., l. 2. Tunc autem prius testamentum rumpitur, cum posterius rite perfectum est, nisi forte posterius vel jure militari sit factum, vel in eo scriptus est, qui ab intestato venire potest: tunc enim et posteriore non perfecto superius rumpitur. — C. de test., VI. 23. l. 21. §. 3. Si quis autem testamento jure perfecto postea ad aliud venerit testamentum, non alias quod ante factum est infirmari decernimus, quam si id, quod secundo facere testator instituit, jure fuerit consummatum. nisi forte in priore testamento scriptis his, qui ab intestato ad testatoris hereditatem vel successionem venire non poterant, in secunda voluntate testator eos scribere instituit, qui ab intestato ad ejus hereditatem vocantur: eo enim casu, licet imperfecta videatur scriptura posterior, infirmato priore testamento, secundum ejus voluntatem non quasi testamentum, sed quasi voluntatem ultimam intestati valere sancimus; in qua voluntate quinque testium juratorum depositiones sufficiunt, quo non facto valebit primum testamentum, licet in eo scripti videantur extranei.

5) J. ht., §. 2. — D. de test. milit., XXIX. 1. l. 36. §. ult.

6) D. ht. [1]), l. ult.

7) D. de bon. poss. s. t., XXXVII. 11. l. 1. §. 10. — und. lib., XXXVIII. 6. l. 1. §. 8. — C. de testam., VI. 23. l. 30.

8) C. eod. — D. qui test. f. p., XXVIII. 1. l. 22. §. 3. — Die Unterschriften der Zeugen ausgemerzt?

9) D. und. lib., XXXVIII. 6. l. 1. §. 8. — ht. [1]), l. 2—3.

10) D. ht. [1]), l. 1 pr. §. 1. — de bon. poss. s. t., XXXVII. 11. l. 1. §. 10. — indem, wenn von ihm selbst, die Vermuthung für, wenn von einem Dritten, die Vermuthung gegen gewollte Aufhebung spricht, C. eod.... sancientes, si quidem

testator linum, vel signacula inciderit vel abstulerit, utpote ejus voluntate mutata. testamentum non valere. sin autem ex alia quacunque causa hoc contigerit etc.

11) D. ht. [1]), l. 3.... Quid ergo? non et illud *interdum credi* potest, eum, qui heredum nomina induxerat, satis se consecuturum putasse, ut intestati exitum faceret? etc. l. 4.... sed si, ut intestatus moreretur, incidit tabulas, sed hoc adprobaverunt hi, qui ab intestato venire desiderant, scriptis avocabitur hereditas. — und. liberi, XXXVIII. 6. l. 1. §. 8. Ohne diese Absicht, D. ht. [1]), l. 3. — de his quib. ut ind., XXXIV. 9. l. 12. l. 16. §. 2. — Zurücknahme eines öffentlichen Testaments? arg. D. ht. [1]), l.. ult. — Vernichtung einer über ein mündliches Testament aufgenommenen, schriftlichen Urkunde? Sie hebt die Erbeseinsetzungen nicht auf, da hiezu nicht jede beliebige Willenserklärung genügt, das positive Recht aber nur bei dem schriftlichen Testament einer solchen factischen Erklärung Einfluß zuschreibt.

12) C. de test., VI. 23. l. 27. Sancimus, si quis legitimo modo condidit testamentum, et post ejus confectionem decennium profluxerit, si quidem nulla innovatio vel contraria voluntas testatoris apparuerit, hoc esse firmum..... Sin autem testator tantummodo dixerit, non voluisse prius stare testamentum, vel aliis verbis utendo contrariam aperuerit voluntatem, et hoc vel per testes idoneos, non minus tribus vel inter acta manifestaverit et decennium fuit emensum, tunc irritum est testamentum, tam ex contraria voluntate quam ex cursu temporali. Aliter etenim testamenta mortuorum per decennii transcursionem evanescere nullo patimur modo etc.

§. 34.

Endlich wird ein Testament in der Folge ungültig:

d) wenn der eingesetzte Erbe hinwegfällt, sey es daß er nicht Erbe werden konnte oder wollte [1]).

Dieser Ungültigkeit kann indessen vorgebeugt werden durch Nacherbeseinsetzung[2]) (substitutio vulgaris)[3]).

Solche Nacherbeseinsetzungen zu machen, ist der Erblasser völlig unbeschränkt[4]). Als selbstständige Erbesernennungen sind sie von der Einsetzung unabhängig[5]), wo sie nicht der Erblasser selbst davon abhängig machte[6]).

1) J. ht., §. 2. — Zu dem Nichtkönnen gehört auch, wenn der Erbe zwischen der Delation und dem Erwerb unfähig wird. D. de hered. inst., XXVIII. 5. l. 49..... hoc amplius et cum adibit hereditatem, esse debet cum eo testamentifactio... nam jus heredis eo vel maxime tempore inspiciendum est, quo adquirit hereditatem, medio autem tempore inter factum testamentum et mortem testatoris vel conditionem institutionis existentem mutatio juris heredi non nocet, quia, ut dixi, tria tempora inspicimus. — ad Stum Tert., XXXVIII. 17. l. 1. §. 4. 8. — Daß im Falle des Ausschlagens irgend die Bestimmung von Nov. I. c. 1—2 Platz greifen könne, ist eine weit nicht genügend gerechtfertigte Annahme.

2) J. de vulg. subst., II. 15. (ht. [1]) — D. de vulg. et pup. subst. XXVIII. 6. (ht.[2]) — C. de impub. et al. subst. VI. 26. (ht.) — Der Begriff, J. ht.[1]), pr. — C. de hered. inst., VI. 24. l. 3. — gradus heredum, D. ht.[2]), l. 1. pr. l. 36. — Ulp. XXII. 33. —

3) D. ht.[2]), l. 4. §. 2.

4) J. ht.[1]), pr. §. 1. — D. ht.[2]), l. 36. §. 1.

5) D. de adqu. v. omitt. her., XXIX. 2. l. 76. §. 1. Daher D. de hered. inst. XXVIII. 5. l. 27. pr. l. 73.

6) D. ht.[2]), l. 8 pr. l. 23. l. 45. §. 1.

§. 35.

Dem Nacherben wird mit dem Hinwegfallen seines Vormanns[1]), mag dieser nicht Erbe werden wollen oder können [2]), deferirt [3]), mit Ausschluß der Anwachsung [4]), und, wenn mehrere Vormänner vorhanden sind, ohne Unterschied, wer von denselben zuerst hinwegfällt [5]). Ist der Nacherbe zugleich eingesetzt, so gehören, sobald demselben als Nacherben deferirt worden ist, beide Theile nothwendig zusammen [6]).

Mehrere Nacherben theilen, wie mehrere Eingesetzte, außer sie wären selbst eingesetzt [7]).

1) Vorausgesetzt, daß keine Transmission Platz greife, C. de caduc. toll., VI. 51. l. un. §. 13. Cum autem in superiore parte legis non aditam hereditatem minime, nisi quibusdam personis, *ad heredes defuncti transmitti* disposuimus, necesse est, si quis solidam hereditatem non adierit, hanc, si quidem habeat *substitutum*, ad eum, si voluerit et potuerit, pervenire etc., oder daß der Erblasser den Nichteintritt des institutus selbst, sey es überhaupt sey es innerhalb einer gewissen Zeit, als Bedingung für die Substitution herausgestellt, und dadurch den Substituten dem Transmissionsrechte vorgezogen hat, D. de adqu. v. om. her., XXIX. 2. l. 72. — Noch entstehen die Fragen a) ob, wenn ein Hauskind eingesetzt und ihm substituirt ist, das Hauskind aber die Erbschaft ausschlägt, der substitutus den Hausvater, oder umgekehrt, ausschließe? Immerhin könnte man glauben, es sey wahrscheinlicher, daß der Erblasser den substitutus habe vorziehen wollen; allein eben so wohl ließe sich sagen, da der Erblasser wußte, daß, wenn das Hauskind ausschlüge, der Vater antreten dürfe, so würde er, wollte er den Vater gegen den substitutus zurücksetzen, dieß ausdrücklich gesagt haben. Entscheidend dürfte jedoch hier seyn, daß Justinian ausdrücklich den Vater beruft, „quasi ipse pater ab initio fuisset heres institutus", C. de bon. qu. lib. VI. 61. l. 8. §. 2. Denn gilt der Vater quasi ab initio institutus, so muß er auch gewiß dem substitutus vorgehen.

— Wie aber, wenn man Jemanden in dem Glauben einsetzt, er sey sui juris, während er Hauskind ist? Man könnte meinen, es müsse nach Analogie von J. ht. [1]), §. 4. — D. de hered. inst., XXVIII. 5. l. 40—41. zwischen dem substitutus und dem Hausvater getheilt werden. Indessen ist ein durchaus singulärer, zuletzt auf einem singulären Ausspruch von Tiberius beruhender Grundsatz nicht geeignet, um nach Analogie ausgedehnt zu werden. Wohl muß sich der, welcher einen sui juris einsetzt, sich die Möglichkeit denken, daß derselbe durch arrogatio alieni juris werde. Würde man nun annehmen, er habe ihn auch in der letzten Eigenschaft eventuell eingesetzt, so müßte man die Substitution „si heres non erit" dahin auslegen „si neque ipse heres erit, neque alium heredem fecerit", und bei dieser Auslegung den substitutus ganz ausschließen, sobald der Hausvater des Erben die Erbschaft für sich erwerben wollte. In der Wirklichkeit jedoch liegt die Annahme viel näher, daß der Erblasser an die gewiß ferne und nur selten verwirklichte Möglichkeit, daß ein sui juris zu einem alieni juris werde, gar nicht gedacht, folglich den sui juris auch nicht eventuell als alieni juris eingesetzt habe. Woraus sich denn von selbst ergiebt, daß die Substitution „si heres non erit" einzig den Sinn habe „si *ipse* heres non erit", und daher der Vater dem substitutus nachzusetzen sey. Zu vergl. oben §. 21. Note 3. b) In wie fern die abstentio eines suus, und in integrum restitutio gegen die Antretung, eine Delation für den Nacherben begründen? Indessen ist die Berufung des substitutus viel weniger bedenklich nach der abstentio des suus, D. de adqu. v. om. her., XXIX. 2. l. 20. §. 4. — C. de leg. her., VI. 58. l. 6. (unten §. 116. Note 4.), als nach der restitutio eines minor, D. de succ. ed., XXXVIII. 9. l. 2. — de minor., IV. 4. l. 7. §. 10.

2) Gewiß, wenn der Erblasser auf beide Fälle alternativ, oder ganz allgemein (si heres non erit) substituirte, J. ht. [1]), pr. — C. de hered. inst., VI. 24. l. 3. — ob auch dann, wenn

er nur einen Fall heraushob? In der Regel wird man annehmen können, daß der Erblasser den einen Fall nannte, ohne den andern ausschließen zu wollen; wie sich in der That auch im Allgemeinen gar kein Grund einsehen läßt, warum der, welcher auf das Nichtwollen substituirt, das Nichtkönnen, und umgekehrt, ausschließen sollte. Im einzelnen mögen immerhin solche Gründe vorhanden seyn; dann wird aber auch der Erblasser seinen hierauf beruhenden Willen gewiß irgendwie kund geben. So wird eine tacita vulgaris und pupillaris angenommen, gewiß nur darum, weil man voraussetzt, es sey dieß, wenn nicht Umstände dagegen sprechen, dem Willen des Erblassers angemessener, D. ht.[2]), l. 4. §. 2. — So wird bei der Einsetzung der postumi der ausdrücklich genannte Fall des Todes auch auf andere Fälle bezogen, in der That doch nur deßhalb, weil man annimmt, der Erblasser habe eben die gewöhnliche Ursache des Ausscheidens eines näher Berechtigten genannt, ohne die andern Ursachen unbeachtet lassen zu wollen, D. de lib. et posth., XXVIII. 2. l. 29. §. 5. — So wird endlich auch anderwärts der Wille eines Erblassers conjecturirt, und dem gemäß entschieden, z. B. ad Sctum Treb., XXXVI. 1. l. 22 pr.

3) D. de adqu. v. omitt. hered., XXIX. 2. l. 3. l. 69. — Daher D. ht. [2]), l. 43. §. ult.

4) D. ht. [2]), l. 39. §. 2. — de bon. poss. s. t., XXXVII. 11. l. 2. §. 8. — Indessen D. ht. [2]), l. 30. — C. ht., l. 10.

5) J. ht. [1]), §. 3. — D. ht. [2]), l. 41 pr.

6) Nur daraus erklärt es sich, daß man für die Nacherbesportion keiner besondern Antretung bedarf, D. de adqu. v. om. her., XXIX. 2. l. 35. Si quis heres institutus mox Titio substitutus, antequam ex causa substitutionis ei deferatur hereditas, pro herede gesserit, *erit heres quoque ex causa substitutionis*, quoniam invito quoque ei adcrescit portio. — l. 76 pr. l. 81. Totiens videtur heres institutus etiam in causa substitutionis adisse etc. Darum kann denn

auch der institutus, welcher angetreten hat, die ihm deferirte Substitutionsquote nicht ausschlagen. Denn könnte er das, so wäre es ja unmöglich, daß er ohne Antretung erwärbe. Wie dieß auch ausdrücklich anerkannt ist, D. eod. l. 35.... quoniam *invito* quoque ei adcrescit portio. C. ht., l. 6. Testamento jure facto, multis institutis heredibus et invicem *substitutis*, adeuntibus suam portionem etiam *invitis* coheredum repudiantium adcrescit portio. Nicht entgegen D. eod., l. 76. §. 1. Nachdem nehmlich im princ. ausgesprochen war, daß mit dem Antritt der Substitutionsportion auch die Institutionsquote und umgekehrt erworben sey, wurden nun im §. 1. die Folgen des Ausschlagens untersucht, und entschieden, man könne die eine Portion ausschlagen, ohne daß darum die andere für ausgeschlagen gelte; es hänge von dem institutus und substitutus ab, welchen Theil er ausschlagen (omittere nach der Vulg. und Hal. nicht mit der flor. amittere), welchen er ansprechen wolle. Daß aber der zunächst ausgeschlagene Theil durch den Erwerb des andern Theils nicht hintendrein ebenfalls mit erworben sey, davon sagt die Stelle nichts. — Die ganze Bestimmung erklärt sich daraus, daß eben die Substitutio nichts Anders als eine bedingte Institutio, und sobald die Delatio ex causa substitutionis eintrat, die Sache so zu beurtheilen ist, wie wenn bei unbedingter und bedingter Einsetzung die Bedingung ihre Erfüllung erhalten hat; und daher wird auch die Institutions- und Substitutions-Portion in Betreff der falcidia als e i n e Portion behandelt, D. ad leg. Falcid., XXXV. 2. l. 1. §. 13. — Von selbst entsteht hier die Frage, wie es sich dann verhalte, wenn der Erbe ex institutione angetreten, aber die Delation aus der Substitution nicht erlebt hat? Im Allgemeinen ist entschieden, daß der substitutus zur Zeit der Delation leben müsse, wenn ein Erwerb aus der Substitution für ihn möglich seyn solle, D. ht. [2]), l. 45. §. 1. — de suis et leg. hered. XXXVIII. 16. l. 9. Ob dieß jedoch durchgreifend gelte, namentlich auch in dem Fall, wenn nur zwei Erben eingesetzt sind, der eine aber dem andern substituirt ist? Ich zweifle, denn in diesem Fall würde die Substitutionsportion dennoch dem Erben des Erben vermöge des jus adcrescendi zu Theil werden; wo aber das jus adcrescendi zu demselben Ergebniß führt, da wird auch die Substitution als solche anerkannt und aufrecht erhalten, D. de adqu. v. om. hered., XXIX. 2. l. 35..... erit heres quoque ex causa substitutionis, *quoniam invito quoque ei adcrescit portio.* Und dieß stimmt, genau erwogen, im Grunde wieder mit dem überein, was bei bedingter und unbedingter Einsetzung gilt.

7) J. ht. [1]), §. 2. — D. ht. [2]), l. 24. Wären extranei beigemischt, D. ht. [2]), l. 32. — Eine nähere Bestimmung in D. ht. [2]), l. 41. §. 4.

§. 36.

Die Nacherbeseinsetzung fällt, wie jede Einsetzung, also, wenn das ganze Testament fällt, oder doch mit der Nacherbeseinsetzung sich etwas ereignet, was auch eine Einsetzung vernichtet hätte [1]).

1) Zu dem letztern Fall gehört auch D. de adqu. v. omitt. hered., XXIX. 2. l. 7. pr. C. ht., l. 5. Indessen D. de test. milit., XXIX. 1. l. 5. — C. de test. milit. VI. 21. l. 6. c. f. —

Sechstes Kapitel.

Testamentserrichtung für Andere.

Quellen.

J. de pupill. subst., II. 16.
D. de vulg. et pup. subst., XXVIII. 6.
C. de impub. et al. subst., VI. 26.

§. 37.

Solchen, die wegen Unmündigkeit sich selbst kein Testament errichten können [1]), kann derjenige, welcher sie zur Zeit seines Todes [2]) in unmittelbarer väterlicher Gewalt hat [3]), auf den Fall daß sie vor erreichter Mündigkeit [4]) sterben, ein Testament machen (substitutio pupillaris). Er muß aber zugleich für sich ein Testament errichten [5]), so daß das Testament für den Unmündigen formell gleichsam als ein Theil des väterlichen [6]), materiell als ein selbstständiges erscheint [7]). Wie und wen er dem Hauskinde zum Erben ernennt, das ist dem Hausvater, gleich dem der für sich testirt, freigestellt [8]), ist nur der Erbe dem Hauskind gegenüber fähig [9]).

1) J. ht. pr.... nam moribus institutum est, ut, cum ejus ætatis sunt, in qua ipsi sibi testamentum facere non possunt, parentes *eis* faciant. §. 2. — D. ht., l. 10. §. 5...... neque enim suis bonis testator substituit, sed *impuberis* etc.

2) D. ht., l. 2. pr. l. 41. §. 2.

3) D. ht., l. 2. pr. Eine Beschränkung in C. de test. milit. VI. 21. l. 6.

4) D. ht., l. 43. §. 1...... respondi, omne quidem spatium, quod est intra pubertatem, liberum esse patri ad substituendum filio, sed finis hujus pubertas est etc. — l. 38. §. 1—2. — Ueber die Pubertät hinaus, D. ht., l. 7. Doch J. ht., §. ult. — D. ht., l. 41. §. 3. und ferner C. ht., l. 8.

5) J. ht., §. 5. Gleichgültig ist es indessen, ob ein Testament J. ht., §. 3. — D. ht., l. 2. §. 5—6., oder verschiedene Testamente, sind nur beide gehörig solennisirt, J. ht., §. 3. — D. ht., l. 16. §. 1. l. 20. §. 1. und das für den Hausvater zuerst, D. ht., l. 2. §. 4. 7., errichtet werden. — Ausnahme in D. ht., l. 2. §. 1. — de test. milit., XXIX. 1. l. 15. §. 5. Mit der Nothwendigkeit, für sich selbst ein Testament zu errichten, nicht zu verwechseln die Einsetzung der unmündigen Kinder, D. ht., l. 1. §. 2., obgleich, wenn sie nicht eingesetzt sind, der Testirer in Rücksicht auf Singularsuccessionen beschränkt ist, D. de test. milit. XXIX. 1. l. 41. §. 3. — de leg., III. l. 103. — ad leg. Falc., XXXV. 2. l. 87. §. 7. Vergl. mit D. eod. l. 11. §. 8.

6) J. ht., §. 5..... pupillare testamentum pars et sequela est paterni testamenti. D. ht., l. 38. §. 3. l. 44.

7) J. ht., §. 2. Igitur in pupillari substitutione... duo quodammodo sunt testamenta, alterum patris, alterum filii, tanquam si ipse filius sibi heredem instituisset: aut certe unum est testamentum duarum causarum, id est duarum hereditatum. D. ht., l. 2. §. 4..... constat enim unum esse testamentum, licet duæ sint hereditates. Daher auch duplex testamentum.

8) J. ht., §. 6. 7. — D. ht., l. 25. l. 37.

9) D. ht., l. 6. l. 43. §. ult.

§. 38.

Aus einer substitutio pupillaris wird, unter Ausschluß der Intestaterben [1]), und ohne Rücksicht auf die

Entstehung des Vermögens [2]), mit dem Tode des Unmündigen deferirt [3]). Mehre Substituten theilen wie mehre andere Eingesetzte, sie wären denn zugleich als Erben des Hausvaters eingesetzt [4]). Ein solcher dem Hausvater selbst eingesetzter Substitut kann auch, sey er allein ohne Nacherben [5]) oder neben dem Unmündigen selbst eingesetzt [6]), die Erbschaft des Unmündigen ohne die des Hausvaters nicht erwerben, wohl aber, wenn er neben Fremden dem Hausvater zum Erben ernannt ist [7]). Die Erbschaft des Hausvaters jedenfalls vermag Niemand ohne die des Hauskindes zu erwerben [8]). Wäre der Substitut jedoch selbst suus heres, so würden theilweise andere Grundsätze eintreten [9]).

1) C. ht., l. 1.

2) D. ht., l. 10. §. 5. — Doch D. ht., l. 10. §. 5—6. — de adopt., I. 7. l. 22. §. 1. — Ist daher der Unmündige selbst Erbe seines Vaters geworden, so bekömmt natürlich der Substitut mit dem Vermögen des Pupillen auch das des Hausvaters, D. ht., l. 10. §. 2.

3) D. ht. l. 11. l. 43. §. ult.

4) J. ht., §. 7. Wären extranei beigemischt, dann D. ht., l. 9. Si pater filio impuberi eosdem, quos sibi et te unum praeterea heredem instituit, bonorum filii te dimidiam, cæteros patris heredes communiter dimidiam ita habere, ut unus semis apud te maneat, *alterius semissis pro his partibus inter heredes paternos divisio fiat, quibus ex partibus hereditatem paternam haberent.* Indessen kommt der erste Ausspruch (bonorum filii te dimidiam, cæteros patris heredes communiter dimidiam etc.) nur dann zur Anwendung, wenn der Hausvater seine Erben gegenüber von extranei bei der Substitution zu conjuncti machen wollte, C. ht. l. 11.

5) D. ht., l. 10. §. 4. **Si ex asse heres institutus, filio exheredato substitutus repudiaverit patris hereditatem,** *cum non haberet substitutum*, non potest filii adire. nec enim valet filii testamentum, nisi patris fuerit adita hereditas. — de adqu. v. om. hered. XXIX. 2. l. 40.

6) **Ohne Unterschied, ob der Unmündige sich immiscirt oder abstinirt hat**, D. ht., l. 10. §. 3.

7) D. de adqu. v. om. her., XXIX. 2. l. 40. Indessen D. ht., l. 8. pr..... sub conditione autem institutum si substituat, id est si mihi heres erit, non alias existet heres ex substitutione, nisi et ex institutione heres fuerit; cui similis est et hæc substitutio, quisquis mihi ex suprascriptis heres erit, habet enim in se eandem conditionem similem superiori. — ad Sctum Treb., XXXVI. 1. l. 27. §. 2...... potuit, coherede adeunte, quamvis ipse patris omisisset hereditatem, ex substitutione adire.

8) Und ist er Erbe des Vaters geworden, so wird er auch mit Nothwendigkeit Erbe aus der Substitution, D. de adqu. v. om. her., XXIX. 2. l. 59. *Qui patri heres extitit,* si idem filio impuberi substitutus est, *non potest hereditatem ejus praetermittere,* quod sic recipiendum est, etiam si vivo pupillo mortuus erit, deinde pupillus impubes decesserit: *nam is, qui heres extiterit, pupillo quoque heres necessario erit.* nam si ipsum invitum obligat, conjungi eam paternæ hereditati, et adcrescendi jure adquiri cuicunque patris heredi existimandum est. Man darf die Stelle, namentlich die unterstrichenen Worte nur ansehen, um sich zu überzeugen, daß die Stelle ganz allgemein spricht, nicht blos von dem Fall, wenn der Pupill neben dem Substituten eingesetzt ist. Und wenn Justinian nur für den Fall, wo der Substitut neben dem Unmündigen eingesetzt ist, einen früher stattgefundenen Streit anführt und ihn entscheidet, C. de jur. delib., VI. 30. l. 20.; so folgt ja daraus noch keineswegs, man sey darüber einig gewesen und es liege im Sinne Justinians, daß der, unter Enterbung des

Pupillen, ausschließlich oder neben einem Andern eingesetzte Substitut des Vaters Erbe werden, die Substitutionserbschaft aber ausschlagen könne. Uebrigens D. ht., l. 8. §. 1. Hæc verba, quisquis mihi heres erit idem impuberi filio heres esto, hunc habent sensum, ut non omnis, qui patri heres extitit, sed is, qui ex testamento heres extitit substitutus videatur: et ideo neque pater, qui per filium, neque dominus, qui per servum extitit, ad substitutionem admittetur, neque *heredis heres*, quia non ex judicio veniunt etc.

9) Indem der auch dem Vater eingesetzte Substitutus sich der väterlichen Erbschaft abstiniren und doch ex substitutione Erbe werden könnte, vorausgesetzt, daß er, unter Enterbung des Unmündigen, allein, D. ht., l. 12., oder neben einem Dritten eingesetzt ist. Denn die abstentio eines suus heres bewirkt nicht ebenso wie die repudiatio eines voluntarius, die Erlöschung der Pupillarsubstitution; und wenn der Substitutus als suus heres neben einem Dritten eingesetzt ist, so muß es ebenfalls, sofern der Dritte nicht Erbe wird, zur abstentio wegen des Ganzen, oder, sofern der Dritte antritt, der suus aber sich abstinirt, zum vollen Erwerb des Dritten kommen. Würde hingegen der Substitutus als suus heres neben dem Pupillen selbst eingesetzt seyn, so müßte auch er, wie jeder Dritte, dem Vater Erbe werden, um ex substitutione zu erben; da der Grund, weshalb ein Dritter nicht trennen kann, nicht in dem durch sein Ausschlagen herbeigeführten Unwirksamwerden der Substitution — das nicht eintreten würde — sondern in etwas ganz Anderm gelegen ist.

§. 39.

Mit der substitutio pupillaris kann, setzt anders der Hausvater den Unmündigen sich selbst zum Erben ein, die substitutio vulgaris verbunden werden, und zwar ausdrücklich [1]) und stillschweigend, sofern der Erblasser ganz allgemein substituirt [2]); indessen wird die pupillaris auch an sich schon aus der vulgaris [3]), und umgekehrt diese aus der pupillaris [4]) gefolgert. Nur der Wille des Erblassers könnte einer stillschweigenden Folgerung, sey es der pupillaris, sey es der vulgaris, ausdrücklich oder stillschweigend entgegenstehen [5]).

1) J. ht.. pr. — D. ht., l. 1. §. 1.

2) D. ht., l. 4. §. 1. 2. l. 45.

3) D. ht., l. 2. §. 6. — C. ht., l. 4. Doch C. de inst. et subst., VI. 25. l. 9.

4) D. ht., l. 4. pr. §. 2. Jam hoc jure utimur..., ut, cum pater impuberi filio *in alterum casum substituisset*, in utrumque casum substituisse intelligatur, sive filius heres non extiterit, sive extiterit et impubes decesserit... Sed si alter pubes alter impubes hoc communi verbo, eosque invicem substituo, sibi fuerint substituti, in vulgarem tantum modo casum factam videri substitutionem, Severus et Antoninus constituit. Incongruens enim videbatur, ut in altero duplex esset substitutio, in altero sola vulgaris. Hoc itaque casu singulis *separatim* pater substituere debebit: ut si pubes heres non extiterit, impubes ei substituatur, *sin autem impubes heres extiterit et intra pubertatem decesserit, pubes frater in portionem coheredis substituatur, quo casu in utrumque eventum substitutus videbitur* etc. — Caj. II. 179—180. Zu vergl. D. de leg. I., l. 19. §. 1.

5) D. ht., l. 4. §. 2. — C. ht., l. 4. — D. ht., l. 45. pr. — C. ht., l. 2. — de inst. et subst., VI. 25. l. 9. Ohne daß für Soldaten was Anderes gälte, C. ht., l. 8. Jedoch C. de test. milit., VI. 21. l. 6.

§. 40.

Das Testament für Unmündige ist oder wird ungültig, wenn a) das väterliche Testament ungültig ist oder wird [1]); b) das für den Pupillen an sich betrachtet ungültig ist oder wird; dieses wird aber, abgesehen von den allgemeinen Gründen [2]), ungültig, sobald der Unmündige vor dem Tode des Testirers aufhört, in dessen Gewalt zu seyn [3]), oder über die Pubertät oder die kürzere Substitutionszeit hinauslebt [4]).

1) J. ht., §. 5. — D. ht., l. 2. §. 1. l. 16. §. 1. — Indessen hat auch hier theils die lex Cornelia Einfluß, sofern der Vater apud hostes stirbt, während der Unmündige in civitate lebt, mag dieser nie in Feindes Gewalt gekommen, oder daraus zurückgekehrt gewesen seyn, D. ht., l. 28. — de captiv., XLIX. 15. l. 10. pr. l. 11. pr. §. 1. Theils schadet die abstentio eines suus (die restitutio eines minor?) nicht, D. de adqu. vel. om. her., XXIX. 2. l. 41. — ht. l. 12., aber in Rücksicht der väterlichen Schulden weicht das spätere Recht von dem früheren (Javolenus, Julianus) ab, de reb. auct. jud. poss., XLII. 5. l. 28. — de adqu. v. om. hered., XXIX. 2. l. 42. pr. — ht., l. 12.

2) D. de adopt., I. 7. l. 17. §. 1. — ht., l. 43. §. ult. — Die lex Cornelia wirkt aber zur Aufrechthaltung der tabulæ secundæ, sey es, daß der Hausvater in Kriegsgefangenschaft stirbt, D. de captiv., XLIX. 15. l. 10. pr. l. 11., sey es, der Unmündige stirbt darin, D. eod., l. 10. §. 1., es müßte denn der Pupill vivo patre in Feindes Gewalt gekommen und darin vor oder nach dem Vater, D. ht., l. 28., oder Vater und Kind zusammen apud hostes verstorben seyn, D. ht., l. 29. — de captiv., XLIX. 15. l. 11. §. 1.

3) D. ht., l. 41. §. 2.

4) J. ht., §. 8. — D. ht., l. 14. l. 21. l. 43. §. 1.

§. 41.

Geisteskranken Kindern jeden Grads [1]) können Eltern jeder Art [2]), vorausgesetzt, daß sie sich selbst ein

Testament machen [3]), und dem Kinde den gebührenden Pflichttheil hinterlassen [4]), ein Testament [5]) errichten. Doch müssen zunächst Kinder des Kindes, oder dessen Geschwister, die zugleich Kinder des substituirenden Ascendenten sind, wenigstens eines derselben eingesetzt werden [6]).

1) C. ht., l. 9. Humanitatis intuitu parentibus indulgemus, ut, si *filium, nepotem* vel *pronepotem* cujuscunque sexus habeant, vel *alia proles descendentium eis sit*, iste tamen filius vel filia, nepos vel neptis, pronepos vel proneptis mente captus, vel mente capta perpetuo sit: vel si duo vel plures isti fuerint, nullus vero eorum sapiat, liceat hisdem parentibus, legitima portione ei vel eis relicta, quos voluerint his substituere: ut occasione hujusmodi substitutionis ad exemplum pupillaris querela nulla contra testamentum eorum oriatur; ita tamen, ut, si postea resipuerit vel resipuerint, talis substitutio cesset, vel si filia aut alii descendentes ex hujusmodi mente capta persona sapientes sint, non liceat parenti, qui vel quæ testatur, alios, quam ex eo descendentes, unum vel certos vel omnes substituere. sin vero etiam liberi testatori vel testatrici sint sapientes, ex his vero personis, quæ mente captæ sunt, nullus descendat, ad fratres eorum unum vel certos vel omnes eandem fieri substitutionem oportet. — J. ht., §. 1. Qua ratione excitati, etiam constitutionem in nostro posuimus codice, qua prospectum est, ut, si mente captos habeant filios, vel nepotes vel pronepotes, cujuscumque sexus vel gradus, liceat eis, etsi puberes sint, ad exemplum pupillaris substitutionis, certas personas substituere. sin autem resipuerint, eandem substitutionem infirmari, et hoc ad exemplum pupillaris substitutionis, quæ postquam pupillus adoleverit, infirmatur.

2) C. l. c.... non liceat parenti, qui vel quæ testatur...... sin

vero etiam liberi testatori vel testatrici sint sapientes etc. — Nach welcher Zeit wird die Geisteskrankheit beurtheilt?

3) Dafür sprechen a) C. l. c.... ad exemplum pupillaris etc. J. l. c.... ad exemplum pupillaris (zweimal) etc.; b) C. l. c. .... non liceat parenti, *qui vel quae testatur*, alios... substituere.... sin vero etiam liberi *testatori vel testatrici* sint sapientes, ex his vero personis, quæ mente captæ sunt, nullus descendat, ad fratres eorum.... fieri substitutionem oportet; c) C. l. c...... legitima portione ei vel eis relicta etc. vergl. mit C. de curat. fur., V. 70. l. 7. §. 1. Sin autem parentes ab hac luce decedere contigerit, nostra constitutio, quam promulgavimus de his, quæ *in testamento* furioso relinquenda sunt, vel substitutione eorum in suo robore permaneat. Dazu endlich Nov. CXV. c. 3.

4) C. l. c.... legitima portione ei vel eis relicta etc. — Den zur Todeszeit wirklich gebührenden? — Keine exheredatio, præteritio bona mente?

5) Denn a) J. l. c.... ad exemplum pupillaris etc. — C. l. c. ad exemplum pupillaris; b) C. l. c.... ut occasione hujusmodi substitutionis ad exemplum pupillaris *querela nulla contra testamentum eorum* oriatur; c) C. de curat. fur., V. 70. §. 1. — d) arg. D. ht., l. 43. pr. Ex facto queritur. Qui filium habebat mutum puberem, impetravit a principe, ut muto substituere ei liceret, et substituit Titium: mutus duxit uxorem post mortem patris, et nascitur ei filius. quæro, an rumpatur *testamentum*? Respondi..., potest dici, eatenus id eum tribuere voluisse, quatenus filius ejus in eadem valetudine perseverat; et ut, quemadmodum civili pubertate finitur *pupillare testamentum*, ita princeps imitatus sit jus in eo, qui propter infirmitatem non potest *testari*. nam et si furioso filio substituisset, diceremus, desinere valere *testamentum*, cum resipisset, quia jam posset sibi *testamentum* facere: etenim iniquum incipit fieri beneficium principis, si adhuc id valere dicamus; auferret enim *testamentifactionem* homini sanæ mentis etc.

6) C. l. c. Es könnte sich allerdings fragen, ob es dem Geiste der Verordnung nicht angemessener wäre, anzunehmen, daß, wenn der Geisteskranke keine Descendenten hätte, die Descendenten des Testirers überhaupt, wenigstens eines derselben, eingesetzt werden müssen, auch wo dieselben nicht gerade Geschwister, sondern etwa Oheime, Tanten, Nichten oder Neffen des Geisteskranken wären. Denn das Hauptgewicht scheint doch darauf zu legen zu seyn: „sin vero etiam *liberi* testatori vel testatrici sint sapientes, ex his vero personas, quæ mente captæ sunt, nullus descendat," und der Nachsatz „ad fratres eorum. etc." mehr eine Hinweisung auf den gewöhnlichen Fall zu enthalten.

§. 42.

Vermöge der substitutio ad exemplum pupillaris wird, nach Analogie der substitutio pupillaris, die Erbschaft des mente captus deferirt und vertheilt [1]).

Sie erlischt ebenfalls nach Analogie der substitutio pupillaris [2]), und überdieß, wenn der mente captus wieder, sey es auch nur vorübergehend, zu Verstand kömmt [3]), oder ihm später ein Kind geboren wird [4]).

1) Wie, wenn mehre Ascendenten substituirt haben? — Gilt ein stillschweigender Schluß von der vulgaris oder pupillaris auf diese, und umgekehrt?
2) Eine capitis minutio minima kann hier freilich keinen Einfluß haben.
3) J. l. c. — C. l. c.
4) arg. D. ht., l. 43. pr.

§. 43.

Auch taubstummen Kindern kann in Folge eines erlangten privilegium vom Hausvater substituirt werden [1]); und es gilt hier die Analogie theils der substitutio pupillaris, theils der substitutio ad exemplum pupillaris.

1) arg. D. ht., l. 43. pr.

Siebentes Kapitel.

Beweis und Vollziehung der Testamente.

Quellen.

D. test. quemadm. aper., XXIX. 3.
C. quemadm. test. aper., VI. 32.

§. 44.

Schriftliche Testamente beweisen sich durch sich selbst, wenn sie die Eigenschaft öffentlicher Urkunden an sich tragen; außerdem werden sie dadurch erwiesen, daß entweder alle zugezogenen Zeugen ihre Unterschrift und Sigille anerkennen [1]), oder doch die noch vorhandenen [2]), sofern derselben mindestens zwei sind, die zugleich über die Unterschrift und Besiegelung der übrigen aussagen [3]).

Mündliche Testamente erweisen sich theils durch öffentliche Urkunden, welche über dieselben aufgenommen wurden [4]), theils durch die Aussagen der zugezogenen Zeugen [5]), theils endlich, sofern eine nothwendige schriftliche Urkunde verloren ging, durch die Aussagen von Personen, die dabei thätig waren [6]).

1) D. ht., l. 4—7. — de tab. exh., XLIII. 5. l. 3. §. 9. — Nöthigung der Zeugen, D. eod. — ht., l. 4.
2) D. ht., l. 6.
3) aug. C. de testam., VI. 23. l. 19.... nec institutus heres pertimescat, cum oblatas preces secundum voluntatem defuncti *idoneis testibus* possit approbare. — Nov. L. LXXIII. c. 2. — Ob durch Schriftvergleichung? Nov. cit. c. 7. Vergl. damit, daß hier der Beweis der Unterschrift allein nicht genügt. — Ob durch Einen Zeugen mit hinzukommendem suppletorium?
4) Auch eine Privaturkunde kann darüber aufgenommen seyn.
5) Aller oder mindestens zweier. Note 3.
6) z. B. der Gerichtspersonen.

§. 45.

Schriftliche Privattestamente werden römischrechtlich, nachdem sie, wo möglich, von allen Zeugen anerkannt worden sind [1]), vor Gericht eröffnet und den Betheiligten kund gemacht [2]), sofort, besiegelt, in gerichtliche Verwahrung genommen [3]).

1) D. ht., l. 4. l. 6—7. — Wäre dieß nicht möglich, D. ht., l. 6—7. — C. ht., l. 2.
2) D. ht., l. 4. l. 7. — C. ht., l. 1. l. 4. — Doch C. de testam., VI. 23. l. 23. — Beschränkungen, D. ht., l. 2. §. 6. l. 8. C. ht., l. 3.
3) C. de testam., VI. 23. l. 18. — Paulus, R. S., IV. 6. §. 1. Die Grundsätze des teutschen, durch den Gebrauch festgestellten Rechts weichen hievon einigermaßen ab, Joh. Nic. Hertius, de apert. testament., in commentat. et opusc. (1713.) Tom. 3. p. 258 sequ. — Claproth, pract. Rechtswiss. von freyw. Gerichtshandl. (Gött. 1789) S. 204—207. — W. H. Puchta, Handb. des ger. Verf. in nichtstreit. bürg. Rechtss. (Erl. 1821) Thl. 2. §. 252 ff.

§. 46.

Das positive Recht betrachtet es als eine gemeinnützige Rücksicht, dafür zu sorgen, daß letztwillige Verfügungen aufrecht erhalten werden, und zur Vollziehung kommen [1]). Daher die Vorschrift, man solle sie, wo möglich, so deuten, daß sie Bestand haben [2]), und in Fällen des Zweifels ihre Gültigkeit anerkennen [3]). Daher ferner der Bedacht, daß unter Umständen, wo die Obhut ihres Vollzugs keinem Betheiligten überlassen werden kann, andere Personen sich derselben unterziehen [4]). Indessen ist es auch dem Erblasser frei gegeben, zur Vollziehung seiner Anordnungen sichernde Vorkehrungen zu treffen [5]). Wie nun jene Vollziehung aus verschiedenen Gründen zusteht, so kann sie auch nach Art der Uebernahme, nach Umfang und nach den mit ihr verbundenen Befugnissen verschieden seyn [6]).

1) D. ht., l. 5.... publice enim expedit, suprema hominum judicia exitum habere.

2) D. de legat. II., l. 34. §. 1. Modestinus respondit, non sic interpretandam scripturam, de qua quæritur, ut fideicommissum inutile fiat. — ad Sctum Treb. XXXVI. 1..... nec ignoro, in quibusdam ex his Mæcianum dubitare, et voluntatis esse dicere quæstionem, utrum de pecunia tantum, an et de successione testator sensit: in ambiguo tamen magis de successione sensum dico, ne intercidat fideicommissum. — de reb. dub., XXXIV. 5. l. 25. Quem heredi meo dixero velle me liberum esse, liber esto; cui ut dare damnas sit heres meus, dixero, ei heres meus dare damnas esto; testatoris voluntas, si quibusdam argumentis apparebit de quo dixit, adimplenda est.

3) D. de re jud., XLII. 1. l. 38. juncta D. de inoff. test., V. 2. l. 10. — Zu vergl. X. de sent. et re jud., II. 27. c. 26.

4) Und zwar a) der Richter auf zwiefache Weise, D. de ann. leg., XXXIII. 1. l. 7.... et in omnibus, ubi auctoritas sola testatoris est, neque omnino spernenda neque omnino observanda est, sed interventu judicis hæc omnia debent, si non ad turpem causam feruntur, ad effectum perduci. — de alim. vel cib. leg., XXXIV. 1. l. 3.... solent (sc. judices) et unum eligere, per quem alimenta præstentur etc. b) andere Personen, wie C. de episc. et cler., I. 3. l. 28. §. 1 seq. l. 49. §. 2 seq.

5) Wiederum verschiedentlich a) durch Verabredung unter Lebenden, D. de relig., XI. 7. l. 14. §. 2. Si cui funeris sui curam testator mandaverit, et ille accepta pecunia funus non duxerit, de dolo actionem in eum dandam Mela scripsit. credo tamen, et extra ordinem eum a prætore compellendum funus ducere. b) durch letztwillige Anordnung α) ganz einfach, D. eod., l. 12. §. 4. funus autem eum facere oportet, quem decedens elegit, sed si non ille fecit, nullam esse hujus rei pœnam, nisi pro hoc emolumentum ei relictum est, tunc enim, si non paruerit voluntati defuncti, ab hoc repellitur. — C. eod., l. 28. §. 1. — X. de testam., III. 26. c. 17. 19.... executores ultimæ voluntatis O. —, qui venerabilibus et piis locis de bonis suis in ultima voluntate legavit, mandans insuper satisfieri creditoribus per eosdem, post mandatum susceptum per diœcesanum cogi debent, testatoris explere ultimam voluntatem. β) in Form eines modus, D. eod., verbis: „nisi pro hoc etc.“ γ) in anderer Gestalt, D. de leg. I., l. 96. §. 3. Si scriptus ex parte heres rogatus sit præcipere pecuniam et eis, quibus testamento legatum erat, distribuere, id, quod sub conditione legatum est, tunc præcipere debebit, cum conditio extiterit, interim aut ei, aut his, quibus legatum est, satisdari oportet. — de alim. v. cib. leg. XXXIV. 1. l. 9. Alio herede instituto ita scripsit, a te peto, Cai Sei, quidquid ex

hereditate mea redegeris, illis alumnis meis des singulis denos aureos, eandemque summam penes te esse volo, cujus ex incremento eos alere te volo, reliquum restitues Numerio conliberto nostro. respondi, quamvis distrahere bona Cajus Sejus, alio scripto herede, non possit, tamen eum, alumnis relictam pecuniam ut servet ac restituat, intra Falcidiam recte petiturum: quod superfluo probari non potest. Zu vergl. D. de leg. I., l. 107. — de ann. leg., XXXIII. 1. l. 21. §. 4. — si cui pl. qu. per leg. Falc., XXXV. 3. l. 7.

6) Die vorhergehenden Noten.

Zweite Unterabtheilung.

Das prätorische Recht.

Quellen.

D. de bon. poss. s. tab., XXXVII. 11.
C. de bon. poss. s. tab., VI. 11.

§. 47.

Dem prätorischen Rechte ist es in Rücksicht der Testamente hauptsächlich darum zu thun, dem Willen des Erblassers, wo möglich, Geltung zu verschaffen [1]). Daher ertheilt dasselbe eine bonorum possessio, sobald das Testament in der von ihm anerkannten Form errichtet worden ist, wenn nur dem Erblasser weder zur Zeit der Errichtung, noch des Todes die civilrechtlich nöthige Fähigkeit abgeht [2]), und der Erbe ebenfalls zu beiden Zeiten und von der letzten bis zum Erwerb fähig ist [3]).

1) D. ht., l. 2. pr. Aequissimum ordinem prætor secutus est. Voluit enim primo ad liberos bonorum possessionem contra tabulas pertinere, mox, si inde non sit occupata, *judicium defuncti sequendum*. — Damit soll keineswegs gesagt seyn,

daß die bonorum possessio sec. tab. aus diesem Grunde zunächst und ursprünglich entstanden sey. Vielmehr könnte es der Prätor bei dieser, wie bei jeder andern bonorum possessio, zunächst auf etwas ganz Anderes abgesehen gehabt haben. Aber wenn es auch nicht sein unmittelbarer Zweck war, durch die bonorum possessio intestati, und die auf derselben erste Ordnung gegründete bonorum possessio contra tabulas den Beschränkungen und Härten des Civilrechts entgegen zu treten, und in der bonorum poss. secundum tabulas dem zweifellos entschiedenen Willen eines Erblassers, ohne Rücksicht auf die civilrechtlichen Förmlichkeiten der familiæ mancipatio und nuncupatio testamenti und auf manche andere lediglich formale Gründe der Ungültigkeit nach Civilrecht, zum Erfolg zu verhelfen; so hat er doch mittelbar dorten die allzu engen Schranken des Civilrechts zu durchbrechen, und hier das, was ihm nur als Formelles erschien, seines Einflusses zu berauben getrachtet. Daher darf man wohl, wie im Texte geschehen ist, immerhin sagen, daß es dem prätorischen Rechte, welchen Zweck es auch ursprünglich bei Einführung der bonorum possessio im Auge hatte, bei der bonorum poss. secundum tabulas hauptsächlich darauf angekommen sey, dem Willen eines Erblassers Erfolg zu verschaffen. Jedenfalls kann von der Zeit an, wo die bonorum possessio die Gestalt eines wahren Erbrechts angenommen hatte, das Hauptziel, ja die einzige Tendenz der bonorum possessio secundum tabulas nur darein gesetzt werden; wie von jener Zeit an der einzige Zweck der bonorum possessio intestati in eine Ausgleichung der Iniquitäten des Civilrechts gesetzt werden muß. Zu vergl. Caj. III. 18—25. — J. de legit. agn. succ., III. 2. §. 3. — de bon. poss., III. 9. pr.

2) D. ht., l. 1. §. 8. Exigit prætor, ut is, cujus bonorum possessio datur, utroque tempore jus testamenti faciendi habuerit, et cum facit testamentum et cum moritur etc. — qui test. fac. p., XXVIII. 1. l. 19.

3) D. de bon. poss., XXXVII. 1. l. 12. §. 1. l. 13. — de b. p. cont. tab., XXXVII. 4. l. 19. — Zu vergl. D. und. lib. XXXVIII. 6. l. ult.

§. 48.

Die Form der Errichtung nach prätorischen Grundsätzen war früher von der ordentlichen [1]) civilrechtlichen verschieden [2]). In dem neuesten Rechte jedoch erscheinen beide Formen zu einer vereinigt [3]). Dem gemäß wird eine bonorum possessio zugestanden aus jedem in civilrechtlicher Weise errichteten:

1) schriftlichen [4]), 2) mündlichen [5]), oder 3) außerordentlichen Testamente [6]) (secundum tabulas, nuncupationem).

1) Wo das Civilrecht eine Abweichung zuließ, da trat keine Verschiedenheit ein, D. de bon. poss. ex test. mil., XXXVII. 13.

2) Das prät. Recht verlangte eine Urkunde, vielleicht in herkömmlicher, allgemein bestimmter Form, Cic. in Verr. II. 1. c. 45... non minus multis signis, quam *e lege* oportet. Denn daß Gesetze mit den Formen der Urkunden überhaupt sich befaßten, dafür Paulus, R. S., V. 25. §. 6. — Suet. Nero c. 17. Dagegen erschienen ihm familiæ mancipatio und nuncupatio testamenti, die wesentlichen Bestandtheile der civilrechtlichen Förmlichkeit, als überflüssig, Caj. II. 119. 121. — Ulp. XXVIII. 6. — J. de test. ordin., II. 10. §. 2. — Teoph. ad h. l., aber eine blos mündliche Errichtung nicht genügend, wie sich ergiebt a) aus Cic. l. c. Si .... *tabulae testamenti obsignatae* .... proferentur vergl.

mit Cic. eod. c. 44.... si tabulæ *testamenti non proferrentur,* tum, *uti quemque potissimum heredem* esse oporteret, ita secundum eum possessio daretur, wozu Asconius „tum uti quemque potissimum heredem esse oporteret, *si is intestatus mortuus esset,* ita secundum eum possessio daretur. *Quasi ab intestato agnati ejus succederent,* quamvis diceretur testamentum fecisse, si tamen tabulæ non proferrentur," und D. unde legit., XXXVIII. 7. l. 1. l. 4. Zu verbinden überdieß die Ueberschriften der Digestentitel, welche die Erörterung über die bonorum possessio ex test., XXXVII. 2. si *tabulae testamenti* extabunt, und intestati, XXXVIII. 6. si tabulæ testamenti nullæ extabunt unde liberi — eröffnen. b) daraus, daß die classischen Juristen allenthalben das Daseyn von tabulæ obsignatæ als nothwendig voraussetzen, Caj. II. 119. 147. Ulp. XXIII. 6. XXVIII. 6. — D. ht., l. 1. pr. — §. 3. — de inj. r. irr. t., XXVIII. 3. l. 11. 12... attamen *si signatum fuerit testamentum,* b. possessionem sec. tab. accipere heres scriptus potest etc. — Zu vergl. J. de test. ord. II. 10. §. 2. — Theoph. ad h. l. — c) D. und. lib., XXXVIII. 6. l. 3. Bonorum possessio potest peti ab intestato, si certum sit, tabulas non extare septem testium signis signatas. d) Noch Gordian sagt, C. ht., l. 2. Bonorum quidem possessio ex edicto prætoris *nonnisi secundum eas tabulas, quae septem testium signis signatae sunt,* peti posse, in dubium non venit etc. e) Nur bei dieser Annahme erklärt es sich, wie bei den vielen, überall wiederkehrenden Erörterungen über tabulæ und signa in Verbindung mit der bon. possessio, der nuncupatio gar nie Erwähnung geschieht. Eine Bemerkung, welcher D. ht., l. 8. §. ult. nicht im Wege steht, da die substitutio pupillaris als sequela des väterlichen Testaments natürlich anders beurtheilt werden mußte, D. ht., l. 9. — de vulg. et pup. subst., XXVIII. 6. l. 20.

3) Den vollständigen Gegensatz des civilen und prätorischen Testaments, die Bedeutung und Wirksamkeit des letztern

und dessen Verhältniß zum erstern, endlich die Verschmelzung beider geschichtlich darzustellen, dürfte hier wohl nicht der passende Ort seyn. Einen kurzen Abriß der Geschichte jener Verschmelzung liefert die Stelle in folgender Note.

4) J. l. c. §. 3. Sed cum paulatim, tam ex usu hominum quam ex constitutionum emendationibus, cœpit in unam consonantiam jus civile et prætorium jungi, constitutum est, ut uno eodemque tempore (quod jus civile quodammodo exigebat) septem testibus adhibitis, et subscriptione testium (quod ex constitutionibus inventum est), et (ex edicto prætoris) signacula testamentis imponerentur: ut hoc jus tripertitum esse videatur, ut testes quidem et eorum præsentia uno contextu testamenti celebrandi gratia a jure civili descendant, subscriptiones autem testatoris et testium ex sacrarum constitutionum observatione adhibeantur, signacula autem et numerus testium ex edicto prætoris. Aus verschiedenen Gründen nicht entgegen solche Stellen, worin, wie z. B. D. ht., l. 7. 9. — de inj. r. irr. test., XXVIII. 3. l. 11., blos des Requisits der obsignatio erwähnt wird. — Zur Erläuterung des historischen Inhalts der Institutionenstelle nur dieß. Die obsignatio scheint frühe schon auch bei dem schriftlichen Civiltestament (tabulæ) angewendet zu seyn, Cic. pro Milon., c. 18. — Suet., Octavius c. 17. Tiberius c. 23. Dazu Nero c. 4. — etwa auch D. de reb. dub., XXXIV. 5. l. 14., wo Trebatius genannt ist? Eine Sitte, die vielleicht, was das schriftliche Civiltestament betrifft, (erst?) durch ein Sctum zur Nothwendigkeit ward, Paulus, R. S., V. 25. §. 6. junct. Suet., Nero c. 17., ohne daß Caj. II. 104. und Ulp. XX. 9., ihres Stillschweigens wegen, einen entgegengesetzten Schluß rechtfertigten, indem jene Nothwendigkeit kein für Testamente eigenthümliches, sondern ein für alle tabulæ, quæ publici privatique contractus scripturam continent, gemeinsames Requisit gewesen ist. Sollte diese Vermuthung über die Entstehung der nothwendigen obsignatio bei dem schriftlichen Civilesta-

mente nicht durch Quintil., declam. 308. — Apulej. metamorph. II. ed. Bip. p. 41. — etwa Plin., epist. II. ult. — D. qui test. f. p., XXVIII. 1. l. 23.... non erit imperfectum, sed utroque jure valebit etc. — ad leg. Corn. de fals., XLVIII. 10. l. 6. — vielleicht auch D. de reb. dub., XXXIV. 5. l. 14. in Betracht der Art, wie Pomponius eine schon von Trebatius aufgestellte Meinung rechtfertigt, endlich durch einzelne uns erhaltene Stellen, die, so weit wir jetzt wenigstens sehen, von der obsignatio nicht in Verbindung mit der bon. possessio reden, z. B. D. qui test f. p., XXVIII. 1. l. 24. l. 30. — de his qu. in test. del., XXVIII. 4. l. 2. — C. de test., VI. 23. l. 1. bedeutend unterstützt werden? Jedenfalls wird der obsignatio auch bei dem schriftlichen Civiltestament lange vor Justinian als eines nothwendigen, und zwar nicht erst neu geschaffenen Erfordernisses erwähnt, C. Th. de test., IV. 4 l. 3. — In der letztern Constitution ist die Zahl der Zeugen noch fünf; erst in einer spätern finden wir auch für das Civiltestament sieben Zeugen gefordert, Nov. Theod. (ed. Ritter) de testam., IX. Daher C. de test., VI. 23. l. 12., wenn sie, wie aus den Worten „*jure* deficit testamentum“ „non ad *juris solennitatem*“ geschlossen werden könnte, vom civilrechtlichen Testament handelte, und nicht, wenigstens was die septem testes anbelangt, interpolirt ist. — Subscriptionen von Zeugen werden schon in Rücksicht auf das Senatusconsult, das die obsignatio tabularum näher bestimmte, erwähnt bei Paulus, l. c. ut exteriores scripturæ fidem interiori servent. Ob aber das Sctum sie anordnete, oder nur den Gebrauch schon vorfand? oder gar Paulus, was später vorkam, nur dem Ausdruck nach benützte, um das Motiv des Sctum zu erklären? Nach Paulus selbst scheinen sie mehr durch Gewohnheit eingeführt zu seyn, D. qui test. f. p., XXVIII. 1. l. 30..... adnotare *convenit* etc., aber wohl für das Civiltestament nicht weniger als das prätorische. Unter allen Umständen aber ward ihre Unerläßlichkeit mannigfach durch Imperatoren der christlichen Zeit vor Justinian bestätigt, C. Th. l. c. — Nov. Theod. cit. — Die Subscription des Testirers finden wir als wahres formelles Erforderniß zuerst ausgesprochen in Nov. Theod. cit. — Wenn C. de test., VI. 23. l. 12. nicht das prätorische Testament im Auge hat, so haben wir nirgend einen Beleg dafür, daß überhaupt bei demselben, so lange es abgesondert bestand, Einheit der Handlung gefordert worden wäre. — Wann die familiæ mancipatio und nuncupatio testamenti aufgehört habe, darüber haben wir keine Nachricht. Doch möchte sich eine nicht unwahrscheinliche Vermuthung, wenigstens was den Orient betrifft, aus dem Inhalt der Nov. Theod. cit. schöpfen lassen.

5) C. de codic., VI. 36. l. ult. — ht., l. 2., eine Constitution, welche, wenn wir ihren zweiten Satz (Verum si eundem [?] numerum adfuisse, sine scriptis testamento condito, doceri potest, jure civili [?] testamentum factum videri, ac secundum nuncupationem [?] bonorum possessionem deferri, explorati juris est) mit dem ersten vergleichen, und wiederum an und für sich genau erwägen, allzu starke Spuren der Interpolation an sich trägt, als daß sie mit Sicherheit zum geschichtlichen Anhaltspunkt für die bonorum possessio secundum nuncupationem benützt werden könnte.

6) D. de bon. poss. ex test. mil., XXXVII. 13. — C. de test., VI. 23. l. 19..... hujusmodi institutionis successoribus designatis omnia, quæ scriptis heredibus competunt, jubemus eos habere, nec super *bonorum possessionis petitione* ullam controversiam nasci, cum pro herede agere cuncta sufficiat, et jus omne ipsa complere aditio videatur.

§. 49.

In Uebereinstimmung mit der Absicht, den Willen des Erblassers aufrecht zu erhalten, gewährt das prätorische Recht in manchen Fällen eine bonorum possessio, in welchen nach Civilrecht keine Erbfolge Statt fände [1]. So erhalten:

1) Alle, welche unter einer Bedingung gültig eingesetzt sind, vorläufig noch vor deren Eintritt eine bonorum possessio [2], ohne Unterschied, welcher Art die Bedingung sey [3]. Würde indessen die Bedingung nicht erfüllt, so würde die bonorum possessio wirkungslos, es wäre denn, daß das ganze Testament dadurch fiele und der bedingt Eingesetzte auch ab intestato erbte, oder daß demselben, wenn er übergangen wäre, bonorum possessio contra tabulas zukäme [4]; wo dann die bonorum possessio secundum tabulas ihrer Wirkung nach als bonorum possessio ab intestato oder contra tabulas behandelt würde [5].

1) Versteht sich, wenn das Testament außer dem Mangel, von welchem das prätorische Recht absieht, an keiner Fehlerhaftigkeit leidet.

2) D. ht., l. 6. Hi demum sub conditione heredes instituti bonorum possessionem secundum tabulas, etiam pendente conditione necdum impleta petere possunt, qui utiliter sunt instituti; quod si inutiliter quis sit institutus, nec ad bonorum possessionem inutilis institutio proficit.

3) D. de hered. inst., XXVIII. 5. l. 23. §. 1. — ht., l. 2. §. 1.

4) D. ht., l. 5. pr. Si sub conditione heres quis institutus sit, et, accepta bonorum possessione secundum tabulas, conditio defecerit, interdum evenit, ut *res possessori concedenda* sit, ut puta si filius sit emancipatus sub conditione heres institutus. nam si defecerit conditio, attamen secundum tabulas bonorum possessionem eum accipere Julianus scribit. sed et si is fuerit, qui ab intestato bonorum possessor futurus esset, *tuendum esse* scripsit. et hoc jure utimur.

5) D. ht., l. 5. §. 1. Videndum an legata ab eis debeantur? et filius quidem, quasi contra tabulas bonorum possessione accepta, *rem habere* videtur; cæteri vero quasi ab intestato. et ideo filius liberis parentibusque legata relicta solis præstare cogetur, cæteris non. Zu vergl. D. ht., l. 2. §. 1. — de bon. poss. c. t., XXXVII. 4. l. 3. §. 12—14.

§. 50.

Ferner wird bonorum possessio zugestanden aus einem:

2) durch capitis minutio irritum gewordenen Testament [1], sofern nur der Erblasser im Falle einer, blos durch seine freie Zustimmung möglichen, capitis minutio (arrogatio) noch vor seinem Tode, nachdem er wiederum sui juris geworden war, irgend wie erklärt hätte, bei jenem Testamente verbleiben zu wollen [2]. Allein diese bonorum possessio ist sine re, wo nicht ein Solcher, der civilrechtlich ab intestato zu erben berechtigt war, sie erlangt haben würde [3];

3) testamentum ruptum in Folge eines Widerrufs, vorausgesetzt, daß der Erblasser den Wi-

derruf zurückgenommen hatte [4]). Auch hier bleibt aber die bonorum possessio sine re, wäre der Eingesetzte nicht auch civilrechtlich ab intestato gerufen [5]).

1) D. ht., l. 1. §. 8. — J. quib. mod. test. inf., II. 17. §. 6. (5.) Non tamen per omnia inutilia sunt ea testamenta, quæ, ab initio jure facta, propter capitis deminutionem irrita facta sunt. nam .... potest scriptus heres secundum tabulas testamenti bonorum possessionem agnoscere etc.

2) Es muß die Einrede, der Erblasser habe, indem er sich freiwillig in einen, die Kraft des Testaments brechenden Zustand versetzte, das letztere selbst aufgegeben, und es fehle mithin die eigentliche Grundlage der bonorum poss., das wahrhafte judicium defuncti, durch solche Erklärung entkräftet werden, D. ht., l. 11. §. 1. Testamento facto Titius adrogandum se præbuit, ac postea sui juris effectus vita decessit: scriptus heres, si possessionem petat, exceptione doli mali summovebitur, quia dando se adrogandum testator cum capite fortunas quoque suas in familiam et domum alienam transfert. plane si sui juris effectus codicillis aut aliis literis eodem testamento se mori velle declaraverit, *voluntas, quae defecerat, judicio recenti redisse* intelligitur etc. — de jure codic., XXIX. 7. l. 8. §. 3. ... nam et testamentum valet (natürlich prätorischrechtlich, denn daß es an und für sich jure civili nicht gelte, zeigen die später vorkommenden Worte) ...... hujus autem testamentum sublatum est, et de alienis quodammodo rebus testatur etc.

3) D. de inj. r. irr. t., XXVIII. 3. l. 12. pr.... Idem et circa injustum et *irritum* testamentum erit dicendum, *si bonorum possessio data fuerit ei, qui rem ab intestato auferre possit.* — Die Beweiskraft der Stelle bleibt dieselbe, wenn man auch den hier ausgeschriebenen Satz auf

das unmittelbar Vorhergehende (idcircoque legatarii et fideicommissarii habebunt ea, quæ sibi relicta sunt, securi) bezöge. — ht., l. 11. §. 2.... nec putaverit quisquam, nuda voluntate constitui testamentum; non enim de jure testamenti maxime quæritur sed de viribus exceptionis, quæ in hoc judicio, quamquam actori opponetur, ex persona tamen ejus, qui opponit, æstimatur. Mit dem letzten Satze will Papinian offenbar sagen: es handle sich hier eigentlich nicht um das Testament an und für sich (de jure testamenti maxime quæritur); denn so gewiß dasselbe nach Civilrecht ungültig sey, ebenso gewiß werde aus demselben prätorischrechtlich im Allgemeinen bonorum possessio gegeben. Es handle sich vielmehr ausschließlich um die Einrede, der Erblasser habe sich freiwillig einer capitis minutio unterzogen, und um deren Bedeutung (de viribus exceptionis). Die letztere sey aber, obgleich die erstere immerhin dem Kläger entgegenstehe und von einem Jeden gegen ihn geltend gemacht werden könne (quæ in hoc judicio quamquam actori opponatur), je nach den Personen verschieden. Vorgehalten von einer Person, die civilrechtlich gar kein Erbrecht hätte, oder kein besseres als der bonorum possessor, oder wenigstens kein gleich gutes, werde jene Einrede durch die spätere Erklärung entkräftet; weil gegenüber von einer solchen Person die capitis minutio für sich allein nicht in Betracht komme, sondern nur das aus der Freiwilligkeit gefolgerte Aufgeben des Testaments, diese Folgerung verliere aber durch den spätern Ausspruch, man wolle bei dem Testamente verbleiben, allen Werth. In dem Munde einer Person hingegen, der nach Civilrecht ein besseres oder gleich gutes Erbrecht zukomme, erlange der Einwurf der capitis minutio für sich selbst ein Gewicht. Denn gegenüber von einer solchen Person werde die bonorum possessio überhaupt nicht aufrecht erhalten, sobald das Testament einmal irritum geworden war; und es sey daher gleichgültig, daß die der Freiwilligkeit entnommene Einwendung sich beseitigen lasse (ex persona tamen ejus, qui opponit, æstimatur). Daß einzig ein solcher Gegner des bonorum possessor den Vorzug habe, welcher ein civilrechtlich besseres oder gleich gutes Intestaterbrecht ansprechen kann, was der Text durch die Worte, die bonorum possessio sey sine re, andeutet, davon liegt der Grund darin. Ein Gegner, der blos eine bessere bonorum possessio als der Eingesetzte oder eine gleich gute, ab intestato, begehren könnte, würde durch die exceptio nichts gewinnen, weil das prätorische Recht der bonorum possessio secundum tabulas überhaupt den Rang vor der bonorum possessio intestati anweist. Mithin würde der Eingesetzte, indem er ohne Rücksicht, daß das Testament einmal irritum geworden war, eine bonorum possessio secundum tabulas an und für sich und im Allgemeinen erhält, jedenfalls dem vorgehen, welcher blos ein Recht auf eine bonorum possessio ab intestato hätte, D. unde lib. XXXVIII. 6. l. 2.; es müßte denn der letztere zugleich contra tabulas auftreten können, wo natürlich das blos durch bonorum possessio geschützte Testament nicht höher geachtet werden darf, als das jure civili et prætorio gültige. — Es versteht sich indessen von selbst, daß jener Grundsatz, in seiner Anwendung, durch die Nov. CXVIII. welche alle frühere bonorum possessio ab intestato, mit geringer Ausnahme, zu einem civilen Erbrecht erhebt, wesentlich modificirt ist.

4) Der Widerruf, sofern er der Wahrheit, daß ein judicium und zwar ein supremum judicium defuncti vorhanden sey, entgegen tritt, steht eben darum auch der bonorum possessio entgegen, D. ht., l. 1. §. 1. Non autem omnes tabulas prætor sequitur hac parte edicti, sed supremas, hoc est, eas, quæ novissimæ factæ sunt, post quas nullæ factæ sunt etc. — l. 1. §. 10. l. 2. §. 7. l. 8. §. 3. — und. lib., XXXVIII. 6. l. 1. §. 8. Si heres institutus non habeat voluntatem...., vel quia alia ratione voluntatem testator mutavit voluitque intestato decedere, dicendum est, ab intestato rem habitu-

ros eos, qui bonorum possessionem acceperunt. Diese aus der Willensänderung hergeleitete exceptio wird hier ebenfalls durch die spätere Zurücknahme des Widerrufs wieder ausgeglichen, D. ht., l. 11. §. 2.... voluntas, quæ defecerat, judicio recenti rediisse intelligitur, non secus, ac si quis aliud testamentum fecisset, ac supremas tabulas incidisset, ut priores supremas relinqueret: nec putaverit quisquam, nuda voluntate constitui testamentum, non enim de jure testamenti maxime quæritur, sed de viribus exceptionis etc. Zu vergl. Caj. II. 147. — Ulp. XXIII. 6.

5) D. l. c..... quæ in hoc judicio, quamquam actori opponatur, ex persona tamen ejus, qui opponit, æstimatur. Sey auch das Testament jure civili ruptum, so werde nichts desto weniger eine bonorum possessio gegeben. Aber freilich stehe derselben von Seite eines Jeden die Einrede entgegen, daß der Erblasser durch den Widerruf sein Testament selbst wieder aufgegeben habe. Auf die Wirksamkeit dieser Einrede komme es ausschließlich an, und diese sey eine andere, je nach der Person, von welcher die Einrede ausgeht. Gegen den bessern oder gleich guten civilrechtlichen Intestaterben müsse der, welcher aus einem testamentum ruptum bonorum possessio erhielt, der Zurücknahme des Widerrufs ungeachtet, zurückstehen. — Es ist hier ganz der ähnliche Fall, wie bei dem testamentum, das durch Arrogation irritum geworden war, und Papinian hat in der That über beide Fälle, die er zusammenstellt, sich durch eine und dieselbe Argumentation ausgesprochen.

§. 51. [1])

Würde selbst:

4) ein Testament nach Civilrecht von Anfang an ungültig seyn, weil etwa ein Intestaterbe nicht also, wie er hätte sollen, in demselben berücksichtigt worden war, so stünde dieß an und für sich

einer bonorum possessio secundum tabulas nicht im Wege [2]). Aber dieselbe wäre unter allen Umständen sine re [3]). Dagegen:

5) ein agnatione posthumi civilrechtlich rumpirtes Testament nicht nur überhaupt durch bonorum possessio secundum tabulas aufrecht erhalten wird, sondern diese bonorum possessio würde auch cum re seyn [4]).

1) Des Zusammenhangs wegen wird der Einfluß der bonorum possessio auf das testamentum nullum und ruptum hier abgehandelt.

2) Dafür spricht a) daß der präterirte suus selbst in Betreff eines solchen Testaments bonorum possessio contra tabulas erhalten kann, während doch diese ein Testament voraussetzt, aus welchem mindestens eine bonorum possessio secundum tabulas möglich ist, D. de b. poss. c. tab., XXXVII. 4. l. 19. — b) es werden, trotz der bonorum poss. contra tabulas, stets gewisse Theile eines rescindirten Testaments aufrecht erhalten, z. B. die exheredatio, ob ein präterirter suus oder ein anderer jene bonorum poss. c. t. durchsetzt, D. de conj. cum em. lib., XXXVII. 8. l. 1. §.4—5. Wie ließe sich nun solche Aufrechthaltung denken, könnte, ohne die bon. poss. contra tab., nicht wenigstens eine secundum tabulas angesprochen werden? c) D. de legat. præst., XXXVII. 5. l. 16. Si duo proponantur esse, unus in potestate præteritus, alius emancipatus institutus, apparet commissum esse edictum per eum, qui in potestate est.... proinde si contra tabulas non accepit (nehmlich der emancipatus), dicendum est, tuendum eum in eam partem, et utique liberis parentibusque legata præstaturum. Sed an et omnibus, dubito tamen quia plena fruatur voluntate, plenum et obsequium præstare testatoris judicio pro sua parte debet. — de inj. rupt. irr. t., XXVIII. 3. l. 17. Filio præterito, qui fuit in patris potestate, neque libertates compe-

tunt, neque legata præstantur, si præteritus fratribus partem bereditatis *avocavit*. quod si bonis se patris *abstinuit*, licet subtilitus juris refragari videtur, attamen voluntas testatoris ex bono et æquo tuebitur.

3) Gleichviel, ob auch der Uebergangene nicht Erbe werden will, oder sonst, etwa selbst vor dem Erblasser hinwegfällt, D. de inj. r. irr. test., XXVIII. 3. l. 12. pr.... Idem et circa injustum et irritum testamentum erit dicendum, si bonorum possessio data fuerit ei, qui rem ab intestato auferre possit; vergl. besonders mit dem Eingang der Stelle (die folgende Note) und mit §. 50. Note 3. Nicht dagegen, D. eod., l. 17. Eine besondere Bestätigung, daß diese bonorum possessio sine re sey, liefert D. de lib. et post., XXVIII. 2. l. 7. Si filius, qui in potestate est, præteritus sit, et *vivo patre decedat*, testamentum non valet, *nec superius rumpetur:* et eo jure utimur.

4) Sowohl wenn der posthumus vor dem Erblasser hinwegfällt, als wenn er sich abstinirt, D. eod. l. 12. pr. Posthumus præteritus, vivo testatore natus, decessit. licet juris scrupulositate, nimiaque subtilitate testamentum ruptum videatur, attamen si signatum fuerit testamentum, bonorum possessionem secundum tabulas accipere heres scriptus potest, *remque obtinebit*, ut et Divus Hadrianus et imperator noster rescripserunt. Der Grund des Unterschieds zwischen der bonorum poss. aus einem testamentum ruptum, und der aus einem testamentum nullum liegt auch in der That sehr nahe.

§. 52.

Endlich läßt das prätorische Recht eine bonorum possessio:

6) aus zwei zu gleicher Zeit solennisirten Testamenten zu, wie wenn beide nur ein Testament wären [1]).

1) D. ht., l. 1. §. 6.

§. 53.

Wo überall bonorum possessio ertheilt wird, da treten sowohl in Rücksicht der Vertheilung der Erbschaft [1]), als der Anwachsung [2]) die gleichen Grundsätze ein, wie bei dem civilrechtlichen Testamente.

Auch Substituten jeder Art wird eine bonorum possessio ertheilt, und zwar im Ganzen nach denselben Regeln, welche auch civilrechtlich entscheiden [3]).

1) D. ht., l. 2. §. 2. l. ult.

2) D. ht., l. 2. §. 8. l. 8. pr.

3) D. ht., l. 2. §. 3 sequ. l. 8. §. 1 sequ. — Indessen D. ht., l. 9. — de vulg. et pup. subst., XXVIII. 6. l. 20. Patris et filii testamentum pro uno habetur, etiam in jure prætorio: nam... sufficit tabulas esse patris signatas. et si resignatæ sint filii, et septem signa patris sufficiunt. Es bedarf kaum der Erwähnung, daß, was Eröffnung und Beweis betrifft, zwischen dem civilen und prätorischen Recht kein Unterschied obwalte.

Zweiter Theil.

Erbrecht ohne Testament.

Erste Abtheilung.

Das Recht vor der Novelle CXVIII.

§. 54.

Vor der Novelle 118. war das Recht, einen Testamentslosen zu beerben, theils in dem civilen, theils in dem prätorischen Rechte begründet.

Das civile Erbrecht beruhete im Wesentlichen immer noch auf den Anordnungen der zwölf Tafeln, die indessen sowohl durch Senatusconsulte, als kaiserliche Constitutionen bedeutende Modificationen erlitten hatten. — Das prätorische Recht umfaßte das civilrechtliche System, hatte aber außerdem noch eine Anzahl anderer Personen aufgenommen, theils gegen das Civilrecht, theils zu dessen Ergänzung.

Erstes Kapitel.

Das Civilrecht.

Quellen.

J. de hered. qu. ab int. def., III. 1.
— leg. agn. succ., III. 2. (ht. [1])
D. de suis et leg. hered., XXXVIII. 16.
C. de suis et leg. lib., VI. 55.
— de legit. hered., VI. 58. (ht. [1])

§. 55.

Das Civilrecht berief zuerst die sui [1]), ob sie durch Zeugung und Geburt, oder einen bürgerlichen Act es geworden waren [2]), ersten wie entferntern Grads [3]), auch posthumi [4]).

Den sui waren indessen Kinder von Töchtern und Enkelinnen ausnahmsweise gleichgestellt worden [5]).

Dagegen blieben die, welche sich zur Todeszeit des Erblassers in Folge einer capitis minutio nicht in dessen Gewalt befanden, ausgeschloßen [6]), es wären denn bei der Emancipation jura legitima vorbehalten worden [7]).

1) I. ht., §. 1. — Der eigentliche Begriff des suus, I. de her. qual. et. diff., II. 19. §. 2. Sui .. heredes sunt,... liberi, qui modo in potestate morientis fuerint. sed ut nepos neptisve sui heredis sint, non sufficit, eum eamve in potestate avi mortis tempore fuisse, sed opus est, ut pater ejus vivo patre suo desierit suus heres esse etc. — D. de bon. poss. c. tab., XXXVII. 4. l. 4. §. 1. Si quis filium, quem in potestate habuit, instituerit heredem vel exheredaverit et ex

eo nepotem omiserit, bonorum possessioni locus non est, quia non esset nepos suus heres futurus. — D. de liber. et. post., XXVIII. 2. l. 29. §. 14.., si quis ex suis heredibus suus heres esse desierit, liberi ejus.. in locum suorum sui heredes succedunto. — Doch D. eod., l. 9. §. 2..... haec verba, si intestato moritur, ad id tempus referuntur, quod testamentum destituitur, non quod moritur. — ht., l. 1. §. 8. — Der Grund des Namens D. de bon. damn. XLVIII. 20. l. 7. Cum ratio naturalis, quasi lex quædam tacita liberis parentum hereditatem addiceret, velut ad debitam successionem eos vocando, propter quod et in jure civili *suorum* heredum nomen eis inductum est etc. I. de her. qu. et diff., II. 19. §. 2. — D. de lib. et. post., XXVIII. 2. l. 11.

2) I. ht. §. 2. — D. ht., l. 1. §. 2. — C. ht., l. 5.

3) I. ht. §. 2. — D. ht., l. 1. §. 4—8. — C. ht., l. 3.

4) I. ht., §. 2. — D. ht., l. 3. §. 9. sequ. — C. ht., l. 4.

5) Ohne allen Abzug für agnati, C. ht., l. 12. oder andere, ehemals allein Berechtigte, I. ht., §. 15—16. Nachdem Justinian in §. 15. des Abzugs einer tertia pars erwähnt, und hinzugefügt hat: „et quemadmodum lex duodecim tabularum, filio mortuo, nepotes vel neptes, pronepotes vel proneptes in locum patris sui ad successionem avi vocat, ita et principalis dispositio in locum matris suæ vel aviæ eos cum jam designata partis tertiæ deminutione vocat“, und nachdem er ferner im §. 16 von seiner, den Abzug einer quarta pars für die Agnaten aufhebenden, Constitution gesprochen hat, fährt er fort: quam constitutionem nostram obtinere secundum sui vigorem et tempora et nunc sancimus: *ita tamen*, ut, quemadmodum inter filios et nepotes ex filio antiquitas statuit, non in capita sed in stirpes dividi hereditatem, similiter nos inter filios et nepotes ex filia distributionem fieri jubemus, vel inter omnes nepotes et neptes, et alias deinceps personas, ut utraque progenies matris suæ vel patris, aviæ vel avi, portionem *sine ulla deminutione* consequantur etc. Nicht entgegen C. ht., l. 9. —

de collat., VI. 20. l. 19. — Die Nov. XVIII. c. 4. §. 1. bestimmt daher nichts Neues, wie sie ihre Anordnung auch nicht als neu ankündigt.

6) I. ht., §. 9. D. de bon. poss., XXXVII. 1. l. 6. §. 1. — — ht., l. 11. — C. qui adm. ad b. poss., VI. 9. l. 4. — ht.[1]), l. 15. §. 1. — Dafür endlich das vor den Novellen noch vollgültige edictum de conjungendis cum emancipato liberis, D. de conj. cum emanc. lib., XXXVII. 8. l. 1. §. 1.

7) C. ht.[1]), l. 11. —

§. 56.

Nach den sui und denen, die ihnen gleichgestellt waren, kamen die agnati[1]), natürliche wie durch einen bürgerlichen Act geschaffene[2]), auch posthumi[3]), ohne allen Unterschied des Geschlechts[4]), lediglich nach der Nähe des Grads[5]).

Den agnati wurden aber vermöge kaiserlicher Anordnungen noch beigezählt 1) emancipirte Geschwister und deren Kinder[6]), 2) Halbgeschwister von der Mutterseite und deren Kinder[7]), 3) Kinder von Schwestern[8]).

1) I. ht.[1]), pr. — D. ht., l. 1. §. 9. sequ. l. 2. pr. §. 1. sequ. — C. ht.[1]), l. 3. sequ.

2) I. ht.[1]), §. 2. — D. ht., l. 1. §. ult. l. 2. §. 3.

3) D. ht., l. 1. §. ult. l. 3. §. 9. — de legat. I., l. 127.... obtinuit Galli sententia, alienos quoque posthumos legitimos nobis heredes fieri.

4) Das frühere Recht, Caj. III. 14. — Coll., XVI. 3. §. 20. — Das frühere und neuere, C. ht.[1]), l. 14. pr. — I. ht.[1]), §. 3. —

5) I. ht.[1]), §. 5—6. — D. ht., l. 2. §. 4. sequ. — C. ht.[1]), l. 3.

6) C. ht.[1]), l. 15. §. 1. 3.

7) C. ht. [1]), l. 14. §. 1. l. 15. §. 2—3. — I. ht. [1]), §. 4. — Indessen C. ht. [1]), l. 13. §. 2. — In Betreff aller Geschwister, Nov. LXXXIV. c. 1. §. 1—2.

8) C. ht. [1]), l. 14. §. 1. — I. ht. [1]), §. 4. —

§. 57.

Das vorbeschriebene, regelmäßige System der Erbfolge litt indessen mehrfache Abänderungen:

I. wenn der Erblasser durch emancipatio aus der väterlichen Gewalt getreten war, gleichviel, ob die letztere natürlich oder bürgerlich entstanden seyn mochte. Denn in diesem Fall trat der Vater gleichsam an die Stelle eines Patrons, und beerbte den Sohn, wie der letztere seinen Freigelassenen [1]); aber nur er selbst, nicht seine Kinder [2]). Dem parens manumissor gingen jedoch vor die sui und die denselben Gleichstehenden, und nach diesen die Geschwister des Erblassers [3]); Kinder von Geschwistern und selbst der natürliche Vater stunden gegen ihn zurück [4]).

1) I. ht. [1]), §. ult. — quib. mod. jus pot., l. 12. §. 6. — C. de emanc. lib., VIII. 49. l. 6. — D. ht., l. 10. — ad Sctum Tert., XXXVIII. 17. l. 2. §. 15—16.

2) C. com. de succ., VI. 59. l. 1.

3) C. ad Sctum. Tert., VI. 56. l. 7. §. 1. — ht. [1]), l. 13. §. 1. —

4) C. ad Sctum. Tert., VI. 56. l. 2.

§. 58. [1])

II. Sofern der Erblasser weiblichen Geschlechts war. Denn obgleich ein solcher keine sui hatte und haben konnte, so sollten doch in Folge des Senatusconsultum Orfitianum und seiner spätern Erweiterungen zunächst der Erblasserin Kinder [2]), und Kindeskinder [3]), und zwar die letztern neben den erstern [4]), erst nach diesen alle diejenigen zum Erbrecht gelangen, welchen sonst civilrechtlich die Nachfolge zukommen konnte [5]).

1) I. de Scto Orfit., III. 4. (ht [2]) — D. ad Sctum Tert., XXXVIII. 17. (ht. [1].) — C. ad Sctum Orfit., VI. 57. (ht. [2].)
2) I. ht. [2]), pr. — D. ht. [1]), l. 1. pr. — C. ht. [2]), l. 1—4.
3) I. ht. [2]), §. 1. — Ohne allen Abzug für agnati, C. ht., l. 9. — I. ht., §. 16.
4) Versteht sich sofern die Mittelsperson nicht im Wege steht, I. ht. §. 15—16. Ohne Abzug zu Gunsten von näher stehenden Personen, oben §. 55. Note 6. — Auch postumi, D. ht. [1]), l. 1. §. 5.
5) D. ht. [1]), l. 1. §. 9. sequ., und zwar mit Rücksicht auf die Zeit, wo die Descendenten hinwegfallen, D. ht. [1]), l. 1. §. 11 —

§. 59.

Befand sich der Erblasser:

III. in väterlicher Gewalt, so wurden:

a) was die Adventitien anbelangt, zunächst dessen Kinder und Kindeskinder, nach denselben dessen vollbürtige und halbbürtige Geschwister gerufen [1]); und erst, wenn auch keine Geschwister vorhanden waren, verblieben sie dem Hausvater als peculium [2]), es hätte sich denn der Erblasser zur Todeszeit in der Gewalt des Großvaters befunden gehabt [3]). Den Nießbrauch behielt allenthalben, wo er ihn schon hatte, der Inhaber der Gewalt[4]). Ganz Dasselbe galt auch:

b) für die castrensischen Sondergüter[5]).

1) C. de bon. qu. lib., VI. 61. l. 3—4. — Comm. de succ., VI. 59. l. ult.... primo in filii vel filiæ successionem posteritate ejus vocanda, eaque non inventa, fraterno, consortio ejusdem, vel alieni matrimonii. . arcessito etc. — de bon. qu. lib., VI. 61. l. 6. §. 1. — Nov. LXXXIV. c. 1. §. 1—2.

2) C. comm. de succ., VI. 59. l. ult..., ad ultimum locum pater a legibus conclametur, et sui filii non *gratam hereditatem* relictam, sed *triste lucrum* sibi lugeat acquisitum. — I. quib. non e. perm. f. t., II. 12. pr. .... si vero intestati decesserint, ... ad parentes eorum *jure communi* pertinebit.

3) C. de bon. qu. lib., VI. 61. l. 3.... sin autem idem nepos, superstitibus tam patre quam avo paterno, diem suum sine liberis obierit, eorum dominium, quae ad ipsum ex matre vel ab ejus linea pervenerint, non ad avum sed ad patrem ejus perveniat etc.

4) C. eod., l. 3—4. — comm. de succ., VI. 59. l. ult. — Daß er ihn, wo er denselben nicht schon hatte, an den Portionen der in seiner Gewalt Seyenden erwerbe, verstund sich von selbst.

5) I. eod ....: itaque, si quidem fecerint de castrensi peculio testamentum pertinebit hoc ad eum, quem heredem reliquerit; si vero intestati decesserint, *nullis liberis vel fratribus superstitibus,* ad parentes eorum jure communi pertinebit. — D. de castr. pec., XLIX. 17. l. 1. 2. 9. 14. 17. 19. §. 3. sequ. —

§. 60. [1])

Endlich war auch:

IV. in Folge des Senatus consultum Tertullianum der Mutter [2]) eines Erblassers nach dessen Kindern, mögten dieselben civilrechtlich oder prätorisch-rechtlich zur Nachfolge berufen seyn [3]), und zugleich mit dessen Geschwistern [4]), ein Erbrecht verliehen. Agnaten, ausser Geschwister, wurden durch die Mutter [5]), diese selbst durch den natürlichen Vater [6]), ausgeschloßen.

1) I. de Scto Tert., III. 3. (ht.[3].) — D. ad Sctum. Tert., XXXVIII. 17. (ht.[1].) — C. ad Sctum Tert., 56. (ht.[3].)

2) Nicht der Großmutter, I. ht.[3]), §. 2. — C. ht.[1]), l. 9.

3) I. ht.[3])., §. 3. — D. ht.[1]), l. 2. §. 6—9. l. 5. pr. §. 1. — C. ht., l. 11.

4) Mit Brüdern oder Brüdern und Schwestern zu einem Kopftheile, mit Schwestern allein zur Hälfte, C. ht.[3]), l. 7. pr. — I. ht.[3]), §. 5. — Doch Nov. XXII. c. 47. §. 2.

5) D. ht.[1]), l. 2. §. 17. §. 21. 22., und zwar ohne Abzug, C. ht.[3]), l. 7. pr. — I. ht.[3]), §. 5.

6) Weder Großvater noch Adoptivvater, I. ht.[3]), §. 3. — D. ht., l. 10. — ht.[1]), l. 2. §. 15—16. — C. ht.[3]), l. 2. — Wären neben dem Vater noch andere, ihm vorgehende Erbsberechtigte vorhanden, dann verschieden, je nach den Personen; ob a) Geschwister, C. ht.[3]), l. 7. §. 1. vergl. mit D. ht.[1]), l. 2. §. 18—19. — oder b) Agnaten, D. ht.[1]), l. 2. §. 17. — oder endlich c) der avus manumissor? D. ht.[1]), l. 5. §. 2.

Zweites Kapitel.

Prätorisches Recht.

Quellen.

I. de succ. cogn., III. 5.
I. de bon. poss., III. 9. (ht. [1].)
D. unde lib., XXXVIII. 6.
— unde legit, — 7. (ht. [1].)
— und. cognat., — 8. (ht. [2].)
— und. vir et ux., — 11. (ht. [3].)
C. unde lib., VI. 14.
— und. legit., VI. 15. (ht. [1].)
— und. vir et ux., VI. 18. (ht. [2].)

§. 61.

Das prätorische Recht theilte die Personen, welchen bonorum possessio ab intestato gegeben werden sollte, in verschiedene Klassen (gradus [1]) ein.

Zuerst berief es alle civilrechtlichen Erben [2]), die es aber wiederum in zwey Abtheilungen verlegte.

In der ersten Abtheilung kamen die sui [3]), neben denselben [4]) a) die, welche durch capitis minutio aufgehört hatten, sui zu seyn [5]), sofern sie nur nicht blos durch adoptio sui gewesen waren [6]), b) solche, die in Folge einer vorangegangenen capitis minutio die Eigenschaft von sui nie gehabt hatten [7]), sogar c) diejenigen, die durch adoptio in eine aliena familia übergegangen waren, vorausgesezt, daß diese Familie zu der natürlichen, väterlichen gehört[8]), oder jene zur Todeszeit des Erblassers sich nicht mehr in derselben befunden hätten[9]); auch postumi. — Alle diese Personen faßte man unter dem Namen „liberi" zusammen[10]). Ausgeschloßen blieben solche, denen die Eigenschaft von sui, dem Erblasser gegenüber, an und für sich nie zukommen konnte[11]), oder die zur Todeszeit des letztern Mitglieder einer aliena familia, die keinen Zweig der natürlichen väterlichen gebildet hätte, gewesen seyn würden[12]).

1) Caj., III. 27—31. — Ulp. XXVIII. 7. — D. ht., l. 1. §. 1.

2) Darauf weisen die Edictsworte hin, durch welche auf den Fall, daß keine bonorum possessio secundum tabulas ertheilt werden könnte, die nächste bonorum possessio intestati verheißen wird. Denn diese beriefen unmittelbar nach der bonorum possessio secundum tabulas die civilen Intestaterben, Cic. in Verr., II. 1. c. 44. Posteaquam jus praetorium constitutum est, semper hoc jure usi sumus: si tabulae testamenti non proferrentur, *tum, uti quemque potissimum heredem esse oporteret*, ita secundum eum possessio daretur. — Ascon. in h. l. Tum, uti quemque potissimum heredem esse oporteret, si is intestatus mortuus esset, ita secundum eum possessio daretur.] Quasi ab intestato *agnati* ejus succederent, quamvis diceretur testamentum fecisse, si tamen tabulae non proferrentur. — D. ht.[1]), l. 1. Haec verba edicti, *tum quem ei heredem esse oporteret*, si intestatus mortuus esset ..... cum quodam temporis spatio accipiuntur .....; et ideo legitimum heredem, si capite deminutus esset, ab hac bonorum possessione summoveri, palam est. — l. 4. — So würden durch die unmittelbar an die bonorum possessio s. t. angereiheten Worte „quem heredem esse oporteret" die beiden ersten Gradus der intestati bon. possessio gerufen worden seyn. „Quem

heredem esse oporteret;“ wer jure civili, und in derselben Ordnung, wie er jure civili zur Erbschaft berechtigt war, der sollte auch prätorischrechtlich zur bonorum possessio zugelassen werden. Also einmal die sui, dann wer sonst, wo keine sui vorhanden waren, als legitimus Erbe werden konnte. Vielleicht durch die Erklärung des Wortes „oporteret“ wurden aber den sui noch Andere zugesellt, die man später mit ihnen als den gradus der liberi zusammen faßte (zu vergl. Note 4.). Nicht entgegen die Bezeichnung „unde liberi,“ „unde legitimi.“

3) D. qu. ord. in poss. serv., XXXVIII. 15. l. 1. pr. Intestati hi gradus vocantur, primum sui heredes, secundo legitimi etc. — I. de succ. cogn., III. 5. pr. Post *suos heredes*, eosque quos inter suos heredes praetor et constitutiones vocant etc. — ht. [1]) §. 3.

4) Sollte das prätorische Recht ursprünglich schon in die Worte „quem heredem esse *oporteret*“ dieß gelegt haben? Quem heredem esse *oporteret*, wenn der Erblasser intestatus gewesen, und der heres nicht capite minuirt worden wäre. Darin gerade würde auch die prätorische fictio gewurzelt haben. Quem *oporteret*, obgleich er in der Wirklichkeit aufgehört hat zu den heredes zu gehören, *also* rescissa emancipatione. Zu vergl. Note 5. — Für die Agnati ward das „oporteret“ entschieden nicht also gedeutet, obschon dasselbe nach dem Zusammenhang, in welchen es gestellt worden war, auch für sie hätte also ausgelegt werden können. Auf diesen Unterschied in der Deutung des Wortes „oporteret“ scheint etwa Cajus aufmerksam zu machen, wenn er sagt, III. 26—27. Nam liberos omnes, qui legitimo jure deficiuntur, vocat ad hereditatem, *proinde ac si in potestate parentum mortis tempore fuissent* .... Agnatos autem capite deminutos non secundo gradu post suos heredes vocat, i. e., non eo gradu vocat, *quo per legem vocarentur*, *si capite minuti non essent* etc. Ist es wohl unwahrscheinlich, daß

das Edict selbst noch einen Beisatz gehabt habe, wodurch die Bedeutung des „oporteret“ für Agnati eingeschränkt wurde?

5) Versteht sich nicht durch capitis minutio magna; ausserdem ohne Unterschied, ob sich die capitis minutio bey ihnen selbst, einer Mittelsperson; I. ht.[1]), §. 3. — D. quis ord. in poss. serv., XXXVIII. 15. l. 1. §. 2. — de b. p. c. t., XXXVII, 4. l. 3. pr. §. 5., in der Person des Erblassers, D. de bon. poss. c. t., XXXVII. 4. l. 7. — de coll. XXXVII. 6. l. 5. — oder bei beiden, D. ht., l. 6 . . . . . nisi forte avus iste . . . . . paratus. est de potestate nepotem dimittere, ut ad emancipatum emolumentum omne bonorum possessionis perveniat. — de conj. eum em. lib., XXXVII. 8. l. 4. ereignete. — Die Gleichstellung ist Folge einer Fiction, D. de bon. possess., XXXVII. 1. l. 6. §. 1. . . . . quamvis enim jure civili deficiant liberi, qui propter capitis deminutionem desierunt sui heredes esse, propter aequitatem tamen rescindit eorum capitis deminutionem praetor. — I. de hered. qu. ab int. def., III. 1. §. 9. — D. de bon. poss. c. t., XXXVII. 4. l. 3. §. 5.

6) I. eod., §. 11. — D. ht., l. 1. §. 6. — Doch D. ht., l. 4. . . . sed si naturales emancipati et adoptati iterum emancipati sint, habent jus naturale liberorum. — l. 1. §. 7. — ad Sctum Tert., XXXVIII. 17. l. 2. §. 6. Zu vergl. D. de bon. poss. c. t., XXXVII. 4. l. 3. §. 1—2.

7) D. eod., l. 21. . . . . quamvis nunquam in potestate hujus fuerit. — ht., l. 5. §. 1. — Zu vergl. D. de bon. poss. c. t., XXXVII. 4. l. 3. pr. §. 5.

8) D. de bon. poss. c. t., XXXVII. 4. l. 3. §. 7—8. l. 21. §. 1. — Weder dieses Erbrecht, noch das damit zusammenhängende der bonorum possessio contra tabulas, noch das unde cognati ist für die einem parens naturalis in Adoption Gegebenen gegenüber von ihrem leiblichen Ascendenten durch C. de adopt., VIII. 48. l. 10. aufgehoben worden. Denn a) ging Justinian's Absicht bey dieser Constitution, wie ihr Inhalt

vom pr. an bis §. 4. incl. zeigt, offenbar dahin, die Gefahren, welche dem Erbrecht Adoptirter drohen konnten, abzuwenden. Mit ihr ließe sich aber eine Entziehung von Erbrechten nicht wohl vereinigen; b) die Worte: maneat stabile jus patris adoptivi ... et ad eum solum respiciat filius .... et *Papiniani sententia* in hac specie procedat (gewiß dem Vorhergehenden nach einzig Ausschluß der querela inofficiosi testamenti) et ad eum tantummodo filius spem totam extendat, et non patris naturalis successionem molestare concedatur (können diese Worte dem Zusammenhange nach etwas Anderes heißen, als der Adoptirte solle keinen Angriff durch die querela in Betreff der leiblich-väterlichen Erbfolge machen?) ... et is ei solus pater intelligatur, quem lex fecit et natura non dereliquit. neque enim Martiani distinctioni locum esse in hoc casu invenimus etc. (hierin liegt gewiß wieder nur eine Beziehung auf die querela, die Martian bald gewähren, bald verweigern wollte. Justinian verordnet, es solle der Adoptivvater, was die querela anbelangt, ausschließlich als Vater gelten, und nicht, wie es die Meinung Martian's mit sich brachte, unter Umständen auch der leibliche Vater). Demnach enthält die Anordnung Justinian's lediglich Nichts, was uns zu der Annahme berechtigte, daß er die, früher den von einem väterlichen Ascendenten Adoptirten gewährten, Rechte aufgehoben habe, oder aufheben wollte. c) Die Rechtsverhältniße der Arrogirten hat Justinian auf keine Weise geändert; diesen mußte demnach auch nach C. de adopt., VIII. 48. l. 10. eine bon. possessio unde cognati, und, wenn der pater arrogator einer der väterlichen Ascendenten war (z. B. ein von einem emancipirten Sohne gezeugter und emancipirter Sohn ließ sich von seinem väterlichen Großvater arrogiren, ein, dem in D. de bon. poss. c. 8., XXXVII. 4. l. 3. §. 8. gesetzten, ähnlicher Fall), unde liberi und contra tabulas gegeben werden. Ist es nun wahrscheinlich, daß Justinian die einem väterlichen Ascendenten in Adoption Gegebenen anders, und zwey ganz ähnliche Verhältniße verschieden beurtheilt und geregelt habe? Wenigstens stellt er selbst sie ganz gleich, I. de hered. qu. ab int. def. III. 1. §. 14.... nostra autem constitutione exceptus est is, quem parens naturalis adoptandum susceperit: utroque enim jure, tam naturali quam legitimo, in hanc personam concurrente, *pristina jura* tali adoptioni servavimus, *quemadmodum si paterfamilias sese dederit arrogandum.* Abgesehen davon, daß Justinian, wenn die vorhin erwähnte Aufhebung begründet wäre, in den Institutionen unmöglich sagen konnte „*pristina jura tali adoptioni servavimus;*" d) spricht Justinian selbst allen liberi, qui in adoptiva familia sunt, die bon. possessio unde cognati zu, in den I. ht., §. 2.

9) I. de hered. qu. ab int. def., III. 1. §. 10. — D. eod., l. 14. §. 1. — ht., l. 1. §. 6.

10) D. ht., rubr. unde *liberi,* C. ht., rubr., unde *liberi.* D. ht. l. 1. §. 1. 5—6. — I. ht.[1]), §. 3.

11) Daher a) Enkeln durch Töchter selbst nach den spätern kaiserlichen Verfügungen diese bonorum possessio nicht zukam, C. de suis et leg. lib., VI. 55. l. ult. Quotiens aliquis vel aliqua intestatus vel intestata mortuus vel mortua fuerit, nepotibus vel pronepotibus cujuscunque sexus vel deinceps aliis descendibus relictis, quibus *unde liberi bonorum possessio minime competit* etc. — Nicht entgegen I. ht. [1]), pr. b) wenn der Erblasser weiblichen Geschlechts war, von dieser bonorum possessio keine Rede seyn konnte, D. de bon. p. cont. t., XXXVII. 4. l. 4. §. 2. — de suis et leg., XXXVIII. 16. l. 13. — C. l. c.

12) I. de hered. quae ab int. def., III. 1. §. 10. — D. de bon. p. c. tab., XXXVII. 4. l. 9. l. 6. §. ult. — Wäre indessen der Erblasser in aliena familia gestorben, dann D. eod, l. 3. §. 9. l. 14. in f. l. 17. pr.

§. 62.

Die zweite Abtheilung umfaßte unter dem Namen „legitimi“ überhaupt alle, welche civilrechtlich zum Erben berufen waren [1]), ganz auf die Weise und unter den Voraussezungen, wie und unter welchen sie civilrechtlich zur Erbfolge gelangten [2]).

An diese beiden Abtheilungen civilrechtlicher Erben schloß das prätorische Recht, ohne allen Anhalt im Civilrecht [3]), die Ordnung der Blutsverwandten [4]) an, zur Todeszeit des Erblassers vorhandene wie posthumi [5]), lediglich nach der Nähe des Grads [6]), jedoch mit Beschränkung auf den 6ten, und einige Personen aus dem 7ten Grad [7]).

Zulezt ward eine bonorum possessio an Mann und Frau (vir et uxor) wechselseitig verliehen [8]); vorausgesezt ein justum matrimonium und dessen Fortdauer [9]).

1) D. ht. [1]), l. 2. pr. §. 4. l. 3.
2) D. ht. [1]), l. 1. l. 5. — I. de succ. cogn., III. 5. §. 1.
3) D. ht. [2]), l. 1. pr. Haec bonorum possessio *nudam* habet *praetoris indulgentiam*, neque ex jure civili originem habet, nam eos invitat ad bonorum possessionem, qui jure civili ad successionem admitti non possunt, id est, cognatos.
4) I. de her. qu. ab int. def., III. 1. §. 13. — D. ht. [2]), l. 2.
5) D. ht. [2]), l. 1. §. 8.
6) D. ht. [2]), l. 1. §. 5—7. — C. de leg. hered., VI. 58. l. 3.
7) I. ht., §. 5. — D. ht [2]), l. 1. §. 3. l. 9.
8) C. ht. [2]), l. un.
9) D. ht. [3]), l. un.

Drittes Kapitel.

Gemeinsames.

§. 63.

Das Verhältniß des Erbrechts nach civilrechtlichen zu dem nach prätorischrechtlichen Grundsäzen war dieses. Der Erbe nach Civilrecht stund gegen den prätorischen Erben stets zurück, er würde denn selbst ein besser oder doch gleich berechtigter bonorum possessor gewesen seyn. Aus diesem Grunde ging der suus, hätte er auch seine civilrechtlichen Befugniße ausschließlich festgehalten, dem emancipatus doch nicht vor[1]; während der lezte, welcher civilrechtlich gar nicht erbte, den agnatus, den parens manumissor immerhin verdrängte[2].

Indessen gingen die, welche nach den spätern Anordnungen nicht, wie die legitimati, selbst sui wurden, sondern nur den sui gleich gesezt waren, mit ihren bloßen civilrechtlichen Ansprüchen[3] schon der bonorum possessio der sui und emancipati vor, indem sie einen Theil der Erbschaft diesen bonorum possessores wirksam abforderten[4].

Auch der Civilerbe, sofern er gleich oder besser berechtigter bonorum possessor gewesen wäre, konnte sich der bonorum possessio enthalten, und einzig seine hereditas gelten, und dessen ungeachtet die prätorische Nachfolge anderer Personen ganz oder theilweise unwirksam (sine re) machen[5].

1) D. und. lib., XXXVIII. 6. l. 1. §. ult. — de bon. poss. c. t., XXXVII. 4. l. 20. pr.

2) J. de legit. angn. succ., III. 2. pr. Si nemo suus heres, vel eorum, quos inter suos heredes praetor vel constitutiones vocant, extat, et qui successionem quoquo modo amplectatur, tunc ex lege duodecim tabularum ad agnatum proximum hereditas pertinet.

3) Es liegt wohl in der Natur der Sache, daß die den sui Gleichgesezten unde legitimi auch eine bonorum possessio erhalten konnten, ob sie gleich unde liberi nicht gerufen waren. C. de suis et leg. lib., VI. 55. l. 12. Quotiens aliquis vel aliqua, intestatus vel intestata, mortuus vel mortua fuerit, nepotibus vel pronepotibus cujuscunque sexus vel deinceps aliis descendentibus derelictis, *quibus unde liberi bonorum possessio minime competit*, et insuper ex latere quibuscunque agnatis, minime possint etc. J. de her. qu. ab int. def., III. 1. §. 16..... quam constitutionem nostram obtinere .. et nunc sancimus: ita tamen etc. Daher wird auch im Gegensaz zu denen, welche neben den sui bonorum possessio unde liberi erhalten, von diesen den sui Gleichgesezten gesagt, J. de leg. agn. succ., III. 2. pr. Si nemo suus heres, vel eorum, quos inter suos heredes praetor vel *constitutiones* vocant etc. — de succ. cognat., III. 5. Post suos heredes, eosque quos inter suos heredes praetor et *constitutiones* vocant etc.

4) J. l. c. —

5) D. ad Sctum Tert., XXXVIII. 17. l. 2. §. 21. — C. de suis et leg., VI. 55. l. 1. — ad Sctum Orf., VI. 57. l. 3. — de legit. hered., VI. 58. l. 4. — Zu vergl. Caj. III. 36.

§. 64.

Die Delation geschah sowohl civil- als prätorisch-rechtlich entweder zur Zeit des Todes, oder eines hinweggefallenen Testaments, oder des Hinwegfallens eines vorgehenden Intestaterben[1]). Nach ihr ward die Frage, wer der nächste sey[2]), nach ihr auch die Fähigkeit[3]) beurtheilt, welche indessen bis zum Erwerb fortdauern mußte[4]).

Nach beyden Rechten wurde, sobald Descendenten als **sui**, oder als den **sui**, sey es civil-, sey es prätorisch-rechtlich, gleichgestellt erbten, in **stirpes**[5]), sonst in der Regel in **capita**[6]) getheilt.

1) Für das Civilrecht, D. de suis et leg., XXXVIII. 16. l. 1. pr. l. 2. pr. — ad Sctum Tert., XXXVIII. 17. l. 1. §. 11. — de adqu. v. om. her., XXIX. 2. l. 30. §. 1. —, die bonorum possessio, D. eod., l. 30. §. 1. — und. leg., XXXVIII. 7. l. 4. — und. cogn., XXXVIII. 8. l. 1. §. 6—8. —

2) Was die hereditas betrifft, D. unde lib., XXXVIII. 6. l. 7. pr. — de suis et leg., XXXVIII. 16. l. 2. §. 5—6. l. 3. §. 9. l. 8. §. 1. — ad Sctum Tert., XXXVIII. 17. l. 1. §. 11. l. 2. §. 7. §. 22., das prätorische Recht, D. und. leg., XXXVIII. 7. l. 4. — und. cogn., XXXVIII. 8., l. 1. §. 6—8.

3) Doch J. de hered. qu. ab int. def., III. 1. §. 10.

4) Civilrechtlich, D. de suis et leg., XXXVIII. 16. l. 11. — ad Sctum Tert., XXXVIII. 17. l. 1. §. 4. 8., prätorischrechtlich, D. und. lib., XXXVIII. 6. l. ult. — und. legit., XXXVIII. 7. l. 1. — und. cogn., XXXVIII. 8. l. 3.

5) J. de hered. qu. ab int. def., III. 1. §. 6. §. 16. — C. de suis et leg., VI. 55. l. 2. — Für das prätorische Recht, D. de bon. poss. c. t., XXXVII. 4. l. 11. §. 1. — de coll., XXXVII. 6. l. 7. — Daß sui und die ihnen civilrechtlich gleichstehen auch unde legitimi in stirpes erben, verstund sich von selbst.

6) J. de leg. agn. succ., III. 2. §. 4. — D. de suis et legit., XXXVIII. 16. l. 2. §. 2. — Prätorischrechtlich, D. und. cogn., XXXVIII. 8. l. 1. §. 10. — Ausnahmen theils bey der Nachfolge in das Vermögen einer Frauensperson, J. de hered. qu. ab int. def., III. 1. §. 16., theils nach dem Sctum Tertullianum, C. ad Sctum Tert., VI. 56. l. 7. pr.

§. 65.

Sobald von mehreren zugleich Berufenen der eine oder andere hinweg fiel, so wuchs dessen Antheil nach civilem[1]) wie nach prätorischem[2]) Rechte den übrigen mit Nothwendigkeit[3]) zu, gerade, wie wenn der Hinweggefallene gar nicht vorhanden gewesen wäre[4]).

Würde eine vorberechtigte Personenklasse nach der Delation hinweg gefallen seyn, so hätte nach beiden Rechten die folgende an deren Stelle treten können[5]); und wenn näher Stehende aus derselben Ordnung ausschieden, so kam die Reihe an die Entferntern[6]), mit weniger Ausnahme[7]). Waren jedoch ausser den Ausgefallenen andere mit den letztern gleich Berechtigte vorhanden, so wurden die Folgenden bald an Statt des Ausgefallenen berufen[8]), bald durch jene Gleichberechtigten ausgeschloßen[9]).

1) J. de Scto Orfit., III. 4. §. ult. — D. de suis et leg., XXXVIII. 16. l. 9. — ad Sctum Tert., XXXVIII. 17. l. 1. §. 9.

2) D. de bon. poss., XXXVII. 1. l. 3. §. ult. — l. 5. — C. q. non pet. part., VI. 10. l. un.

3) D. eod., l. 6. pr. . . . . . caeteri, quibus adcrescendi jus est, semel debent agnoscere bonorum possessionem. — J. eod. reliquis, qui adierint, adcrescit illorum portio, et, licet ante decesserint, qui adierint, ad heredes tamen eorum pertinet. — Abweichungen, theils analoge (oben §. 27. Note 3.), theils D. eod. Sed cum patrono quidem contra tabulas certae partis bonorum possessionem praetor pollicetur, scripto autem heredi secundum tabulas alterius partis, convenit non esse jus adcrescendi. igitur non petente scripto secundum tabulas, alterius quoque partis nominatim patrono possessionem pollicetur.

4) Daher D. unde lib., XXXVIII. 6. l. 5. §. 2. Si filius emancipatus non petierit bonorum possessionem, ita integra sunt omnia nepotibus, *atque si filius non fuisset*, ut, quod filius habiturus esset, petita bonorum possessione, hoc nepotibus ex eo solis non etiam reliquis adcrescat. — de conj. cum em. lib., XXXVII. 8. l. 1. §. 12. — de bon. poss. c. t., XXXVII. 4. l. 12. pr. — Aus dem Grunde mußte a) die Möglichkeit des Hinwegfallens schon auf die Delation einfließen, D. ad Sctum Tert., XXXVIII. 17. l. 2. §. 9. Sed si quis decesserit relicta filia, quam in adoptionem legitime dederit, relicta et matre . . . . ., matrem, donec filia bonorum possessionem petere potest, bonorum possessionem accipere non posse, quoniam succedere quasi legitima speraretur. §. 18. Si sit consanguinea soror defuncti, sit et mater, sit et pater adoptatus vel emancipatus, si consanguinea velit habere hereditatem, matrem ex senatus consulto una cum ea venire, patrem excludi placet: si consanguinea repudiet, matrem ex senatusconsulto propter patrem non venire. et quamvis alias non soleat mater exspectare consanguineam, velit necne adire hereditatem, tunc tamen exspectaturam; consanguinea enim est, quae patrem excludit. repudiante igitur consanguinea, bonorum possessionem habebit mater cum patre, quasi cognata. sed et in hac moram patietur, nec ante accipiet bonorum possessionem, quam

pater petierit, quoniam, omittente eo, potest ex senatusconsulto succedere, — und um so mehr b) die Theilungsart sich ändern, C. ad Sctum Orfit., VI. 57. l. 2. Non pro numero superstitum mortis matris tempore, sed succedentium materna scinditur hereditas. Zu vergleichen C. ad Sctum Tert., VI. 56. l. 7. — Nicht entgegen, was man so gewöhnlich anführt, daß α) die Delation über die Theilungsart entscheide, und das Hinwegfallen einer Person stets eine Mehrung der Portion in Folge der Anwachsung aber nie eine Minderung bewirken könne, daß β) sonst unter Umständen, bevor alle Gerufenen angetreten, Manche nicht wissen, wie groß ihre Quote sey, und Jemand theilweise wieder aufhören müßte, Erbe zu seyn; γ) der Einfluß auf die Delation (sub a) genügend beweise, man habe solche Aenderungen zu vermeiden gesucht. Denn ad α) ist ja nur eine petitio principii, und ad β) kann schon darum nichts ausmachen, da derselbe Fall sich wohl auch sonst ereignet, und von einem Aufhören, Erbe zu seyn, schon darum nicht zu reden ist, weil allenthalben, wo die Theilungsart sich ändern möchte, der Gerufene eben zu dem nächst kleinsten Theil als definitiver Erbe erscheint; während ad γ) ein großer Unterschied obwaltet, ob die Delation ganz und durchaus rückgängig gemacht, oder nur die Portion ihrer Größe nach definitiv bestimmt werde.

5) C. de legit. hered., VI. 58. l. 6. Defunctis suis, extantibus heredibus et abstinentibus vel repudiantibus hereditatem, frater jure consanguinitatis succedere potest. — D. und. leg., XXXVIII. 7. l. 2. pr. — de success. ed., XXXVIII. 9. l. 1. §. 11.

6) Civilrechtlich, J. de leg. agn. succ., III. 2. §. 7. Nicht entgegen D. de suis et legit., XXXVIII. 16. l. 2. pr..... si sunt consanguinei, licet *non adierint hereditatem*, legitimis non defertur etc. — ad Sctum Tert., XXXVIII. 17. l. 2. §. 8—22. l. 8. l. 1. §. 9—11. —, prätorisch-rechtlich in der Ordnung unde legitimi wie nach Civilrecht, in der

unde cognati, D. und. cogn., XXXVIII. 8. l. 1. §. 10. — de succ. ed., XXXVIII. 9. l. 2. -- C. de succ. ed., VI. 16. l. 1., in der unde liberi, C. und. lib., VI. 14. l. 2. Qui se patris, post avum intestatum defuncti, negat heredem, mortui avi paterni suscipere facultates non potest, maxime emancipatus, nisi per bonorum possessionem ad hujusmodi beneficium pervenerit. Vergl. mit C. Th. de matern. bon., VIII. 18. l. 5. Nicht entgegen a) die Analogie der sui; b) der Ausschluß der successio graduum bei der bonorum possessio contra tabulas, D. de bon. lib., XXXVIII. 2. l. 2. §. 1. l. 5. — Zu vergl. D. und. lib., XXXVIII. 6. l. 7. pr.

7) Bei sui, wo eine Nachfolge civilrechtlich undenkbar war, D. de suis et leg., XXXVIII. 16. l. 1. §. 8.... quamvis successio in suis heredibus non sit.

8) Nehmlich da, wo Entferntere neben Nähern erbten, a) nach dem Grundsaz des jus adcrescendi, b) D. ad Sctum Tert., XXXVIII. 17. l. 2. §. 9 und 18. Nicht entgegen J. de bon. poss., III. 9. §. 5. Zu vergl. D. de succ. ed., XXXVIII. 9. l. 1. §. 10—11.

9) Wenn Entferntere von Nähern ausgeschloßen wurden, C. de leg. her., VI. 58. l. 15. §. 3.

§. 66.

Beide Rechte stimmten darin überein, daß:

a) wer überhaupt zu erben unfähig sey, eine hereditas so wenig als eine bonorum possessio erlangen könne[1];

b) eine während des Trauerjahrs heirathende Frau nur eine beschränkte Fähigkeit habe, ab intestato zu erben[2];

c) gegenüber vom Vater, oder Verwandten von des Vaters Seite, nie spurii oder vulgo quaesiti[3]), nicht einmal liberi naturales[4]) rechtlich als Verwandte gelten; wohl aber in Betreff der Mutter, und der Verwandten von der Mutter Seite[5]);

d) blos solche postumi zur Erbfolge gelangen, die zur Todeszeit des Erblassers bereits concipirt waren[6]), und dabei wegen der Geburt Mehrer Fürsorge getroffen[7]);

e) legitimati den ehelichen gleich stehen, sowohl per subsequens matrimonium[8]) als per rescriptum principis[9]).

1) oben §. 6.

2) C. de sec. nupt., V. 9. l. 1. Eandem quoque mulierem, infamem redditam hereditates ab intestato, vel legitimas vel honorarias, non ultra tertium gradum sinimus vindicare. — Eine Erweiterung, Nov. XXII. c. 22. — XXXIX. c. 2.

3) D. de statu hom., I. 5. l. 24. — de captiv., XLIX. 15. l. 25..... quod si cum matre sola revertatur, quasi sine marito natus, spurius habebitur. — J. de succ. cogn., III. 5. §. 3..... hi autem nullum patrem habere intelliguntur. D. und. Cogn., XXXVIII. 8. l. 4. Daher sie auch unter sich juristisch nicht als Verwandte gelten, sofern die Verwandtschaft durch den Vater gehen sollte.

4) C. de natur. lib., V. 25. l. 8..... licet ab intestato nullam communionem ad patris naturalis successionem habeant etc. l. 12. Cuidam, qui justum filium habebat, nepos accessit naturalis..... quid, si ex naturali filio nepotem habeat avus legitimum patri suo vel naturalem? .... Jura ab intestato

nemini eorum penitus aperimus. et haec non solum eis accedere censemus a substantia avi paterni naturalis, sed etiam proavi, vel ejus cognationis, si quis saltem hujusmodi vocabulum in tam degeneres homines extendere maluerit. — Indessen Nov. XVIII. c. 5. — LXXXIX. c. 12. §. 4.

5) D. ad Sctum Tert., XXXVIII. 17. l. 1. §. 1. l. 2. §. 1. — D. und. cogn., XXXVIII. 8. l. 2. l. 8. — J. de succ. cogn., III. 5. §. 3. — Doch C. ad Sctum Orf., VI. 57. l. 5. — Auch unter sich selbst, wenn die Verwandtschaft durch die Mutter geht, D. eod., l. 4. —

6) D. de suis et leg., XXXVIII. 16. l. 6—8.

7) D. Si pars hered. p., V. 4. l. 3—4.

8) C. de natur. lib., V. 27. l. 10—11. — J. de hered. qu. ab int. def., III. 1. §. 2.

9) Nov. LXXIV. c. 1—2. — LXXXIX. c. 9.

§. 67.

Nur solche Adoptirte verloren ihr civilrechtliches und das an das Civilrecht sich anschließende und prätorische Erbsverhältniß gegen den natürlichen Vater und die leiblich agnatische Familie, welche zu den Adoptirten im vollen Sinne des Wortes gehörten [1]). Auch sie behielten indessen neben dem cognatischen Verhältniß, in welches sie zur Adoptivfamilie traten [2]), ihre cognatische Verbindung und das hierauf beruhende, prätorische Erbrecht, mit der leiblich väterlichen Familie [3]). Auf die Beziehung zur Mutter, und der mütterlichen Verwandten hatte selbst diese Adoption keinen Einfluß [4]).

Diejenigen, welche nicht im vollen Sinne adoptirt waren, hatten blos ein Erbrecht ab intestato gegen den Adoptivvater[5]).

Aehnliches galt für die, welche eine Frau an Kindes Statt angenommen hatte[6]).

1) J. de her. q. ab int. def., III. 1. §. 14. — C. de adopt., VIII. 48. l. 10.

2) D. und. cogn., XXXVIII. 8. l. 1. §. 4., versteht sich so lang das Adoptivverhältniß dauert, D. und. lib., XXXVIII. 6. l. 1. §. 6. l. 4. —

3) J. eod., §. 13. — de succ. cogn., III. 5. §. 2., so daß solche Adoptirte, vom Standpuncte der Cognation aus, zwey Väter, und durch diese zwei Väter eine doppelte Reihe von Cognaten hatten, D. unde cogn., XXXVIII. 8. l. 1. §. 4. . . . . evenit igitur, ut is, qui in adoptionem datus est, tam in familia naturalis patris jura cognationis retineat, quam in familia adoptiva nanciscatur.

4) J. de Scto Orf., III. 4. §. 2. — C. de adopt., VIII. 48. l. 10. . C. . . Quis enim materna jura posset abolere, cum videbatur et ex antiquo jure patrem quidem habere adoptivum, matrem autem eam, quam natura cognoscit?

5) J. de hered. q. a. int. def., III. 1. §. 14. — C. de adopt., VIII. 48. l. 10. . . . . et ideo sancimus, etsi habeat hujusmodi filius jura integra naturae, attamen si intestatus pater extraneus adoptivus decesserit, habere eum etiam sui heredis jus ad ejus tantummodo successionem: ut non etiam legitima jura ad familiam extranei patris adoptivi habeat, nec ipsa ad eum communionem aliquam habeat, sed quasi extraneus ita ad illam familiam inveniatur.

6) C. eod., l. 5.

§. 68.

Wer gegen irgend eine Person kein, oder doch kein Erbrecht einer bestimmten Art hatte, der konnte durch diese auch keines, oder doch keines Erbrechts jener bestimmten Art gegen eine dritte Person theilhaftig seyn; und wem selbst ein Erbrecht oder doch ein Erbrecht bestimmter Art gegen eine Person nicht zusteht, durch den kann einem Dritten gegen dieselbe Person ein Erbrecht, oder doch ein Erbrecht jener bestimmten Art nicht zustehen [1]), es wäre denn, daß die Mittelsperson eine vorhandene Erbfähigkeit erst dann verlöre, nachdem der, welcher durch sie ein Erbrecht haben sollte, schon vorhanden, oder gezeugt war [2]).

1) C. de natur. lib., V. 27. l. 12. Cuidam, qui *justum* filium habebat, nepos accessit *naturalis* ..... Quid., si ex *naturali* filio nepotem habeat avus *legitimum* patri suo, vel naturalem? in omnibus itaque talibus dubitationibus, cum *nulla legitima consequentia* in hujusmodi personis custoditur, sed *interventu* sobolis naturalis nullum jus legitimum subesse potest, ut necessitas relinquendi aliquid eis ex legibus immineat etc. — D. unde cogn., XXXVIII. 8. l. 4 Si spurius intestato decesserit, jure consanguinitatis aut agnationis hereditas ejus ad nullum pertinet, qui consanguinitatis itemque agnationis jura a *patre* oriuntur. — de grad., XXXVIII. 10. l. 5. Si filium naturalem emancipavero, et alium adoptavero, non esse eos fratres etc. — de bon. poss. c. t., XXXVII. 4. l. ult. §. 2.

2) D. und. legit., XXXVIII. 7. l. ult. — de suis et leg. hered., XXXVIII. 16. l. 1. §. 10..... etsi pater eorum deportatus fuerit, nihilominus eos inter se esse consanguineos ... et

qui nunquam in potestate fuerunt, erunt sibi consanguinei, ut puta qui post captivitatem patris nascuntur. l. 4. — de bon. poss. c. t., XXXVII. 4. l. 1. §. 8.

§. 69.

Traf natürliche und künstliche Verwandtschaft zusammen, so ward:

a) nur auf die erstere gesehen, sobald das Recht, um das es sich gerade handelte, bei beiden das gleiche, oder unter Voraussezung der natürlichen Verwandtschaft ein besseres gewesen seyn würde [1]); oder nur

b) die leztere beachtet, wenn das zunächst zur Sprache kommende Recht durch sie als vorzüglicher erschiene [2]);

c) beyde zusammen kommen nie in Betracht [3]).

Eine mehrfache natürliche Verwandtschaft hingegen wurde, je nach Umständen, bald berücksichtigt bald unbeachtet gelassen [4]).

1) D. de lib. et posth., XXVIII. 2. l. 23. pr. Filio, quem pater post emancipationem a se factam iterum adrogavit, exheredationem antea scriptam nocere dixi: nam in omni *fere* jure sic observari convenit, ut veri patris adoptivus filius nunquam intelligatur, ne imagine naturae veritas adumbretur, videlicet quod non translatus sed redditus videretur. nec multum puto referre, quod ad propositum attinet, quod loco nepotis filium exheredatum pater adroga-

vit. — de bon. poss. c. t., XXXVII. 4. l. 8. §. 7. — Das Recht, wovon es sich hier zunächst handelt, bezieht sich auf gehörige Einsezung oder Enterbung.

2) D. eod., l. 3. §. 1. 3. l. 13. §. ult. — de coll., XXXVII. 6. l. 3. §. ult. — de conj. cum em. lib., XXXVII. 8. l. 1. §. 9. — und. lib., XXXVIII. 6. l. 1. §. 7..... sed cum soleat, emancipato patri jungi nepos, quis non dicat, etsi adoptatus sit et quasi filius, nihilominus filio suo eum non obstare? quia quasi filius adoptivus est in potestate, non quasi naturalis.

3) D. de bon. poss. c. t., XXXVII. 4. l. 13. §. 3. Si pater ex duobus filiis alterum habentem filios emancipaverit, et unum ex nepotibus, quem ante emancipaverat, in locum filii adoptaverit, praeterito deinde emancipato decesserit, aequius erit, nepoti, qui in locum filii venerit, succurri et in tres partes hereditatem deduci, ut unum habeat qui in potestate remanserit, alterum nepos adoptatus in locum filii, tertium emancipatus cum filio suo, qui nepotis loco fuerit. sed etsi mortuo filio, alter ex nepotibus in locum filii adoptatus fuerit, *tres partes in bonis fient, cum sit aequius, cum, qui in locum filii, adoptatus est, non minus habere, quam si non ex numero nepotum, sed extraneus adoptatus esset.* —

4) Je nachdem in stirpes oder in capita geerbt wurde.

§. 70. [1])

War ein entfernter Descendent in väterlicher Gewalt des Erblassers geblieben, während ein näherer, und zwar eine Mittelsperson zwischen dem entfernten und dem Erblasser durch capitis minutio aus derselben herausgetreten war; so wurden der entfernte und der nähere

Descendent, zur Ausgleichung des civilen und des prätorischen Rechts [2]), zusammen gerufen [3]). In der Art, daß sie zusammen das erhalten, was der Nähere, wäre er allein vorhanden gewesen, für sich allein bekommen haben würde [4]). Hievon fiel dann die Hälfte auf den Näheren, und die Hälfte auf den oder die Entfernten [5]), die sich darein nach allgemeinen Regeln theilen [6]).

1) D. de conj. cum emanc. lib. XXXVII. 8.

2) D. ht., l. 1. §. 1. Hoc edictum aequissimum est, ut neque emancipatus solus veniat et excludat nepotes in potestate manentes, neque nepotes jure potestatis objiciantur patri suo.

3) D. und. lib., XXXVIII. 6. l. 5. pr..... ei liberisque, quos in ejusdem familia habebit, si ad eos hereditas suo nomine pertinebit, bonorum possessio .. datur.

4) D. ht., l. 1. pr..... ei liberisque bonorum possessio ejus partis datur, quae ad eum pertineret, si in potestate permansisset etc. Dieß könnte man auch so ausdrücken, sie bekommen zusammen, was, ohne den Näheren, die Entfernten in väterlicher Gewalt allein bekommen hätten.

5) D. und. lib., XXXVIII. 6. l. 5. pr..... ita ut ex ea parte dimidiam habeat, reliquam liberi ejus. — D. ht., l. 1. §. 11. Inter ipsum filium et liberos ejus dividitur hereditas, ita ut ipse dimidium, liberi dimidium habeant etc.

6) D. ht., l. 1. §. 11. §. 17—18.

Viertes Kapitel.

Ausserordentliche Successionen.

Quellen.

C. de hered. decur. VI. 62.

§. 71.[1]

Einer Frau[2], die mit ihrem Manne in einer gesezlich gültigen Ehe bis zu dessen Tode fortgelebt[3], und keine dos hat[4], daneben arm[5] ist, während der gestorbene Mann reich[6] war, sollte neben Verwandten jeder Art[7] ein Erbrecht[8] gegenüber von dem verstorbenen Ehemann auf den vierten Theil der Hinterlassenschaft[9] zukommen. Würden jedoch vier oder mehr Kinder vorhanden seyn, dann war ihr Recht auf einen Kindstheil beschränkt[10]. Traf sie mit eigenen Kindern zusammen, so erwarb sie ihren Erbstheil blos zum Nießbrauch[11].

1) Das Recht eines Vaters auf eine portio ususfructus, wenn der väterlichen Gewalt entlassene Kinder, oder Enkel ihre Mutter, Großmutter beerben, und das eines socius liberalitatis principis sind keine Erbrechte, sondern Singularsuccessionen ab intestato, und werden bei diesen abgehandelt werden.

2) Nicht auch einem Manne, Nov. CXVII. c. 5..... *Τον ἀνδρα γαρ, ἐπι των τοιουτων θεματων το τεταρτον μερος, κατα τον προτερον ἡμων νομον, ἐκ της οὐσιας λαμβανειν της γυναικος πασι τροποις κωλυομεν.*

3) Nov. LIII. c. 6. pr..... *γυναικας, κἂν εἰ μυριακις ἐν ταξει νομιμης γαμετης συνῳκησαν ...... οὑτω κἂν εἰ μενοιεν*

μεχρι παντος παρ' αὐτοις κ. τ. λ. — CXVII. c. 5.... *και μεχρι τελευτης συν αὐτῃ ζησας προτελευτηση κ. τ. λ.* — Eine temporelle Trennung? Noch arg. D. unde vir et ux., XXXVIII. 11. l. un. §. 1.

4) Nov. LIII. c. 6. — CXVII. c. 5.

5) Nov. LIII. c. 6. §. 2. — CXVII. c. 5.... *εἰ τις ἀπορον γυναικα κατα διαθεσιν μονον λαβοι κ. τ. λ.* — Begriff von Armuth. Zu vergl. Nov. LIII. c. 6. §. 1. *Εἰ μεντοι τινα ἰδια ἡ γυνη πραγματα ... ἐχοι, τουτων την εἰσπραξιν και παρακατασχεσιν ἐχετω .. ἀμεινωτον.*

6) Nov. LIII. c. 6. §. 2.

7) Nov. cit. c. 6. pr..... *την τοιαυτην γαμετην μετα των παιδων καλεισθαι κ. τ. λ.* — CXVII. c. 5.

8) Nov. LIII. c. 6. §. 1..... *ὑποκεισθαι τοιουτων πραγματων τοις του ἀνδρος δανεισμασι κατ' οὐδεν δυναμενων, πλην εἰ μη καθ' ὁσον των ἐκεινου δικαιων ἐκ τουδε του νομου συγκληρονομει κ. τ. λ.*, es hätte denn der Erblasser titulo singulari die gesetzliche Portion ganz oder theilweise verschafft, Nov. cit. pr.

9) Nov. LIII. c. 6. pr. — doch nicht über einen gewissen Betrag, Nov. CXVII. c. 5.

10) Nov. CXVII. c. 5. — Ob auch, wenn sie mit andern Verwandten zusammentrifft? Ist wohl nicht anzunehmen.

11) Nov. cit..... *οὑτω δηλαδη, ὡστε χρησιν μονην ἐπι τοις τοιουτοις πραγμασι την γυναικα ἐχειν, την δεσποτειαν δε ἐκεινοις τοις παισι φυλαττεσθαι, οὑς ἐξ αὐτου του γαμου ἐσχεν. εἰ δε ἡ τοιαυτη γυνη παιδας ἐξ αὐτου μη ἐχοι, κελευομεν και δεσποτειας δικαιῳ ἐχειν τα πραγματα κ. τ. λ.* C. und. v. et ux., VI. 18. Auth. *praeterea* etc.

§. 72.

Neben jedem Erben ab intestato, Kinder ausgenommen, ward den Mit-Curialen ein Erbrecht auf den vierten Theil gewährt [1]).

Ausserdem sind, sobald gar kein Erbsberechtigter, weder ein civil- noch ein prätorisch-rechtlich berechtigter Erbe vorhanden war, statt des Fiscus und vor ihm noch [2]) gewisse Körperschaften, wenn der Erblasser ihnen angehört hatte, zur Erbschaft gerufen worden, nehmlich die Decurionen [3]), navicularii [4]), cohortales [5]), fabricenses [6]), die einzelnen Abtheilungen des Fußvolks und der Reiterei (legio, vexillatio) [7]), endlich Kirchen und Klöster, wenn der Erblasser ein dabei angestellter Geistlicher, Mönch oder Nonne gewesen wäre [8]).

Fand sich keine solche Körperschaft vor, so trat der Fiscus als Erbe ein [9]).

Ueberdieß ward dem Fiscus auch dann deferirt, wenn irgend ein Erbe [10]) sich gegen den bereits gemachten Erwerb in integrum restituiren ließ [11]).

1) C. quand. et quib. quart. p. deb., X. 34. l. 1—2.

2) C. ht., l. 1..... hereditatem ejus non ad fiscum, sed ad corpus naviculariorum .. deferri praecipimus. — l. 3..... successionem ejus non ad fiscum, sed ad ceteros cohortales .. pertinere jubemus. Daher caduca legionis, D. de fideic. lib., XL. 5, l. 4. §. 17.

3) C. ht.. l. 4.

4) C. ht., l. 1.

5) C. ht., l. 3.

6) C. ht., l. ult.

7) C. ht., l. 2. — D. de inj. rupt. irr. t., XXVIII. 3. l. 6. §. 7.

8) C. de episc. et cler., I. 3. l. 20. — Nov. CXXXI. c. 3.

9) D. de jure fisc., XLIX. 14. l. 1. §. 2. — C. de bon. vac., X. 10. l. 1. l. 4. Die Erbseigenschaft des Fiscus aus a) Note 2. — b) D. de leg. I., l. 114. §. 2. Qui intestato decedit, et scit bona sua ad fiscum perventura vacantia, fidei fisci committere potest. — de alim. leg., XXXIIII. 1. l. 2. §. 1. Et licet ad fiscum bona fuerint devoluta, ex quibus alimenta debeantur, praestanda sunt sicuti si ad *quemlibet successorem* transissent. — Zu vergl. D. de leg. I., XXX. l. 96. §. 1. — ad Sctum Tert., XXXVI. 1. l. 6. §. 3. — C. de inof. test., III. 28. l. 10. Nicht entgegen D. de jur. fisci, XLIX. 14. l. 11. Non possunt *ulla* bona ad fiscum pertinere, nisi quae creditoribus superfutura sunt: id enim bonorum cujusque intelligitur, quod æri alieno superest. — C. de bon. vacant., X. 10. l. 5..... ut jussu nostro vacantia, vel aliae res nomine occupentur ærarii etc. — Nur aus der Erbsqualität des Fiscus folgt die Möglichkeit einer Bestimmung, wie D. de hered. petit., V. 3. l. 54. pr. Ei, qui partes hereditatus vel totam a fisco mercatus fuerit, non est iniquum dari actionem, per quam universa bona persequatur; quemadmodum ei, cui ex Trebelliano Senatusconsulto hereditas restituta est, petitio hereditatis datur; und die Voraussetzung, worauf diese Bestimmung nothwendig beruht, wird denn auch direct bestätigt durch D. Cod., l. 20. §. 6—7. .... idem, et si *vacantia* bona fisco vindicentur, vel si ex alia quacunque causa ad eum pervenerunt. Und daß der Erbschaftskäufer, und nicht der verkaufende Fiscus den Gläubigern zu haften hat, C. de hered. v. act. v., IV. 39. l. 1., diese besondere Anordnung zu Gunsten des Fiscus weist ebenfalls darauf hin, daß der Fiscus Erbsqualität habe und dieselbe auch in dieser Rücksicht auf den Käufer übertrage; wofür sich nicht weniger eine Bestätigung findet in D. de succ. edict., XXXVIII. 9. l. 1. pr.... E re igitur praetor putavit, praestituere tempus his, quibus bonorum possessionem detulit et dare inter eos successio-

nem, ut maturius possint creditores scire, utrum habeant, cum quo congrediantur, an vero bona vacantia fisco sint delata, *an potius ad possessionem bonorum procedere debeant, quasi sine successore defuncto.* Ueber die Präscription, C. de quadr. praescr., VII. 37. l. 1. vergl. mit D. de div. temp. praesc., XLIIII. 3. l. 10. §. 1. — de jure fisci, XLIX. 14. l. 1. §. 2.

10) Ab intestato wie ex testamento.

11) D. eod., l. 2. Inferioris gradus cognatus beneficium edicti successorii non habuit, cum prior ex propria parte possessionem accepisset. nec ad rem pertinuit, quod abstinendi facultatem ob auxilium ætatis prior cognatus acceperat. igitur fisco vacantia bona recte deferri placuit.

Zweite Unterabtheilung.

Das Intestaterbrecht nach der Nov. CXVIII.

Erstes Kapitel.

Die Bestimmungen der Novelle an und für sich.

§. 73.

Die Novelle 118 geht davon aus, es seyen die vielen frühern Geseze über die Intestaterbfolge der Verwandten, weil sie auf einer Unterscheidung zwischen agnatio und cognatio wesentlich beruhen, nicht zu billigen [1]), vielmehr erscheine es nothwendig, alles Erbrecht der Verwandten auf eine einfache und klare Weise zu regeln [2]). Dem gemäß will sie, daß alle frühern Geseze über das Intestaterbrecht der Verwandten außer Anwendung bleiben, und in Zukunft nur ihre eigenen Vorschriften beobachtet werden [3]).

1) Nov. CXVIII. praef. *Πολλους και διαφορους νομους ἐν τοις παλαιοτεροις χρονοις ἐκπεφωνημενους εὑρισκοντες, δι᾽ ὡν οὐ δικαιως διαφορα της ἐξ ἀδιαθετου διαδοχης μεταξυ συγγενων ἐξ ἀρρενων τε και θηλειων εἰςενηνεκται κτλ.*

2) Nov. cit. praef.... *ἀναγκαιον εἰναι συνειδομεν πασας ὁμου τας ἐξ ἀδιαδετου της συγγενειας διαδοχας δια του παροντος νομου σαφει και συντομῳ διαιρεσει διατυπωσαι.*

3) Nov. l. c...... ὡστε των προτερων νομων, των ὑπερ ταυτης της αἰτιας τεθειμενων, ἀργουντων, τε λοιπου ταυτα μονα παραφυλαττεσθαι, ἁπερ νυν διατυπουμεν. — c. 4... ἀλλ᾽ ἐπι πασων των διαδοχων την των adgnatων τε και cognatων διαφοραν ἀργειν κελευομεν, εἰτε δια θηλυ προσωπων, εἰτε δι᾽ ἐμαγκιπατιωνα, ἡ ἑτερον οἱονδηποτε τροπον τοις προτεροις ἐτρακταϊζετο νομοις κτλ.

§. 74.

Nach diesen Vorschriften soll in Zukunft aller Unterschied zwischen agnatio und cognatio sammt aller Bedeutung, welche das frühere Recht daran geknüpft hatte, aufhören [1]), und alle Erbfolge ab intestato einzig und allein an die cognatio geknüpft seyn [2]). Indessen bezeichnet die Novelle, an der Hand dieses Grundsazes, nur die Personen, welche, und die Reihenfolge, in welcher sie dieselben beruft; über die meisten andern Fragen spricht sie sich gar nicht aus, und selbst, was die Personen und deren Reihefolge betrifft, läßt sie manches Wesentliche unberührt.

1) Nov. cit. rubr. — praef. — c. 4.
2) Nov. cit. praef. — c. 4.

§. 75.

Es kann demnach:

a) von keinem Erbrecht der Verwandten, das sich auf irgend ein vor der Novelle gültiges und anwendbares Gesez stüzen müßte, namentlich also auch von keiner **bonorum possessio** der Verwandten[1]) mehr die Rede seyn; aber eben so wenig:

b) ein Erbrecht als aufgehoben gelten, das gar nicht in Verwandtschaft begründet war, sondern in andern Verhältnißen seine Veranlaßung hatte. Aus gleichem Grunde müßen auch:

c) alle Fragen, die sich bei einer Intestaterbfolge aufwerfen, und worüber die Novelle weder ausdrücklich noch stillschweigend entschieden hat, nach den Bestimmungen des frühern Rechts entschieden werden. Da sich indessen die Novelle zumeist an das prätorische Recht anschließt, indem sie im Ganzen dasselbe Princip aufnahm, wovon jenes bei der dritten Ordnung ausging, so dürfte wohl allenthalben, wo etwa das frühere civile von dem prätorischen Erbrechte abweichen sollte, mehr Wahrscheinlichkeit für die Anwendung prätorischrechtlicher Grundsäze auf das Intestaterbrecht der Novelle obwalten.

1) Ob nicht überall eine analoge bonorum possessio unde legitimi?

§. 76.

Die Novelle vertheilt und beruft die Verwandten nach drei Ordnungen[1]). Dem gemäß deferirt sie das Intestaterbrecht:

I. Den Nachkommen [2]), ohne alle Rücksicht auf väterliche Gewalt [3]), gegenüber vom Vater und dessen Ascendenten, wie gegenüber von der Mutter und deren Ascendenten [4]). Entferntere erben neben Nähern, sofern die Mittelspersonen zwischen ihnen und dem Erblasser ausgefallen [5]).

War der Verstorbene in väterlicher Gewalt, so behält der Hausvater den Nießbrauch, welchen er schon hatte; auch erwirbt er ihn, wie früher, an Erbsportionen der in seiner Gewalt befindlichen Kinder [6]).

1) Nov. cit. praef.... Ἐπειδη τοινυν πασα ἡ του γενους ἐξ ἀδιαθετου διαδοχη τρισι γνωριζεται ταξεσι, τουεστι τῃ τε των ἀνιοντων και τῃ των κατιοντων και τῃ των ἐκ πλαγιου, ἡ τις εἰς adgnatous και cognatous διαιρειται κτλ.

2) Nov. cit. praef.... πρωτην εἶναι διατυπουμεν την των κατιοντων˙ διαδοχην. — c. 1.

3) Nov. cit. c. 1.

4) Nov. cit. c. 1.

5) Nov. cit. c. 1..... ἐπι ταυτης γαρ της ταξεως τον βαθμον ζητεισθαι οὐ βουλομεθα˙ ἀλλα μετα των υἱων και των θυγατερων τους ἐκ του προτελευτησαντος υἱου ἠ θυγατρος ἐγγονους καλεισθαι θεσπιζομεν κτλ.

6) Es versteht sich hier von selbst, was die Nov. cit. c. 1. sagt: „ἐπ᾽ ἐκεινοις δηλαδη τοις πραγμασιν, ἁτινα κατα τους ἀλλους ἡμων νομους τοις πατρασιν ου προσποριζεται κτλ. — Nov. cit. c. 1..... ἐπι γαρ τῃ χρησει των πραγματων τουτων ὀφειλουσῃ προσποριζεσθαι ἠ φυλαττεσθαι, τους περι τουτων ἡμων νομους τοις γονευσι φυλαττομεν.

§. 77.

II. Nach den Descendenten den Ascendenten, ohne Unterschied [1]), lediglich nach der Nähe des Grads [2]); neben ihnen auch den vollbürtigen Geschwistern [3]), und, sofern solche vorhanden wären [4]), den Kindern (nicht Enkeln) weggefallener vollbürtiger Geschwister [5]). Einen Nießbrauch an den Portionen der Geschwister oder Geschwisterkinder kann der Hausvater weder behalten noch erwerben [6]).

1) Nov. cit. c. 2.... *οὐδεμιας φυλαττομενης διαφορας μεταξυ των προσωπων τουτων, εἰτε θηλειαι εἰτε ἀρρενες εἰησαν οἱ προς την κληρονομιαν καλουμενοι, και εἰτε δἰ ἀρρενος ἠ θηλεως προσωπου συναπτονται, και εἰτε αὐτεξουσιος εἰτε ὑπεξουσιος ἠν ὀν διαδεχονται.* Die folgenden Noten.

2) Nov. cit. c. 2. *Εἰ τοινουν ὁ τελευτησας κατιοντας μεν μη καταλιποι κληρονομους, πατηρ δε ἠ μητηρ ἠ ἀλλοι γονεις αὐτῳ ἐπιζησουσι παντων των ἐκ πλαγιου συγγενων τουτους προτιμασθαι θεσπιζομεν..... Εἰ δε πολλοι των ἀνιοντων περιεισι, τουτους προτιμασθαι κελευομεν, οἱ τινες ἐγγυτεροι τῳ βαθμῳ εὑρεθειεν, ἀρρενας τε και θηλειας, εἰτε προς μητρος, εἰτε προς πατρος εἰεν.*

3) Nov. cit. c. 2..... *ἐξηρημενων μονων ἀδελφων ἐξ ἑκατερου γονεως συναπτομενων τῳ τελευτησαντι ..... Εἰ δε μετα των ἀνιοντων εὑρεθωσιν ἀδελφοι ἠ αδελφαι ἐξ ἑκατερων γονεων συναπτομενοι τῳ τελευτησαντι, μετα των ἐγγυτερων τῳ βαθμῳ ἀνιοντων κληθησονται, εἰ και πατηρ ἠ μητηρ εἰησαν κτλ.* Der Ausdruck „*ἑκατερος*“ bekommt seine beste Erklärung durch Nov. cit. 3. pr.... *προς την κληρονομιαν καλουμεν τους ἀδελφους και τας ἀδελφας, τους ἐκ του αὐτου πατρος και της αὐτης μητρος τεχθεντας, οὑς και*

μετα των πατερων προς την κληρονομιαν ἐκαλεσα μεν ...... και ἐκ των ἐναντιων, εἰ ὁ μεν περιων ἀδελφος ἐξ ἑκατερου γονεως συναπτεται τῳ τελευτησαντι, ὁ δε προτελευτησας δι᾽ ἑνος γονεως συνηπτετο, τους τουτου παιδας ... ἀποκλειομεν, ὡσπερ και αὐτος, εἰ περιην, ἐξεκλειετο κτλ.

4) Nov. cit. cap. 2. vergl. mit Nov. CXXVII. c. 1.

5) Nov. CXXVII. c. 1........ οἱαν αὐτοις δεδωκαμεν ταξιν, ὁτε μετα μόνων καλουνται των ἀδελφων, ταυτην αὐτους ἐχειν κελευομεν, και ὁτε μετα των ἀδελφων καλουνται των ἀνιοντων τινες προς τον κληρον. vergl. mit dem folgenden Paragraphen. Note 1.

6) Nov. cit. c. 2..... οὐδεμιαν χρησιν ἐκ της των υἱων ἡ θυγατερων μοιρας ἐν τουτῳ τῳ θεματι δυναμενου του πατρος ἑαυτῳ παντελως ἐκδικειν, ἐπειδη ἀντι ταυτης της χρησεως μερος αὐτῳ της κληρονομιας και κατα δεσποτειας δικαιον δια του παροντος δεδωκαμεν νομου. Für die Fortdauer des schon gehabten ususfructus weder a) die sonst geltende Regel, daß ihn der Vater lebenslänglich habe, noch b) was vor der Novelle 118 bei der Erbfolge von Geschwistern Rechtens war, noch c) was nach dieser Novelle bei der Erbfolge der Descendenten Rechtens ist. Denn nicht nur ist der Ausdruck „παντελως ἐκδικειν“ in seiner wahren Bedeutung ganz allgemein, und schließt selbst das „vindicare“, welches in den Uebersezungen vorkommt, diese allgemeine Bedeutung nicht aus, sondern auch der gesezlich angegebene Grund spricht für die Allgemeinheit der Anordnung, und gegen alle Schlüße, die sonst woher gezogen werden möchten. — Ob der Hausvater auch dann den ususfructus nicht behalte und nicht erwerbe, wenn er nicht miterbt? wenn er mit der Mutter allein erbt?

§. 78.

Auf diese folgen:

III. Die Seitenverwandten in drei Abtheilungen:

a) die vollbürtigen Geschwister [1]), und neben ihnen, oder auch ohne sie [2]), weggefallener, vollbürtiger Geschwister Kinder [3]), nicht Enkel [4]). Nach denselben:

b) und auf die gleiche Weise wie sie, halbbürtige Geschwister [5]), und deren Söhne und Töchter [6]); zulezt:

c) alle andern Seitenverwandten ohne Beschränkung [7]) lediglich nach der Nähe des Grads [8]).

1) Nov. cit. c. 3. *Εἰ τοινυν ὁ τελευτησας μηδε κατιοντας μηδε ἀνιοντας καταλειψη, πρωτους προς την κληρονομιαν καλουμεν τους ἀδελφους και τας ἀδελφας, τους ἐκ του αὐτου πατρος και της αὐτης μητρος τεχθεντας κ. τ. λ.* — Natürlich sofern sie und deren Kinder nicht schon neben Ascendenten geerbt haben.

2) Nov. cit. c. 3..... *Ὁθεν ἀκολουθον ἐστιν, ἱνα, εἰ τυχον ὁ προτελευτησας ἀδελφος, οὐ οἱ παιδες περιεισι, δι' ἑκατερου γονεως τῳ νυν τελευτησαντι προσωπῳ συνηπτετο, οἱ δε περιοντες ἀδελφοι δια του πατρος μονον τυχον ἡ της μητρος αὐτῳ συνηπτοντο, προτιμηθωσιν οἱ τουτου παιδες των ἰδιων θειων, εἰ και τριτου εἰσι βαθμου κ. τ. λ. §. 1. Εἰ δε μητε ἀδελφους μητε παιδας ἀδελφων, ὡς εὑρηκαμεν, ὁ τελευτησας καταλειψει κ. τ. λ.*

3) Nov. cit. c. 3..... *Εἰ δε τῳ τελευτησαντι ἀδελφοι ὑπειησαν, και ἑτερου ἀδελφου ἡ ἀδελφης προτελευτησαντων παιδες, κληθησονται προς την κληρονομιαν οὑτοι μετα των προς πατρος και προς μητρος θειων κ. τ. λ.*

4) Nov. cit. c. 3..... *Το δε τοιουτον προνομιον ἐν ταυτῃ τῃ ταξει της συγγενειας μονοις παρεχομεν τοις των ἀδελφων ἀῤῥενων ἡ θηλειων υἱοις ἡ θυγατρασιν, ἱνα εἰς τα των*

ἰδιων γονεων δικαια ὑπεισελθωσιν, οὐδενι δε ἀλλῳ παντελως προσωπῳ ἐκ ταυτης της ταξεως ἐρχομενῳ τουτο το δικαιον συνχωρουμεν κ. τ. λ.

5) Nov. cit. c. 3..... Τουτων δε μη ὑποντων, ἐν δευτερᾳ ταξει ἐκεινους τους ἀδελφους προς την κληρονομιαν καλουμεν, οἱ τινες ἐξ ἑνος γονεως συναπτονται τῳ τελευτησαντι, εἰτε δια του πατρος μονου, εἰτε δια της μητρος.

6) Nov. cit. c. 3..... Ὁποτε τοινυν τοις του ἀδελφου και της ἀδελφης παισι τοιουτο προνομιον δεδωκαμεν, ἱνα τον των γονεων ὑπεισιοντες τοπον, μονοι τριτου ὀντες βαθμου μετα των ἐκ πρωτου και δευτερου βαθμου προς την κληρονομιαν καλωνται; ἐκεινο προδηλον ἐστιν, ὁτι των θειων του τελευτησαντος ..... προτιμωνται, εἰ και ἐκεινοι τριτον ὁμοιως συγγενειας βαθμον ἐχοιεν. — Die vorgehenden Noten 4. und 5.

7) Oben §. 62. Note 7.

8) Nov. cit. c. 3. §. 1.

§. 79.

Die Theilung der Erbschaft geschieht für die erste Ordnung in stirpes [1]), für die zweite bald nach Linien [2]), bald in capita [3]), bald in stirpes [4]), für der dritten Ordnung zwei erste Abtheilungen in stirpes [5]), und für der dritten Ordnung dritte Abtheilung in capita [6]).

1) Nov. cit. c. 1..... τοσουτον ἐκ της κληρονομιας του τελευτησαντος λαμβανοντας μερος, ὁσοι δη ποτε ἀν ὠσιν, ὁσον ὁ αὐτων γονευς, εἰ περιην, ἐκομιζετο· ἡν τινα διαδοχην in stirpes ἡ ἀρχαιοτης ἐκαλεσεν.

2) Nov. cit. c. 2. Εἰ δε τον αὐτον ἐχουσι βαθμον, ἐξ ἰσης εἰς αὐτους ἡ κληρονομια διαιρεθησεται. ὡστε το μεν ἡμισυ λαμβανειν παντας τους προς πατρος ἀνιοντας, ὁσοι δηποτε ἀν ὠσι, το δε ὑπολοιπον ἡμισυ τους προς μητρος ἀνιον-

τας, ὁσους δηποτε ἀν αὐτους εὑρεθηναι συμβαιη. Daraus ein durchgreifendes Theilen nach Linien unter Ascendenten zu folgern, läßt sich nicht rechtfertigen, da Justinian a) diese Theilungsart nur für den Fall anordnet, wenn Ascendenten von Vaters und der Mutter Seite zusammentreffen, und b) sobald vollbürtige Geschwister zugleich vorhanden sind, ausdrücklich ein Theilen in capita festsetzt.

3) Nov. cit. c. 2..... Εἰ δε μετα των ἀνιοντων εὑρεθωσιν ἀδελφοι ἠ ἀδελφαι ἐξ ἑκατερων γονεων συναπτομενοι τῳ τελευτησαντι, μετα των ἐγγυτερων τῳ βαθμῳ ἀνιοντων κληθησονται .... διαιρουμενης εἰς αὐτους δηλαδη της κληρονομιας κατα τον των προσωπων ἀριθμον, ἱνα και των ἀνιοντων και των ἀδελφων ἑκαστος ἰσην ἐχοι μοιραν.

4) Nov. CXXVII. c. 1..... μετα των ἀνιοντων και των ἀδελφων καλωνται και οἱ του προτελευτησαντος ἀδελφου παιδες, και τοσαυτην λαμβανωσι μοιραν, ὁσην ἐμελλεν ὁ αὐτων πατηρ κομιζεσθαι, εἰ περιην κ. τ. λ. vergl. mit Note 1. und 5.

5) Nov. cit. c. 3..... και ὁσοι δηποτε ἀν ὠσι, τοσουτον ἐκ της κληρονομιας ληψονται μερος, ὁσον ὁ αὐτων γονευς ἠμελλε λαμβανειν, εἰ ἐπεζησεν..... Ὁποτε τοινυν τοις του ἀδελφου ἠ της ἀδελφης παισι τοιουτο προνομιον δεδωκαμεν, ἱνα τον των γονεων ὑπεισιοντας τοπον κ. τ. λ. vergl. mit Note 1. — D. de suis et leg., XXXVIII. 16. l. 1. §. 4. Si filius suus heres esse desiit, in ejus partem succedunt omnes nepotes neptesque ex eo nati etc. §. 5. sequ. — und J. de hered. qu. ab int. def., III. 1. §. 6. 16. — Eine Modification des teutschen Rechts, R. A. v. 1529. §. 31.

6) Nov. cit. c. 3. §. 1.

Zweites Kapitel.

Das Eingreifen des frühern Rechts.

§. 80.

Ueber die Delation und die Zeit ihres Eintrits, die Zeit, wornach die Nähe des Grads und die Fähigkeit beurtheilt wird, enthält die Novelle so wenig eine Bestimmung, als über die Anwachsung und deren Art und Weise. Folglich müßen hier die Grundsäze des frühern Rechts zur Anwendung kommen [1]).

Ob, wenn eine vorgehende Ordnung, eine vorgehende Abtheilung in der dritten Ordnung, oder eine vorgehende Person in einer Ordnung oder Abtheilung nach der Delation hinwegfällt, nun die Reihe an die folgende Person, Abtheilung oder Ordnung komme, darüber spricht sich die Novelle ebenfalls nicht aus [2]); eben darum wird auch in diesem Betracht das vornovellische Recht seine Geltung behaupten [3]).

1) Oben §. 64. nnd 65.

2) Die Worte der Novelle c. 2. εἰ τοινυν ὁ τελευτησας κατιοντας μεν μη καταλιποι κληρονομους, πατηρ δε ἡ μητηρ ἡ ἀλλοι γονεις αὐτῳ ἐπιζησουσι κτλ. c. 3. εἰ τοινυν ὁ τελευτησας μηδε κατιοντας μηδε ἀνιοντας καταλειψη κτλ. §. 1. εἰ δε μητε ἀδελφους μητε παιδας ἀδελφων ... καταλειψει κ.τ.λ. entscheiden so wenig, als die Anordnungen c. 1. ... ὡστε, εἰ τινα τουτων των κατιοντων παιδας καταλιποντα τελευτησαι συμβαιη, τους ἐκεινου υἱους ἡ θυγατερας ... εἰς τον του ἰδιου γονεως ὑπεισιεναι .... τοσουτον

ἐκ της κληρονομιας του τελευτησαντος λαμβανοντας μερος κ.τ.λ. c. 3. .... εἰ δε τῳ τελευτησαντι ἀδελφοι ὑπειησαν, και ἑτερου ἀδελφου ἡ ἀδελφης προτελευτησαντων παιδες κ. τ. λ.

3) Oben §. 65. Ob nach der Novelle 118. bei den sui (und, wenn man für die prätorische erste Ordnung eine successio graduum leugnet, überhaupt bei den liberi im Sinne des prätorischen Rechts) eine Gradualnachfolge Statt finde? Eine Frage, die nach dem Princip der Novelle und nach ihrem Geiste wohl nur bejaht werden kann; mit Ausnahme der sui, bei welchen die Art des Erbewerdens durch die Novelle nicht aufgehoben ist.

§. 81.

Die Novelle 118. enthält keinen Ausspruch wegen der Personen, die vor ihr eines Erbrechts überhaupt unfähig waren; es versteht sich daher von selbst, daß die frühern Grundsäze hier eintreten [1]). Dasselbe gilt in Betreff einer Frau, die während des Trauerjahrs zu einer weitern Ehe schreitet [2]).

Der spurii und vulgo quaesiti gedenkt die Novelle nicht, und es kann folglich nach ihr nichts Anderes gelten, als was vor ihr gegolten hat [3]). Aber auch den liberi naturales muß wie vor [4]) so nach ihr ein Erbrecht zuerkannt werden [5]). Brautkinder indessen gelten teutschrechtlich [6]) unter Umständen [7]) den ehelichen gleich [8]).

Die Erbesberechtigung der postumi, deren die Novelle gar nicht erwähnt, ist an sich und ihrer wesentlichen Voraussezung nach dieselbe geblieben [9]).

1) Oben §. 66.
2) Oben §. 66. — Doch oben §. 16. Note 11.
3) Oben §. 66.
4) Oben §. 66.
5) Nicht entgegen, daß alle frühern Geseze über Erbrechte von Verwandten, wozu das Erbrecht der liberi naturales doch auch gehört, durch die Novelle 118. aufgehoben worden sind.

Folgerichtig sollte indessen dieses Erbrecht mit seinem Gegenstande selbst als aufgehoben gelten a) durch das canonische Recht, wornach der Concubinat mißbilligt wird, arg. Nov. XVIII. c. 5. — LXXXIX. c. 12. §. 5., ohne daß die Einwendung, das neuere römische Recht selbst habe ihn vom sittlichreligiösen Standpunct aus mißbilligt, und deshalb auch liberi naturales im testamentlichen Erbrechte sogar hinter Fremden zurückgesezt, C. de natur. lib., V. 27. l. 7. l. ult. — Nov. LXXIV. c. 3. — LXXXIX. c. 1. c. 9. im Wege stünde; b) in Folge der R.P.O. von 1548. Tit. 25. 1577. Tit. 26., welche den Concubinat verbietet, und sogar verpönt. — Allein die Praxis hat das röm. Recht stets festgehalten, und sogar auf spurii übergetragen. S. meine Schrift: das Intestaterbrecht der liberi naturales. Tübingen 1838.

6) Nicht a) römischrechtlich. Zwar fordert das römische Recht keine besondere Förmlichkeit zur Eingehung der Ehe, D. de R. J., l. 30. — de donat. int. v. et ux., XXIV. 1. l. 32. §. 13., aber darum sind Brautkinder, wenn nicht eine auf Ehe gerichtete Uebereinstimmung ihrer Zeugung vorherging, noch nicht ehelich, C. de nupt., V. 4. l. 22. Si donationum ante nuptias vel dotis instrumenta defuerint, pompa etiam aliaque nuptiarum celebritas omittatur, nullus existimet, ob id deesse, *recte alias inito matrimonio*, firmitatem vel ex eo natis liberis jura posse legitimorum auferri, inter pares honestate personas nulla lege impediente consortium, *quod ipsorum consensu atque amicorum fide* firmatur; und daß aus dem concubitus an sich jene Uebereinstimmung erschlos-

sen und vermuthet werde, davon ist nirgends die Rede, wenn gleich ein längerer Umgang (consuetudo) unter Umständen wohl eine solche Vermuthung begründen könnte, D. de ritu nupt., XXIII. 2. l. 24. — Auch b) nicht canonisch-rechtlich. Freilich α) das ältere ließ Ehe durch bloßen consensus entstehen, sollte auch die, immerhin geforderte öffentliche Eingehung nicht vorhanden seyn. „Matrimonium non facit coitus sed voluntas", „matrimonium solo consensu contrahitur". C. XXX. qu. 5. — XXVII. qu. 2. c. 1—4. — X. de spons., IV. 1. c. 14. 23. 25. 31. — de spons. duor., IV. 4. c. 1. 3. Es ließ überdieß durch die copula c. während des Brautstandes eine durch keinen Gegenbeweis zu entkräftende Vermuthung für den consensus begründen, X. de spons., IV. 1. c. 30. c. 32. — de cond. appos., IV. 5. c. 6., legte daher auch dieser copula carnalis, welche zu Sponsalien (verba de futuro) hinzukam, dieselbe Wirkung bei wie der ausdrücklichen Eingehung der Ehe (verba de praesenti), X. de spons., IV. 1. c. 16. — de desp. impub., IV. 2. c. 8. 9. 11. — de cond. app., IV. 5. c. 3. 5. — de eo qui cogn., IV. 13. c. 2. — qui fil. sint leg., IV. 17. c. 12. — Allein β) das neuere Kirchenrecht sowohl der Katholiken, wo das Concilium Trident. Geltung erhalten hat, als der Protestanten weicht hievon wesentlich ab, indem weder nach dem Concilium Trid. noch nach den Ansichten der Evangelischen der einfache consensus zur Ehe wirkt, somit auch nicht der als consensus präsumirte coitus von Brautleuten. — Daß Brautkinder unter Umständen den ehelichen gleich zu halten seyen, das ist hervorgebracht durch die Praxis in Teutschland, welche, troz den veränderten kirchenrechtlichen Ansichten, den alten Grundsaz theilweise (die folg. Note) beibehielt.

7) daß die Praxis Brautkinder ohne alle Einschränkung den ehelichen gleich behandle, läßt sich durchaus nicht erweisen. Allerdings finden sich einzelne Aussprüche, welche ohne Unterschied Ehe annehmen, sobald eine copula carnalis zu

Sponsalien hinzukam, weil sie diese Annahme in dem römischen Rechte begründet glauben, und dieses dem kirchlichen vorziehen, oder weil sie auch kirchenrechtlich davon ausgehen, daß das Wesentliche bei Eingehung der Ehe der consensus, und consensus zu vermuthen sey, wenn Sponsalien mit copula carn. verbunden würde. Dagegen finden sich wieder manche Aussprüche, welche die commixtio carn. keineswegs Ehe, sondern nur in favorem der Kinder eine Legitimität wirken lassen wollen. Und selbst, was die Legitimität der Kinder betrifft, so ist es unerweislich, daß die Praxis unter allen Umständen dieselbe zugestehe, indem wiederum mannigfach für nothwendig erachtet wird, daß der sponsus böswillig die Eingehung der Ehe verweigere, oder vor derselben sterbe. Fassen wir daher alle Ansichten zusammen von der an, die aus einer commixtio carnalis der Brautleute wahre Ehe hervorgehen läßt, bis zu der zulezt erwähnten, so dürfte kaum ein Zweifel übrig seyn, daß wenigstens die leztere als die in der Praxis recipirte angesehen werden könne. Denn wer der copula carnalis eine die Ehe bewirkende Kraft beilegt, der erkennt natürlich die Kinder, und mithin gewiß auch alsdann für legitim an, wenn der Vater böswillig die kirchliche Vollziehung der Ehe verweigert oder vorher stirbt. Brautkinder, d. h. Kinder von gültig Verlobten erzeugt, gelten demnach den ehelichen alsdann gleich, wenn der Vater die Ehe einzugehen, ohne rechtfertigenden Grund sondern aus bösem Willen sich weigert, wohin auch gehört, wenn er sich der Eingehung durch Flucht entzieht, oder wenn er vor derselben stirbt.

8) Ich habe mich hier nicht auf solche Aussprüche berufen zu dürfen geglaubt, welche dem sechszehnten Jahrhundert vorhergehen, oder auch nur der ersten Hälfte desselben angehören. Denn Aussprüche, die der Feststellung der Grundsäze des Tridentinum, und des evangelisch-protestantischen Princips von der benedictio sacerdotalis vorhergehen, können

nicht wohl als Beleg einer Praxis dienen, die sich troz jenen Grundsäzen und diesem Principe gebildet, oder vielmehr erhalten haben soll. — Den Beweis jener Praxis liefern a) die Ansichten der ehemaligen höchsten Reichsgerichte, des Reichskammergerichts und des Kaiserl. Reichshofraths, de Cramer, Observ. jur. un., tom. II. obs. 515. §. 5. sequ. — Kind, Quæst. forens., tom. I. c. 1. Not. 9. pag. 5. — b) eine Reihe von Erkenntnißen, Gutachten aus den verschiedensten Gegenden Teutschlands, H. Vultejus, Consil. Marpurg., vol. II. cons. 1. vol. III. cons. 34. nr. 25. sequ. — C. Klock, Consilia (ed. Norimb. 1703.) tom. II. cons. 79. nr. 47. sequ. — Ben. Carpzov, Jurisprud. forens., III. 14. def. 12. — Chr. Ph. Richter, De jure et ord. succ. ab int., s. II. m. 3. nr. 10. sequ. — Decisiones, dec. 133. — H. Hahn, ad Wesemb. (Helmst. 1653), XXIII. 1. nr. 7. pag. 134—135. — J. Philippi, usus pract. Instit., ecl. 57. nr. 13. ecl. 61. — Jo. Brunnemann, Decisiones, cent. IV. dec. 47. — Mevius, Decisiones, II. decis. 81. — a Sande, Decisiones Frisic., II. 2. d. 1. — U. Huber, Prælectiones in P. XXIII. 2. §. 12. — S. Stryck, De succ. ab intest., diss. I. c. 2. §. 49. — J. N. Hertius, Responsa, consilia etc. resp. 209. — dec. 456. — Ferd. Chr. Harpprecht, Diss. de jure lib. a despons. ante bened. etc., c. 2. Diss. de probat. filiat., c. 2. th. 4. (Dissert. acad., vol. 1. nr. 33. 34.) — Joach. Hoppius, ad J. I. 10. p. 93—94. (ed. 4ª. Ff. 1701). — de Berger, Oeconom. jur., I. 2. thes. 2. und nota 5. 9. — Resolutiones leg., XXIII. 1. qu. 1. — Petr. Müller, de hierologia, diff. (Jen. 1678.) sect. 1. th. 9. — Jo. Burch. Kosler, Decisiones (ex ed. Stockmar, Cob. 1783.) sect. II. nr. 10. p. 161—163. — à Wernher, Selectae obs. forens., tom. I. p. 3. obs. 41. tom. 3. p. 2. obs. 283. obs. 418. — S. de Cocceji, Jus civ. controv., XXIII. 2. qu. 2. — Consilia Tubing., vol. III. cons. 274. nr. 45. sequ. — cons. 221. nr. 41. sequ. — H. Bruckmer, Decisiones jur. matr., (Goth. 1724.) c. 2. nr. 16—18. — Leyser, Meditat. ad Pand.; sp. 15. med. 6. — sp. 298. med. 4. — a Pufendorf, obs. jur. univ., tom. 4. ob.

131. obs. 245. — C. H. Horn, Consultationes (Dresd. et Lips. 1726.), Cl. VIII. nr. 3. — Struben, Rechtliche Bedenken (Ausg. Spangenberg) Th. I. nr. 71. §. 4. — Joh. Jod. Beck, Responsa juris (Alt. 1756.) resp. 128. — Gosw. Jos. v. Buininck, Sammlung merkwürd. Rechtshändel, 1. Bd. (Heilb. 1758.) nr. 3. §. 13. ff. — J. Rud. Engau, Decisiones, p. I. dec. 38. dec. 176. 196. — N. Hier. Gundling, Rechtliche Ausarbeitungen, 1. Thl. E nr. 31. S. 54^{8}/9. — E. Ch. Westphal, Oeffentl. und privat. Rechtsgutachten, 1. Thl. S. 11. S. 224 ff. — J. F. Eisenhart, Erzählung von besondern Rechtshändeln, Thl. 8. nr. 15. — Diss. de nato ex sponsa (Helmst. rec. 1761.) §. 11. — v. Bülow und Hagemann, Pract. Erörterungen, Thl. I. nr. 27. — Kind, Quaest. forens., nr. 27. — c) Selbst Solche, welche mit den Ansichten der Praxis nicht übereinstimmen, erkennen doch die Praxis an, oder, was sie anführen, dient wenigstens zur Bestättigung der Praxis. So z. B. Erasm. Ungepaur, welcher, ob er gleich kirchenrechtlich die Praxis nicht für gerechtfertigt hält, eine mit ihr übereinstimmende Entscheidung der Leipziger Schöppen anführen muß, Exercitat. Justin., exercit. 3. qu. 5. exerc. 9. qu. 3. — Desgl. Lauterbach, welcher, der theoretisch richtigen Meinung zugethan, die entgegengesezte Praxis zugesteht, Colleg. theoret. pract., XXIII. 2. §. 4. 17. XXIII. 1. §. 34... secundum hanc opinionem etiam in consilio Justitiae et consistorio Wurtemberg. judicatum füisse memini. — Nicht weniger J. H. Boehmer, der, die Annahme der Praxis verwerfend, das Daseyn der Praxis nicht verkennen kann, und selbst den Fall einer mit der Praxis übereinstimmenden Sentenz erzählen muß, die er nur künstlich zu erklären sucht, Jus eccl. Protest., IV. 3. §. 50. 54. 49. — Endlich ist J. T. Reinharth, ad Christin., VI. obs. 10. auch der Praxis entgegen, aber die responsa, welche er daselbst anführt, dienen eher zur Bestättigung als Widerlegung der Praxis. Das responsum Hallense stimmt ihr durchweg bei; das responsum Jenense weicht wohl in

der Entscheidung des Falles von ihm ab, aber nicht weil es den Grundsatz der Praxis für unrichtig, sondern vielmehr weil es denselben im concreten Verhältniß für unanwendbar hält. Endlich das responsum von Erfurt, in der Hauptsache dem von Jena beistimmend, scheint auch wesentlich mehr darauf zu sehen, daß der Grundsaz auf die vorliegenden Umstände nicht passe.

§. 82.

Ueber die legitimatio spricht sich die Novelle so wenig aus als über den Einfluß der adoptio. Diesemnach müssen die legitimati ganz wie vorher behandelt werden [1]). Auch die adoptio kann hinsichtlich des Erbrechts der adoptati gegen die Adoptivväter und die Adoptivfamilie, so wie umgekehrt, im Allgemeinen, je nach ihrer Art, keine andere Wirkungen als früher [2]) haben [3]); im Einzelnen dagegen ist durch die Anordnungen der Novelle da und dort eine Aenderung eingetreten [4]). Auf der andern Seite jedoch ist durch das Grundprincip der Novelle das Verhältniß zwischen den adoptati und ihrer vormaligen agnatischleiblichen Familie dergestalt ein anderes geworden [5]), daß sogar der plene adoptatus in aliena familia seinen frühern leiblichen Hausvater, oder den pater naturalis, welcher ohne die adoptio Hausvater geworden wäre, als Kind neben andern Kindern beerbt [6]), und eben so von demselben neben dem Adoptivvater beerbt wird [7]).

1) Oben §. 66.
2) Oben §. 67.

3) Indem die plena adoptio in Verbindung mit der agnatischen Beziehung zugleich eine cognatio bewirkt, oben §. 67. Note 2, jede andere adoptio, wenigstens so weit sie früher ein Erbrecht bewirkte, entweder ebenfalls als Grundlage eines cognatischen Verhältnißes, oder als eine singuläre, von eigentlicher Verwandtschaft unabhängige und mithin von der Novelle nicht berührte Ursache eines Erbrechts betrachtet werden muß.

4) So geht z. B. die Mutter nach der Novelle, durch welche das Erbrecht aus dem Sctum Tertullianum abgeschafft ist, dem Adoptivvater nicht mehr vor.

5) Die Novelle baut einzig auf cognatio, eine cognatio hingegen ward und wird durch keine adoptio irgend wie getroffen, oben §. 66. Note 3 und 4.

6) Obgleich ein plene adoptatus in aliena familia a) vor der Novelle weder als suus noch unde liberi erbte, und b) nach der hier aufgestellten Ansicht zwei Väter beerbt und c) besser daran ist als der minus plene adoptatus. Denn ad a) auch vor der Novelle erbte er unde cognati, zu vergl. oben §. 61. Note 7, d. h. er erbte nicht civilrechtlich als agnatischer, und nicht prätorischrechtlich als wirklicher oder fingirter agnatischer, sondern einzig als cognatischer Descendent. Das Hervortreten seiner Eigenschaft des Descendenten auch wenn er unde cognati gerufen wurde zeigte sich theils in dem tempus petendae bon. possessionis, D. de succ. ed., XXXVIII. 9. l. 1. §. 11. — quis ord. in poss., XXXVIII. 15. l. 4. §. 1., theils darin, daß er als Descendent der Mutter auch dann vorging, wenn er unde cognati erbte, D. ad Sctum Tert., XXXVIII. 17. l. 2. §. 6. 9., theils endlich in der querela inofficiosi testamenti, die den Descendenten als solchen gegeben ward, auch wenn sie unde cognati zur bonorum possessio gelangten, D. de in off. test., V. 2. l. 6. pr. Und warum sollte er auch unde cognati nicht als Descendent erscheinen, da die Nachkommen einer Frau ebenfalls als Descendenten durch das Sctum Orfitia-

num gerufen wurden und doch eine Frau weder sui noch liberi im Sinne des prätorischen Rechts hatte? — Der unde cognati erbende, einer aliena familia angehörende Descendent hatte denn auch ad 2) vor der Novelle zwei Väter zu beerben, D. unde cogn., XXXVIII. 8. l. 1. §. 4. Das prätorische cognatische Erbrecht vor der Novelle ist aber durch die Novelle zum civilrechtlichen geworden. Allerdings ist ad 3) hiedurch die Lage des plene adoptatus eine bessere geworden als die des minus plene adoptatus. Allein dieß Ergebniß kann nicht hindern, daß der Anordnung und dem Princip der Novelle voller Lauf gelassen werde, um so weniger als sonst umgekehrt der plene adoptatus nach der Novelle schlimmer daran wäre, als vor ihr, da er vor ihr seinen leiblichen Vater mindestens unde cognati beerben konnte, während er denselben nach ihr entweder gar nicht oder civilrechtlich als Descendent beerben kann.

7) Die vorgehende Note, die auch auf Ascendenten zu beziehen ist. Noch zu vergl. D. ad Sctum Tert., XXXVIII. 17. l. 2. §. 18., obgleich es richtig ist, daß nie zwei Väter neben einander nach dem frühern Rechte zum Erbrecht gelangten.

§. 83.

Die Regel, daß Niemand durch einen Erbesunfähigen als Mittelsperson, und Niemand durch eine Mittelsperson, gegen die er selbst kein Erbrecht hat, ein Erbrecht erwerben könne, muß auch nach der Novelle 118. noch Plaz greifen [1]). Ebenfalls ist der Einfluß doppelter Verwandtschaft derselbe geblieben [2]).

Dagegen hat das edictum de conjungendis cum emancipato liberis nach der Novelle 118. seine Anwendbarkeit verloren [3]).

1) Oben §. 67.

2) Oben §. 68. — Nur daß die Anwendbarkeit etwas erweitert ist.

3) Arg. D. de conj. cum em. lib., XXXVII. 8. l. 1. §. 6. Si pater in potestate manens exheredatus vel institutus sit, nepotem ex eo, sive in potestate manentem sive emancipatum ad bona avi neque vocari neque vocandum esse, Scaevola ait etc. l. 3. .... exheredatus enim obstat filiis suis post emancipationem susceptis etc.

Drittes Kapitel.

Außerordentliche Successionen.

§. 85.

Alle nicht verwandtschaftlichen Erbrechte behalten auch nach der Novelle noch ihre Gültigkeit [1]). Zu jenen Erbrechten gehört:

a) das Erbrecht der armen Wittwe [2]);

b) die bonorum possessio unde vir et uxor [3]); aber aus demselben Grunde wie sie [4]):

c) das Erbrecht des parens manumissor [5]), das jedoch teutschrechtlich wohl nicht mehr zur Anwendung kommen kann [6]);

d) dieselben Körperschaften, welche vor der Novelle ein Erbrecht hatten [7]), die aber zum großen Theile in Teutschland nicht vorhanden sind [8]);

e) der Fiscus [9]).

1) Zu vergl. oben §. 74.

2) Oben §. 70.

3) Oben §. 61. — Jedoch, dem frühern Rechte analog, wenn keine Verwandten zur Erbfolge gelangen.

4) Da dieses Erbrecht nicht auf Verwandtschaft sondern auf Patronatrecht beruht.

5) Weder entgegen daß sich a) nach der Novelle kein Plaz für den parens manumissor finde. Er findet sich nach der Novelle, dem frühern Rechte analog, welches ihn den obgleich civilrechtlich erbenden Geschwisterkindern vorzog, allerdings; noch daß b) nach der Novelle kein mehrfaches Erbrecht für dieselbe Person an verschiedenen Stellen möglich sey. Denn dieß gilt nur für Verwandte, deren Erbrecht die Novelle einzig regelt. Ueberdieß wäre ein solches mehrfaches Erbrecht für den parens manumissor, der nicht zugleich parens naturalis, gar nicht vorhanden. Endlich ist c) dieses Erbrecht auch nicht überflüssig geworden; für den parens manumissor, der nicht naturalis wäre, lediglich nicht; aber auch nicht für den parens naturalis manumissor (obgleich sein Intestaterbrecht durch die Novelle 118. vielfach ein besseres ist), weil dasselbe ihm zur Grundlage einer bonorum possessio contra tabulas dient, vergl. unten §. Indessen müßten wohl einige durch den Geist der Anordnungen der Novelle, unter Berücksichtigung des frühern Rechts, gerechtfertigte Modificationen anerkannt werden.

6) Wenigstens scheint ihm die Praxis entgegen zu seyn. Beinahe alle Rechtsgelehrten, welche sich über die Frage aussprechen, meinen, dasselbe sey durch die Novelle 118. aufgehoben oder doch werthlos geworden und ausser Gebrauch

gekommen. Man vergl. z. B. Joach. Mynsinger ad J. de leg. agn. succ., III. 2. §. ult. — P. Heigius ad J. l. c. — Jo. Harpprecht ad J. l. c. — Bachovius ad J. l. c. und quib. mod. p. p. solv., I. 12. §. 6. — J. H. Boehmer ad J. eod. — Stryck, usus mod. Pand., si a par. qu. manum., XXXVII. 12. §. 1. — Hahn ad Wesemb. comm. in D. l. c. — U. Huber, praelect. jur. civ., ad D. l. c. §. 2. — Heineccius, elem. jur. civ., sec. ord. P., l. c. §. 37. — Westenberg, principia jur., D. l. c., §. ult. — Ludovici, doctrina Pandect., tit. cit. §. ult. in f. — Hellfeld jurispr. for., D. tit. cit. — Brunnemann, in Codic. tit. ad Sctum Tert., VI. 56. l. 2. — Rittershusius, Novell. imper. Just. expos. method., p. VII. c. 10. — Matth. Stephani, comment. in Nov., explicatio novellae CXVIII. Die Rechtsgelehrten der neuern und neuesten Zeit erwähnen desselben entweder gar nicht, oder erklären es für aufgehoben bald durch die Novellen, bald durch die Praxis. — In den practisch-casuistischen Schriften, consilia, decisiones, quaestiones etc., deren ich eine nicht unbedeutende Zahl durchging, habe ich keinen Fall, wobei das Intestaterbrecht des parens manumissor zur Sprache gekommen wäre, aufgefunden. Es scheint somit ein vollkommener non usus in Betracht jenes Erbrechts obzuwalten. Dieser, so wie die Ansichten der Rechtsgelehrten über die Anwendbarkeit oder Anwendung des bezeichneten Erbrechts, erklären und rechtfertigen sich indessen vollständig, ohne daß man zu dem Grunde, die Novelle habe es aufgehoben oder doch überflüssig gemacht und in desuetudinem gebracht, seine Zuflucht nehmen müßte, aus den Schicksalen der römischen Emancipation in Teutschland.

Wohl ist die Behauptung, daß die römische Emancipation in Teutschland rechtlich unanwendbar sey, oder doch im Leben nicht angewendet werde, unbegründet, zu vergl. Stryck, usus mod. Pand., tit. de adopt. et emanc., I. 7. §. 17. — Philippi, usus pract. Justit., ecl. 77. ad J. I. 12. §. 6. — Ferd. Chr. Harpprecht, de separatione liberorum —

fam. ab oecon. paterna, §. 35. — de Ludolf, Observ. forens., II. 165. — Heineccius, recitat. in elem. jur. civ., s. ord. Just., §. 198—200. — D. H. Kemmerich, accessiones institutionum jur. civ., lib. I. s. III. Tit. 26. §. 14. sequ. — Berger, oeconom. jur., I. 3. §. 16. nota 4. — Chr. God. Freiesleben (praes. Heimburg) difficillima emanc. rom. et Germ. capita, §. 65. sequ. — Danz, Handbuch des heut. deutsch. Privatrechts, §. 620. Bd. 7. S. 110—112. — Glück, Commentar, Thl. 2. S. 431—432. Aber sie kommt, worin alle übereinstimmen, sehr selten vor. Die statt ihrer gebräuchliche Auflösung der väterlichen Gewalt hat einen durchaus verschiedenen Karakter; und wenn auch über ihre Wirkungen mannigfach gestritten wird, so waltet doch wohl darüber kein Zweifel, daß der Vater bei ihr nicht als manumissor erscheine, was auch ihrem ganzen Wesen widerspräche. Mit dieser heimischrechtlichen Auflösung der väterlichen Gewalt mußte natürlich das Erbrecht eines Vaters als parens manumissor beinahe ganz aus dem Leben verschwinden. Dieser non usus war es vielleicht, den die Rechtsgelehrten vorfanden, und den sie statt aus der wahren Ursache damit erklärten, die Novelle 118. habe jenes Erbrecht aufgehoben, oder, indem sie für den parens manumissor besser sorgte, verdrängt. Angedeutet ist vielleicht die wahre Ursache bei Stryck, l. c..... Sed hoc remedio hodie opus non est, *sicut nec pater amplius jura patronatus per emancipationem consequitur;* ob bei Hofacker, principia jur. civ. §. 1638. in fine?

8) Oben §. 71.

9) Oben §. 71.

Dritter Theil.

Erbrecht gegen einen letzten Willen.

Erste Abtheilung.

Justinianeisches Recht vor der Novelle CXV.

Erstes Kapitel.

Materielles Notherbrecht.

Quellen.

J. de inoff. test., II. 18.
D. — — —, V. 2.
C. — — —, III. 28.

§. 84.

Durch Praxis [1]) und Doctrin hatte es sich festgestellt, daß man die Fälle von Testamenten eines Soldaten [2]), oder über castrensische Peculien [3]) oder für andere Personen [4]) ausgenommen — gewissen Verwandten einen Theil seines Nachlasses zuwenden müsse, wolle man sich nicht dem Vorwurf der Lieblosigkeit [5]) und der Gefahr aussetzen, wie geisteskrank behandelt zu werden [6]), und sein Testament angegriffen zu sehen (querela inofficiosi testamenti) [7]), wofern einem übergangenen Kinde [8]) nicht als Notherben [9]) ein anderes Rechtsmittel zu Gebot stünde. Vermittelst dieser querela macht der unberücksichtigte Verwandte, indem er auf Rescission des Testaments anträgt [10]), sein Intestaterbrecht gelten [11]) sowohl gegen den eingesetzten Erben nach angetretener Erbschaft [12]), als gegen alle, welche an dessen Stelle gekommen sind [13]), oder in Folge des Testaments pro herede [14]), oder pro possessore besitzen [15]).

1) Des Centumviralgerichts.

2) D. ht., l. 27. §. 2. — C. ht., l. 9. l. 12.

3) Für das peculium quasi castrense unzweifelhaft, C. ht., l. ult. §. 1. — Aber auch für das castrense wohl nicht mit Recht bezweifelt, da es a) in demselben vor der Novelle CXVIII. nur ein sehr beschränktes Intestaterbrecht gab (oben §. 81.), und es b) sonderbar erscheinen müßte, wenn das peculium, welches dem castrense nachgebildet worden ist (C. ht., l. ult. §. 1.... ad imitationem peculii castrensis quasi castrense peculium supervenit ..... peculia, quae ad instar peculii castrensis introducta sunt etc. — J. de milit. test., II. 11. §. ult.), und bei welchem es zu entschieden war, ob man nur durchgängig darüber testiren könne (C. l. c., pr.... sed prior quaestio erat, si omnes, qui quasi castrense peculium habeant, testari in hoc possint: quia non omnibus passim, sed quibusdam personis hoc privilegii loco concessum est) bevorzugter gewesen seyn sollte, als das castrense selbst. Auch würde es sich c) nicht erklären, wie Zweifel und Streit darüber herrschen konnte, ob gegen ein Testament in dem peculium quasi castrense eine Querel Statt finde (C. l. c., pr..... In his itaque omnibus quasi castrensibus peculiis dubitabatur, si contra hujusmodi testamenta de inofficioso

querelam extendi oporteret etc.), wenn sie auch gegen Testamente in dem castrense nicht zulässig war. Und spricht gegen deren Zulässigkeit sowohl d) der ganze Zusammenhang von Justinians Anordnung C. l. c., pr. §. 1..... In his itaque omnibus quasi castrensibus peculiis dubitabatur, si contra hujusmodo testamenta de inofficioso querelam extendi oporteret: sed prior quaestio erat, si omnes, qui quasi castrense peculium habeant, testari in hoc possint, quia non omnibus passim, sed quibusdam personis hoc privilegii loco concessum est .... In his itaque omnibus sancimus, quia ad imitationem peculii castrensis quasi castrense peculium supervenit, omnes, qui tale peculium possident, super ipsis tantummodo rebus, quae quasi castrensis peculii sunt, ultima condere .. posse elogia: hoc *nihilominus eis addito* privilegio, ut *neque* eorum testamenta inofficiosi querela expugnentur. Si enim patronus adversus res, quas libertus ejus ex castris acquisivit, sui juris indubitanter constitutus, etsi praeteritus fuerit ab ingrato liberto, tamen contra hujusmodi peculium contra tabulas bonorum possessionem non habet ... *quemadmodum oportet praefata peculia, quae ad instar castrensis peculii introducta sunt, de inofficioso querelae esse supposita?*), als auch e) die besonders herausgehobene Ausnahme, D. ht., l. 8. §. 3. Papinianus .. ait, contra veterani *patrisfamilias* testamentum esse inofficiosi querelam, etsi ea sola bona habuit, quae in castris quaesierat, nach deren Beispiel Justinian auch bei dem quasi castrense verordnet, C. ht., l. ult. §. 2. Sed hoc obtinere oportet, donec in sacris parentum suorum constituti sunt hi, qui quasi castrense peculium possident etc. — Nicht entgegen C. ht., l. 24. Testamentum militis filiifamilias in castrensi peculio factum neque a patre neque a liberis ejus per inofficiosi querelam rescindi potest.

4) D. ht., l. 8. §. 5. — C. de impub. et al. subst., VI. 26. l. 9.

5) D. ht., l. 15. pr.... non minus parentibus quam liberis *pie* relinqui debet. — Paulus, R. S. IV. 5. §. 1. Inofficiosum

dicitur testamentum, quod .. non ex officio pietatis videtur conscriptum. — D. ht. l. 2.

6) D. ht., l. 5. §. 1..... resque illo colore defenditur apud judicem, ut videatur ille quasi non sanae mentis fuisse, cum testamentum inique ordinaret. — J. ht. pr.

7) Auch accusatio; ebenfalls actio, und für die Zeit der spätern klassischen Juristen nicht mit Unrecht, D. ht., l. 5. §. 1. Marcellus ... resque illo colore defenditur apud *judicem* etc. l. 6. pr. Ulpianus ..... sed hoc nemo apud *judicem* potest impetrare etc. l. 8. §. 16. Si ex causa inofficiosi cognoverit *judex*, et pronunciaverit contra testamentum etc. Daß alle diese Stellen interpolirt, ist nicht wahrscheinlich. — Es möchte sich sogar fragen, ob Querelsachen nicht früher schon an einen judex gebracht werden konnten. Bekanntlich bestund ein Hauptunterschied zwischen dem Verfahren vor den Centumvirn und dem gewöhnlichen vor einem judex darin, daß dorten der ganze Streit durch legis actio eingeleitet wurde, Caj. IV. 31.

8) Nur in Beziehung auf Kinder sagen J. ht., §. 2.... si nullo alio jure ad bona defuncti venire possunt, und wird die querela von Theophilus ad J. l. c. als *ἐσχατη βοηθεια*, und von Justinian C. de lib. praet., VI. 28. l. 4. als ultimum adjutorium bezeichnet. Wie denn auch vom Vater ausdrücklich gesagt wird D. si a par. qu. manum., XXXVII. 12. l. 1. §. ult. Patrem autem, accepta bonorum possessione, et jus antiquum, quod et sine manumissione habebat, posse sibi defendere, Julianus scripsit etc.

9) Nur im Verhältniß zu andern Rechtsmitteln, welche Descendenten haben, nennt Theoph. l. c. die Querel *ἐσχατη βοηθεια* und Justinian l. c. ultimum adjutorium. Hingegen in Betreff anderer Rechtsmittel D. ht., l. 8. §. 12. Si quis et irritum dicat testamentum vel ruptum, et inofficiosum, conditio ei deferri debet, utrum prius movere velit. — C. ht., l. 14.

10) D. ht., l. 17.... Unde si de inofficioso testamento patris

alter ex liberis exheredatis ageret, quia *rescisso* testamento alter quoque ad successionem ab intestato vocatur, et ideo universam hereditatem non recte vindicasset etc. — l. 19. .... ex quibus apparet, non recte totam hereditatem praeteritam vindicare, cum *rescisso* testamento etiam institutae salvum jus sit adeundae hereditatis. — l. 8. §. 16. — Daher »hereditatis petitio ex causa inofficiosi querelae« und »hereditatis petitio ex nomine de inofficioso.«

11) Es ist nicht die eine oder andere Stelle an und für sich, sondern es sind mehre Stellen und der durch sie hindurch sich ziehende Gedanke, daß mit der Querel unmittelbar die Erbschaft vindicirt werde, woraus die im Texte aufgestellte Behauptung erwiesen wird. Man lese nur unbefangen D. ht., l. 17. pr.... Unde si de *inofficioso testamento* patris alter ex liberis exheredatis *ageret*, quia rescisso testamento alter quoque ad successionem ab intestato vocatur, et ideo *universam hereditatem* non recte *vindicasset* etc. — l. 19... respondi: filia praeterita *id vindicare* debet, quod intestata matre habitura esset. itaque dici potest, eam, quae omissa est, etiam *si totam hereditatem ab intestato petat* et obtineat, solam habituram universam successionem, quemadmodum si altera omisisset legitimam hereditatem sed non est admittendum, ut adversus sororem audiatur *agendo de inofficioso*. praeterea dicendum est, non esse similem omittenti eam, quae ex testamento adiit; et ideo ab extraneo *semissem vindicandum*, et defendendum, totum semissem esse auferendum, quasi semis totus ad hanc pertineat etc. — l. 8. §. 8..... et si dicam inofficiosum, non *totam hereditatem* debeo, sed *dimidiam* petere. — l. 16. §. 1... postea filia defuncti .. quaestionem inofficiosi testamenti recte pertulit ... et ideo *universam hereditatem* filiae cum fructibus *restitui* necesse est. — l. 21. §. 2. Idem respondit, *evicta hereditate per inofficiosi querelam* ab eo, qui heres institutus esset etc. — l. 27. §. 3. De *inofficioso testamento* nepos contra patruum suum vel alium scriptum heredem

pro portione egerat et obtinuerat ... alimenta pro modo facultatum, *quae per inofficiosi testamenti accusationem pro parte ei vindicabantur*, decerni etc. — C. ht., l. 22..... eam de inofficioso testamento patris *querentem totam hereditatem obtinere posse* non ambigitur. — Denn ist es die Querel, wodurch unmittelbar über **Vindication** und **Restitution** der Erbschaft entschieden wird, so kann diese Querel selbst nichts anders seyn, denn eine hereditatis petitio, gestützt auf die Behauptung, daß das testamentum als inofficiosum zu rescindiren sey. Was sollte sie auch anders seyn? Eine actio personalis? Dieß anzunehmen, verhindert der Umstand, daß sie eine vindicatio der Erbschaft enthält. Ein praejudicium? Dann könnte sie nicht unmittelbar zur wirksamen Vindication und Restitution der **Erbschaft** führen. Nun werden auch einige Stellen, die man schon für und gegen die hier aufgestellte Meinung benutzt hat, nach ihrem wahren Sinne klar, nehmlich D. ht., l. 20. .... qui vero de inofficioso dicit, nec actiones movere debet, nec aliam ullam, quam hereditatis petitionem, exercere etc. — de bon. p. cont. t., XXXVII. 4. l. 20. pr........ sed ad hereditatis petitionem admittendum est ex causa inofficiosi querelae contra emancipatum movendae. — C. de her. pet., III. 31. l. 3. Hereditas materterae petita non infringit alterius hereditatis petitionem, quae venit ex alia successione. sed et si quaestionis titulus prior inofficiosi testamenti causam habuisset, judicatae rei praescriptio non obstaret eandem hereditatem ex alia causa vindicanti. — Die hier vertheidigte Ansicht erhält ihre volle Bestätigung aus C. ht., l. 34. Si ..... deliberante vero scripto herede filius exheredatus decesserit, *nulla hereditatis petitione ex nomine de inofficioso constituta vel praeparata* etc. Schon die nothwendige Beziehung des »praeparata« auf »hereditatis petitio,« während man den Ausdruck »praeparare« in unveränderlicher Technik sonst nur mit der Querel verbindet, drängt uns zu der Annahme, daß unter der hereditatis petitio hier die Querel verstanden sey. Dafür zeugt denn aber auf's Entschiedenste auch ihre nähere Beschreibung als hereditatis petitio ex nomine de inofficioso. Wenn dagegen eine nicht sehr tief gehende Interpretation an dem Ausdruck »constituta« Anstoß genommen hat, indem die Querel deliberante herede instituto unmöglich constituta seyn könne; so hat sie völlig übersehen, daß Justinian gerade sagt, die hereditatis petitio ex nomine de inofficioso oder die Querel sey nicht constituta — natürlich weil sie es nicht konnte — aber auch nicht einmal praeparata worden — was immerhin möglich gewesen wäre.

Was die Gründe gegen die Behauptung, daß die Querel eine hereditatis petitio sey, anbelangt, so ist 1) die Einwendung, daß die hereditatis petitio ab intestato nur dann angestellt werden könne, wenn kein Testament oder doch kein gültiges vorliege, längst widerlegt, und genaue Aufmerksamkeit auf die Justinianische Bezeichnung »ex nomine de inofficioso« hätte schon auf ihre Unzulänglichkeit führen müssen. — Daß 2) die hereditatis petitio einzig gegen Solche zustehe, welche pro herede oder pro possessore besitzen, während die Querel nur nach wirklich angetretener Erbschaft Statt finde, sollte, die Sache ernstlich betrachtet, kaum als ein Anstand gelten. Denn entweder steht a) der Notherbe Andern, als Testamentserben gegenüber, und dann ist überhaupt von einer Querel keine Rede, sondern von einer einfachen petitio hereditatis intestati. Der Notherbe, welcher im einzelnen Fall zur Querel berechtigt seyn soll, ist auch nächster Intestaterbe, ausschließlich oder neben Andern. Als solcher kann er natürlich gegen jeden, der pro herede oder possessore besitzt, ohne sich auf ein Testament berufen zu können, die einfache Erbschaftsklage anstellen, und muß damit obsiegen, weil dem Beklagten das Testament, worin er nicht eingesetzt ist, nicht zum Vorstande dient. Die Berufung darauf würde von seiner Seite eine exceptio de jure tertii enthalten. Oder der Notherbe steht b) dem Testamentserben selbst, oder Solchen gegenüber, die von diesem ihr

Recht ableiten, und dann bedarf er freilich der Querel, d. h. der hereditatis petitio ex nomine de inofficio. Aber dann besitzen die Beklagten ebenfalls pro herede — sofern sie sich auf ein wirklich gültiges oder doch bona fide für gültig gehaltenes Testament stützen — oder pro possessore, sofern mala fides bei ihnen obwaltet, indem omnibus titulis hic pro possessore haeret (zu vergl. Note 15). — Wenn man es 3) auffallend finden will, daß die Querel auch von Seiten dessen geltend gemacht werde, welcher im Besitze der Erbschaft ist, so vergißt man, daß dieß auf keine andere Weise geschieht, als wie jeder mit der hereditatis petitio belangte Erbe ein besseres Erbrecht darthut, sobald der Kläger sich zunächst als Erbe ausgewiesen hat, D. ht., l. 8 §. 13. Si filius exheredatus in possessione sit hereditatis, scriptus quidem heres *petet* hereditatem, filius vero in modum *contradictionis* querelam inducat; quemadmodum ageret, si *non possideret, sed peteret*. — Endlich hat man 4) von dem historischen Standpunkte aus darin eine Schwierigkeit zu finden geglaubt, daß der bloße bonorum possessor theils zu der Zeit, wo ihm die Querel schon zukam, noch keine hereditatis petitio (fictitia) gehabt habe, und theils mit dieser nicht vor den Centumvirn auftreten konnte, weil hier die Einleitung des Processes durch legis actio geschah (oben, Note 7). Allein auf der einen Seite ist nicht recht abzusehen, warum man, von der vorgefaßten Meinung, die hereditatis petitio possessoria sey ziemlich späten Ursprungs, ausgehend und festgehalten sich Anstände über die Natur der Querel schaffen, und nicht vielmehr umgekehrt gerade aus der Statthaftigkeit der Querel für den bonorum possessor auf das gleichzeitige Daseyn der hereditatis petitio possessoria schließen sollte. Zu vergl. unten §. 87. Auf der andern Seite begreife ich eben so wenig, weßhalb der bonorum possessor von der Zeit an, wo die bonorum possessio ein wahres prätorisches Erbrecht enthielt und der bonorum possessor als heres fictus galt (siehe unten), nicht auch hätte an die

Centumvirn gehen, und zu diesem Behuf vor einem der Prätoren die legis actio vornehmen können. Wenn man schon in der alten Zeit, vor der lex Aebutia, bei weit strengeren Grundsätzen, de arboribus succisis lege agere unter arbores aber auch vites oder irgend andere Pflanzen verstehen durfte (Caj. IV. 11.), so weiß ich nicht, aus welchem Grunde es in spätern Zeiten, bei viel freieren Ansichten, unmöglich gewesen seyn solle, für den bonorum possessor als heres fictus lege agere. Ich weiß das um so weniger, als ich mir wenigstens bei diesem lege agere eine Form denken kann, die um kein Haar mehr Schwierigkeit darbietet, als die Form, welche man voraussetzen müßte, wenn die Querel keine Erbschaftsklage, sondern ein præjudicium gewesen wäre. Indessen dieß weiter auszuführen, kann hier nicht der Ort seyn. — Wie dem sey, jene historische Schwierigkeit kann und darf uns den richtigen Standpunkt nicht verrücken, auf den wir uns für das Justinianische Recht stellen müssen, und der im Grunde auch, nach dem' Zeugniß der Eingangs angeführten Quellen, schon der Standpunkt der späteren classischen Juristen gewesen ist.

12) D. ht., l. 8. §. 10. — C. ht., l. 36. §. 2.

13) C. ht., l. 10.

14) C. ht., l. 1. Cum de inofficioso matris suae testamento filius dicere velit adversus eum, qui ex causa fideicommissi hereditatem tenet, non est iniquum hoc ei accommodari, ut perinde fideicommissarius teneatur, ac si pro herede .. possideret. — D. de b. pos. cont. t., XXXVII. 4. l. 20. pr....... ad hereditatis petitionem admittendus est ex causa inofficiosi querelae contra emancipatum movendae. D. ht., l. 16. §. 1.

15) C. ht., l. 1. ... ut perinde fideicommissarius teneatur, ac si pro herede aut pro possessore possideret. So kann der Notherbe gegen denjenigen die Querel anstellen, welcher aus einem testamentum injustum, falsum, irritum die Erbschaft angetreten und inne hat, D. ht., l. 8. §. 2. — C. ht., l. 14.

Und was ist hier der Testamentserbe, sobald er mala fide gehandelt hat und mala fide die Erbschaft besizt, anders als ein possessor pro possessore?

§. 86.

Die zu beachtenden Verwandten sind:

a) Kinder eines Vaters wie einer Mutter [1]), in Betreff der leztern auch spurii [2]), auch plene adoptati [3]), selbst adoptati von einer Frau [4]), ebenso postumi [5]);

b) Eltern von des Vaters wie der Mutter Seite [6]) selbst der leibliche Vater gegenüber dem in plena adoptio oder arrogatio befindlichen Kinde [7]);

c) Geschwister [8]) von des Vaters Seite [9]), sofern personae turpes eingesezt seyn würden [10]).

Unter allen diesen Personen giebt es keinen andern Rang, als welcher durch ihr Intestaterbrecht bestimmt ist [11]). Fällt der nächste Querelberechtigte hinweg, so tritt für die gleich Berechtigten [12]) eine Anwachsung [13]), oder an dessen Stelle der Folgende ein [14]).

1) J. ht., pr. Quia plerumque parentes sine causa liberos suos vel *exheredant* vel *omittunt*, inductum est, ut de inofficioso testamento agere possint liberi etc. — D. ht., l. 3. l. 5. pr. Nam et his, qui non ex masculis descendunt, facultas est agendi, cum et de matris testamento agant et obtinere adsidue soleant. — Natürlich ohne Rücksicht auf den Grad, D. ht., l. 8. §. 8. — l. 1... *Omnibus* enim tam parentibus quam *liberis* de inofficioso licet disputare.

2) D. ht., l. 29. §. 1. — Was die liberi naturales dem Vater gegenüber betrifft, Nov. LXXXIX. c. 12. §. 2—4.

3) Jedoch nicht in Hinsicht des leiblichen Vaters, ausser sofern das Adoptivverhältniß wieder gelöst, C. de adopt., VIII. 48. l. 10. pr. §. 2. — Wie verhält es sich mit arrogati gegenüber dem leiblichen väterlichen Ascendenten, C. eod., l. 10. §. ult.?

4) C. eod., l. 5. . . . . et eum perinde atque ex te progenitum ac vicem naturalis legitimique filii habere permittimus. — D. ht. l. 29. §. 3. Quoniam femina nullum adoptare filium sine jussu principis potest, nec de inofficioso testamento ejus, quam quis sibi matrem adoptivam *falso* esse existimabat, agere.

5) J. ht., §. 2. — D. ht., l. 6. pr. — C. ht., l. 3.

6) Ohne Rücksicht auf den Grad, J. ht., §. 1. Non tantum autem liberis permissum est, *parentum* testamentum inofficiosum accusare, verum etiam *parentibus* liberorum. — D. ht., l. 1. . . *omnibus* enim tam *parentibus* quam liberis de inofficioso licet disputare. — l. 15. pr.

7) D. ht., l. 30. pr. — Der Unterschied zwischen den Gerechtsamen des plene adoptatus und arrogatus gegen seinen leiblichen Vater und den Gerechtsamen des leztern gegen den erstern erklärt sich auch sehr natürlich.

8) Und nur sie, D. ht., l. 1. — C. ht., l. 21.

9) C. ht., l. 27.

10) J. ht., §. 1. — C. ht., l. 27. . . . . si scripti heredes infamiae, vel turpitudinis vel levis notae maculae adspergantur etc. — Theoph. ad J. h. l. . . . οἷον ἡνιοχοι, μιμοι, κυνηγοι, και οἱ ἀπο αἰσχρας μιξεως ἐγνισμενοι κ. τ. λ.

11) Die J. ht., §. 1. nennen die Descendenten, D. ht., l. 1. hingegen die Ascendenten zuerst. Auf der andern Seite kann es nach der Natur der Querel keine andere Ordnung geben, als diejenige, welche durch das Intestaterbrecht der Berechtigten geboten ist.

12) D. ht., l. 16. pr. l. 23. §. 2.

15) Vorausgesezt, daß der Hinweggefallene a) die Querel nicht wollte, D. ht., l. 23. §. 2. Si duo sint filii exheredati, et ambo de inofficioso testamento agerunt, et unus postea *constituit non agere*, pars ejus alteri adcrescit. l. 17. pr. Qui repudiantis animo non venit ad accusationem inofficiosi testamenti, *partem non facit* his, qui eandem querelam movere volunt etc., und wenn der eine auch nur für seinen Theil allein zunächst die Querel angestellt hätte, so würde sein Sieg doch den Theil des Ausschlagenden nach sich ziehen, D. ht., l. 17. pr.... unde si de inofficioso testamento patris alter ex liberis exheredatis ageret, quia, rescisso testamento, alter quoque ad successionem ab intestato vocatur, *et ideo universam hereditatem non recte vindicasset*, hic, si obtinuerit, uteretur rei judicatae autoritate, quasi Centumviri hunc solum filium in rebus humanis esse nunc, cum facerent intestatum, crediderint., oder b) nicht durchsezen könnte D. ht., l. 23. §. 2.... idemque erit, et si tempore exclusus sit. l. 16. pr. Filio, qui de inofficioso matris testamento contra fratrem institutum de parte ante egit et obtinuit, filia, quae *non egit* aut *non obtinuit*, in hereditate legitima fratri non concurrit., es wäre denn, daß er, um den Pflichttheil befriedigt, nicht könnte, D. ht., l. 8. §. 8. Quoniam autem quarta debitae portionis sufficit ad excludendam querelam, videndum erit, an exheredatus partem faciat, qui non queritur, utputa sumus duo filii exheredati? et utique faciet, ut Papinianus respondit, et *si dicam inofficiosum, non totam hereditatem debeo sed dimidiam* petere etc. vergl. mit D. ht., l. 17. pr. Man sehe noch, was den Grund betrifft, D. ht., l. 19. Mater decedens extraneum ex dodrante heredem instituit, filiam unam ex quadrante, alteram praeteriit: haec de inofficioso egit et obtinuit. quaero, scriptae filiae quomodo succurrendum sit? respondi, filia praeterita id vindicare debet, quod intestata matre habitura esset. Wer um den Pflichttheil befriedigt ist, der wird beurtheilt, als hätte er seinen vollen

Erbtheil ab intestato erhalten. Zu vergl. den folgenden §. Note 3—5.

14) Sey es auch hier, daß der Vormann die Querel nicht anstellen will oder nicht kann, und aus welchem Grunde er nicht kann, D. ht., l. 31. pr. Si is qui admittitur ad accusationem *nolit* aut *non possit* accusare, an sequens admittatur, videndum est; et placuit posse, ut fiat successioni locus. l. 14..... quod si contra filios judicetur, pater ad querelam vocatur, et suam intentionem implere potest., außer sofern er um den Pflichttheil befriedigt wäre, die vorherg. Note. — Nicht entgegen aus zwiefachen Gründen, C. ht., l. 34. Si quis filium suum exheredatum fecerit, alio scripto herede, reliquerit autem ex eo nepotem vel vivum vel in ventre nurus suae constitutum, deliberante vero scripto herede filius exheredatus decesserit, nulla hereditatis petitione ex nomine de inofficioso constituta vel praeparata, omne adjutorium nepotem dereliquit: neque enim pater nepoti aliquod jus, cum decesserit, contra patris sui testamentum dereliquit, quia postea et adita est ab extraneo hereditas, et supervixit avo pater ejus, ut neque ex lege Velleia possit in locum patris sui succedere et rescindere testamentum.

§. 87.

Die Querel sezt:

a) wie sie eine hereditatis petitio intestati ist [1]), Intestaterbrecht des Klägers voraus [2]); welcher daher stets nur seinen Intestaterbrechtstheil anspricht, so oft ein anderer, gleich stehender Intestaterbe

α) im Testament zum Erben ernannt [3]), oder

β) als Querelberechtigter sonst um seinen Pflichttheil befriedigt[4]), oder

γ) ohne zur Querel berechtigt zu seyn im Testamente übergangen ist[5]).

1) Oben §. 85. zu Note 10—11.

2) D. ht., l. 6. pr. Postumus inofficiosum testamentum potest dicere eorum, quibus suus heres vel legitimus potuisset fieri, si in utero fuerit mortis eorum tempore. sed et cognatorum, quia et horum ab intestato potuit bonorum possessionem accipere. Folglich, wer ein geringeres Intestaterbrecht hat, zurücksteht, D. ht., l. 14. Pater filium emancipavit et nepotem ex eo retinuit, emancipatus suscepto postea filio, duobus exheredatis, patre praeterito, vita decessit: in quaestione de inofficioso testamento, praecedente causa filiorum, patris intentio adhuc pendet etc.; zu vergl. oben §. 84. Note 11. — Und siegt ein zur Intestaterbfolge nicht Berechtigter ob, so nützt ihm der Sieg nichts, D. ht., l. 6. §. 1. Si quis ex his personis, quae ad successionem ab intestato non admittuntur, de in officioso egerit, ... et casu obtinuerit, non ei prodest victoria, sed his, qui habent ab intestato successionem: nam intestatum patremfamilias facit. Doch D. ht., l. 25. §. 1.

3) D. ht., l. 19. Mater decedens extraneum ex dodrante heredem instituit, filiam unam ex quadrante, alteram praeteriit: haec de inofficioso egit et obtinuit. quaero, scriptae filiae quomodo succurrendum sit? respondi filia praeterita id vindicare debet, quod intestata matre habitura esset. Das über den Intestaterbtheil hinausgehende behalten die Testamentserben, seyen es die Mitintestaterben, oder fremde neben diesen Eingesezte, D. l. c. itaque dici potest, eam, quae omissa est, etiam si totam hereditatem ab intestato petat, et obtineat, solam habituram universam successionem, quem-

admodum si altera omisisset legitimam hereditatem. *sed non est admittendum, ut adversus sororem audiatur* agendo de inofficioso. praeterea dicendum est, non esse similem omittenti eam, quae ex testamento adiit, et ideo ab extraneo semissem vindicandum, et defendendum, totum semissem esse auferendum, quasi semis totus ad hanc pertineat. secundum quod non in totum testamentum infirmatur, sed pro parte intestata efficitur, licet quasi furiosae judicium ultimum ejus damnetur. — de dot. coll., XXXVII. 7. l. 6. Pater filium emancipatum heredem instituit et filiam exheredavit, quae, inofficiosi lite perlata, partem dimidiam hereditatis abstulit etc. Den Grund giebt treffend an D. ht., l. 19. in f. Ex quibus apparet, non recte totam hereditatem praeteritam vindicare, cum rescisso testamento etiam institutae salvum jus sit adeundae hereditatis.

4) Oben §. 86. Note 13.

5) Dieß ergiebt sich aus dem was a) Note 2. über den Sieg der zur Querel Unberechtigten gesagt, und b) anerkannt ist, D. ht., l. 19. in fin. Zu vergl. die vorige Note. Auch von dem zur Querel nicht befugten Intestaterben gilt, rescisso testamento salvum est jus adeundae hereditatis. — Man sehe noch, D. ht., l. 17. Unde si de inofficioso testamento patris alter ex liberis exheredatis ageret, quia rescisso testamento alter quoque ad successionem ab intestato vocatur, et ideo universam hereditatem non recte vindicasset etc.

Allerdings läßt sich mit dem, was hier zu Note 3—5. behauptet ist, eine Anwachsung nicht recht vereinigen. Denn, warum alsdann, wenn Jemand die Querel nicht will, oder nicht haben kann, weil er etwa aus genügenden Gründen ausgeschloßen, sein Antheil anwachsen, wenn er aber eingesezt oder sonst um den Pflichttheil befriedigt ist, ihm ein gleichsam wirksames Intestaterbrecht zugeschrieben wird — oder warum dorten „centumviri hunc solum filium in rebus humanis esse tunc, cum facerent intestatum, crediderint,“ hier dagegen der gleich berechtigte Intestaterbe „partem faciet" und die andern „non recte totam hereditatem vindicare" — davon läßt sich ein durchaus befriedigender Grund wohl nicht angeben.

§. 88.

Darf:

b) der Querelberechtigte nicht in eigener Person so viel erhalten haben, als zum Ausschluß der Querel genügte [1]).

Der Betrag desselben war höchst wahrscheinlich nach dem Maasstab der **lex Falcidia** bestimmt werden [2]), und machte den vierten Theil der Intestatportion aus [3]), bis ihn Justinian um einiges erhöhete [4]). Alle, die ab intestato mitgeerbt haben würden, sollten hiebei in Rechnung genommen werden [5]), und das Vermögen wird nach seinem Stande zur Todeszeit, unter Abzug der Schulden [6]), zu Grunde gelegt [7]). Auf welche Weise dem Querelberechtigten dieser Betrag verschafft war, von Todes wegen [8]) oder auch auf gewisse Weise unter Lebenden [9]), darauf kam nichts an. Aber jede auf denselben gelegte Bedingung, jede daran geknüpfte Zeitbestimmung, jede damit verbundene Beschwerniß [10]) sollte hinwegfallen. Erreichte das Verschaffte nicht die gehörige Größe, so konnte nur Ergänzung gefordert werden [11]), in welche jedoch alles einzurechnen, worin jener Betrag verschafft werden kann, mit geringer Ausnahme [12]).

1) J. ht., §. 3. Sed haec ita accipienda sunt, si nihil eis penitus a testatoribus testamento relictum est etc. — D. ht., l.

8. §. 8. Quoniam autem quarta debitae portionis sufficit ad excludendam querelam etc. C. ht., l. 6. Cum quaeritur an filii de inofficioso patris testamento possint dicere, si quartam bonorum partem mortis tempore testator reliquit, inspicitur. — l. 29..... verum etiam in quartam partem ad excludendam inofficiosi querelam etc. Zu vergl. Paulus, Rec. S., IV. 5. §. 6. — Auch bei Geschwistern, J. ht., §. 1. junct. §. 3. — Nov. I. praef. §. 2. *Πρωτον μεν ουν ἐκεινο σκεπτεον, ὁτι δη των διατιθεμενων τοις μεν ἀναγκην ἐπιτιθησιν ὁ νομος ἀπονεμειν τινα μοιραν προσωποις τισιν, ὡς δη τουτο κατ' αὐτην την φυσιν ὀφειλομενοις· ὁποιν δη τι παισι και ἐγγονοις, και πατρασι και μητρασι, ἐσθ' ὁτε και ἀδελφοις κ. τ. λ.* — Weil nun aber, um die Querel auszuschließen, die Verschaffung des bestimmten Betrags auch nöthig ist, daher J. ht., §. 6. Igitur quartam quis *debet* habere, ut de inofficioso testamento agere non possit. — Nov. l. c..... *ἀναγκην ἐπιτιθησιν ὁ νομος κ. τ. λ.* — D. ht., l. 8. §. 11.... cum *debitam* portionem .. habere possit.... quoniam facile potest debitam portionem ... cogere. — Nov. XVIII. praef. .... *το καταλιμπανομενον, ὁ ἠδη και χρεος καλουσι, μονον τριουγκιον ὡρισαν ἐξ ἀναγκης καταλιμπανεσθαι κ.τ.λ.* — Nov. CXVII. c. 1. pr. — In eigener Person, D. ht., l. 12. pr. ... quin etiam si idem institutum servum prius, quam adire hereditatem juberet, manumiserit, ut ille suo arbitrio adeat hereditatem, idque fraudulento consilio fecerit, summovebitur ab actione.

9) Darauf weist nicht nur die Größe (quarta) hin, sondern auch Paulus, R. S., IV. 5. §. 5.... cum apud eum quarta aut legis Falcidiae aut scti Pegasiani beneficio sit remansura. — D. ht., l. 8. §. 9.... nam si cum quis ex asse heres institutus est, ideo non potest, dicere inofficiosum, quia habet falcidiam etc. §. 11.... cum debitam portionem et ejus fructus habere possit, fructus enim solere in falcidiam imputari non est incognitum etc., und die unmittelbare Bezeichnung mit falcidia in C. ht., l. 31. — ad leg. Jul. Maj., IX. 8. l. 5.

§. 3. — Nov. XCII. praef. — oder legitima portio, C. ht., l. 28. l. 30. pr. l. 31. l. 32. —

3) D. ht., l. 8. §. 6. Si quis mortis causa filio donaverit quartam partem ejus, quod ad eum esset perventurum, si intestatus paterfam. decessisset, puto secure eum testari. — C. ht., l. 8. pr. l. 31. — de collat., VI. 20. l. 20. pr. — Daher quarta pars debitae (sc. ab intestato) portionis, C. de inoff. don., III. 29. l. 2. — D. ht., l. 8. §. 8., oder quarta legitimae portionis, J. ht., §. 3., oder auch quarta, quarta pars schlechthin, D. ht., l. 8. §. 9. l. 25. — C. ht., l. 29. — Wenn dagegen manchmal von einer quarta bonorum, quarta substantiae die Rede ist, J. ht., §. 6. — C. ht., l. 6. — de lib. praet., VI. 28. l. 4., so ist dieß nur eine andere Bezeichnung für dieselbe Sache, nicht eine wesentlich verschiedene Berechnung. Wird doch dieselbe Ausdrucksweise bei der Falcidia, welcher der Pflichttheil nachgebildet ist, angewendet, J. de leg. Falcid., II. 22. pr. — D. ad leg. Falcid., XXXV. 2. l. 87. §. ult. l. 91. l. 93. — Ulp. XXIV. 32. Caj. II. 227. —

4) Nov. XVIII. c. 1., und zwar für alle Berechtigte, Nov. l. c. in f. *τουτου κρατουντος ἐφ' ἁπαντων των προσωπων, ἐφ' ὡν ἐξ ἀρχης ὁ τον παλαι τεταρτον της* de inofficioso *νενομοθετηται λογος.* — Wenn dagegen Justinian sagt, Nov. l. c....; *ὡστε, εἰ μεν ἑνος ἐστι παιδος πατηρ, ἠ μητηρ, ἠ δυοιν η τριων, μη τριουγκιον αὐτοις καταλιμπανειν μονον, ἀλλα την τριτην της ἑαυτου περιουσιας .... εἰ δε ὑπερ τους τεσσαρας ἐχει παιδας, την ἡμισειαν της πασης περιουσιας αὐτοις καταλιμπανεσθαι μοιραν ... κατ' ἰσον το τετραουγκιον τυχον ἠ το ἑξαουγκιον διαιρουμενον κ. τ. λ.*, so ergiebt es die Anordnung selbst, daß hier nur eine andere Ausdrucksweise gebraucht sey; wie denn auch Justinian sowohl hier (Nov. cit., praef.) als anderwärts (Nov. XXII. c. 48. pr. circ. f. — Nov. XXXIX. c. 1. pr. — Nov. XCII. pr.) an den Tag legt, daß er die Größe der legitima portio, nicht aber ihre Natur und ihr Wesen als pars portionis ab intestato abändern wollte. —

5) Nicht bloß in Fällen, wo von einem Anwachsen der Querel keine Rede ist, D. ht., l. 8. §. 8. —, sondern auch da, wo diese anwächst, indem der Grund „quasi centumviri hunc solum filium in rebus humanis esse nunc, cum facerent intestatum, crediderint" auf die Berechnung des Pflichttheils keine passende Anwendung leidet.

6) D. ht., l. 8. §. 9.

7) C. ht., l. 6. — So daß wohl im Ganzen die Analogie der lex Falcidia entscheiden dürfte, D. ht., l. 8. §. 9. u. 11. —

8) J. ht., §. 6. — Nov. XVIII. c. 1. — D. ht., l. 8. §. 6. — Ob auch was conditionis implendae causa verschafft wird? Nicht dagegen, was bei der lex Falcidia gilt, D. ad leg. Falc., XXXV. 2. l. 30. §. 7. l. 76. pr., wegen des Princips der Einrechnung in die falcidia, D. eod. l. 91. — Nicht dafür, dem ganzen Inhalte nach, D. ht., l. 8. §. 10. Si conditioni parere testator heredem jussit in persona filii vel alterius, qui eandem querelam movere potest, et sciens is accepit, videndum, ne ab inofficiosi querela excludatur: agnovit enim judicium. idem est, et si legatarius ei vel statuliber dedit. et potest dici, excludi eum, maxime si heredem ei jusserat dari; caeterum si legatarium, numquid semel natam inofficiosi querelam non perimat legatarii oblatio? cur ergo in herede absolute diximus? quoniam ante aditam hereditatem nec nascitur querela. Ego eventum puto sequendum in hac re, ut si forte, antequam judicium moveatur, oblatio ei fiat ejus, quod relictum est, quasi ex voluntate testatoris oblato eo satis ei factum videatur. — Wohl aber dürfte doch dagegen sprechen, daß, was conditionis implendae causa erlangt wird, nicht ex bonis defuncti sey, und daher auch nur außerordentlicher Weise hinsichtlich des jus capiendi in Betracht komme, D. de mort. caus. don., XXXIX. 6. l. 36. l. 38. — Vergl. mit C. ht., l. 36. pr. in f. Repletionem autem fieri ex ipsa substantia patris, non si quid ex aliis causis filius lucratus sit, vel ex substitutione, vel ex jure accrescendi, ut puta ususfructus. humanitatis enim gratia sancimus, ea quidem om-

nia quasi jure adventitio eum lucrari, repletionem autem ex rebus substantiae patris fieri.

9) C. ht., l. 29. l. 30. §. 2. — D. ht., l. 25. Si non mortis causa fuerit donatum sed inter vivos, hac tamen contemplatione ut in quartam habeatur, potest dici, inofficiosi querelam cessare, si quartam in donatione habet etc. juncta C. ht, l. 35. §. 1—2. —

10) C. ht., l. 32..... ut, si conditionibus quibusdam, vel dilationibus, aut aliqua dispositione moram vel modum vel aliud gravamen introducente eorum jura, qui admemoratam actionem vocabantur, imminuta esse videantur; ipsa conditio vel dilatio, vel alia dispositio moram vel quodcunque onus introducens tollatur, et ita res procedat, quasi nihil eorum testamento additum esset. — l. 36. §. 1. — Eine solche Beschwerde wäre es auch, wenn dem Berechtigten nicht der Nießbrauch des Pflichttheils überlassen wäre, Nov. XVIII. c. 3.

11) C. ht., l. 30. pr. l. 35. §. 2. l. 36. pr. — vermöge einer actio in personam, und zwar ex testamento, da die gesezlich angeordnete repletio an die Stelle der ausdrücklichen Anordnung des Erblassers tritt, die ja nichts Anderes als eine fideicommissarische Anordnung seyn würde, C. ht., l. 30. pr. l. 36. pr. Scimus antea constitutionem relatam fuisse, qua cautum est, si pater minorem debita portione filio suo reliquisset, omnimodo, etsi non adjiciatur, viri boni arbitratu repleri filio, attamen *ipso jure inesse eandem repletionem.* — Ueber das frühere Recht theils C. l. c., theils D. ht., l. 25., worin die Worte „aut, si minus habeat, quod deest, viri boni arbitratu repleatur" vielleicht interpolirt, C. ht., l. 35. §. 2. — Daß die Actio, als eine selbstständige ex testamento, auch auf die Erben übergehe, und dieselbe durch Annahme des Verschafften nicht aufgehoben sey, liegt in der Natur der Sache, C. ht., l. 34..... nisi certa quantitas patri ejus minor parte legitima relicta est: tunc etenim secundum novellam nostri numinis constitutionem repletio quartae partis nepoti superest, si qua patri ejus competebat etc. l. 35. §. 2. — Und eben so

liegt es in der Natur der Sache, daß diese Actio nicht in der gewöhnlichen Querelzeit präscribirt werde: denn sie ist weder eine Querel, noch trägt sie — wie der Uebergang auf Erben, und der Umstand zeigt, daß selbst ingratitudo keinen Ausschluß bewirkt, sofern ihn nicht der Erblasser selbst deshalb festgesezt hat, C. ht., l. 30. pr. — die Eigenschaften einer Querel an sich. — Von wem wird die repletio gefordert? Hat der Erblasser sie angeordnet und zugleich bestimmt, wer sie zu gewähren habe, so ist die Sache im Reinen. Hat sie aber der Erblasser angeordnet, ohne gewisse Bedachte damit zu belästigen, so trifft sie natürlich alle pro rata parte; und dasselbe muß gelten, wenn sie ohne Erklärung des Erblassers ex lege einzutreten hat. Daher in solchen Fällen nicht blos Erben, sondern auch Legatare (Fideicommissare), von Todeswegen Beschenkte verhältnißmäßig zur Ergänzung beizutragen haben. Hiefür findet sich denn auch eine bestättigende Analogie in der bonorum possessio debitae partis des Patrons, D. de bonis libert., XXXVIII. 2. l. 20. §. 2—3.

12) C. ht., l. 35. §. 2. l. 36. pr. — Die Ausnahmen in der substitutio pupillaris oder ad exemplum pupillaris, und in dem accrescere beim ususfructus, wohl nach dem Erwerb, C. ht., l. 36. pr. in f..... repletionem autem fieri ex ipsa substantia patris, non si quid ex aliis causis filius lucratus est, vel ex substitutione, vel ex jure accrescendi, ut puta ususfructus. humanitatis enim gratia sancimus, ea quidem omnia quasi jure adventitio eum lucrari, repletionem autem ex rebus substantiae fieri.

§. 89.

c) Nicht auf die Querel nach dem Tode [1]) des Erblassers verzichtet worden seyn [2]), was auch stillschweigend auf verschiedene Weise[3]) geschehen kann. Endlich darf auch:

d) Noch nicht ein Zeitraum von fünf Jahren vorüber seyn[4]). Stirbt aber der Berechtigte, nachdem er innerhalb dieser fünf Jahre den Entschluß zur Anstellung der Querel erklärt hatte, so überträgt er sein Recht auf seine Erben[5]).

1) D. ht., l. 31. §. ult. Quid ergo, si alias voluntatem testatoris probaverim, puta in testamento adscripserim post mortem patris consentire me? repellendus sum ab accusatione. — C. ht., l. 35. §. 1—2. — Aus welchem Grunde nicht bei Lebzeiten, ist aus den Quellen nicht klar ersichtlich; wohl nicht weil man einen Erbvertrag darin erblickte, C. ht., l. 35. §. 1. ... *vetere jurgio exploso* hujusmodi pacto filium minime gravari, secundum Papiniani responsum, in quo definivit, meritis magis filios ad paterna obsequia provocandos quam pactionibus adstringendos. Auch können wir uns die Ursachen des jurgium recht gut erklären, wenn man auf der andern Seite durch eine Schenkung inter vivos, hac contemplatione ut in quartam imputetur die Querel ausschließen ließ. Oder, sollte das jurgium gerade darin bestanden seyn, ob man in einem Verzicht auf die Querel einen Erbvertrag zu erblicken habe? oder, ob wegen der Natur der Querel ausnahmsweise dieser Erbvertrag gültig sey? — Auf der andern Seite würde Papinian, wenn er den Verzicht als einen verzichtenden Erbvertrag mißbilligt hätte, schwerlich einen so ganz für die Querel speciellen Grund, sondern einen allgemeinern wie in einem andern ähnlichen Fall angeführt haben, D. de suis et leg. her., XXXVIII. 16. l. ult. — Die Frage, wie es sich teutschrechtlich mit einem Verzicht bei Lebzeiten verhalte, dürfte etwa davon abhängen,

gen, ob man denselben römischrechtlich als einen Erbvertrag oder aus einer andern Ursache verwarf.

2) C. ht., l. 35. §. 1—2. —

3) Nehmlich a) D. ht., l. 10. §. 1. — de his quib. ut ind., XXXIV. 9. l. 5. pr. Nach der Anordnung Justinians, C. ht., l. 30. ist die Annahme unvermeidlich. Indessen, D. ht., l. 12. §. 2—3. — b) D. ht., l. 12. pr. l. 31. §. 3. l. ult. §. 1. — l. 32. pr. junct. l. 30. §. 1. l. 22. pr. §. 1. — J. ht., §. 4—5. — c) D. ht., l. 12. §. 1. l. 23. §. 1. — C. ht., l. 8. §. 1. — Ob durch die Annahme dessen, was conditionis implendae causa? D. ht., l. 8. §. 10. — Zu vergl. noch D. ht., l. 22. §. 2—3. l. 31. §. 2. —

4) C. ht., l. 34. in f. — Berechnung, D. ht., l. 8. §. 10. — C. ht., l. 36. §. 2. — ferner, C. ht., l. 16. — Ueber die Wirkung der praescriptio temporis läßt sich aus D. ht., l. 23. §. 2. nichts Bestimmtes ableiten, da, wenn sie auch auf das Recht einwirkt, darum nicht weniger, als wenn Jemand sonst mit der Querel unterliegt, weil er etwa aus genügenden Gründen ausgeschloßen ist, D. ht., l. 15. pr. mit allem Fug gesagt werden kann „Centumviri hunc solum (qui obtinuit) in rebus humanis esse nunc, cum facerent intestatum, crediderunt."

5) Ganz nach der Natur der Querel als einer hereditatis petitio ab intestato, D. ht., l. 7. Quemadmodum praeparasse litem quis videatur, ut possit transmittere actionem, videamus. et ponamus in potestate fuisse eum, ut neque bonorum possessio ei necessaria et aditio hereditatis supervacua sit, is, si comminatus tantum accusationem fuerit, vel usque ad denunciationem vel libelli dationem praecesserit, ad heredem suum accusationem transmittet ..... quid ergo si in potestate non fuerit? an ad heredem actionem transmittat? et recte videtur litem praeparasse, si ea fecerit, quorum supra mentionem habuimus. l. 6. §. 2. — C. ht., l. 5. — Eine besondere Begünstigung, wenn sui deliberante herede instituto sterben, in C. ht., l. 34. l. 36. §. 2. —

§. 90.

Der Querelberechtigte muß darthun, daß er unverdienter Weise ausgeschloßen worden sey [1]), und es bleibt Sache des eingesezten Erben, besondere Gründe, welche den Ausschluß rechtfertigen, zu beweisen [2]), ohne daß jedoch der Richter durch bestimmte Vorschriften gebunden gewesen wäre [3]).

In Folge der Querel fällt das Testament sammt allen seinen Anordnungen [4]); einzelne Fälle ausgenommen, in welchen bald ein Theil der Erbeseinsezungen [5]), bald andere Verfügungen ganz [6]) oder theilweise [7]) aufrecht erhalten werden. So weit die Einsezungen ihre Kraft verlieren, in so weit hören auch andere Wirkungen der Antretung auf [8]).

1) D. ht., l. 3. Inofficiosum testamentum dicere hoc est, allegare, quare exheredari vel praeteriri non debuerit etc. l. 5. §. 1. Hujus autem verbi de inofficioso vis illa est, docere immerentem se et ideo et indigne praeteritum, vel etiam exheredatione summotum etc. — C. ht., l. 28. — In diesem unverdienten Ausschluß an sich liegt die Lieblosigkeit, ohne daß auf das Motiv etwas ankäme, D. ht., l. 27. §. 4. — C. ht., l. 3. — Die Art des Beweises, C. ht., l. 28. Liberi de inofficioso querelam contra testamentum parentum moventes probationem debent praestare, quod obsequium debitum jugiter, prout ipsius naturae religio flagitabat, parentibus adhibuerint... Sin autem mater contra filii testamentum inofficiosi actionem instituat, inquiri diligenter jubemus, utrum filius nulla ex justa causa laesus matrem in novissima laeserit voluntate etc.

2) C. ht., l. 28.... nisi scripti heredes ostendere maluerint, ingratos liberos contra parentes extitisse.... Si tamen

mater inhonestis factis, atque indecentibus machinationibus filium forte obsedit, insidiisque eum vel clandestinis vel manifestis appetiit, vel inimicis ejus suas amicitias copulavit, atque in aliis sic versata est, ut inimica ejus potius quam mater crederetur, hoc probato etiam invita acquiescat filii voluntati. Zu vergl. C. ht., l. 22. l. 34. — Eine Modification bei der Actio ad supplendam, C. ht., l. 30. .... nam si nullam eorum quasi ingratorum fecerit mentionem, non licebit ejus heredibus ingratos eos nominare, et hujusmodi quaestionem introducere. —

3) Nur die ingratitudo überhaupt als Grund des Ausschlußes, nicht aber, wann ingratitudo vorhanden sey, wird bestimmt festgesezt, C. ht., l. 22.... neque justas offensae causas praestitisse expresse convincitur etc., l. 28.... nisi scripti heredes ostendere maluerint, ingratos liberos contra parentes extitisse etc. Doch lassen sich aus den Beispielen in den Quellen zwey Hauptrücksichten ableiten a) unsittliches Benehmen überhaupt oder gegen Erblasser, C. ht., l. 19. l. 23. l. 28., b) Feindseligkeit gegen den Erblasser, C. ht., l. 28. —

4) D. ht., l. 8. §. 16. l. 28. — de legat. III., l. 36. Nec fideicomissa ab intestato data debentur ab eo, cujus de inofficioso testamento constitisset, quia crederetur quasi furiosus testamentum facere non potuisse, ideoque nec aliud quid pertinens ad suprema ejus judicia valet. — ht., l. 13. — Doch D. ht., l. 29. pr. —

5) Nehmlich a) oben §. 87. — D. ht., l. 19..... secundum quod non in totum testamentum infirmatur, sed pro parte intestata efficitur etc. — b) D. ht., l. 24. — c) D. ht., l. 15. §. 2. l. 25. §. 1. —

6) D. ht., l. 17. §. 1. — de vulg. et pup. subst., XXVIII. 6. l. 31. — Daß aber der Querelberechtigte auch gegen andere Ansprüche aus dem Testamente seine Befugniße gelten machen könne, versteht sich, D. de appell., XXXXIX. 1. l. 14. §. 1. —

7) D. ht., l. 8. §. 5. — C. ht., l. 13. — D. de legat. II., l. 76. pr. — Und zwar Singularsuccessionen nach Verhältniß, C. l. c. — D. l. c. —

8) D. ht., l. 21. §. 2. — C. ht., l. 22.

Zweites Kapitel.

Formelles Notherbrecht.

A. Nach Civilrecht.

Quellen.

J. de exher. liber., II. 13.
D. de lib. et post., XXVIII. 2. (ht.)
— de inj. rupt. irr. test., XXVIII. 3. (ht.[1])
C. de liber. praet., VI. 28. (ht.)
— de post. hered. inst., VI. 29. (ht.[1])

§. 91.

Postumi sui [1]) zerstörten nach dem ältern Rechte durch ihre Erscheinung ein Testament, ohne daß man gegen diese Zerstörung hätte Vorkehrung treffen können [2]).

Zuerst durch Doctrin [3]), dann durch eine lex Velleja [4]) und hinwiederum durch die an dieselben sich anschließende und fortbildende Wissenschaft [5]) ward dieß dahin geändert, daß postumi jeder Art mit günstiger Wirkung für ein Testament, unter nur geringer Beschränkung eingesetzt [6]), oder, wenige ausgenommen [7]), enterbt werden konnten, aber auch mußten, wenn sie zur Zeit ihrer Erscheinung [8]), sofern damals oder zur Todeszeit des Erblassers eine Mittelsperson nicht mehr vorhanden war [9]), des Testamentes Kraft nicht brechen (rumpere) sollten [10]).

1) Ueber den Begriff a) D. ht. [1]), l. 3. §. 1. Postumos autem dicimus eos duntaxat, qui post mortem parentis nascuntur etc., b) D. l. c..... sed et hi, qui post testamentum factum in vita nascuntur, ita demum ... rumpere testamentum prohibentur etc., c) J. quib. mod. test. inf., II. 17. §. 1. — D. ht. [1]), l. 13. Postumorum loco sunt et hi, qui in sui heredis loco succedendo quasi adgnascendo fiunt parentibus sui heredes etc., endlich d) D. ht., l. 28. §. 1..... non quidem adoptavit, nec hodie ei natus est filius, nec priore subducto de potestate suo herede ulterior successit in proximum locum, sed tamen in potestate sua habere coepit etc.

2) Theils weil die Einsetzung eines noch nicht Gebornen und folglich auch dessen Enterbung unstatthaft war, Ulp., XXII. 19. Eos, qui in utero sunt, si nati sui heredes nobis futuri sunt, possumus instituere heredes, si quidem post mortem nostram nascantur, ex jure civili, si viventibus nobis, ex lege Julia. — D. ht., l. 29. pr. Gallus sic posse institui postumos nepotes induxit etc. §. 15. ... denique et superiore capite, ut liceat institui nondum natos, qui cum nascentur sui erunt, permitti etc., theils weil sie zur Zeit der Testamentserrichtung nicht sui, sondern extranei waren, die Einsetzung oder Enterbung von extranei als etwas lediglich bedeutungsloses erschien, D. de V. O., XLV. 1. l. 132. pr. c. f..... exheredationem vel emancipationem res in extraneo ineptas etc. — Caj. II. 140—143. — D. ht., l. 29. §. 15..... posteriore capite non permittit institui, sed vetat rumpi etc.

3) Allererst ward die Berücksichtigung eigentlicher postumi ersten Grads möglich. Was A. Gallus neu einführte, D. ht., l. 29. pr. Gallus sic posse institui postumos *nepotes*

induxit etc., das setzt jene Möglichkeit schon voraus. Beides, der Grundsatz des ältern Rechts und der durch Gallus eingeführte, wird der Doctrin, dem jus civile, d. h. hier Juristenrecht, D. de O. J., I. 2. l. 2. §. 5., oder auch dem jus antiquum im Gegensatz zu der lex Velleja, Ulp., XXII. 19. — D. ht., l. 29. §. 7. — zugeschrieben.

4) Welche nach Errichtung des Testaments bei Lebzeiten des Erblassers geborene postumi zu berücksichtigen erlaubte, und die durch das Hinwegfallen eines Vormanns sui würden, sobald sie berücksichtigt wären, nicht nachtheilig auf das Testament einwirken ließ, D. ht., l. 29. §. 1—15.

5) Indem dieselbe a) den durch Gallus eingeführten Rechtssatz seinem Geiste nach, D. ht., l. 29. §. 1—4. — b) durch Verbindung mit den Bestimmungen der lex Velleja, D. ht., l. 29. §. 5. sequ., und c) der beiden Anordnungen dieser lex unter sich, D. ht, l. 29. §. 15., endlich d) durch Ausdehnung aller dieser Bestimmungen zusammen ihrem Geiste nach, D. ht., l. 28. §. 1. l. 23. §. 1.— ht.[1]), l. 18. erweiterte. — Zu vergl. Caj. II. 138. sequ.

6) Indem für postumi als natürliche Descendenten erfordert wird, daß von einer gültigen, wenn auch erst künftigen D. ht., l. 4. Placet, omnem masculum posse postumum heredem scribere, sive jam maritus sit sive nondum uxorem duxerit. nam et maritus repudiare uxorem potest, et, qui non duxit uxorem, postea maritus effici. nam et cum maritus postumum heredem scribit, non utique is solus postumus scriptus videtur, qui ex ea, quam habet uxorem, ei natus est, vel is, qui tunc in utero est, verum is quoque, qui ex quacunque uxore nascatur. l. 5. l. 27. Ehe des Erblassers und folgerichtig seiner Descendenten als Mittelspersonen die Rede sey, D. ht., l. 9. §. 3—4. Sed si ex ea, quam nefas sit ducere, postumum heredem instituero, non putat rumpi testamentum Pomponius. Sed si per adoptionem sororem factam habeam, potero postumum ex ea heredem instituere, quia adoptione soluta possum eam ducere

uxorem. — Doch D. ht., l. 9. §. 1. — l. 6. §. 1. Sed si castratus sit, Julianus Proculi opinionem secutus non putat postumum heredem posse instituere; quo jure utimur. Zu vergl. D. ht., l. 6. pr. l. 9. pr. — l. 28. §. 3.

7) Caj. II. 140. Nec prodest, sive haec sive ille, qui adoptatus est, in eo testamento sit institutus institutave. nam de exheredatione ejus supervacuum videtur quaerere, cum testamenti faciundi tempore suorum heredem numero non fuerit. junct. D. ht.[1]), l. 18. Scaevola, si quis heres institutus est, a testatore adrogetur, *potest dici* satis ei factum, quia et antequam adoptetur, institutio ut in extraneo locum habebit. — Zu vergl. D. ht., l. 23. §. 1. Papinianus. Si Titius heres institutus loco nepotis adoptetur, defuncto postea filio, qui pater videbatur, nepotis successione non rumpitur testamentum ab eo, qui heres invenitur. — Ferner D. de bon. poss. c. t., XXXVII. 4. l. 8. §. 8. Sed in extraneo Marcelli sententiam probat, ut exheredatio ei adrogato postea non noceat. — Indessen, D. eod., l. 7. §. 7. — ht., l. 23. pr. — Es könnte die Frage entstehen, wie die legitimati zu beurtheilen seyen? nach Analogie der natürlichen postumi, so daß auch eine vor der legitimatio vorgenommene exheredatio wirket, oder nach Analogie der adoptati, so daß nur eine institutio das Testament sicher stellt? — In der That dürfte hier, der Natur des Verhältnisses gemäß, die Anwendung der, für postumi als natürliche Kinder, geltenden Grundsätze angemessener und gerechtfertigter seyn, als die Beurtheilung nach dem Rechte der adoptati überhaupt. Die legitimati, welche ohne Legitimation unter gewissen Voraussetzungen ein, wenn auch beschränktes, Intestaterbrecht haben, und somit in gewissem Betracht als Kinder hinsichtlich des Erbrechts anerkannt sind, stehen, wenn sie legitimirt werden, den natürlichen, aus der väterlichen Gewalt heraus und wieder durch Adoption in dieselbe eingetretenen Kindern weit näher, als den extranei adoptati. Und wie »filio, quem pater post emancipationem a se factam iterum

adrogavit,« die vorher vorgenommene exheredatio schadet; so analog auch den liberi naturales, welche post scriptam exheredationem legitimirt werden. — Dafür möchte auch sprechen, was früher, seit Hadrian, theilweise bei der causae probatio zu einer Zeit galt, wo noch nicht einmal die institutio eines später Adoptirten das Testament sicher stellte, Caj. II. 143. vergl. mit 138 — 140. — Eben so dürfte die Analogie des Kindes, das morte avi in die Gewalt des Vaters kommt, und »si heres sit institutus vel exheredatus« das Testament nicht rumpirt, D. ht., l. 28. §. 1., insofern nicht unpassend hieher gezogen werden, als der Grund »quia nullo *circa eum* novo facto sed ordine quodam naturali nactus est potestatem« wenigstens auf die legitimatio per subsequens matrimonium immerhin angewendet werden könnte. — Endlich sollte, obgleich sonst exheredationes non sunt adjuvandae, hier doch der favor testamentorum und die im Ganzen, wie ihre geschichtliche Entwicklung zeigt, mehr zur Milde als zur Strenge tendirende Jurisprudenz für die aufgestellte Meinung mit Grund angeführt werden dürfen.

8) Adgnatio, quasi adgnatio, J. quib. mod. t. inf., II. 17. §. 1. — D. ht.[1]), l. 13. —

9) D. ht., l. 9. §. 2. Denn außerdem sind sie nicht postumi sui, D. ht.[1]), l. 13.... si filium et ex eo nepotem neptemve in potestate habeam, quia filius gradu praecedit, is solus jura sui heredis habet etc. Damit ist jedoch nicht gesagt, daß ein Solcher nicht in Betreff der Erbfolge ab intestato als suus gelten könne, D. und. lib., XXXVIII. 6. l. 7. pr. Scripto herede deliberante filius exheredatus mortem obiit, atque ita scriptus heres omisit hereditatem: nepos ex illo filio susceptus avo suus heres erit, neque pater videtur obstitisse, cujus post mortem legitima defertur hereditas. nec dici potest, heredem sed non suum nepotem fore, quod proximum gradum nunquam tenuerit; cum et ipse fuerit in potestate, neque pater eum in hac successione praevenerit, et alioquin, si non suus heres est, quo jure heres

erit, qui sine dubio non est adgnatus? caeterum, etsi non sit exheredatus nepos, adiri poterit ex testamento hereditas a scripto herede, filio mortuo: quare qui non obstat jure intestati, jure testati videbitur obstitisse. — ht.[1]), l. 6. pr. —

10) J. de exher. lib., II. 13. §. 1. Postumi quoque liberi vel heredes institui debent, vel exheredari. et in eo par omnium conditio est, quod et in filio postumo et in quolibet ex ceteris liberis, sive femini sexus sive masculini, praeterito, valet quidem testamentum sed postea agnatione postumi sive postumae rumpitur etc. — D. ht.[1]), l. 13.... Sed si filius meus me vivo morietur, aut qualibet ratione exeat de potestate mea, incipit nepos neptisve in ejus loco succedere, et eo modo jura suorum heredum quasi adgnatione nanciscuntur. ne ergo eo modo rumpat mihi testamentum, sicut ipsum filium vel heredem instituere vel exheredare nominatim debeo, ne non jure faciam testamentum, ita et nepotem neptemve ex eo necesse est mihi vel heredem instituere vel exheredare, ne forte, me vivo, filio mortuo, succedendo in locum ejus nepos neptisve quasi adgnatione rumpat testamentum etc.

§. 92.

Es müssen aber die postumi sui

a) jeder Art entweder im Besondern [1]) oder durch eine allgemeinere, genügend umfassende [2]) Formel, in ihrer eigenen Person), können indessen auch unter potestativen [4]) wie unter zufälligen [5]) Bedingungen eingesetzt werden [6]), wenn nur die letztern zur Zeit der Erscheinung der postumi bereits eingetreten sind [7]) oder unter der entgegengesetzten eine Enterbung ausgesprochen ist [8]). Sind sie nicht eingesetzt [9]), so sollen sie:

b) enterbt seyn[10]), und zwar bestimmt als postumi[11]), auch unter einer Bedingung[12]), nicht nach dem Tode[13]), nicht theilweise[14]), und von allen Erbesgraden[15]).

1) J. B. D. ht., l. 29. pr. — de hered. inst., XXVIII. 5. l. 47. §. 1.

2) D. ht., l. 29. §. 1. Quidam recte admittendum credunt, etiam si non exprimat de morte filii, sed simpliciter instituat, ut eo casu valeat, qui ex verbis concipi potest. l. 28. §. 2. Si quis ex certa uxore natum scribit heredem, in periculum rumpendi testamentum deducit, ex alia susceptis liberis. Zu vergl. D. ht., l. 10. Commodissime is, qui nondum natus est, ita heres instituitur, sive vivo sive mortuo natus erit heres esto, aut etiam pure neutrius temporis habita ratione. si alteruter casus omissus fuerit, eo casu, qui omissus sit, natus rumpit testamentum etc. Was den letztern Satz betrifft, zu vergl. C. ht.[1]), l. 4.

3) Nach Analogie wohl der bon. poss. contra tabulas und des materiellen Notherbrechts, D. de b. p. c. t., XXXVII. 4. l. 3. §. penult. — de inoff. test., V. 2. l. 12. pr. oben §. 88. Note 1.

4) In Betreff der Art der Einsetzung und Enterbung muß die Analogie dessen entscheiden, was für den filius suus Rechtens ist; wie dieß nicht blos im Allgemeinen, D. ht.[1]), l. 13..... sicut ipsum filium vel heredem instituere vel exheredare nominatim debeo, ne non jure faciam testamentum, ita et nepotem etc. — J. ht., §. 2. sondern auch ausdrücklich anerkannt ist, D. de hered. inst., XXVIII. 5. l. 6. §. 1. Nepotes autem et deinceps ceteri, qui ex lege Velleja instituti non rumpunt testamenta, sub omni conditione institui possunt, etsi *redigantur ad filii conditionem.* — D. ht.[1]), l. 3. §. 2.... idem in postumo quod in filio servandum, nec ratio diversitatis reddi potest. — Um jedoch diese Analogie richtig anzuwenden, müssen wir den daraus hergeleiteten Grundsatz

so ausdrücken, die Einsetzung und Enterbung eines postumus ist alsdann immer gehörig gemacht worden, wenn der postumus zur Zeit seiner Erscheinung sich in derselben Lage befindet, in welcher ein filius suus sich bei der Einsetzung oder Enterbung beruhigen müßte. — Diesem Grundsatz gemäß kann kein Zweifel obwalten, daß ein postumus unter potestativer Bedingung eingesetzt werden könne. Aber freilich muß hier, wie allenthalben, nach den Umständen bestimmt werden, was eine potestative Bedingung sey.

5) D. de hered. inst., XXVIII. 5. l. 6. §. 1.

6) Zu wie viel, ist gleichgültig, D. ht., l. 29. §. 10. In omnibus his speciebus illud servandum est, ut filius duntaxat, qui est in potestate, ex aliqua parte sit heres institutus etc. — de bon. poss. c. t., XXXVII. 4. l. 8. §. 14.

7) D. ht., l. 24. Postuma sub conditione heres instituta, si pendente conditione vivo patre nascatur, rumpit testamentum. l. 22. Cum postumus sub conditione insitutus, si prius, quam nascatur, conditio exstiterit, non rumpitur testamentum postumi adgnatione.

8) Nach Analogie des filius suus. Würde nun aber der postumus vor Eintritt der Bedingung der institutio wie der exheredatio hinwegfallen, dann müßte auch hier zur Anwendung kommen D. ht., l. 28. pr. — Zu vergl. unten, §. 95. Welche Wirkung haben unmögliche Bedingungen? Unten §. 94.

9) Denn wären sie zugleich eingesetzt, dann D. ht., l. 21. Si filium nominatim exheredavero, et eum postea heredem instituero, heres erit.

10) C. ht., l. 3. Si quis filium proprium ita exheredaverit, ille filius meus alienus meae substantiae fiat, talis filius ex hujusmodi verborum conceptione non praeteritus sed exheredatus intelligitur. cum enim manifestissimus est sensus testatoris, verborum interpretatio nusquam tantum valet, ut melior sensu existat.

11) Das frühere Recht, Caj., II. 134. — Ulp., XXII. 21—22. — J. ht., §. 1. — abgeändert, C. ht., l. 4. — Die Art der Ent=

erbung, C. ht., l. 4. in f. ut etiam ipsi vel ipsae nominatim exheredentur, id est, postumi vel postumae facta mentione. — D. ht.[1]), l. 3. §. 5. Nominatim autem exheredatus postumus videtur, sive ita dixerit, quicunque mihi nasceretur, sive ita, ex Seja, sive, venter exheres esto: sed et si dixerit, postumus exheres esto, natus vel post mortem vel vivo testatore non rumpet. — Zu vergl. J. ht., §. 1..... nisi nominatim exheredentur, hoc scilicet modo, quicunque mihi filius genitus fuerit, exheres esto. — Theoph. ad h. l. .... *και ποιον ὀνομα δυνατον εἰπειν ἐπι του μηπω τεχϑεντος; .. τουτῳ τῳ τροπῳ .. ὁστις δηποτε μοι παις τεχϑη, ἀποκληρος ἐστω· ἠ .. ὁ μελλων τικτεσϑαι ἀπο τηςδε της ἐμης γαμετης, ἀποκληρος ἐστω.*

12) Versteht sich, sofern die Bedingung zur Zeit der Erscheinung des postumus eingetreten, oben Note 3., und D. ht.[1]), l. 3. §. 3. Ex his apparet, aliam causam esse filiorum superstitum, aliam posteriorum; illi injustum faciunt, hi rumpunt, illi semper, hi si nascantur *nec inveniant se exheredatos.* — de vent. in poss. mitt., XXXVII. 9. l. 1. §. 5. Sed etsi sub conditione postumus sit exheredatus, pendente conditione Pedii sententiam admittimus, existimantis posse ventrem in possessionem mitti, quia sub incerto utilius est, ventrem ali.

13) D. ht., l. 29. §. 10..... frustra exheredabitur post mortem suam etc. — und eben so wenig post aditam hereditatem, unten §. 94. Note 12.

14) D. ht., l. 19. — Wohin auch gehört, D. ht., l. 3. §. 2. — ht.[1]), l. 3. §. 2. —

15) Wenigstens, wenn die Wirksamkeit eine vollständige seyn soll, D. ht., l. 14. pr. — Zu vergl. D. ht., l. 3. §. 3—5. — ht.[1]), l. 3. §. 2. — C. ht., l. 1. — Man vergl. noch unten §. 94. Note 14.

§. 93.

Fehlt es an gehöriger Einsetzung oder Enterbung[1]), so ist das Testament darum nicht minder gültig, aber mit dem Erscheinen des postumus suus verliert es seine Kraft[2]). Sind mehre Grade von Erben vorhanden, so fällt der Grad, bei welchem der postumus keine gehörige Berücksichtigung erfahren hat[3]), sofern die Erben dieses Grads möglicher Weise noch Erben werden könnten[4]), und mit ihm zugleich alle folgenden Grade[5]).

1) Sondern der postumus ist praeteritus.

2) D. ht.[1]), l. 3. §. 3. (der vorige §. Note 11.) — Zu vergl. D. de adqu. vel om. her., XXIX. 2. l. 84. — C. ht.[1]), l. 2. und 3. —

3) D. ht.[1]), l. 3. §. ult. l. 4. — Daher D. ht.[1]), l. 19. Si ego et Titius instituti simus et a nobis postumus exheredatus sit, a substitutis nostris non sit exheredatus, Titio defuncto ne ego quidem adire potero: jam enim propter institui personam, a quo postumus exheredatus est, in cujus locum substitutus vocatur, a quo postumus exheredatus non est, ruptum testamentum...... etsi vivat Titius neque ego sine illo, neque ipse sine me adire poterit, quia incertum est, an adhuc altero omittente rumpatur testamentum: itaque simul adire possumus. — Doch D. eod. §. 1. Sed si ego et Titius invicem substituti simus, quamvis in partem substitutionis exheredatus non sit, mortuo vel repudiante Titio, me posse adire puto, et ex asse heredem esse. — D. ht., l. 14. pr. .... nam et cum, duobus heredibus institutis et in singulorum locum facta substitutione, a primis exheredatus postumus a secundis praeteritus fuerit, si alter ex institutis omiserit, quamvis postumus excludatur, non tamen magis substitutum admitti.

4) D. ht.[1]), l. 5. Nam et si sub conditione sit heres institutus quis, a quo postumus non est exheredatus, tamen pendente conditione rumpitur gradus .. Sed et si sit ei substitutus quis, etiam deficiente conditione primi gradus, non admittetur substitutus, a quo scilicet postumus exheredatus non est. Puto igitur, existente quidem conditione primi gradus, postumo potius locum fore, post defectum autem conditionis natus postumus gradum non rumpit, quia nullus est.... sed si a primo gradu praeteritus, a secundo exheredatus sit, si eo tempore nascatur postumus, quo aliquis ex institutis vixit, totum testamentum ruptum est etc.

5) D. ht.[1]), l. 5.... rumpendo autem testamentum sibi locum facere postumus solet, quamvis filius sequentem gradum, a quo exheredatus est, patiatur valere. Sed si a primo gradu praeteritus, a secundo exheredatus sit, si eo tempore nascatur postumus, quo aliquis ex institutis vixit, totum testamentum ruptum est, nam tollendo primum gradum sibi locum facit. — D. ht., l. 14. pr. — Würde der postumus nach seiner Erscheinung wieder hinwegfallen, so kommt darum das Testament, so weit es agnatione gebrochen worden war, nicht wieder zu Kraft, D. ht., l. 14. pr..... itaque et si a primo gradu exheredatus, a secundo praeteritus, a tertio exheredatus sit, et viventibus primis et deliberantibus decedat, quaeri solet, omittentibus primis aditionem, utrum ad eos, qui tertio gradu scripti sint, an potius ad legitimos heredes pertineat hereditas? quo et ipso casu rectius existimari putavit, ad legitimos eam pertinere etc. l. 8. — Doch zu vergl. oben §. 51.

§. 94.

Alle sui zur Zeit der Errichtung des Testaments müßen ebenfalls eingesezt oder enterbt werden[1]); und zwar:

a) eingesezt in eigener Person[2]), und als Söhne[3]) nicht unter einer Bedingung[4]), sie wäre denn potestativ[5]) oder für den entgegengesezten Fall eine Enterbung angeordnet[6]), nie unter einer unmöglichen[7]); oder[8]):

b) enterbt[9]), nicht unter einer Bedingung[10]), und mit individueller Bezeichnung[11]), nicht post mortem oder aditam hereditatem[12]), nicht theilweise[13]) und von allen Erbesgraden[14]).

1) J. ht., §. 5. — D. ht., l. 30.

2) Oben §. 92. Note 3. Aber auch oben §. 92. Note 6.

3) Nicht als Töchter oder Enkel, D. de hered. inst., XXVIII. 5. l. 4. Suus quoque heres sub conditione heres potest institui: sed excipiendus est filius, quia non sub omni conditione institui potest etc. Nicht abgeändert durch C. ht., l. 4..... Sancimus .... et in scriptura testamenti eas honorari, et similibus verbis exheredationes nominatim procedere etc., da, was bei Haussöhnen gilt, auch früher nur als Ausnahme betrachtet, und in der l. 4. eine Gleichstellung in Betreff der Art der Einsezung gar nicht beabsichtigt wurde. Auch hat Justinian die Gleichstellung auf das prätorische Recht bezogen, welches eine Einsezung unter jeder Bedingung für alle Erben zuläßt. — Die Wirkung, D. de suis et leg. her., XXXVIII. 16. l. 1. §. 8..... Idem erit dicendum, et si filius ex asse sub conditione, quae fuit in arbitrio ipsius, vel nepos sub omni institutus, non impleta conditione decesserint: nam dicendum erit, suos posse succedere etc.

4) D. eod., l. 4. pr. — de condit. inst., XXVIII. 7. l. ult. — de cond. et dem., XXXV. 1. l. 83.

5) D. loc. cit. Die Wirkung, D. de hered. inst., XXVIII. 5. l. 4. pr.... sed utrum ita demum institutio effectum habeat,

si paruerit conditioni, an et si non paruerit et decessit? Julianus putat, filium sub ejusmodi conditione institutum, etiam si conditioni non paruerit, summotum esse etc. — de cond. instit., XXVIII. 7. l. ult. Si filius sub conditione heres erit et nepotes ex eo substituantur, cum non sufficit, sub qualibet conditione filium heredem institui, sed ita demum testamentum ratum est, si conditio fuit in potestate filii, consideremus, numquid intersit, quae conditio fuerit adscripta? utrum, quae moriente filio impleri non potuit ..., an vero quae potuit etiam extremo vitae momento impleri..... nam superior quidem species conditionis admittit vivo filio nepotes ad hereditatem, qui, si neminem substitutum haberet, dum moritur, legitimus patri heres extiterit..... altera vero species conditionis vivo filio non admittit nepotes ad hereditatem; qui, substituti si non essent, intestato avo heredes existerent, neque enim filius videretur obstitisse, post cujus mortem patris testamentum destituitur; quemadmodum si, exheredato eodem filio nepotes, cum filius moreretur, heredes fuissent instituti. — Zu vergl. D. ht., l. 16. — de hered. inst., XXVIII. 5. l. 5 —6. pr.

6) D. eod., l. 86.... negatumque hoc casu necesse esse, sub contraria conditione filium exheredare primum, quia tunc tantum id exigeretur, cum in potestate ejus non esset, an heres patri existeret, exspectantis extrinsecus positae conditionis eventum etc. — C. de inst. et subst., VI. 25. l. 4. — Doch D. ht., l. 28. pr. Filius a patre, cujus in potestate est, sub conditione, quae non est in ipsius potestate, heres institutus et in defectum conditionis exheredatus, decessit pendente etiam tunc conditione tam institutionis quam exheredationis; dixi, heredem eum ab intestato mortuum esse, quia, dum vivit, neque ex testamento heres neque exheredatus fuit etc.

7) D. de cond. instit., XXVIII. 7. l. 15.

8) Oben §. 92. Note 9.

9) Oben §. 92. Note 10.

10) D. ht., l. 3. §. 1. Pure autem filium exheredari, Julianus putat: qua sententia utimur; und es gilt weder für Söhne, noch für Töchter und Enkel ein Schluß von der institutio auf die exheredatio, D. de bon. p. cont. t., XXXVII. 4. l. 18. pr. Sed sub conditione exheredatus contra tabulas bonorum possessionem petet, licet sub conditione heres institutus a contra tabulas bonorum possessione excludatur. certo enim judicio liberi a parentum successione removendi sunt. — ht., l. 19. .... aliamque causam esse institutionis, quae benigne acciperetur, exheredationes autem non essent adjuvandae. —

11) J. ht., §. 5. — C. ht., l. 4. — Das frühere Recht, C. l. c. — J. ht., pr. — Ulp. XXII. 20. — Die Bedeutung von nominatim, einmal, D. ht., l. 1., dann D. ht., l. 2. l. 3. pr. — J. ht., §. 1., da D. de cond. et dem., XXXV. 1. l. 34. Nominatim alicui legatur ita, Lucio Titio: an per demonstrationem corporis, vel artificii, vel officii, vel necessitudinis, vel adfinitatis, nihil interest. nam demonstratio plerumque vice nominis fungitur; nec interest, falsa an vera sit, si certum sit, quem testator demonstraverit. — de manum. test., XL 4. l. 24. —

12) D. ht., l. 13. §. 2. — de hered. inst., XXVIII. 2. l. 4. §. 2. — ht., l. 3. §. 2.... nam hujusmodi exheredatio vitiosa est, quoniam post aditam hereditatem voluit eum summotum, quod est impossibile. — de hered. inst., XXVIII. 5. l. 68.

13) Oben §. 92. Note 14.

14) Wenigstens, wenn das Testament nicht theilweise leiden soll, D. ht., l. 3. §. ult. l. 8. — Zu vergl. D. ht., l. 3. §. 3—5. — C. ht., l. 1. — Indessen D. ht., l. 14. §. 1. Quod vulgo dicitur, eum gradum, a quo filius praeteritus sit, non valere, non usquequaque verum esse ait: nam si primo gradu heres institutus sit filius, non debere eum a substitutis exheredari etc. — de hered. inst., XXVIII. 5. l. 4. §. 2. Sed et si filio sub conditione, quae in ejus potestate est, herede instituto nepos sit substitutus sive extraneus, puto vivo filio non

extaturum heredem substitutum, post mortem vero extaturum, nec necessariam a substituto filii exheredationem.... opinamur igitur, filium, si sit institutus sub ea conditione et sit in ejus potestate, non indigere exheredationem a sequentibus gradibus, alioquin et a coherede indigebit.

§. 95.

Bei dem Mangel einer Einsetzung und Enterbung [1]) ist das Testament von Anfang an ungültig (injustum, non jure factum) [2]), und bleibt nichtig, auch wenn der suus später hinwegfiele [3]). Von mehrern Graden ist stets nur der nichtig, bei welchem der suus nicht gehörig berücksichtigt wurde [4]).

1) praeterire.

2) D. ht., l. 30..... filio, qui in potestate est, praeterito, inutile est testamentum. — ht. [1]), l. 1. Testamentum .. dicitur ... nullius esse momenti, cum filius, qui fuit in patris potestate, praeteritus est etc. — J. ht., §. 5. — C. ht., l. 4. — Ueber das frühere Recht, Cajus, II. 123—124. — Ulp., XXII. 16—17. — Paulus, R. S. III. 413. §. 8. — J. ht., pr. — C. ht., l. 4. —

3) D. ht., l. 7. Si filius, qui in potestate est, praeteritus sit et vivo patre decedat, testamentum non valet nec superius rumpetur: et eo jure utimur. l. 8. Si primo herede instituto filium exheredavero, a secundo autem substituto non exheredavero, et, dum pendet, an prior aditurus sit, filius decesserit, secundum sententiam, qua utimur, non erit secundus heres, quasi ab initio inutiliter institutus, cum

ab eo filius exheredatus non sit. — J. ht., pr. — Zu vergl. oben §. 51.

4) D. ht., l. 14. §. 1. l. 3. §. ult. — de hered. inst., XXVIII. 5. l. 75. — de vulg. et pup. subst., XXVIII. 6. l. 43. §. 2.

B) Nach prätorischem Rechte.

Quellen.

J. de exhered. lib., II. 13.
D. de bon. poss. cont. tab., XXXVII. 4. (ht.)
— de legat. praest., XXXVII. 5. (ht. [1].)
C. de bon. p. c. tab., VI. 12. (ht.)
— de lib. praet., VI. 28. (ht. [1].)

§. 96.

Alle liberi [1]), sofern keine Mittelsperson zur Todeszeit des Erblassers im Wege steht [2]), sollen eingesezt oder enterbt werden [3]), d. h.

a) eingesezt zu irgend einem Theile [4]), auch unter einer Bedingung [5]) und zwar ohne alle Gefahr für eine Testamentsbestimmung, wenn dieselbe potestativ [6]) oder unter der entgegengesezten Bedingung eine Enterbung ausgesprochen ist [7]), nicht unter einer unmöglichen [8]), aber in eigener Person [9]); oder [10])

b) mit individueller Bezeichnung enterbt [11]), nicht unter einer Bedingung [12]), nicht theilweise [13]), wohl auch nicht post mortem und aditam hereditatem [14]), und des vollen Erfolges wegen von allen Erbesgraden [15]).

Sind indessen einzelne liberi übergangen [16]), und machen von ihrem Rechte gegen das Testament Gebrauch [17]), so können Andere

1) theils troz ihrer Einsezung, wenn sie vermöge derselben nicht erben wollen [18]), jedoch nur soweit ihre Quote nicht zu groß ist [19]), theils

2) weil sie wirksam [20]) eingesezt sind [21]), auch wenn sie die Erbschaft angetreten haben [22]), sich an die Uebergangenen anschließen und mit denselben zugleich erben [23]).

1) D. und. lib., XXXVIII. 6. l. 1. §. 6. — Ueber den Begriff oben §. 61.

2) D. ht., l. 6. pr. §. 1. Si emancipatus filius nepotem procreaverit et ita decesserit, deinde avus ejus, nepos ad avi bonorum possessionem venire potest. Quod si et filium et nepotem emancipaverit, vivente quidem filio nepos non veniet, post mortem autem ejus ad bonorum possessionem avi veniet. l. 1. §. 8. l. 4. §. 1. l. 13. §. 1. — de conj. cum em. lib., XXXVII. 8. l. 3. — Das prätorische Recht sah einzig auf die Zeit des Todes, D. ht., l. 3. §. 10..... hæc autem verba *institui non possunt* ad mortis tempus referuntur.

3) J. de hered. q. ab int. def. III. 1. §. 12. — ht., §. 3.

4) D. ht., l. 8. §. 14.

5) Wo dann bald, D. ht., l. 3. §. 12—13. (Sed si sub conditione scriptus sit, bonorum possessionem contra tabulas accipere non potest ... quid ergo, si defecerit conditio? verum est, cum contra tabulas accipere bonorum possessionem. Si sub. conditione filius emancipatus heres sit institutus .... quia scriptus heres est, bonorum possessionem secundum tabulas accipere potest et debet, nec contra tabulas potest etc.) zur Anwendung kommt, bald D. ht., l. 3. §. 13. ... et si forte defecerit conditio, tuendus erit a praetore in tantum, quantum ferret, si contra tabulas bonorum possessionem accepisset. — de bon. poss. sec. tab., XXXVII. 11. l. 2. §. 1..... et quamvis defecerit conditio, praetor tamen filium, qui admiserit secundum tabulas, tueri debebit, ac si contra tabulas acceperit etc. Zu vergl. D. eod., l. 5. Si sub conditione heres quis institutus sit, et accepta bonorum possessione secundum tabulas conditio defecerit, interdum evenit, ut res possessori concedenda sit: ut puta si filius sit emancipatus sub conditione heres institutus. nam si defecerit conditio, attamen secundum tabulas bonorum possessionem eum accipere Julianus scribit.... Videndum an legata ab eis debeantur? et filius quidem, quasi contra tabulas bonorum possessione accepta rem habere videtur etc.

6) D. ht., l. 3. §. 13. Si sub ea conditione filius emancipatus heres sit institutus, quae in ipsius potestate non est etc. Die vorige Note. — D. de bonis libert., XXXVIII. 2. l. 20. §. 4..... Si vero deficiente conditione hereditas ad filium pertineat, emancipatum potius tuebitur praetor adversus substitutum. existimo autem, quotiens sub conditione heres filius scribitur, alias necessariam esse exheredationem a substitutis, alias supervacuam. nam si id genus conditionis fuerit, quae in potestate filii esset, veluti cum testamentum fecerit, puto etiam omissa conditione filium locum substitutis facere.

7) D. eod........ si vero conditio non fuerit in potestate filii, veluti si Titius consul factus fuerit, tunc substitutus non admittitur, nisi filius ab eo nominatim exheredatus fuerit.

8) Oben, §. 94. Note 7.

9) D. ht., l. 3. §. penult. —

10) Oben, §. 92. Note 9.

11) J. ht., §. 5. — C. ht. [1]), l. 4. — Das frühere Recht, J. ht., §. 3. — Cajus, II. 135. — Ulp., XXII. 23. —

12) D. ht., l. 19. — Oben, §. 94. Note 11. — Doch D. de vent. in poss. mitt., XXXVII. 9. l. 1. §. 5., oben §. 92. Note 12.

13) D. ht., l. 8. §. 3. — Oben §. 92. Note 14.

14) Denn diese Bestimmung scheint allgemein zu seyn, oben §. 92. Note 13. — §. 94. Note 12.

15) D. ht., l. 8. §. 1. Aliqua parte tabularum exheredem scribi non sufficit, sed eo gradu contra quem petitur bonorum possessio etc. §. 5. — Doch auch hier D. de bon. libert., XXXVIII. 2. l. 20. §. 4., oben Note 6.

16) D. ht., l. 3. §. 11..... plane si alius committat edictum, et ipse ad contra tabulas bonorum possessionem admittetur. l. 8. §. 4.... obtinente eo gradu, in quo institutus est, puto commisso edicto ab alio filio, contra tabulas eum bonorum possessionem petere posse. §. 11..... ergo si fuerunt heredes scripti, accipient contra tabulas bonorum possessionem; sed ipsi soli non committent edictum, nisi fuerit alius praeteritus ex liberis, qui solent committere edictum. —

17) D. ht. [1]), l. 14. Nonnunquam contra tabulas bonorum possessionem quis habet jure secundum tabulas bonorum possessionis: ut puta heres institutus est emancipatus filius, alius emancipatus praeteritus; institutus accepit contra tabulas bonorum possessionem, praeteritus omisit: apertissimum est, ut cogatur omnibus perinde legata praestare, atque si commissum edictum non fuisset. nec enim occasio emancipati praeteriti debet institutum lucro adficere, cum praeteritus jure suo non utatur. l. 15. §. 1. — Aber D. ht., l. 10. §. ult.

18) D. ht., l. 14. pr. Si duobus filiis emancipatis alter heres institutus sit, alter praeteritus, si institutus adierit, quamvis verbis edicti parum expressum sit, tamen non posse eum petere bonorum possessionem respondit, quia judicium patris secutus sit.... quod si is, qui in potestate est, heres institutus sit.. non aliud dici posse, quam et ipsum petere posse bonorum possessionem, si modo hereditati se non immiscuerit etc. — ht. [1]), l. 15. §. 1. l. 16.

19) D. ht., l. 14. pr..... sed illud observandum, ut praetor eum, qui heres institutus adierit, in eam partem, qua scriptus est, tueri debeat, dum tamen non ampliorem quam habiturus esset, si bonorum possessionem accepisset etc. — ht. [1]), l. 15. §. 2. Ita autem tuendus est in partem dimidiam, si aut ex majore parte quam dimidia, heres institutus sit, aut ex semisse etc.

20) D. ht., l. 8. §. 13. Datur autem ei, qui in adoptiva familia est, contra tabulas bonorum possessio, si eo gradu heres scriptus sit, contra quem peti potest bonorum possessio. l. 11. pr. Si in adoptionem datus sub conditione scriptus sit heres a naturali patre, alio committente contra tabulas edictum, et ipse veniet. sed si defecerit conditio, repellitur ab ea possessione. idem puto et in eo, qui pure quidem, sed non jure scriptus sit heres. .

21) Und in eigener Person, D. ht., l. 8. §. 11. In adoptionem datos filios non summoveri praetor voluit, modo heredes instituti sint..... Sed si ipse scriptus non sit, sed alius, qui ei adquirere hereditatem potest, non est in ea causa, ut eum ad bonorum possessionem contra tabulas admittamus. l. 10. pr. l. 11. pr. — de ventr. in poss. mitt., XXXVII. 9. l. 1. §. 12. —, sofern er zu den natürlichen liberi gehörte, D. ht., l. 8. §. 12. Ut autem admittantur ad bonorum possessionem, ex liberis esse oportet. caeterum si adoptivum filium dedi in adoptionem, et heredem scripsi, commisso per alios edicto, bonorum possessio contra tabulas ei non dabitur. §. 11.... et hoc justissime eum fecisse Labeo ait:

nec enim in totum extranei sunt etc., und ohne adoptio eine bonorum possessio contra tabulas erhalten könnte, D. ht. [1]), l. 25. §. 1—2. Is, cujus filius in adoptione erat, nepotem, quem filius postea procreaverat, scripsit heredem, emancipatum filium praeteriit: num habet nepos ex edicto bonorum possessionem? tuendus tamen exemplo parentum et liberorum, quibus legata praestare coguntur, qui bonorum possessionem contra tabulas acceperunt. Si forte ex eodem filio retinuerat nepotem unum pluresve, indubitate pro ea parte tuendus est, pro qua parte tuetur, si ex filia nepos aut mater defuncti heredes instituti essent: nam his comparatur.

22) D. ht., l. 10. §. 3. junct. §. 1.

23) D. ht., l. 8. §. ult. — ht. [1]), l. ult. pr. Qui filium emancipaverat et nepotem ex eo retinuerat in potestate, testamento filium exheredavit, nepotem ex aliqua parte instituit heredem, et alium filium emancipatum praeteriit. potest defendi, nepotem quoque bonorum possessionem contra tabulas petere posse: nam pro ea parte, qua quisque intestato suus heres esset, si pater suus heres non esset, bonorum possessio defertur. — de conj. cum emanc. lib., XXXVIII. 8. l. 1. §. 3. —

§. 97.

Sind liberi übergangen, so bekommen sie, war nur das Testament zur Todeszeit des Erblassers aufrecht zu erhalten [1]), contra tabulas bonorum possessio [2]), und zwar gegen den Grad, bei welchem sie übergangen sind [3]), sofern demselben nur deferirt war oder durch Eintritt einer Bedingung werden konnte [4]). Vermöge derselben erben sie, ohne daß Ausfallende sie beschränken [5]), neben andern Gleichberechtigten [6]), wie wenn sie einen intestatus [7]) zu beerben hätten [8]).

1) D. ht., l. 19. Quod vulgo dicitur, liberis datam bonorum possessionem contra lignum esse, sic intelligendum est, ut sufficiat extitisse tabulas mortis tempore patris, ex quibus vel adiri hereditas vel secundum eas bonorum possessio peti potuit, quamvis neutrum eorum postea secutum sit vel sequi potuit. nam si vel omnes instituti substitutique ante testatorem decesserint, vel is scriptus heres fuit, cum quo testamenti factio non fuit, peti contra tabulas inane est, quae sine effectu foret. — de Carb. ed., XXXVII. 10. l. 7. §. 6. — Zu vergl. D. ht., l. 4. pr.

2) J. ht., §. 3. — de her. qu. ab intest. def., III. 1. §. 12. — de bon. poss., III. 9. §. 3. — D. ht., l. 1. pr. —

3) D. ht., l. 8. §. 1.... unde si a primo gradu exheredatus sit filius, a secundo praeteritus, et primo gradu scripti non petierint bonorum possessionem, poterit contra tabulas accipere bonorum possessionem. — de ventr. in poss. mitt., XXXVII. 9. l. 1. §. 6—7.

4) D. ht., l. 8. §. 5. A primo gradu praeteritus est filius, a secundo exheredatus; si in primo gradu scripti non sint in rebus humanis, mortis tempore testatoris, dicendum est, contra tabulas bonorum possessionem praeteritum petere non posse: hereditas enim in secundo gradu versatur, non in primo, ex quo neque adiri hereditas, neque bonorum possessio peti potest. sed si post mortem testatoris decesserint heredes scripti, idem Marcellus putat, contra tabulas bonorum possessionem semel natam competere. sed etsi defecerit conditio institutionis, adhuc tantumdem dicit, praeteritum ab eo gradu filium contra tabulas bonorum possessionem petiturum. Idem scribit, etsi postumus, qui institutus fuit, non fuerit natus: nam adhuc contra tabulas bonorum possessionem competere filio, Marcellus ait. — Zu vergl. die vorhergeh. Note.

5) Deren Antheil vielmehr den Andern zuwächst, D. ht., l. 12. pr. Si duobus filiis et ex altero filio duobus nepotibus bonorum possessio competat, et alter ex nepotibus non petat,

pars ejus fratri adcrescit. si vero ex filiis alter non petat, tam fratri quam nepotibus id prodest etc. — l. 10. §. 4. liberi, qui contra tabulas habere non possunt, nec partem faciunt, si per alios committatur edictum; quo enim bonum est eis favere, ut partem faciant, nihil habituris? — §. 5. — l. 20. pr. — de conj. cum em. lib., XXXVII. 8. l. 1. §. 4—5.

6) D. ht., l. 8. §. ult. l. 13. §. 2—3. —

7) D. ht., l. 8. §. ult....... praetori enim propositum est, cum contra tabulas bonorum possessionem dat, eas partes unicuique liberorum tribuere, quas intestato patre mortuo, in hereditate habiturus esset, si in potestate mansisset etc. — ht.[1]), l. ult. pr..... nam pro ea parte, qua quisque intestato suus heres esset, si pater suus heres esset, bonorum possessio defertur. — Zu vergl. D. ht., l. 1. §. 1. l. 11. §. 1. l. 12. pr. l. 13. §. 2—3. — de conj. cum em. lib., XXXVII. 8. l. 1. §. 3. 9.

8) d. h. sie erben nicht wirklich ab intestato, sondern wie wenn der Erblasser intestatus gewesen wäre, D. ht., l. 8. §. ult..... cum contra tabulas bonorum possessionem dat, eas partes unicuique liberorum tribuere, quas, *patre intestato mortuo, in hereditate habiturus esset* etc. — ht.[1]), l. ult. pr..... nam pro ea parte, *qua quisque intestato suus heres esset* ... bonorum possessio defertur. — ht., l. 20. pr. Filium, quem in potestate habebat, exheredavit, emancipatum praeteriit: quaesitum est, quatenus emancipatus bonorum possessionem habiturus sit? dixi, si scripti heredes extranei adierint hereditatem, repellendum esse filium, qui mansit in potestate: quod si hi repudiaverint hereditatem, quod facile sunt facturi, nihil laturi ex hereditate propter eum, qui *contra tabulas accepit bonorum possessionem, filius ab intestato* patris suus heres deprehendetur, emancipatus autem petens contra tabulas bonorum possessionem solus habebit bonorum possessionem. sed cum exheredatio non adita hereditate ex testamento, nullius sit momenti... redit res *ad intestati* exitum, ut adversus filium suum ex asse

heredem ab intestato patre emancipatum praetor in parte dimidia tueatur. erit ergo venale beneficium scripti heredis extranei, ut, cum ipse jure hereditatis nihil sit consecuturus, adeundo repellat filium in potestate relictum, praestetque assem emancipato filio *jure contra tabulas bonorum possessionis*; si autem omiserit hereditatem, in portionem bonorum exheredatum effectum admittet jure factum solum suum heredem etc. D. ht[1]), l. 10. §. 2..... quod si neque ex primo gradu neque ex secundo quisquam in rebus fuerit humanis, cum testator moritur, tunc ab intestato magis bonorum possessionem praeterito filio competere, nec legata cuiquam praestanda etc. l. 20. Sie erben eben gegen ein Testament (contra tabulas), wie wenn keines vorläge, und insofern judicia patris rescindunt, D. ht.[1]), l. 1. pr. Aber sie erben doch in Folge eines Testaments mit allen den Modificationen, wie sie der folgende Paragraph darstellt, und daher ex testamento, J. de bon. possess., III. 9. §. 3. — D. unde liber., XXXVIII. 6. l. 1. pr. Posteaquam praetor locutus est de bonorum possessione ejus, qui *testatus* est, transitum facit ad *intestatos* etc. §. 3.

§. 98.

Es werden aber bei Kraft erhalten:

a) die Enterbung[1]), und die substitutio pupillaris[2]), und ad exemplum pupillaris[3]);

b) Legate und Fideicommisse[4]), Schenkungen von Todes wegen[5]), selbst Erbeseinsezungen[6]) — jedoch nur für personae exceptae[7]) und nur bis zu einem gewissen Maaße[8]). Solche Verschaffungen an personae exceptae tragen alle, welche an der bonorum possessio Theil nehmen[9]). Sind mehre Grade von Erben vorhanden, so werden die Verschaffungen bei dem Grad aufrecht erhalten, welcher ohne die bonorum possessio die Erbschaft bekommen haben würde[10]). Indessen fallen diese Verschaffungen ganz hinweg, wenn ein suus übergangen ist[11]) und alsdann[12]) auch zu Gunsten des mitübergangenen Nichtsuus[13]); während ein eingesezter, und als solcher erbender Notherbe alle unmittelbar oder mittelbar ihn treffenden Vergabungen übernehmen muß[14]). Dagegen werden Verschaffungen, womit eine persona excepta beschwert ist, sofern sie zu Gunsten von personae non exceptae gereichen, zum Vortheil der bonorum possessio Ergreifenden für unwirksam erklärt[15]).

1) D. ht., l. 8. pr. l. 20. pr., oben §. 97. Note 8. — Zu vergl. D. und. lib., XXXVIII. 6. l. 1. §. 9. Si emancipatus filius exheres fuerit, is autem, qui in potestate erat, praeteritus, emancipatum petentem ab intestato bonorum possessionem unde liberi, tueri debet praetor usque ad partem dimidiam, perinde atque si nullas tabulas pater reliquisset. — de lib. et post., XXVIII. 2. l. ult. —

2) D. ht.[1]), l. 5. pr. — de vulg. et pup. subst., XXVIII. 6. l. 34. §. 2.

3) Nach Analogie. Ob auch die Bestellung von Tutoren?

4) D. ht.[1]), l. 1. pr. l. 5. §. 7.

5) D. ht.[1]), l. 3. pr. l. 20. pr.

6) D. ht.[1]), l. 5. §. 6. l. 7., und zwar als solche, D. ht.[1]), l. 8. §. 2. Si adierit hereditatem is, cui virilis conservatur, libertates competunt ex necessitate per aditionem etc.

l. 6. — Für alle die Verschaffungen (Note 4—6.) D. ht.[1]), l. 3. §. 2. sequ. —

7) D. ht.[1]), l. 5. §. 8. l. 15. §. ult. l. 20. — Zu ihnen gehören a) D. ht.[1]), l. 1. §. 1—3. l. 3. §. 1. — b) D. ht.[1]), l. 8. §. 3. l. 10. §. 1.

8) Nehmlich a) D. ht.[1]), l. 5. §. 7. l. 6—8. §. 1., und zwar D. ht.[1]), l. 8. Virilis portio quemadmodum accipienda sit, videamus. pone duos esse, qui contra tabulas bonorum possessionem accipiunt, unum esse ex liberis parentibusque, virilis tertia erit portio. Sed si tres sunt, qui contra tabulas acceperunt, quarta erit virilis., sed si unus sit ex liberis, qui accepit contra tabulas bonorum possessionem, plures sint, qui ex liberis parentibusque legata acceperunt, sic hoc accipiendum est, ut filius praeteritus semissem habeat, caeteri omnes, qui sunt ex liberis parentibusve semissem. — Indessen D. de conj. cum em. lib., XXXVII. 8. l. ult. Si post emancipationem filii susceptus ex eo fuerit nepos, conservanda illi erit portio, sed quanta, videamus. finge enim patruo scripto heredi coheredem datum hunc nepotem, patrem autem ejusdem praeteritum accepisse contra tabulas bonorum possessionem; quod ad edictum praetoris attinet, semisses bonorum fient, nunc vero post constitutionem Divi Pii, si conservatur pars nepoti, utrum virilis an quarta debeat servari? nam si in avi natus potestate fuisset, conjungebatur in unam partem cum patre suo. et proponamus esse alium ex eodem nepotem in familia avi, duo unam quartam habituri erant, patre eorum accipiente contra tabulas bonorum possessionem, si fuissent in avi potestate: an ergo nunc in sescunciam tuendus sit, qui non in familia retentus est? et cui abscedet pars, quae huic cessura est, patri ejus tantum an et patruo? et puto, et patruo: nam et legatum eidem datum praestaret. — ht.[1]), l. 18. — l. 19. — Doch D. ht.[1]), l. 21. Si portio hereditatis, quam excepta persona beneficio legis habere potuit, repudietur: pro ea quoque parte filius, qui bonorum posses-

sionem accepit, non aliis quam exceptis personis legata praestabit. — b) D. ht. [1]), l. 15. §. 3. Ei, quae dotem non habet, nullum legatum debebitur, licet sub praetextu dotis legetur. l. 8. §. 8. Cum autem dotis nomine legatur, non puto ad virilem uxorem nurumve redigendam, cum mulier ista ad æs alienum veniat. §. 6. l. 10. pr. — Doch D. ht. [1]), l. 9. Sed etsi plus sit in legato, quam in dote, dabitur illis actio.

9) D. ht. [1]), l. 14. §. 1. ... melius est putare, omnes, qui contra tabulas bonorum possessionem acceperunt, cogendos id legatum praestare. l. 15. §. 1. ... et institutus eadem praestat, quae praeteritus. Selbst wenn von einem eingesetzten Notherben gar nichts verschafft war, sobald derselbe commisso per alium edicto der bonorum possessio sich anschließt, D. ht. [1]), l. 15. §. 1. Sed si unus emancipatus heres scriptus sit, alter praeteritus, et utrique contra tabulas bonorum possessionem acceperint, et institutus eadem praestat quae praeteritus. sed si solus heres institutus contra tabulas bonorum possessionem acceperit, omnibus debebit legata praestare, perinde atque si adisset hereditatem. sed si scriptus quidem adierit hereditatem, praeteritus autem bonorum possessionem acceperit, hic quidem, qui bonorum possessionem acceperit, certis personis legata debebit. de *scripto autem quaeritur*: et complures putant, certis personis *et* eum praestare debere; *quod puto verius esse.* nam et praetor hac ratione eum tuetur, quod ex liberis est, qui contra tabulas petere potuerunt. — Doch D. ht. [1]), l. 18. Nepos, qui in potestate mansit et filius suus heredes instituti sunt, nepoti legatum dedit: pater ejus emancipatus petit bonorum possessionem, nepos legato contentus est. quidam in eum solum, qui in potestate esset, legati actionem nepoti dandam responderunt, quia ei nihil auferatur, et emancipatus partem filii occupet, in qua onus legatorum non consisteret. sed rectius dicetur, in emancipatum solum dandam actionem nepoti, et quidem non ultra quadrantem. verglichen mit

D. de conj. cum em. lib., XXXVII. 8. l. ult., die vorhergehende Note.

10) D. ht.[1]), l. 10. §. 2. — l. 13. pr. .... quod si post mortem testatoris ante aditam hereditatem instituti decesserint, contra ipsos videri petitum, verum tamen ab iis relicta legata non esse praestanda, sed quae a substitutis relicta sunt.... Item a substituto legata deberi dicimus, si institutus conditione defectus esset, quae in ipsius potestate non fuit: nam si eam, quae in ipsius potestate fuit non implevit, pro eo habendus est, qui noluit adire hereditatem: quando nihil habiturus emolumenti conditioni merito non paruerit. —

11) D. ht.[1]), l. 15. pr. — Indessen D. de conj. cum em. lib., XXXVII. 8. l. 2..... absurdum est, patrem quidem ejus legata praestare, ipsum vero plus habere, cum eadem conditione in eandem partem vocantur.

12) D. ht.[1]), l. 15..... Quid ergo est? ubi praeteritus sit suus, verius est, quod dictum est: ubi vero scriptus est, et voluntatem patris habet, debet teneri legatariis etiam si omiserit bonorum possessionem. — ht., l. 20. §. 2. Legata tamen ex parte sua iste emancipatus liberis et parentibus praestare cogetur, non solida sed diminuta in dimidium, quod relinquitur manenti in potestate. sed nec adversus eum constituendae actionis legatorum ratio est, qui merito jure intestato heres extitit. sed qui accepit contra tabulas bonorum possessionem, etiam si non fuerit adita hereditas a scripto, praestat legata etc. Wäre also der suus eingesetzt, so ist weder er selbst noch der emancipatus, und wäre er enterbt, wenigstens der emancipatus nicht frei von Uebernahme der Verschaffungen an personae exceptae.

13) D. ht.[1]), l. 15. pr. junct. l. 16. Vorausgesetzt der suus gibt seine bonorum possessio, indem er gar nicht oder ab intestato erbt, nicht auf, D. si quis om. caus. test., XXIX. 4. l. 6. §. 9. — ht.[1]), l. 15. pr. .... quidam nec emancipatum praestare debere legata existimant, qui effectu fratri aufert partem dimidiam, cum, et si hic non peteret, *suus solus*

rem habiturus esset. — arg. D. ht.[1]), l. 14. pr. ...., nec enim occasio emancipati praeteriti debet institutum lucro adficere, cum praeteritus jure suo non utatur.

14) D. ht., l. 14. .... Sed illud observandum, ut praetor eum, qui heres institutus adierit, in eam partem, qua scriptus est, tueri debeat, dum tamen non ampliorem, quam habiturus esset, si bonorum possessionem accepisset, ut hactenus deteriorem causam suam fecerit; quod si ex minore parte sit institutus, eam duntaxat retinere possit, et quod extraneis quoque legata praestare cogatur. — ht.[1]), l. 16..... proinde si contra tabulas non accepit, dicendum est, tuendum eum in partem, et utique liberis parentibusque legata praestaturum. sed an et omnibus, dubito: tamen quia plena fruatur voluntate, plenum et obsequium testatoris judicio pro sua parte debet. — Nicht entgegen D. ht.[1]), l. 15. §. 1. nach Oben Note 9., auch nicht D. ht.[1]), l. 5. §. ult., die nachfolgende Note.

15) D. ht.[1]), l. 5. §. ult. Is autem, cui portio hereditatis conservatur, utrum omnibus, an tantum exceptis personis legata cogatur praestare: et magis probatur, exceptis personis solis praestanda. nec tamen *solius* (d. h. ejus, qui contra tabulas petit) commodo id cedit; nam si legatis onerata sit portio tam liberorum parentumve quam extraneorum, id quod extraneis non praestatur, liberis parentibusve profuturum non dubitamus: igitur ita demum quod extraneis non praestatur, communicatur cum eo, qui contra tabulas petit, si non legatariis liberis parentibusque dandum sit. —

§. 99.

Niemand, der contra tabulas bonorum possessio haben will, darf auf dieselbe nach dem Tode des Erblassers verzichtet haben [1]). Ein solcher Verzicht liegt auch darin, wenn Jemand irgend eine Vergabung von Seiten des Erblassers annimmt [2]), er gehörte denn zu denen, die commisso per alium edicto zur bonorum possessio zugelassen werden [3]).

1) D. ht., l. 15.

2) Sey sie ihm selbst, oder einer ihm unterworfenen Person gemacht, D. ht., l. 3. §. 15—16. — ht.[1]), l. 5. §. 2. .... Constituere igitur apud se debet, utrum contra tabulas bonorum possessionem petat, an vero legatum persequatur: si elegerit contra tabulas, non habebit legatum; si legatum elegerit, eo jure utimur, ne petat bonorum possessionem contra tabulas. — Wie wenn conditionis implendae causa angenommen wird?

3) Doch nur, wenn er gerade, weil er eingesetzt (oben §. 96. Note 20—23.), sich an dieselbe anschließen kann, D. ht., l. 10. §. 3. Illud notandum est, quod, etsi adierit hereditatem in adoptionem datus, contra tabulas ei datur. alias autem si quis legatum, si quis portionem sibi datam agnoverit, a contra tabulas bonorum possessione repellendus est. l. 14.... ut praetor eum, qui heres institutus adierit, in eam partem, qua scriptus sit, tueri debeat .... quod si ex minore parte sit institutus, eam duntaxat retinere possit etc. — ht.[1]), l. 15. §. 2. — Zu vergl. D. ht.[1]), l. 18., oben §. 98. Note 9. —

C. Gemeinschaftliches.

§. 100.

Die Ansicht, daß Justinian das formelle Notherbrecht theilweise mit dem materiellen vereinigt habe [1]), ist eben so unbegründet [2]), als die, daß durch **C. de inoff. test., III. 28. l. 32.** die Anordnungen des formellen Notherbrechts über bedingte Einsetzungen abgeändert worden seyen [3]), und als der positive Schluß von Intestaterbrecht auf Notherbrecht irgend einer Art [4]).

1) Durch C. de inoff. test., III. 28. l. 30. pr. Omnimodo testatorum voluntatibus prospicientes magnam et innumerabilem occasionem subvertendae eorum dispositionis amputare censemus, et in certis casibus, in quibus de inofficiosis defunctorum testamentis vel *alio modo subvertendis* moveri solebat actio ...., ut, sive adjiciatur in testamento de adimplenda legitima portione sive non, firmum quidem sit testamentum, liceat vero his personis, quae testamentum quasi inofficiosum vel *alio modo subvertendum* queri poterant, id quod minus portione legitima sibi relictum est, ad implendam eam sine ullo gravamine vel mora exigere etc.

2) Ihr stehen entgegen a) die Grundsätze über die bonorum possessio commisso per alium edicto, b) die vielen Stellen, worin theils gesagt, theils wesentlich vorausgesezt wird, daß ein mit Legaten und Fideicommissen bedachter Notherbe die bonorum possessio contra tabulas anstellen könne, wenn er sich der ihm gemachten Verschaffungen enthält, zu vergl. die Stellen oben §. 99. Note 2. und 3., und dazu noch D. ad Sctum Treb., XXXVI. 1. l. 27. §. 12. — ht., l. 16. — ht.[1]), l. 22. — de collat., XXXVII. 6. l. 1. §. 7. — Die Aufnahme dieser großen Anzahl von Stellen kann doch unmöglich einem bloßen Versehen, oder der Absicht, Merkmale des frühern Rechts in den Digesten übrig zu lassen, zugeschrieben werden. c) Einige Stellen, welche den Grundsatz enthalten, daß, einer singulären Verschaffung ungeachtet, sui ein Recht auf gehörige Einsetzung oder Enterbung haben, D. de lib. et post., XXVIII. 2. l. 19. — de hered. inst., XXVIII. 5. l. 61. — d) C. de inoff. test., III. 28. l. 30. §. 1.

Sin vero vel *praeterierint* aliquam eorum personam jam nutam vel ante testamentum quidem conceptam adhuc vero in ventre constitutam, vel *exheredatione* vel *alia* eorum mentione facta nihil eis penitus reliquerint, tunc vetera jura locum habere sancimus, nullam ex praesenti promulgatione novationem vel promutationem acceptura. — Daher denn auch e) in den vielen nach dieser l. 30. erlassenen Constitutionen die Bestimmung jener lex lediglich auf die querela inofficiosi testamenti bezogen wird, C. eod., l. 31. Quae nuper ad testamenta conservanda .. sancivimus, ut ratione falcidiae minime illis personis derelictae, quae ad inofficiosi testamenti querelam ex prioribus vocabantur legibus, non periclitentur etc. — l. 32. Quoniam .. statuimus, ut, si quid minus legitima portione his derelictum est, qui ex antiquis legibus de inofficioso testamento actionem movere poterant, hoc repleatur etc. — l. 34. .... tunc etenim secundum novellam nostri numinis constitutionem repletio quartae partis nepoti superest etc. l. 36. pr. — f) Daher konnte ferner in der, einige Jahre nach der l. 30. erlassenen C. ht., l. 4., welche der Anordnung der l. 30. namentlich gedenkt (quod si fuisset exheredata, quarta pars omnimodo totius substantiae ei relinqui debebat, et quam injuria dignam pater existimabat, amplius habebit ea, quam taciturnitate in institutione praeteriit: et si secundum nostrae *constitutionis definitionem, quam de supplemento quadrantis disposuimus, repletio* fuerat introducta, simili modo etc.), gesagt werden: sed quia et aliud vitium fuerat suo obtentu differentiae introductum, et alia jura exheredationis in postumis, alia in jam natis observabantur, cum necesse fuerat, postumam inter caeteros exheredatam etiam legatam honorari, filiam autem jam progenitam etiam sine datione legati etc. — und in den abermals einige Jahre später promulgirten Institutionen das frühere Recht wie in der l. 4. angeführt, und dessen Aenderung dieser l. 4. zugeschrieben werden, J. ht., §. 1. junct. §. 5. —

3) Die im Text angeführte Stelle bezieht sich einzig auf das Recht der Querel, des Pflichttheils, also auf das materielle Notherbrecht. Sie sezt folglich im Wesentlichen voraus, daß dem Testamente formell nichts entgegen stehe, und kann demnach nie zur Anwendung kommen, sobald eine angehängte Bedingung formellen Einfluß auf das Testament haben würde. Für den filius fam. als suus ist sie mithin nur dann von Bedeutung, wenn er unter einer potestativen Bedingung eingesezt oder unter der entgegengesezten enterbt ist; für postumi sui blos dann, wenn eine nicht potestative Bedingung bei ihrer agnatio eingetreten, oder auch sie auf den entgegengesezten Fall enterbt sind. Ausserdem für liberi, wenn mit der bedingten Einsezung, sofern die Bedingung keine potestative wäre, eine Enterbung verbunden wurde, indem sonst, träte die Bedingung nicht ein, das testamentum mit bonorum possessio contra tabulas anzufechten seyn würde. — Auf der andern Seite stünde wohl auch nichts Ernstliches im Wege, den Ausdruck „conditio" dem ganzen Zusammenhang nach zunächst nicht in der Bedeutung von eigentlicher Bedingung, sondern in der von „Belästigung" zu nehmen. Eine Bedeutung, welche der Bezeichnung des modus durch conditio zu Grunde liegt, D. de man. testam., XLIV. 4. l. 44., und in dem „conditionem *imponere*" bei potestativen Bedingungen, D. de hered. inst., XXVIII. 5. l. 4. §. 1. hervortritt, und endlich in dem Saze D. de cond. et dem., XXXV. 1. l. 60. §. 1. Fiscus iisdem *conditionibus* parere debet, quibus persona, a qua ad ipsum quod relictum est pervenit; sicut etiam cum suo *onere* hoc ipsum vindicat unmittelbar beurkundet ist.

4) Hatten doch Enkel von Töchtern ꝛc. gleich gutes Intestaterbrecht neben sui und liberi, und dennoch keinen Anspruch auf formelle Berücksichtigung, und eben so Kinder von einer Frau, ob sie gleich ab intestato und zwar civilrechtlich nach dem Sctum Orfitianum erbten. — Ferner mußten mütterliche Ascendenten materiell beachtet werden, wenn sie die

Querel nicht haben sollten, und doch erbten sie ab intestato nur unde cognati, und nach dem fernen agnatus, welcher civil- und prätorisch-rechtlich vorgehend die Querel nicht hatte. Selbst die väterlichen Ascendenten, waren sie nicht parentes manumissores, erbten blos unde cognati, und hatten dennoch die Querel, während die ab intestato vorgehenden agnati derselben so wenig theilhaftig waren, als uterini, die sogar den parens manumissor ab intestato ausschlossen.

Zweite Abtheilung.

Das Recht der Novelle CXV.

§. 101.

Alle Gründe [1]) dafür, daß die Novelle **CXV.** das frühere formelle Notherbrecht aufgehoben habe [2]), sind unstichhaltig [3]); vielmehr hat dieselbe blos das materielle Notherbrecht im Auge [4]).

Auch durch Doctrin [5]) und Praxis ist jene Annahme nicht gebilligt worden [6]), indem auch die letztere das frühere Recht, was die Nothwendigkeit und die Form der Einsetzung und Enterbung [7]), die Rechtsmittel [8]) und die Grundsätze wegen Uebergehung eines **postumus** [9]) betrifft, nicht für aufgehoben hält, und einzig in Hinsicht der Wirkungen, wenn **sui** oder **liberi** [10]) übergangen worden sind, eine Abänderung anzunehmen scheint [11]).

1) Ich habe die Gründe, wie sie bei verschiedenen Rechtsgelehrten vorkommen, zusammengestellt, obgleich oft der Eine die des Andern verwirft.

2) Man führt an I.) das zur Zeit Justinians herrschende Bedürfniß eines einfachern Notherbrechts, indem auf der einen Seite das Intestaterbrecht bereits vereinfacht, und auf der andern die Anwendung des frühern Notherbrechts mit allzugroßen Schwierigkeiten für diese Zeit verknüpft war; und II.) das Bestreben einer solchen Vereinfachung durch Verschmelzung des formellen mit dem materiellen Notherbrecht sey schon vor der Nov. 115. in C. de inoff. test., III. 28. l. 30. pr. sichtbar und habe durch diese Novelle nur seine Vollen-

dung erreicht. III.) die Novelle stelle dreimal das Uebergehen neben das Enterben, indem sie sage c. 3. pr. ... παιδας praeteritos καταλιμπανειν, ἤ ἀποκληρονομους .. ποιειν κ. τ. λ. c. 4 in f. και αὐται μεν της exhæredationos ἤ praeteritionos αἱ ποιναι κ. τ. λ. c. 5. pr. ... την ὕβριν της praeteritionos και exhaeredationos .. ἀνελειν κ. τ. λ. Zum Beweise, daß sie zwischen exhaeredare und praeterire gar nicht unterscheide, das Eine eben so betrachte und eben so wirken lasse, wie das Andere. Endlich IV.) die Novelle spreche ganz allgemein »non licere penitus ... praeterire aut exheredes facere« »non licere .. praeterire aut prolibet modo a rebus propriis .. omnino alienare,« und umfasse daher, wenn man Uebergehen und Enterben auch nicht gleich bedeutend nehme, doch beides; und sage sie dann »si haec non fuerint observata,« so beziehe sich das sowohl auf die alte wie auch auf die in der Novelle selbst vorgeschriebene Form. Eine nach alter wie nach neuer Form fehlerhafte Enterbung oder Uebergehung solle eben die Folgen haben, welche die Novelle anordne.

3) Denn ad I.) dürfte es doch a) etwas vorschnell erscheinen, von dem Daseyn eines Bedürfnisses auf dessen Befriedigung zu schließen, und als Beweisgrund anzusehen, was eine erwiesene Veränderung höchstens erklären könnte, b) auch gegen das Dringende jenes Bedürfnisses sprechen, daß Justinian weder zur Zeit der C. de lib. praet., VI. 28. l. 4., in welcher er doch eine sehr wesentliche Ausgleichung des frühern formellen Notherbrechts vornahm, noch zur Zeit der Abfassung der Institutionen, in denen er das Erbrecht der Descendenten zum größten Theile ausglich (oben §. 55), die Andeutung eines Bedürfnisses der Verschmelzung des formellen und materiellen Notherbrechts kund gibt. In der That kann auch c) wenn man die Leistungen der Sammler bei Abfassung der Justinianeischen Rechtsbücher gerecht würdigt, keineswegs mit Grund behauptet werden, daß die Anwendung des, wie man meint, so sehr verwickelten Notherbrechts die Fähigkeit der damaligen Rechtskundigen hinter

sich gelassen habe. Und d) war denn das Intestaterbrecht, die Basis des Notherbrechts, zur Zeit der Novelle 115. nicht eben so verwickelt, wie das Notherbrecht? Descendenten eines Mannes erbten bald als sui, bald, ohne sui zu seyn, neben diesen, bald blos prätorischrechtlich unde liberi, oder einzig unde cognati; Descendenten einer Frau entweder nach dem Sctum Orfitianum, oder prätorischrechtlich unde legitimi und unde cognati, nie unde liberi. Es bestunden mithin noch die wesentlichen Verschiedenheiten des Intestaterbrechts (oben §. 55. ff.), worauf gerade die Verschiedenheit des Notherbrechts der Descendenten sich gründete. Und vollends die Ascendenten! Väterliche erbten als parentes manumissores, oder prätorischrechtlich unde cognati, oder behielten sie das Vermögen des Kindes jure peculii; die Mutter, und nur sie nach dem Sctum Tertullianum, alle andern mütterlichen Ascendenten blos prätorischrechtlich unde cognati. Der Vater ward von Geschwistern ausgeschlossen, während die Mutter neben ihnen erbte (oben §. 57. ff.) Und bei diesem großen Unterschied alles Erbens ab intestato solle nun Justinian in der Novelle 115. das Notherbrecht aller Descendenten und Ascendenten gleich gemacht haben? — War ein Bedürfniß der Vereinfachung vorhanden, so mußte dasselbe in dem Intestaterbrechte zuerst fühlbar werden. Aber die Novelle 118 ist um einige Jahre jünger als die Novelle 115. Wie konnte also zur Zeit dieser Novelle die Nothwendigkeit, alles Notherbrecht der Descendenten und Ascendenten völlig gleich zu machen, gefühlt worden seyn, während ihr Intestaterbrecht, die Grundlage des Notherbrechts, noch so verschieden und in der That nicht weniger, wo nicht mehr verwickelt war als das letztere? — Umgekehrt ist es höchst wahrscheinlich, daß man an eine so durchgreifende Umgestaltung des Notherbrechts schwerlich zu der Zeit gedacht haben wird, wo das Intestaterbrecht noch mit allen seinen Verwickelungen im Ganzen feststund. — ad II.) ward bereits oben (§. 100.) nachgewiesen, daß sich die Annahme eines solchen Bestrebens durch C. de inoff. test., III. 28. l. 30. mit Nichten rechtfertigen lasse. — ad III.) Wenn die Novelle den Ausdruck »exhaeredare« und »praeterire« neben einander gebraucht, so folgt daraus noch nicht, daß der eine wie der andere für alle Arten von Notherben auf gleicher Linie stehe. So werden dieselben Ausdrücke auch in dem frühern Rechte vor der Novelle 115. ganz auf gleiche Art neben einander gestellt, z. B. J. de inoff. test., II. 18. pr. — D. de inoff. test., V. 2. l. 3. l. 5. §. 1. — C. de inoff. test., III. 28. l. 30. §. 1. — VI. 28. rubr. titul. — de suis et leg. lib., VI. 55. l. 9. — Gewiß wird aber Niemand behaupten wollen, daß nach dem vornovellischen Rechte das praeterire und das exhaeredare für alle Notherben gleich bedeutend und ohne unterscheidende Wirkung gewesen sey. Uebergehen und Enterben bezog sich je auf verschiedene Personen, jenes auf die, welche keiner exheredatio bedurften, dieses auf die, bei welchen eine praeteritio nicht genügte, sondern eine gehörige exheredatio erforderlich war. Warum in der Novelle 115. nicht eben so? Oder haben wir nicht alle Aufforderung, die Redeweise des vornovellischen Rechts, und namentlich die Redeweise Justinians selbst (J. l. c. — C. l. c.) auch bei der Novelle gelten zu lassen? Nur dann, wenn wir besondere, genügende Gründe hätten, dieselben Ausdrücke in ihrer Nebeneinanderstellung für die Novelle anders als für das frühere Recht aufzufassen, dürfte eine Abweichung von dem frühern Sprachgebrauch gerechtfertigt erscheinen. Solcher besondern Gründe haben wir keine. Im Gegentheil weist uns die Novelle selbst darauf hin, daß sie die Worte exheredatio und praeteritio ganz in dem frühern Sinne neben einander gestellt habe. Denn wie man sich derselben in dem frühern Recht nur da bedient, wo von Descendenten gegenüber von Ascendenten überhaupt die Rede war, gerade um die nothwendige formelle Berücksichtigung für einen Theil dieser Descendenten anzudeuten; eben so gebraucht sie die Novelle nur da, wo der Descendenten gegenüber von Ascendenten (c. 3. pr.) oder der

Descendenten und Ascendenten gegen einander (c. 4. in f. — c. 5 pr.) gedacht wird. Hingegen an der Stelle, wo sie über Ascendenten allein gegenüber von Descendenten spricht, bedient sie sich geflissentlich eines andern Ausdrucks statt des exheredare (c. 4. pr...., praeteritους καταλιμπανειν, ϗ .. των ἰδιων πραγματων ... ἀλλοτριους ποιεισθαι κ. τ. λ.); zum klaren Beweise, daß sie exhaeredare und praeterire keineswegs gleich bedeutend nahm oder genommen wissen wollte. — ad IV.) Ist es unrichtig, daß die Novelle 115. auch das frühere formelle Notherbrecht umfasse, und eine Verfehlung gegen dasselbe den gleichen Wirkungen, wie eine Verfehlung gegen ihre eigene Anordnung unterwerfe. Indem sie ein exheredare oder praeterire ohne Ursache verbietet, so gebietet sie doch nicht selbst auf's Neue ein exheredare; sondern sie setzt hier das frühere formelle Notherbrecht voraus. Man dürfe nicht exheredare — wo dieses nach dem bisherigen Rechte nöthig — oder praeterire — wo dieses genügend sey — ohne eine Ursache beizufügen. Daß man daher in gewissen Fällen exheredare müsse, das befiehlt sie nicht erst, sondern setzt es als schon befohlen voraus. Wenn sie nun weiter verordnet »si haec non fuerint observata etc.«, so kann hierunter unmöglich der Fall begriffen werden, wenn Jemand nicht exheredirte, wo er nach dem bisherigen Rechte exheredare sollte; diese Worte beziehen sich einzig auf das, was die Novelle selbst vorschreibt, nicht auf das, was sie als bereits vorgeschrieben lediglich voraussetzt. Ist demnach gegen das exheredare gefehlt, wie und wo es nach frühern Rechte vorhanden seyn sollte, so können auch nur die Folgen des frühern Rechts eintreten.

4) Dieß ergibt sich a) daraus, daß ein früheres Recht durch ein späteres nur dann für aufgehoben gilt, wenn es ausdrücklich oder doch stillschweigend nach dem Geiste des spätern Rechts als aufgehoben erscheint. Beides ist hier nicht geschehen; und wollte man auch in Betreff der stillschweigenden Aufhebung wegen der oben (Note 2.) angeführten

Gründe nicht alle Bedenklichkeit für beseitigt halten, so müßte man doch in Erwägung des dagegen Ausgeführten (Note 3.) die Aufhebung für zweifelhaft gelten lassen. Alsdann aber müssen wir den Fortbestand des alten Rechts, gerade weil dessen Aufhebung zweifelhaft ist, annehmen. Indessen gibt die Novelle selbst Andeutungen genug an die Hand, aus denen wir mit ziemlicher Sicherheit schließen dürfen, daß jener Fortbestand gerade mit ihrem Sinne übereinstimme und in ihrer Absicht gelegen sey. Wir rechnen dahin b) das Nebeneinanderstellen des exheredare und praeterire, mit Rücksicht auf das, was oben (Note 3.) ad III. und IV. darüber bemerkt worden ist; und in Verbindung damit c) den Umstand, daß die Novelle ihre Anordnung bei Descendenten gerade also (nach der Vulgata) ausdrückt: »Sancimus igitur, non licere penitus patri vel matri ... suum filium vel filiam vel ceteros liberos praeterire aut exheredes in suo facere testamento, *nec si per quamlibet donationem vel legatum vel fideicommissum vel alium quemcunque modum eis dederit legibus debitam portionem*, nisi etc. Hier zeigt doch die Novelle klar, daß sie blos das materielle Notherbrecht im Auge habe. Eltern sollen nicht enterben — wo dieß nöthig — oder übergehen — wo dieß genügt; und würden sie auch ihre Kinder durch Legat, Fideicommiß ꝛc. noch so sehr bedenken. Konnte sie ihre auf Abänderung des materiellen Notherbrechts gerichtete Absicht klarer an den Tag legen, als dadurch, daß sie gerade materieller Verschaffungen gedenkt, und dieselben als solche nicht für genügend erachten will? Hätte sie das formelle Notherbrecht des frühern Rechts aufzuheben, und mit dem materiellen zu vereinigen gemeint, wie ganz anders mußte sie sich ausdrücken! Sie hätte jedenfalls keinen Beisatz wie den »nec si per quamlibet donationem etc.« machen und durch denselben andeuten können, daß bisher eine exheredatio und praeteritio durch Hinzufügung solcher Verschaffungen erlaubt gewesen sey, sie nun aber dieß abändere — abändere mithin, was bisher gestattet, nicht was auch nach dem frühern Rechte schon unstatthaft war. Endlich d) dürfen wir den schon von den Zeiten der Glosse her gelten gemachten Grund nicht so gar gering anschlagen: Justinian habe die Notherben durch die Novelle gewiß in eine bessere Lage versetzen, sie von der injuria exheredationis und praeteritionis mehr befreien wollen. Nun hätte er aber durch Aufhebung ihres formellen Rechts die Descendenten, welche formelle Berücksichtigung fordern durften, eigentlich in eine weniger gute Lage versetzt; er hätte sie dann von keiner injuria praeteritionis befreit, da sie gegen diese schon vorher geschützt waren. Er würde sie vielmehr in Vergleich mit dem frühern Recht erst einer kleinen injuria praeteritionis unterworfen haben.

5) Wenn wir die Schriftsteller zu Note 6—8. in's Auge fassen, so kann es sich nur fragen, ob bedeutende Autoritäten auch in Betreff der Wirkungen das alte formelle Notherbrecht fortgelten lassen. Denn wäre dieß der Fall, so würde auch der Satz zur Genüge begründet seyn, daß wenigstens die Doctrin das alte Recht nicht entschieden als aufgehoben betrachte. An solchen bedeutenden Autoritäten fehlt es nun keineswegs. Selbst mehrere von denjenigen, welche eine entgegengesezte Praxis theilweise anerkennen, sind doctrinell dem Fortbestehen des frühern formellen Notherbrechts zugethan. Man vergl. z. B. A. Alciati, parerga, III. c. 9. ad D. de lib. et post., l. 7. nr. 4. sequ. — Cujacius, ad D. de lib. et post., l. 4. — de inj. rupt irr. test., l. 17. — Comment. in Resp. Papiniani (Op. Paris. 1658. p. 214. sequ.), F. Hotomannus, Observ. lib. IV. obs. 26. Consilia (1586), cons. 67. — Ant. Faber, de error. pragm., dec. XX. err. 4. — Melch. Kling, in Inst. II. 13. pr. nr. 1—2. §. 5. — II. 18. nr. 1—4. nr. 12. — Petr. Gudelin, de jure novissimo, lib. II. c. 4. c. 7. 8. — J. Harpprecht, ad J. II. 13. §. fin. nr. 6. sequ. — Addit. et Annotat. ad J. Clari Sent. lib. III. §. testamentum, qu. 52. — H. Treutler, selectae disputationes (ed. V^a. Marb. 1606.) vol. I. disp. 13. thes. 8—10. vol. II. disp. 11. thes. 1. — disp. 15. thes. 3. J. Meier, Collegium Argento-

ratense, XXVIII. 3. nr. 3. sequ. — H. Zoesius, comment. ad Dig. V. 2. nr. 5. — XXVIII. 2. nr. 23. sequ. nr. 30—31. H. Bocer, Disputationes de universo quo utimur jure (Tub. 1612.), Cl. III. disp. III. thes. 16—17. — G. Schifordecker, Disput. forens., tract. VII. (wo die richtige Ansicht mit vielem Scharfsinn vertheidigt ist). R. Bachovius, J. II. 18. pr. nr. 3. sequ. — Osw. Hilliger, Donellus enucleatus, VI. 13. Note f. — A. Vinnius, Selectae juris quaestiones, lib. II. c. 20. — Ant. Perez, in Cod. lib. VI. tit. 28. — Geo. Franzkius, Exercitationes, exercit. VI. — J. Strauch, Dissertationes ad jus Justinianium privatum, dissert. IX. Thes. 14—15. — Ulr. Huber, Praelectiones jur. civ., ad J. II. 13. §. 2. — B. Bardili, Conclus. theoretico-pract. (Tub. 1683.), exercit. 6. concl. 2. sequ. — Ger. Noodt, ad Tit. D. de inoff. test., in oper. (Col. Agr. 1732.) p. 130. p. 136. — Consilia Tubingensia, vol. V. cons. 35. nr. 8. sequ. — J. Voet, ad D. V. 2. nr. 5. sequ. nr. 23. — XXVIII. 2. nr. 4. — Jos. Averani, Interpretat. jur., lib. I. c. 10. nr. 40. — Sam. de Cocceji, Jus civile controv., p. II. ad D. XXVIII. 2. et 5. quaest. 5. Zu vergl. p. I. ad D. V. 2. qu. 6. — F. E. v. Pufendorf, Observationes juris univ., tom. IV. obs. 76, — D. Struben, Rechtliche Bedenken, Ausg. von Spangenberg, Thl. 2. Bed. 514. — A. H. F. G. a Wittorf (pr. Paelike), de erroribus quibusd. circa quer. inoff. test. (Helmst. 1763) §. 5. und err. III. p. 21. sequ. J. G. Schaumburg, Compendium jur. Digest. XXVIII. 3. §. 2—3. Hellfeld, Jurisprud. forens., §. 1427. — C. C. Hofacker, Principia jur. civ. Romano-Germ., tom. II. §. 1282. sequ. 1638—39. §. 1692. — L. J. F. Höpfner, Theoretisch-pract. Commentar (8te Ausg.) §. 524. ff. — Koch, Bonorum possessio, S. 134—186. — J. G. P. du Roi, de testamento ob exhered. sine elog. fact. non ipso j. nullo (Helmst. 1780) §. 2. 6. — Fratr. Becmannorum et consilia, p. I. cons. 40. nr. 5. sequ. Haubold, de differentiis inter testam. null. et inoff. (Lips. 1784), c. 2. c. 5. sequ. — G. J. Stein, Versuch einer theoretisch-pract. Abh. über die Lehre des R. R. von pflichtwidrigen Testam. (Erl. 1798) §. 8. ff. §. 45. ff. — A. F. J. Thibaut, System des Pandektenrechts (8te Ausg.) §. 965—972. — Heise, de successoribus necessariis (Gött. 1803) §. 13. und Wening-Ingenheim, Lehrbuch des Civilrechts Bd. 3. B. 5. §. 154. — A. Schweppe, das röm. Privatrecht (fortgesezt von W. Meier), Bd. 5. §. 972. — E. Schrader, de nexu successionis ab intestato et quer. inoff. test., Gött. 1802, §. 73. — F. W. Gambsjäger, Testamentum in genere, in specie inofficiosum (Manh. 1803) p. III. §. 8. p. IV. §. 4. — C. F. Glück, Pandekten-Commentar, Thl. 7. (1804) S. 326 ff. — G. Planck, de nexu et habitu inter diversas succ. necess. species etc. (Gött. 1806), §. 12. sequ. — F. Mackeldey, Lehrbuch des heut. römischen Rechts (10te Ausg.) §. 659. ff. — Arist. Cralle, de portione legitima (Bonn. 1820), §. 18. Note 33. — v. Hartitzsch, das römische Privatrecht (Lpz. 1831), S. 399 ff.

6) Eine monographische, dogmengeschichtliche Abhandlung über das Notherbrecht, die ich, wenn Gott Leben und Gesundheit noch weiter schenkt, wohl bald dem Druck übergeben zu können hoffe, wird Alles, was in den Paragraphen 101. ff. hinsichtlich der Doctrin und Praxis bemerkt ist, genauer erörtern und zu erweisen suchen. Hier muß ich mich mit Andeutungen, und der Anführung des Wichtigern, und mit einer bei weitem nicht erschöpfenden Angabe der Schriftsteller und deren verschiedenen Meinungen begnügen.

7) Allerdings halten Einige die Form der Einsetzung durch C. de inoff. test., III. 28. l. 32., und wieder Einige den Unterschied der formellen Berücksichtigung bei sui und liberi wegen J. de exher. liber., II. 13. §. 5. für aufgehoben; während abermals Einige die Nothwendigkeit formeller Berücksichtigung auch auf andere Pflichttheilsberechtigte wenigstens theilweise ausdehnen. Im großen Ganzen indessen ist das Erforderniß der formellen Beachtung von den Meisten anerkannt, und die eben vorhin angeführten Modificationen haben schlechterdings keinen Bestand, weder in der Doctrin

noch in der Praxis gewonnen. Man vergl. außer den in der vorigen Note angeführten Schriftstellern, beispielsweise noch folgende, welche das formelle Notherbrecht in Betreff der Wirkungen mehr oder weniger unter die Auth. ex causa stellen, als Oldradus, Consilia (Venet. 1571), cons. 171. nr. 11. — Bartolus ad C. auth. ex causa, nr. 10. sequ. — Baldus, ad C. l. c. nr. 5. nr. 12—14. nr. 41. sequ. — Paulus de Castro, ad C. l. c. nr. 3—5. nr. 9. — Franc. Curtius, ad C. auth. sine causa, nr. 14—16. — Card. Tuschus, practicae conclusiones, sub voc. exheredatio, concl. 578—9, praeteritio, concl. 687—8. — J. Clarus, Sentent. lib. III. §. testamentum, qu. 39. qu. 42. — F. Duarenus, ad D. de lib. et post., c. 3. — de hered. inst., c. 4. — H. Donellus, Comment. j. c., VI. c. 12—13. — Hier. Schurff, Consilia (Fcf. 1575), cent. 2. cons. 97. — Joach. Mynsinger, in J. de exher. lib., pr. nr. 3. sequ. — Joh. Schneidewin, in J. l. c. pr. nr. 5. sequ. — Wesembecius, ad D. de lib. et post. — Mich. Grafs, Receptae sententiae (Fcf. 1609) §. testamentum, qu. 36. qu. 37. sequ. — H. Vultejus, Consilia Marpurg., vol. I. cons. 20. nr. 73—74. vol. II. cons. 19. nr. 21. vol. III. cons. 28. nr. 99. sequ. — A. Fachinæus, Controv. juris (Ing. 1600), lib. V. c. 71. — H. Meyrer, de testam. successionibus (Fcf. 1608), lib. I. tit. 7. — J. Thilmannus de Benignis, Illustr. et solemn. relationum (Urs. 1601), resp. testamento-feudale, p. 52. nr. 118. sequ. — C. Rittershusius, ad J. de exher. lib., §. 5. §. ult. — a Sande, Decis. frisic., lib. IV. tit. 2. def. 1. — Christinæus, Decisiones Belg., vol. IV. dec. 18. 19. — H. U. Hunnius, Variae resolutiones (Fcf. 1616), lib. II. tract. V. qu. 17. 18. — Encyclopaed. jur. univ., p. IV. tit. 8. c. 2. tit. 9. c. 1. — Ch. P. Richter, Decisiones, dec. 41. nr. 40. sequ. — H. Hahn, ad Wesemb. (Helmst. 1668), p. 176. c. 2. p. 177. c. 2. — C. Manzius, de testam. valido vel invalido, tit. 8. qu. 2. tit. 10. qu. 1—5. — Brunnemann in C. auth. non licet, nr. 1. ad D. de lib. et post., l. 4. — D. Mevius, Decisiones, p. IV. dec. 14. dec. 183. — G. Ad.

Struve, Syntagma jur. civ., exercit. 32. §. 25. exercit. 33. §. 46. sequ. — J. Schilter, Praxis jur. rom., exercit. 38. §. 53. 98. 102. — S. Stryck, Usus mod. D. de lib. et post., §. 3—7. — de caut. test., c. 16. §. 2. sequ. §. 32. — c. 19. §. 2. sequ. — Simon van Leeuwen, Censura forensis, lib. III. c. 4. nr. 10. — de Berger, Oeconom. juris, II. 4. §. 13. Note 8. §. 14. Note 2. — A. F. Bernegger, Instit. imperial. examen theoretico-pract., II. 13. qu. 5. sequ. — qu. 15. — II. 14. qu. 24—25. — a Wernher, Selectae obs. forens., tom. I. obs. 407. p. 5. obs. 210. — G. G. Titius, Jus privatum romano-germanicum, lib. VII. c. 4. §. 2—3. §. 20. — J. H. Bœhmer, Introductio in j. D. XXVIII. 2. §. 9. sequ. — de Canngiesser, collectio notab. decis., tom. I. dec. 66. nr. 1. nr. 7—8. — dec. 110. nr. 1. — Mich. G. Wernher, Commentationes in Pand., XXVIII. 2. §. 9. — XXVIII. 7. §. 12. — J. D. Peregrinus, manuductio ad jurisprudentiam etc. (ed. V[ta.] Salisb. 1762) II. 13. §. 1. §. 2. nr. 1—11. — II. 14. nr. 8—9. — C. F. Walch, Introductio in controv. j. civ. II. c. 4. m. II. §. 10. sequ. — G. L. Böhmer, Auserlesene Rechtsfälle (Gött. 1799), Bd. 2. resp. 145. §. 14. — Mühlenbruch, Fortsetzung des Glück'schen Commentars, Thl. 37. §. 1425 b. S. 189 ff.

8) Hält man das frühere formelle Notherbrecht für aufgehoben, so kann es immer noch, je nachdem man eine Ansicht von der Novelle 115 hat, eine Nullität, sey es von Anfang sey es in der Folge, oder eine Querel, oder beide zusammen, bald die eine nehmlich bald die andere, aber durchaus keine bonorum possessio contra tabulas mehr geben. In der Zulassung der bon. poss. cont. tab., ob durchgreifend oder nur in einzelnen Fällen, liegt mithin ein sicheres Kennzeichen von der Annahme einer Fortdauer der alten Rechtsmittel. Umgekehrt weist die Nichtzulassung dieser bon. p. noch nicht auf die Ansicht hin, daß das formelle Notherbrecht in die Novelle aufgenommen und in ihr untergegangen sey, indem, wer allen Unterschied zwischen emancipati und sui für aufgehoben ansieht, trotz der Fortdauer des alten formellen

Notherbrechts, keine b. p. contra tabulas als nöthig sondern für emancipati die gleichen Mittel wie für sui anerkennen wird. — Man vergl. nun zu den Note 5. angeführten Schriften, mit weniger Ausnahme, z. B. noch folgende: Bartolus, ad C. auth. ex causa, nr. 12. — J. Clarus, l. c. (die vor. Note) qu. 42. nr. 2. — qu. 43. nr. 4. — H. Donellus, l. c. (die vor. Note). — F. Duarenus, in D. de inoff. test., c. 3. — de lib. et post., c. 3. — V. Zuichem, in J. II. 13. §. 5. nr. 6—8. — B. Wurmser, Practicae observ., tit. 39. obs. 13. — J. Mynsinger, ad J. II. 13. §. 5. nr. 3. — Wesembecius, ad D. de legat. praest. — M. Grass, l. c. (die vor. Note) qu. 36. nr. 3. — Matth. Stephani, Commentarius in Novellas, ad Nov. 115. nr. 17. nr. 22. c. f. — H. Meyrer, l. c. (die vor. N.) I. tit. 16. nr. 9. sequ. — C. Rittershusius, in J. II. 13. §. 5. — H. U. Hunnius, Encyclop. juris univ., p. IV. tit. 9. c. 1. nr. 2. — c. 2. nr. 8. — Brunnemann, ad D. de bon. poss. c. tab., l. 8. l. 10. §. 4. — C. Manzius, l. c. (die vor. Note) tit. 8. qu. 2. nr. 71—123. — W. A. Lauterbach, Coll. theoretico-pract. ad D. V. 2. §. 10—12. — S. Stryck, Usus modern. P. de bon. p. cont. t., §. 2. sequ. — de Berger, Oeconomia j., II. 4. §. 23. — J. H. Bœhmer, Introd. in j. D. XXXVII. 4. nr. 3. — M. G. Wernher, Commentationes in Pandectas, XXXVII. 4. §. 2—3. —

9) Dieß ergibt sich theils daraus, daß fast alle Rechtsgelehrten die nicht gehörige Berücksichtigung eines postumus erst mit dem Erscheinen desselben wirken, theils daraus, daß sehr viele hier auch die Wirkungen des frühern Rechts eintreten lassen, obgleich manche unterscheiden, ob der postumus ohne oder mit Wissen übergangen worden sey. Indessen behandeln auf der andern Seite Manche den postumus gegenüber den mütterlichen Ascendenten nach neuestem Rechte eben so, wie der postumus gegenüber von väterlichen Ascendenten nach vornovellischem Rechte behandelt werden muß; während abermals Andere glauben, nach neuestem Rechte könne ein postumus gar nicht mehr enterbt werden. — Man

sehe hierüber außer den Note 5. angeführten Schriftstellern, welche alle das frühere Recht überhaupt und so namentlich in Betreff des postumus für anwendbar erklären, beispielsweise noch, Oldradus, l. c. (Note 7.) cons. 149. — Albericus de Rosate in C. auth. ex causa, nr. 12—13. — Jas. Maynus, in C. auth. ex causa, nr. 2. sequ. — Tib. Decianus, Consilia (Venet. 1579), resp. 37. — J Clarus, l. c. (Note 7.) qu. 52. nr. 3. sequ. — A. Gratianus, Disceptationes forens. (Col. Allob. 1615) tom. II. c. 398. — Sichardus, in C. auth. cit., nr. 4. sequ. — J. Mynsinger, in J. II. 13. §. 3. nr. 8. — And. Gail, Practicae observationes, II. obs. 113. nr. 2. sequ. A. Fachinæus, l. c. (Note 7.) lib. IV. c. 14. — Thilmannus de Benignis, l. c. (Note 7.) nr. 171. sequ. — Consultationes sive Responsa cujusd. in Cam. Imp. quondam advocati (Spir. 1612), resp. 40. p. 235. c. 2. — Christinæus, l. c. (Note 7.) vol. I. dec. 387. vol. V. dec. 200. nr. 21. sequ. — B. Carpzov, Definitiones forenses, p. III. const. 9. def. 4—5. — Brunnemann, in C. auth. ex causa, nr. 5. — J. Philippi, Usus pract. Inst., II. 13. ecl. 56. — D. Mevius, ad jus Lubec., p. II. tit. 2. art. 5. nr. 29. sequ. — S. Stryck, Usus modern. D. de inoff. test., §. 8. — de Lyncker, Consilia s. responsa, resp. 37. — de Berger, l. c. (Note 8.) II. 4. §. 21. Note 1. — de Ludolf, observ. forenses, tom. I. obs. 11. — a Wernher, l. c. (Note 7.) t. III. p. 1. obs. 166. — p. 3. obs. 60—61. — G. G. Titius, Jus privatum romano-german. (Lips. 1709), lib. 7. c. 8. §. 5—6. — J. H. Boehmer, Consult. et decis., resp. 679. — Aug. Leyser, Meditationes ad Pand., spec. 359. med. 7. 361. med. 18. — Ludovici, Doctrina Pand., XXVIII. 2. §. 3. — Joh. Jod. Beck, Responsa juris (Norimb. 1736) resp. 6. nr. 17. sequ. — J. R. Engau, Decisiones et responsa (Jen. 1761), p. I. dec. 107. — p. II. resp. 76. — C. F. Walch, l. c. (Note 7.) membr. IV. §. 6. — C. G. Schmidt, theor.-pract. Commentar zum Lehrbuch von den gerichtl. Klagen und Einreden, Thl. 3. §. 545. — Kind, Quaestiones forenses, tom. I. c. 50. p. 262. ff. —

10) Sofern nach dem zu Note 9 Bemerkten die liberi nicht postumi sind.

11) Freilich unterscheiden Manche noch, ob ein väterlicher Ascendent wissentlich oder unwissentlich präterirt habe. Man vergl. Baldus, ad C. auth. ex causa, nr. 14. — Paulus de Castro, ad C. eod. nr. 12. sequ. — Al. Tartagnus, Consilia, vol. I. cons. 26. II. cons. 142. — Jas. Maynus, ad C. eod. nr. 1. 8. — Consilia (Lugd. 1544) vol. I. cons. 113. vol. IV. cons. 104. nr. 3. — F. Curtius, ad C. auth. cit., nr. 10—11. — Ph. Decius, Consilia (Lugd. 1556), cons. 228. 478. — St. Gratianus, Disceptationes forenses, tom. II. c. 398. — J. Clarus, l. c. (Note 7.) qu. 52. — St. Bertrandi, Consilia (Lugd. 1560) vol. I. p. 2. cons. 139. nr. 1. sequ. vol. VII. cons. 137. — H. Donellus, l. c. (Note 7.) c. 13. — Fr. Duarenus, ad D. de inj. r. irr. test., c. 2. — B. Wurmser, l. c. (Note 8.) obs. 9. nr. 11. — H. Schurff, l. c. (Note 7.) cons. 97. nr. 3. — V. Zuichem, ad J. II. 18. pr. nr. 4. — J. Mynsinger, ad J. II. 13. §. 3. nr. 8. §. ult. nr. 5. sequ. — Andr. Gail, l. c. (Note 9.) obs. 113. nr. 1. sequ. obs. 134. — J. Schneidewin, ad J. II. 13. §. fin. nr. 3. — Wesembecius, ad D. de legat. praest. — M. Grass, l. c. (Note 7.) qu. 48. 49. 53. — Dan. Venatorius, Enarratio method. C. de lib. praeter. — H. Meyrer, l. c. (Note 7.) lib. IV. tit. 9. nr. 17. sequ. — C. Rittershusius, ad J. II. 13. §. 3. c. f. — M. Stephani, l. c. (Note 8.) ad Nov. 115. nr. 22. — Ev. Bronchorst, Ἐναντιοφανων (Lugd. Bat. 1595), cent. II. ass. 35. — Christinæus, l. c. (Note 7.) vol. IV. dec. 1. nr. 6. — dec. 9. 18. vol. V. dec. 200. — M. Berlich, Conclusiones practicabiles (Lips. 1616), tom. III. concl. 16. — H. U. Hunnius, Variae resolut., l. II. tract. 5. qu. 12. sequ. — Encyclop. jur. un. lib. IV. tit. 9. c. 3. — B. Carpzov, l. c. (Note 9.) p. III. const. 9. def. 3. — const. 10. def. 3—4. — J. Philippi, l. c. (Note 9.) ecl. 55. — Ch. Ph. Richter, expositio omnium auth., ad auth. ex causa. — J. Brunneman, ad C. auth. ex causa. — C. Mantzius, l. c. (Note 7.) tit. 9. qu. 9. nr. 6. sequ. nr. 9. sequ. — D. Mevius, ad J. Lub., lib. II. tit. 2. art. 5. nr. 29. sequ. — S. Stryck, Usus modern. D. de inoff. test. §. 7. — J. Hoppius, in J. II. 13. §. 5. —

W. A. Lauterbach, Collegium theoretico-pract. ad D. XXVIII. 2. und 5. §. 7. — S. van Leeuwen, l. c. (Note 7.) nr. 31. — de Berger, l. c. (Note 9.) — a Wernher, l. c. tom. I. p. IV. ob. 132. — t. II. p. X. obs. 455. — J. H. Bœhmer, Introd. in jus Dig., XXVIII. 2. nr. 7. — G. G. Titius, l. c. lib. VII. c. 8. §. 3. sequ. — Ludovici, l. c., XXVIII. 3. §. 2. — C. Thomasius, Annotat. theoretico-pract. ad J. Strauchii Diss. ad Jus just. priv., diss. IX. thes. 15. — H. E. Flœrke, Annot. ad syntagma civile Struvian., exercit. 32. thes. 26. — A. Leyser, Meditat. ad Pand., spec. 361. medit. 18. — J. F. Carrach, de diff. jur. R. et G. in hered. inst. necess. (Hal. 1751) §. 15. — de Cangiesser, l. c. tom. I. dec. 24. nr. 18—19. — C. G. Schmidt, theoret.-pract. Commentar zur Lehre von Klagen und Einreden, Thl. 3. §. 544. — Mueller, Promptuarium juris, s. v. Querela nullitatis, nr. 4. — Selbst von den Rechtsgelehrten, welche die Fortdauer des alten Rechts behaupten, geben doch mehrere eine, in Betreff der Wirkungen entgegenstehende Praxis zu. So J. Harpprecht, ad J. II. 13. §. fin. nr. 6. — A. Faber, de error. pragm., dec. XX. err. 4. — J. Meier, Colleg. Argent., ad D. de inj. r. irr. t., nr. 4. — A. Vinnius, Select. jur. quaest., l. II. c. 20. — G. Franzkius, l. c. (Note 5.) nr. 4—5. — Consilia Tubingensia, vol. I. cons. 26. nr. 56. — Dessen ungeachtet sage ich im Texte nur „scheint." Denn ich habe noch, wie ich wenigstens meine, sehr erhebliche Zweifel gegen die Annahme einer solchen Praxis. Indessen dürfte hier weder der passende Ort noch Raum zur nähern Erörterung dieser Bedenklichkeit seyn. — Zu vergl. S. de Cocceji, l. c. de inoff. test., qu. 5.... In hoc proinde conflictu tutius est insistere rationi juris civilis. —

§. 102.

Dagegen hat diese Novelle verordnet, daß es für Eltern und Kinder [1])

I. nicht mehr genüge, wenn denselben der Pflichttheil durch eine singuläre Verschaffung zugedacht worden wäre[2]), sondern sie müssen zu Erben eingesezt seyn[3]), können aber dann auf einzelne Gerechtsame angewiesen werden[4]), und dürfen das, was sie zu wenig erhielten, blos durch eine actio suppletoria nachfordern[5]); sind jedoch auch genöthigt, was ihnen sonst singulär verschafft wurde, sich auf den Pflichttheil einrechnen zu lassen[6]). Die Einsetzung kann auch unter einer Bedingung geschehen[7]), wird aber, so weit der Pflichttheil geht, als eine unbedingte behandelt[8]).

1) Der Geschwister gedenkt die Novelle nicht, für sie gilt mithin das alte Recht unverändert.

2) Nov. CXV. c. 3. pr..... *παιδας* praeteritos *καταλιμπανειν, ἢ ἀποκληρονομους ἐν τῃ ἰδιᾳ ποιειν διαθηκῃ, κἀν εἰ δι' οἱασδηποτε δωρεας, ἢ λεγατου, ἢ φιδεικομμισσου, ἢ ἀλλου οἱουδηποτε τροπου την .. αὐτοις ὀφειλομενην μοιραν παρασχοιεν κ. τ. λ.* c. 4. pr.... *τους ἰδιους γονεις* praeteritous *καταλιμπανειν, ἢ καθ' οἱονδηποτε τροπον των ἰδιων πραγματων ... τουτους παντελως ἀλλοτριους ποιεισθαι κ. τ. λ.*

3) Dieß folgt a) daraus, daß man sie nicht exheredare und nicht praeterire soll, b) aus Nov. cit. c. 5. pr.... *Εἰ δε τινες κληρονομοι ὀνομασθειεν κ. τ. λ.* „Zu Erben einsetzen" (*κληρονομους ὀνομαζειν*) heißt aber gewiß nicht, sie blos als Erben benennen, ohne daß sie in der Wirklichkeit einen Theil der Hinterlassenschaft, und wäre es auch ein noch so kleiner, erhalten. Denn ein solches Spiel mit Worten lag gewiß nicht in der Absicht Justinians.

4) Nov. cit., c. 5. pr.... *Εἰ δε τινες κληρονομοι ὀνομασθειεν, κἀν εἰ ῥητοις πραγμασιν ἀρκεσθηναι προσταχθειεν, ἐν τουτῳ την μεν διαθηκην μη ἀνατρεπεσθαι προσταττομεν*

κ.τ.λ. und dem ist es natürlich gleich, wenn der Erblasser, statt sie für ihren Erbtheil auf Einzelnes anzuweisen (certa re contentos esse jubere), sogleich in re certa sie eingesetzt hätte, oben §. 19. Note 6.

5) Nov. l. c. ... *ὅπερ δ' ἂν ὑπελαττον αὐτοις της ἐκ των νομων μοιρας καταλειφθη, τουτο κατα τους ἀλλους ἡμων νομων παρα των κληρονομων ἀποπληρουσθαι.* Für die actio suppletoria noch zu vergl. §. 88. Note 11. — Durch diese repletio ist denn auch der Pflichttheilsberechtigte jedenfalls gesichert gegen Vernachtheiligungen, welche daraus entstehen, daß der Erblasser den Nachlaß durch allzubedeutende Singularsuccessionen von Todes wegen, Legate, Fideicommisse, donationes mortis causa herunter gebracht hat. — Vor Einführung der actio suppletoria durch Justinian C. de inoff. test., III. 28. l. 30. war der Pflichttheilsberechtigte, sofern er ab intestato erbte, schon durch die lex Falcidia genügend gedeckt, C. de famil. herc., III. 36. l. 16. l. 21. l. 26. Erbte er ex testamento, vermöge einer die Größe der Intestatportion erreichenden, oder gar übersteigenden Einsetzung, so fand er wiederum in der lex Falcidia genügenden Schutz. Blieb jedoch die Einsetzung hinter der Intestatportion zurück, so gewährte ihm die Falcidia durchaus nicht so viel, als der Pflichttheil ausmachte; hier mußte er mithin — wo der Erblasser nicht eine Vorkehrung wegen der portio legitima getroffen hatte — die Querel anstellen, C. de inoff. test., l. III. 28. l. 8. Parentibus arbitrium dividendae hereditatis inter liberos adimendum non est: dummodo non minus is, qui pietatis sibi conscius est, partis, quae intestato defuncto potuit ad eum pertinere, quartam ex judicio parentis obtineat. Qui autem agnovit judicium defuncti . . . etiamsi minus, quam ei debebatur, relictum est, ... *accusare ut inofficiosam* voluntatem patris . . non potest. Nachdem Justinian die actio suppletoria eingeführt hatte, so fiel die Querel natürlich auch in dem lezten Fall hinweg, und der eingesezte Notherbe erhielt die Ergänzung seines Pflichttheils

von allen leztwillig Bedachten, sowohl seinen Miterben als den Singularsuccessoren, versteht sich, so weit er nicht schon durch die Falcidia um denselben befriedigt ward. — In Folge der Erhöhung des Pflichttheils durch Novelle XVIII. kann die Falcidia den Pflichttheilsberechtigten, erbe er nun ab intestato oder ex testamento, nicht mehr schützen, außer er wäre als Erbe zu einer, seine Intestatportion verhältnißmäßig übersteigenden Quote eingesezt. Wo dieß mithin nicht geschehen ist, da tritt, so weit durch die quarta Falcidia der Pflichttheil nicht gewahrt ist, natürlich die actio suppletoria wiederum ein. So kann es sich ereignen, daß diese actio, seit der Pflichttheil durch Justinian erhöht worden ist, auch dann Anwendung findet, wenn ab intestato geerbt wird, so bald nehmlich der Erblasser den Nachlaß durch Legate (Fideicommisse), donationes mortis causa auf eine Weise erschöpft hat, daß dem Pflichttheilsberechtigten nach Abzug derselben der Pflichttheil nicht mehr ungeschmälert bleibt. Allerdings hat Justinian die actio suppletoria blos unter Voraussetzung eines Testaments, und um die Querel gegen dasselbe in manchen Fällen unmöglich zu machen, zunächst eingeführt. Aber ich wüßte keinen Grund, welcher ihrer analogen Herübernahme auf die Intestaterbfolge stichhaltig im Wege stünde; indem Justinian, wie auf der einen Seite für Aufrechterhaltung des Testaments so auf der andern eben so entschieden dafür sorgen wollte, daß der Notherbe seinen Pflichttheil unverkürzt erhalte.

6) Denn wenn auch singuläre Verschaffungen für sich allein nicht genügen, so zeigen doch die ebenberührten Bestimmungen (Note 4 und 5), daß der Pflichttheil theilweise unter singulärem Titel erlangt werden kann, und in so fern muß also auch das vornovellische Recht noch gelten. Hieraus ergiebt sich zugleich eine Regel über das, was — sind die Berechtigten nur zu Erben eingesezt — in den Pflichttheil einzurechnen ist.

7) Versteht sich, so weit das formelle Notherbrecht nicht im

Wege steht. Die Novelle selbst spricht sich über die Art der Einsetzung nicht aus.

8) Indem hier eben die vornovellischen, und durch die Novelle nicht abgeänderten Grundsätze eingreifen.

§. 103.

Sind Eltern oder Kinder nicht eingesezt, so ist auch eine nach formellem Notherbrechte gehörige exheredatio oder, wo formell diese nicht gefordert wird, eine praeteritio an und für sich nicht hinreichend, um das Testament, wie früher, zunächst [1]) zu sichern, sondern es muß, also will die Novelle,

II. eine bestimmte, gesetzlich gebilligte Ursache hinzugefügt und von dem eingesezten Erben erwiesen werden [2]). Justinian hat nehmlich die Ursachen selbst festgesezt, aus welchen Eltern ihre Kinder [3]), Kinder ihre Eltern [4]) enterben oder übergehen sollen, und welche allerdings in gewissem Sinn [5]) ausgedehnt werden dürfen [6]), aber zur Todeszeit vorhanden seyn müssen [7]). Die Ursache kann der praeteritio jedenfalls [8]), der exheredatio natürlich nur in so fern bedingt hinzugefügt werden, als die Grundsätze über formelle Berücksichtigung dieß zulassen [9]).

1) Indem es früher immer noch davon abhing, ob der Notherbe die Querel werde durchführen können.

2) Nov. cit. c. 3. pr.... *εἰ μη τυχον ἀχαριστοι ἀποδειχθειεν, και αὐτας ὀνομαστι τας της ἀχαριστιας αἰτιας οἱ γονεις τῃ ἰδιᾳ ἐγγραψαιεν διαθηκῃ ..... ὥστε παρα ταυτας μη-*

δενι ἐξειναι ἀχαριστιας αἰτιαν ἀντιτιθεναι, εἰ μη τας τῳ ὑφει της παρουσης διαταξεως περιεχομενας κ.τ.λ. §. ult.... και οἱ γραφομενοι κληρονομοι την ὀνομασθεισαν ἠ ὀνομασθεισας αἰτιας ἠ μιαν ἐξ αὐτων ἀληθη εἰναι δειξειαν, την διαθηκην την ἰδιαν ἐχειν ἰσχυν παρακελευομεθα κ. τ. λ. c. 4. pr.... εἰ μη τας αἰτιας, ἁς ἀριθμουμεν, ἐν ταις ἰδιαις ἰδικως ἐγγραψοιεν διαθηκαις κ.τ.λ. §. ult. Εἰ τας τοιαυτας τοινυν αἰτιας, ἠ φανερας ἐξ αὐτων, ἠ μιαν οἱ παιδες ἐν της ἰδιαις γραψαιεν διαθηκαις, και οἱ γραψομενοι παρ᾽ αὐτων κληρονομοι ἠ πασας φανερας ἠ μιαν ἐκ τουτων ἀποδειξειαν, την διαθηκην ἐν τῃ ἰδιᾳ ἰσχυι διαμενειν προςταττομεν κ. τ. λ.

3) Nov. cit. c. 3. pr. §. 1. sequ. —, und zwar §. 1 — 5. Zu vergl. D. de accus., XLVIII. 2. l. 1. 2. — C. de his qu. accus. n. p., IX. 1. l. 12. — §. 9. 12 — 14., ferner §. 6 — 8. §. 10., endlich §. 11. —

4) Nov. cit. c. 4. pr. §. 1. sequ. — doch §. 3.

5) Denn a) darf man allerdings das Gesetz, so fern es Enterbungs- und Uebergehungs-Ursachen überhaupt enthält, nicht ausdehnen, indem man hiedurch wieder in die alte Unbestimmtheit, welcher Justinian gerade entgegen treten wollte, verfiele, auch nicht b) was für einen Descendenten oder Ascendenten als Ursache geordnet ist, auf einen andern erstrecken, weil man hiezu nur durch eine Ausdehnung der ersten Art gelangen könnte.

6) D. h. die einzelnen Ursachen dürfen ausgedehnt werden, und steht weder entgegen, a) daß hier eine Art Strafgesetz vorliege, noch b) Nov. cit. c. 3. pr........ ὡστε παρα ταυτας μηδενι ἐξειναι ἐξ ἑτερου νομου ἀχαριστιας αἰτιαν ἀντιτιθεναι, εἰ μη τας τῳ ὑφει της παρουσης διαταξεως περιεχομενας κ. τ. λ.

7) Dieß ergiebt sich daraus a) das Recht, materiell bedacht zu seyn, ist zur Todeszeit vorhanden, und daher b) hat das vornovellische Recht in keiner Stelle ausgesprochen, daß

das Daseyn einer Ursache zur Zeit der Testamentserrichtung erforderlich oder genügend sey. Die Novelle thut das auch nicht. c) Nov. cit., §. 10..... *καὶ ἐν τούτῳ τῷ ἐπιτηδεύματι διαμείνοι κ. τ. λ.* d) die Bemerkungen zu Note 8. —

8) Denn a) die Novelle bestimmt nichts über die Form, wie die Ursache hinzugefügt werden solle, und b) warum sollte man auch bei dem Testiren eine künftig mögliche Ursache nicht im Voraus berücksichtigen können? Spricht doch c) selbst die Novelle c. 3. §. 12. bezüglich einer nach Errichtung eines Testaments eintretenden Enterbungsursache, sofern der Testirer dasselbe nicht mehr ändern konnte, aus „*ἀνατρεπομένης τῆς αὐτῶν ἐνστάσεως, ἅτε δὴ ἀναξίων ὄντων, τῷ μεμνηνότι.. φροντίδα παρασχεῖν ἀμελησάντων· οὕτω μέντοι ὥστε τὰ λοιπὰ τῆς διαθήκης κεφάλαια ἐν τῇ ἰδίᾳ μένειν ἰσχύει κ. τ. λ.* Zu vergl. §. 13. — Aber freilich muß auf den entgegengesezten Fall eine institutio daran geknüpft seyn, weil sonst, wenn die Bedingung bis zur Todeszeit nicht eingetreten wäre, weder ein Ausschluß noch eine Einsezung vorhanden wäre.

9) Also beim postumus ohne Weiteres, sofern die Bedingung zur Zeit der Erscheinung desselben eingetreten. Für Andere nur in der Art, daß die Einsezung bedingt, und auf den entgegengesezten Fall enterbt wird. Bei allen läßt sich dasselbe erreichen, sofern sie unter einer negativ gefaßten potestativen Bedingung eingesezt werden. —

§. 104.

Sind die Vorschriften der Novelle nicht beobachtet und werden sie nicht eingehalten, so fallen nur die Erbeseinsetzungen, alle andere Anordnungen hingegen[1]), die

Pupillarsubstitution nicht ausgenommen[2]), bleiben bei Kraft. Auch die nach der Novelle gültigen exheredationes und praeteritiones anderer Notherben werden eben so gut als deren institutiones aufrecht erhalten[3]). Was hingegen die Art und Weise betrifft, wie die Erbeseinsetzungen fallen, so können weder die für eine Nullität angeführten Gründe[4]) gebilligt werden[5]), noch die, welche bald auf Nullität, bald auf Anwendbarkeit der Querel hinführen[6]). Die Novelle hat vielmehr die Querel mit allen Voraussetzungen und Folgen, welche sie nicht abgeändert hat, beibehalten[7]). Indessen scheint sich die Praxis in Teutschland der sogenannten gemischten Ansicht zugewendet zu haben[8]).

1) Nov. cit. c. 3. §. 14....... *ἴσον εἰς την ἐνστασιν των κληρονομων ἀνηκει, της διαθηκης ἀκυρουμενης, εἰς την των γονεων κληρονομιαν τους παιδας ἐξ ἀδιαδετου ἐξ ἴσης μοιρας ἐρχεσθαι... Εἰ μεντοι γε συμβαιη ἐν τισι τοιαυταις διαθηκαις ληγατα τινα ἠ φιδεϊκομμισσα ἠ ἐλευθεριας ἠ ἐπιτροπων τινας δοσεις καταλειφθηναι.... ταυτα παντα κελευομεν πληρουσθαι, και διδοσθαι ἐκεινοις οἱς κατελειφθη, ὡς εἰ κατα τουτο το μερος μη ἀνατραπεισα ἡ θιαδηκη ἐκρατει* π. τ. λ. c. 4. §. 8..... *μηδεμιαν δυναμιν την τοιαυτην διαθηκην το γε εἰς την ἐνστασιν των κληρονομων ἐχειν θεσπιζομεν· ἀλλα ἀνατρεπομενης της διαθηκης τους ἐξ ἀδιαθετου εἰς την του τελευτησαντος κληρονομιαν καλουμεν ... των ληγατων δηλονοτι, ειτε φιδεικομμισσων και ἐλευθεριων, και των δοσεων των ἐπιτροπων... την ἰδιαν ἐχοντων ἰσχυν* κ. τ. λ. —

2) Nov. cit. c. 3. §. 14..... *ἠ ἀλλα οἱαδηποτε κεφαλαια τοις νομοις ἐγνωσμενα ὀνομασθηναι* κ. τ. λ. c. 4. §. 8..... *και*

των ἀλλων κεφαλαιων, καθαπερ ἀνωτερω εἰρηται κ. τ. λ. εἰ τι δε ἡ περι ληγατου, ἡ φιδεϊκομμισσου ἡ ἐλευθεριων, ἡ ἀλλων οἰωνδηποτε κεφαλαιων ἐν ἀλλοις νομοις εὑρεθειη ταυτῃ τῃ διαταξει ἐναντιον, τουτο κρατειν κατ᾽ οὐδενα βουλομεθα τροπον κ. τ. λ.

3) Dafür Nov. cit. c. 3. §. 14. — c. 4. §. 8. — Denn die gültigen Ausschlüsse wie Einsezungen gehören auch zu den alia quaecunque capitula legibus concessa. Unter den alia *quaecunque* capitula bloß Pupillarsubstitutionen zu verstehen, geht schon dem wörtlichen Ausdrucke nach nicht wohl. Nun sind aber legata, fideicommissa, libertates, tutorum dationes besonders und im Einzelnen genannt. Was könnten mithin die quaecunque capitula außer der substitutio pupillaris noch enthalten als gerade die gültigen Ausschlüße und Enterbungen anderer Notherben, die auch nach dem frühern Querelrecht aufrecht erhalten wurden? In dem Lezteren finden wir denn auch die Erklärung für die Worte legibus concessa, oder legibus probata; Worte die offenbar weder müßig stehen, noch die höchst müßige Bemerkung enthalten, andere Anordnungen, die man überhaupt in einem Testament machen könne; obgleich selbst bei dieser Auffassung ausser der substitutio pupillaris nur noch die gültige Ausschließung oder die Einsezung anderer Notherben darunter verstanden werden könnte. Wahrscheinlich liegt in jenen Worten eine Hinweisung auf das Recht der Querel. Es sollen quaecunque capitula, auch die, welche legibus concessa, d. h. nach den Gesezen über die Querel gelten, aufrecht bleiben. Dieß waren nun gerade wiederum gültiger Ausschluß und Einsezung anderer Notherben. —

4) Als solche hebt man heraus a) die Vorschriften der Novelle seyen formelle; b) die Novelle verbiete (non licere) Enterbungen und Uebergehungen, sofern sie nicht mit ihren Anordnungen übereinstimmen, und was gegen ein verbie-

tendes Gesez verstoße, sey nichtig; c) werde von den Folgen als von einer poena gesprochen, d. h. doch wohl die gegen die Novelle laufende Handlung ziehe an sich schon Unwirksamkeit nach sich, und endlich d) sage die Novelle selbst, das Testament solle μηδεμιαν δυναμιν ἐχειν. —

b) Denn ad a) ist es unrichtig, daß jede formelle Vorschrift Nichtigkeit in ihrem Gefolge habe, und namentlich ist es gerade für das Notherbrecht unrichtig. Bis zur C. de lib. praet., l. 4. sollten auch Töchter und Enkel als sui formell berücksichtigt werden, und doch trat, wo dieß nicht geschah, nur ein accrescere ein. Selbst beim postumus gilt nach früherm wie nach Justinianischem Rechte, daß seine agnatio das Testament nicht rückwärts nichtig mache. Und hatten denn nicht die Proculianer selbst für den filius suus behauptet, daß durch seine praeteritio das Testament nicht von Anfang an nichtig sey? — Vollends das prätorische Recht behandelte wegen eines Fehlers in formeller Beachtung seiner Notherben ein Testament nie als nichtig, sondern läßt troz der bonorum possessio contra tabulas noch sehr wichtige Theile desselben bei Kraft; ad b) auch die Regel an sich zugegeben, so muß ja doch wohl beachtet werden, daß es sich hier nicht von einem durchaus neuen, sondern mit frühern Rechtsgrundsäzen in innigem Zusammenhange stehenden Verbot handelt. Das frühere Verbot hatte seine bestimmte Folgen, und diese bestunden gerade nicht in einer Nichtigkeit des Testaments. Mithin kommt bei dem neuen, blos erweiternden Verbot alles darauf an, ob dasselbe sich hierin dem ältern Rechte anschließe, oder aber das ältere Recht auch insofern aufhebe. Darüber kann nun einzig der Inhalt der Novelle, nicht aber der Umstand entscheiden, daß die Rede von einem verbietenden Geseze sey; ad c) leuchtet es auf den ersten Blick ein, daß der Ausdruck poena hier in einem ganz uneigentlichen Sinne gebraucht werde. Und, wäre dieß anders, ist denn blos dann poena vorhanden, wenn das Testament nichtig wird, nicht auch dann, wenn es in Folge gerichtlichen Ausspruchs seine Wirksamkeit verliert? ad d) den Worten μηδεμιαν δυναμιν ἐχειν stehen wieder andere zur Seite, welche auf eine erst spätere Entkräftung hinweisen. So heißt es gleich nach jenen Worten ἀλλα ἀνατρεπομενης της διαθηκης; auf gleiche Weise sagt c. 3. §. 14.... της διαθηκης ἀκυρουμενης..... κατα τουτο το μερος μη ἀνατραπεισα ἡ διαθηκη ἐκρατει κ. τ. λ., und wenn wir die leztern Ausdrücke nicht genau und scharf nehmen sollen, warum denn auf die Worte μηδεμιαν δυναμιν ἐχειν solches Gewicht legen? Abgesehen davon, daß das nullam vim habere an und für sich noch nicht einmal eine ursprüngliche Nichtigkeit so nothwendig anzeigt.

6) Die sogenannte gemischte Meinung stüzt sich auf dieselben Gründe, womit man die Nullität zu begründen sucht, nur daß sie viel richtiger den Fall, wo es sich blos vom Beweis der hinzugefügten Ursachen handelt, absondert, indem dabei ganz gewiß keine Förmlichkeit zur Sprache kommt und überdieß die Worte der Novelle c. 3. §. 14. und c. 4. §. 9.... εἰ δε ταυτα μη παραφυλαχθειη offenbar nicht recht zu ihm passen. Sie stehen recht gut in Beziehung zu dem, was der Erblasser bei Errichtung seines Testaments beobachten soll; doch auf die Vorschrift, daß der eingesezte Erbe die angefügte Ursache beweise, lassen sie sich nicht gut beziehen. — Indessen kann die gemischte Ansicht, so weit auch sie Nullität annimmt, sich nicht besser begründen, als die reine Nullitätstheorie. —

7) Dafür spricht a) der Zusammenhang der Novelle mit dem frühern Querelrecht, und der Umstand, daß die Aufhebung des frühern Rechts auch in Rücksicht der Art der Unwirksamkeit nicht erwiesen werden kann, mithin das frühere Recht insofern noch als fortbestehend gelten muß; b) läßt die Novelle namentlich noch so viele wesentliche Theile des Testaments bestehen, daß die Nullität des Testaments als eine höchst eigenthümliche, die im ganzen Gebiet des Pri-

vatrechts ihres Gleichen nicht mehr hat, erscheinen würde. Um so weniger dürfen wir sie, ohne die klare und völlig zweifellose Anordnung des Gesezgebers, anerkennen. Denn die Wahrscheinlichkeit ist gegen sie. c) Umgekehrt, sobald wir für die Fortdauer der Querel uns entscheiden, finden wir auch eine genügende Erklärung dessen, was die Novelle verordnet, theils in dem frühern Querelrecht, wornach gültige Ausschlüße und Einsezungen anderer Notherben, und unter Umständen auch Legate, Fideicommiße, Freiheiten, Pupillarsubstitutionen aufrecht blieben, theils in der bonorum possessio contra tabulas. d) Entstehen, nimmt man Nullität an, die größten Schwierigkeiten. Z. B. α) Ist das Testament null von Anfang an, ist es erst null mit der Delation? — Die Anhänger der Nullität beantworten die Frage bald so, bald so. Wenn übrigens die Meinung, welche eine Nullität erst mit der Delation annimmt, gewiß das Meiste für sich hat (Mühlenbruch l. c. S. 256. ff.), so frage ich wieder, was ist denn das für eine Nullität, welche das Testament von Anfang an gelten, sogar ein früheres rumpiren läßt? Gewiß eine beispiellose im Privatrecht. Nun kann freilich der Gesezgeber auch eine solche anordnen — aber sie muß mit Entschiedenheit angeordnet seyn, da sie die Wahrscheinlichkeit gegen sich hat. β) Wie wenn neben dem Notherben noch andere Intestaterben vorhanden sind? Treten sie ein, auch wenn der Notherbe verzichtet? Und wie wenn sie eingesezt sind? — Hierüber streiten die Anhänger der Nullität, und, wenn sie die Sache gründlich nehmen, so gestehen sie selbst, daß sie für einzelne Fälle kaum Rath wissen. — Nun erwäge man aber noch die Zeit der Novelle 115, und man wird in noch viel weitere Schwierigkeiten gerathen. Gesezt der Vater war übergangen, und neben ihm zur Todeszeit Brüder vorhanden; wie dann? Ist das Testament null, so schloßen die Geschwister den Vater aus, um dessenwillen es doch null gewesen wäre — oder das Testament ist in diesem Fall nicht null? — Die Anhänger der Nullität nehmen zur Entscheidung schwieriger Fälle bald ihre Zuflucht zur Analogie der Nullität bei praeteritio eines suus, bald zum frühern Rechte der Querel, bald zur Analogie der bonorum possessio contra tabulas. Und unter diesen Umständen sollten wir nicht berechtigt seyn, Justinian das Einfachere und Vernünftigere, nehmlich das Anschließen an die Querel da, wo er nicht namentlich geändert hat, zuzutrauen? Oder sollen wir eine Nullität in seine Absicht hinein argumentiren, nur um ihm am Ende den Vorwurf zu machen, daß er die, für welche er das Gesez gab, bei den schwierigsten Fragen im Stiche gelassen habe? Endlich d) der Umstand, daß auch gültige Ausschlüsse und Einsezungen anderer Notherben aufrecht bleiben (oben Note 3); was ziemlich sicher gegen Nullität und für den Fortbestand der Querel spricht.

8) Die Frage, wie die Novelle 115. das Testament unwirksam seyn läßt, ist rein unabhängig von der Frage über das Verhältniß des frühern formellen Notherbrechts zu dieser Novelle. Man kann jenes für aufgehoben und in diese verschmolzen betrachten, und dennoch die Inofficiositätstheorie für richtig halten, wie dieß in manchen Ländern wirklich der Fall ist, P. Gudelin, de jure novissimo, lib. II. c. 5. Man kann umgekehrt die Fortdauer des frühern formellen Notherbrechts nach seinem ganzen Umfange behaupten, und für die Novelle der Nullitäts- oder gemischten Ansicht beipflichten. — Was nun die Meinungen über die Novelle betrifft, so vertheidigen nicht nur viele an sich die gemischte Theorie, sondern auch andere, welche für sich die Theorie der Inofficiosität oder Nullität als richtig anerkennen, geben doch zu, daß dieselbe die herrschende sey. Man vergl. z. B. Sichardus, in Cod. de lib. praet., auth. non licet, nr. 2. — ex causa, nr. 1. — Hartmann Hartmani, Pract. observ., tit. 43. obs. 4. — Vigl. Zuichem, ad J. II. 18. pr. nr. 3. — Joach. Mynsinger, ad J. II. 13. §. fin. nr. 5. — II. 18. pr. nr. 7. sequ. — Wesembecius, ad D. V. 2. nr. 7. — Schneide-

win, ad J. II. 18. nr. 15—16. — A. Fachinaeus, Controv. juris, lib. IV. c. 9. — Mich. Grass, Recept. sentent., §. testamentum, qu. 44. — C. Rittershusius, Jus Justinianum, h. e. novellarum expos. method., p. VI. c. 3. nr. 20. sequ. — H. Treutler, Selectae disputat., vol. I. disp. 13. th. 1. Note f. — th. 8—9. — H. Meyrer, de testam. success., lib. I. Tit. 17. — Christinaeus, Decisiones Belg., vol. I. dec. 119. — W. Ludwell, de ultim. volunt., p. II. c. 2. — Bachovius, ad J. II. 18. nr. 4—6. — Arn. Vinnius, l. c. c. 21. — Hunnius, Encyclopaedia jur. univ., tit. 10. c. 2. — H. Hahn, Observat. ad Wesemb., de inoff. test. nr. 7. — J. Philippi, Usus pract. Inst. II. 18. ecl. 69. 70. 73. — Brunnemann, ad D. V. 2. l. 3. — C. Manzius, l. c. tit. 10. qu. 19. — G. Ad. Struve, Syntagma etc. exercit. 10. §. 15—17. — J. Schilter, l. c. exercit. 38. §. 54. — exercit. 14. §. 46. — S. Stryck, Usus modern., de inoff. test., §. 2—4. — Ulr. Huber, Praelectiones j. c., J. II. 18. §. 2. — A. D. Sonneman, Usus modernus Novellarum, Nov. 115. c. 4. nr. 11. — J. Hoppius, ad J. II. 13. §. 5. — II. 18. pr. — de Berger, Oec. jur., II. 4. §. 14. Note 2. — F. Bernegger, Inst. Imp. exam. theoretico-pract., II. 18. qu. 6. — G. G. Titius, l. c. VII. c. 4. §. 3—6. — S. de Cocceji, l. c. V. 2. qu. 4—7. — J. H. Boehmer, de action., II. 3. §. 33—34. — Introd. in j. D. V. 2. nr. 12. — Ludovici, Doctr. Pand., V. 2. §. 2. §. 10—11. — Schaumburg, Compendium j. D. V. 2. §. 3. §. 11. — Leyser, Medit. ad P., sp. 93. med. 5. med. 7—8. — J. T. Reinharth, de eo quod just. est c. exh. hon. mente (Gött. 1743.) §. 5. 9. 13. — J. T. Carrach, de differ. jur. Rom. et Germ. in her. inst. nec. (Hal. 1751.) §. 14. — J. Dom. Peregrinus, l. c. II. 13. §. 2. nr. 11. — Walch, Introd. in controv. j. c., l. c. memb. IV. §. 14. — Hellfeld, Jurispr. for. §. 552. 555. 1422. — Müller ad Leys., obs. 827. — Zu vergl. obs. 230. 233. — M. G. Wernher, Comment. in Pand. V. 2. §. 13. — G. L. Madihn, Princip. jur. Rom., p. IV. §. 141—142. — Gebr. Overbeck, Meditationen, Thl. 3. Med. 114. — C. G. Schmidt, theoret. pract. Commentar zum Lehrbuch von den gerichtl.

Klagen und Einreden, Thl. 3. §. 544. — Höpfner, Institutionen-Commentar, §. 525. — Thibaut, Pandektensystem, §. 970. — Mackeldey, Lehrbuch d. heut. Röm. Rechts, §. 661. g. E. — Wenn ich dessen ungeachtet auch hier nur sagte „scheint", so geschieht es darum, weil ich noch große Zweifel, die hier zu erörtern nicht der Ort seyn dürfte, gegen die Annahme einer solchen Praxis hege. Ich darf nur, abgesehen von den vielen Vertheidigern der Theorie der Inofficiosität, darauf hinweisen, wie gerade diese Theorie auch vielfältig von Rechtsgelehrten, welche practisches Ansehen genießen, vertheidigt und in der Praxis zur Anwendung gebracht wird. Man vergl. z. B. Fr. Duarenus, ad D. de inoff. test. c. 3. — M. Stephani, Commentarius in Nov., explicatio Nov. 115. nr. 17. — Simon van Leeuwen, Censura forensis, lib. III. c. 4. — W. A. Lauterbach, Collegium theoretico-pract. ad D. V. 2. §. 14—17. — Consilia Tubingensia, tom. I. cons. 26. nr. 12—56., (die aber selbst die entgegenstehende Ansicht communior nennen, nr. 56.) — J. Voet, ad D. de inoff. test., §. 23. — F. E. v. Pufendorf, Observ. jur. univ., t. IV. obs. 76. — Struben, Rechtl. Bedenken (Ausg. Spangenb.) Thl. 2. Bed. 314. — Bach zu de Berger, Oecon. jur. l. c. Auctoris sententia recte se habet, estque conveniens juri communi: quamvis fere Doctores hodie in ea sint opinione, etiam tum querelam inoff. test. locum habere, cum vel nulla vel injusta causa testamento inserta sit, *sicque etiam responderi soleat.* — de Cannigiesser, l. c. tom. I. dec. 24. nr. 1. sequ. tom. II. dec. 299. nr. 1. sequ. — G. L. Böhmer, Auserlesene Rechtsfälle (Gött. 1799.) Thl. 2. p. II. decis. 88. — Fratrum Becmannorum Consilia et decisiones p. I. (Gött. 1784), Cons. 40. nr. 5–6.

§. 105.

Die Novelle 118. hat dadurch, daß sie gewissen Personen ein besseres Intestaterbrecht, als sie vorher hatten, verlieh, keine neue Notherben geschaffen[1]; wohl aber hat sie die schon vorhandenen Notherbrechte durch ihre Aenderungen im Intestaterbrechte theils gebessert[2]), theils verschlechtert[3]).

1) Denn vom Intestaterbrecht gilt kein Schluß auf das Notherbrecht, um dasselbe zu verleihen, oben §. 100. Note 3. —

2) So können z. B. die Ascendenten, welche nun unmittelbar nach den Descendenten gerufen sind, weit häufiger zur Ausübung ihres Notherbrechts kommen als früher, wo sie meist nur unde cognati erbten.

3) So gelangen z. B. Vaterhalbgeschwister weit seltener zur Geltendmachung ihres Notherbrechts, weil ihnen Ascendenten, vollbürtige Geschwister, und selbst Kinder der leztern vorgehen.

Dritte Unterabtheilung.

Einschränkungen und Erweiterungen des Notherbrechts.

I. Exheredatio bona mente.

§. 106.

Das Justinianische vornovellische Recht untersagte indessen nur eine solche formelle oder materielle Vernachlässigung gewisser Intestaterben, welche eine Kränkung derselben herbeiführte, nicht eine solche, welche in guter Absicht [1]) zu ihrem [2]) oder der ihrigen [3]) Besten geschah [4]), indem im lezten Fall jeder Angriff des Testaments ausgeschlossen ward [5]).

1) Non notae causa, D. de lib. et post., XXVIII. 2. l. 18. — non mala mente, D. de bon. libert., XXXVIII. 2. l. 12. §. 2. — Ob jedoch in Beziehung auf alle Notherben, ob namentlich auch in Beziehung auf Geschwister?

2) Sey es wegen ihres Zustandes, D. l. c. — sey es wegen eines Andern, C. de inoff. test., III. 28. l. 25. — D. de bon. poss. c. tab., XXXVII. 4. l. 16. — sey es wegen ihrer Lebensweise, D. de cur. fur., XXVII. 10. l. 16.

3) D. l. c.

4) D. de lib. et post., XXVIII. 2. l. 18. Multi non notae causa exheredant filios, nec ut eis obsint, sed ut eis consulant etc. — C. eod., l. 25. Filiis matrem, quae de mariti moribus secus suspicatur, ita posse consulere jure compertum

est .... neque ei nomine filiorum inofficiosi eo modo actionem posse competere, quibus nullam injuriam fecerit mater sed potius putaverit providendum etc. — D. de cur. fur., XXVIII. 10. l. 16. §. 2. Potuit tamen pater, et alias providere nepotibus suis etc.

5) Nehmlich jeder Angriff a) wegen formellen Notherbrechts, D. de bon., poss. c. t., XXXVII. 4. l. 16. Si emancipatus filius nepoti in potestate avi relicto ab extraneo herede fideicommissam hereditatem, si liberatus avi potestate fuisset, reliquisset; si suspectus avus sit, quasi consumpturus bona nepotis, non esse ei dandam bonorum possessionem. — Daß aber hier dem nepos in potestate avi selbst bonorum possessio gegeben würde, steht dem ganzen Inhalt der Stelle schnurgerade entgegen. — b) Wegen materieller Verlezung, C. eod. Denn daß hier die mütterliche Uebergehung darum gelte, weil den Kindern für die Zeit ihrer Selbstständigkeit die Erbschaft zugedacht ist, widerstreitet dem in der Stelle selbst angegebenen Grunde „neque ei nomine filiorum inofficiosi eo modo actionem posse competere, *quibus nullam injuriam fecerit mater sed potius putaverit providendum* etc." Auch weist der Eingang der Stelle auf etwas Besonderes hin, woraus sich von selbst ergiebt, daß sich die Beurtheilung nicht aus dem sonst allgemein geltenden Rechte erklären lasse. Endlich würde diese Erklärung nicht zutreffen, da die Bedingung nicht in Erfüllung geht, mithin die querela allerdings sonst begründet wäre. — D. de cur. fur., XXVII. 10. l. 16. §. 2. Potuit tamen pater et alias providere nepotibus suis, si eos jussisset heredes esse et exheredasset filium, eique quod sufficeret alimentorum nomine ab eis certum legasset, addita causa necessitateque judicii sui, aut si non habuit in potestate nepotes, quoniam emancipato jam filio nati fuissent, sub conditione eos heredes instituere, ut emanciparentur a patre prodigo. — Und es wäre höchst willkührlich, zu „quod sufficeret" stillschweigend hinzuzufügen „ad excludendam querelam",

abgesehen davon, daß wir unter Voraussezung eines solchen Zusazes gar nicht wüßten, warum denn der Grund der Verfügung noch angegeben werden müßte (addita causa necessitateque judicii sui.) — D. de liberis et post., XXVIII. 2. l. 18..... eisque fideicommissam hereditatem dant. — de bon. libert., XXXVIII. 2. l. 12. §. 2. — indem wir zugleich bedenken, daß ja nach dem vornovellischen Justinianischen Rechte vor Abfassung und Promulgation der Pandekten schon der Pflichttheil sogleich mit dem Tode des Erblassers gewährt werden sollte, C. eod., l. 36. §. 1. —, auch abgesehen davon, daß in diesen Stellen doch das non notae causa, non mala mente besonders herausgehoben ist, und gerade darum der Ausschluß gebilligt erscheint. — Insbesondere können wir uns aber, wenn wir alle die Stellen zusammen nehmen, nicht wohl bergen, daß die Bestimmungen über nothwendige Berücksichtigung von gewissen Intestaterben für den Fall, wo dieselbe non mala mente fehlte, gar nicht angewendet wurden. Und dafür lassen sich denn auch sehr gute Gründe angeben. —

§. 107.

Hiebei ward aber vorausgesezt 1) ein genügender Grund für die nicht gehörige formelle oder materielle Berücksichtigung [1]), und 2) Angabe desselben und der Absicht des Erblassers [2]). Dann 3) Verschaffung von Alimenten an den Ausgeschlossenen [3]) und 4) auch des Erbtheils selbst für die Zeit, wo der bewegende Umstand hinweggefallen seyn würde, entweder fideicommissarisch [4]) oder direct unter einer Bedingung [5]). Endlich 5) sofern man ein solches Hinwegfallen nicht annehmen zu können glaubte, wenigstens Verschaffung des Erbtheils an die etwaigen Descendenten des Ausgeschlossenen[6]).

Durch die Novelle 115. ist diese Beschränkung des Notherbrechts nicht aufgehoben worden[7]).

1) Für solche Gründe enthalten unsere Quellen bloß Beispiele, wie Impubertät, Furor, Verschwendung, D. de lib. et post., XXVIII. 2. l. 18..... utputa impuberibus etc. — de bon. libert., XXXVIII. 2. l. 12. §. 2..... utputa pone furoris causa.. vel ideo, quia impubes erat etc. — de cur. fur., XXVII. 10. l. 16. — leichtsinniges Leben eines Hausvaters, D. de b. p. c. t., XXXVIII. 4. l. 16. — C. de inoff. test., III. 28. l. 25. — Eben darum sind andere Gründe durchaus nicht ausgeschlossen. —

2) D. eod..... addita causa necessitateque judicii sui etc.

3) D. eod. —

4) D. de lib. et post., XXVIII. 2. l. 18. — de bon. libert., XXXVIII. 2. l. 12. §. 2. —

5) C. eod. — D. de b. p. c. t., XXXVII. 4. l. 16. —

6) D. de cur. fur., XXVII. 10. l. 16. §. 2.

7) Denn die Novelle handelt überhaupt nur von den Fällen, wo die formelle oder materielle Nichtberücksichtigung unstatthaft war; wo dieselbe eine injuria enthielt. Der Fall hingegen, in welchem das frühere Recht eine solche Nichtberücksichtigung für zulässig hielt, ist in ihr gar nicht berührt.

II. Inofficiosa donatio, dos.

Quellen.

C. de inoff. donat., III. 29. (ht.)
— de inoff. dot., III. 30 (ht.[1])

§. 108.

Umgekehrt sollen aber auch die Notherben[1]) nach Analogie der querela inofficiosi testamenti[2]), wenn der Erblasser sein Vermögen durch Schenkungen unter Lebenden[3]) in liebloser Absicht[4]) herunter zu bringen suchte[5]), und sie dadurch wirklich im Pflichttheil verlezt sind[6]), die Schenkungen mit einer Querel angreifen[7]) und so viel davon zurückfordern können, als die Größe des Pflichttheils erheischt[8]), sie würde denn durch die Zeit[9]), oder eine genügende Enterbungsursache ausgeschlossen[10]), oder es stünde ein anderes Rechtsmittel zu Gebot[11]).

1) Ohne Unterschied. Freilich sind in den ausdrücklich genannten Fällen nur Eltern und Kinder erwähnt, allein C. ht., l. ult. Non convenit dubitari, quod immodicarum donationum *omnibus* querela ad similitudinem inofficiosi testamenti legibus fuerit introducta etc. Ich nehme das durch Interpolation entstandene omnibus für den Dativ, wie wenn es hieße in commodum omnium; versteht sich, was der Beisaz ad similitudinem inofficiosi testamenti anzeigt, denen die Querel gegen ein Testament zukömmt. Natürlich also auch

den postumi, sollte auch der Erblasser zur Zeit der Schenkung nicht an sie gedacht haben. Denn gerade hierin liegt eine Lieblosigkeit gegen sie. Zu vergl. arg. C. ht., l. 5. — Die ersten Anfänge dieser Ausdehnung D. de legat. II., l. 87. §. 3—4. Zu vergl. C. ht., l. 3. —

2) C. ht., l. 1. .... juxta formam de inofficioso testamento constitutam etc. l. 2..... ad similitudinem inofficiosi testamenti querelae etc. l, 4. l. 6., namentlich l. ult..... ad similitudinem inofficiosi testamenti.. ut sit in hoc actionis utriusqüe vel una causa vel similis existimanda, vel idem et temporibus et moribus. Dessen ungeachtet, der Natur der Sache und gesezlichen Bestimmungen nach nicht völlige Gleichheit.

3) Bei der donatio mortis causa bedarf man einer besondern Querel so wenig als bei Legaten; wie denn auch alle C. ht. erwähnten Fälle von donationes inter vivos handeln. —

4) Donatio inofficiosa d. h. a) zunächst wissentlich und absichtlich um den Pflichttheil zu verkürzen, D. l. c.... Si liquet.. aviam intervertendae inofficiosi querelae patrimonium suum donationibus.. exinanisse etc. — C. ht., l. 1. Si, ut allegatis, mater vestra ad eludendam inofficiosi querelam.. facultates suas ... exhausit etc. l. 8. pr. Si liqueat, matrem tuam intervertendae quaestionis inofficiosi causa patrimonium suum... exhausisse etc. §. 1.... si idem consilium et eventus comprehendatur etc. — Zu vergl. Vat. fragm., §. 271. — b) Dem wissentlichen und absichtlichen Verkürzen ist gleich, wenn der Erblasser so viel wegschenkte, daß er sich ohne grobe culpa nicht verhehlen konnte, daß er dadurch den Pflichttheil schon vorhandener oder künftiger Notherben verkürze, C. ht., l. 2—4. l. 6—7. —

5) Es muß mithin zunächst auf den Stand des Vermögens zur Zeit der Schenkung, Nov. XCII. c. 1., s. folg. Note, gesehen werden. Wie bei mehrern Schenkungen?

6) C. ht., l. 6. 7. 8. §. 1..... si idem consilium et *eventus* comprehendatur etc. — Wobei dann auch wiederum auf

die Zeit des Todes gesehen werden muß; und hier kann eine Verlezung hinwegfallen a) C. ht., l. 6.... nec tantum dos a patre data et fideicommissum continent, quantum ad summovendam querelam sufficiat etc. l. 7..... ut quartae partis dimidium... in his donationibus, quas tibi largita est, non habeas etc. — Nov. XCII. c. 1.... *ἀναγκην ἐχειν ἐν τῃ διανομῃ του κληρου, τοσουτον ἑκαστῳ των παιδων φυλαττειν το ἐκ του νομου μερος, ὁσον ἠν πριν την δωρεαν ὁ πατηρ.... ποιησαιτο κ. τ. λ.* b) durch Mehrung des Vermögens, sofern der Notherbe aus dem frühern Vermögen und der Mehrung den Pflichttheil hat, Nov. cit. c. 1..... *οὑτω γαρ οὐδεν ἐτι ταις δωρεαις ἐγκαλεσουσιν, ἐχοντες μεν ἐπι πασῃ τῃ οὐσιᾳ του πατρος το ἀπο των νομων· κατα τοσουτον δε αὐξομενου τουτου του μερους, καθ' ὁσον και τα πραγματα εἰχε του πατρος, πριν ταις δωρεαις ἐξαντληθειη κ. τ. λ.*

7) Die Klage weicht von der querela inofficiosi testamenti darin ab, daß sie nicht wie diese eine Erbschaftsklage ist. Schon die Eigenschaft dessen, gegen den sie gerichtet ist und der aus einem singulären Grunde, weder pro herede noch pro possessore besizt, läßt dieß nicht zu. Sie ist aber auch keine actio in rem. Denn die Schenkung wird als gültig vorausgesezt, C. ht., l. 2., und mithin kann ihre Aufhebung, der Natur der Sache nach und da nichts Besonderes hier bestimmt ist, nur vermöge einer actio in personam bewirkt werden. In der That ist aber auch von einem revocare, und einer Verpflichtung der Beschenkten die Rede, D. de legat. II., l. 87. §. 3—4. — C. ht., l. 7. — Nov. XCII. c. 1..... *ἀναγκην δε ἐχοντων πασι τροποις ἐπανισουν τοις ἀδελφοις το ἐντευθεν διαφερον, καθ' ὁσον εἰρηκαμεν μετρον κ. τ. λ.*

8) C. ht., l. 2..... ut tibi quartam partem debitae ab intestato portionis praestet incolumem etc. l. 8. pr..... quod donatum est, pro ratione quartae ad instar inofficiosi testamenti convicti diminuetur etc. — Nov. XCII. c. 1. die vor. No=

ten. — Nicht entgegen D. l. c. — C. de contr. emt., IV. 38. l. 4. —

9) C. ht., l. 9.

10) C. ht., l. 9. — Nov. cit. c. 1. §. 1.

11) Nicht nur theilweise nach Analogie der querela inoff. testamenti, sondern namentlich C. ht., l. 4.

§. 109.

Auch wegen einer dos inofficiosa findet ein der querela inofficiosi testamenti nachgebildetes, Rechtsmittel Statt [1], das aber durchgreifend wie das Rechtsmittel wegen donatio inofficiosa beurtheilt werden muß [2].

1) Sowohl gegen den Mann während der Ehe, als gegen die Frau, deren Erben nach ihrer Auflösung, C. ht.[1]), l. un. Cum omnia bona a matre tua in dotem dicantur exhausta, leges legibus concordare promptum est, ut ad exemplum inofficiosi testamenti adversus dotem immodicam exercendae actionis copia tribuatur, et filiis conquerentibus emolumenta debita conferantur. Es bedurfte der besondern Zugestehung eines Rechtsmittels, weil die dos gegenüber von dem Manne in der Regel keine Schenkung ist, D. commod., XIII. 6. l. 5. §. 2. — quib. mod. pign. v. h. s., XX. 6. l. 8. §. 13. — de re jud., XLII. 1. l. 41. pr. — quae in fraud. cred., XLII. 8. l. 25. §. 1—2. — de dol. m. et met. exc., XLIV. 4. l. 5. §. 5. — de O. et A., XLIV. 7. l. 19. — und dasselbe konnte aber auch zugestanden werden, da die dos doch eine Vermögensverringerung ohne Ersatz für den Besteller, und jedenfalls in der Regel eine Schenkung für die Frau enthält, und selbst wo, genau genommen, auch für diese keine Schenkung in ihr liegt, doch wiederum als Schenkung behandelt wird, D. qu. in fraud. cred., XLII. 8. l. 14. in f.

l. 25. §. 1. — Freilich wird in dem Falle, in welchem eine zur Dotation verpflichtete Person die dos bestellt, dieselbe zur Schenkung, sobald sie in übermäßiger Größe bestellt ist, D. de jur. dot., XXIII. 3. l. 69. §. 4. —

2) Die Analogie der donatio inofficiosa ist die nähere und bestätigt C. l. c. .... et filiis conquerentibus emolumenta debita conferantur. — Daß die Klage wegen inofficiosa dos hinwegfalle, sofern Notherben durch C. de sec. nupt., V. 9. l. 6. gedeckt sind, versteht sich von selbst. —

§. 110.

III.) Actio Faviana, Calvisiana.

Die analoge Anwendung der genannten actiones auf geflissentliche Veräußerungen zum Nachtheil des Pflichttheils (in fraudem legitimae) läßt sich römischtechtlich weder rechtfertigen [1]), noch überhaupt auch nur als Bedürfniß nachweisen, indem die querela inofficiosae donationis auch hiefür genügt [2]). Und die Behauptung, daß jener Anwendung eine Praxis zur Seite stehe, ist nicht hinreichend begründet [3]).

1) Denn a) abgesehen von dem impubes arrogatus finden wir keine ausdehnende Anwendung in dem römischen Rechte selbst. Daß sie aber b) auch seinem Geiste widerspreche, ergiebt sich daraus. α) die actio Faviana und Calvisiana ist einzig gegen Veräußerungen gerichtet, die eine absichtliche deminutio pa-

trimonii zum Nachtheil der pars debita des Patrons und zum Vortheile eines Dritten enthalten. Also gegen eigentliche Schenkungen, D. si quid in fr. patr., XXXVIII. 5. l. 1. §. 14. 16. 17. l. 5. pr. l. 12., so wie gegen onerose Veräußerungen, so weit sie als Schenkungen erscheinen, D. eod. l. 1. §. 14. Sed si rem quidem bona fide vendiderit et sine *ulla gratia* libertus..... Pomponius .. recte scripsit, emtorem non esse inquietandum etc. §. 19. Si fidejussit apud me libertus, vel rem suam pro alio pignori dedit in necem patroni, an Faviana locum habeat, videamus, et numquid cum damno meo non debeat patrono subveniri; *neque enim donavit aliquid mihi*, si pro aliquo intervenit, qui non fuit solvendo: eoque jure utimur. igitur creditor non poterit Faviana conveniri etc. §. 15. Et alias videamus, si dicat patronus, rem quidem justo pretio venisse, verum tamen hoc interesse sua, non esse venundatam ... an debeat audiri volens revocare? sed nullo pacto erit audiendus, fraus enim in *damno* accipitur *pecuniario*. Daher muß denn auch, wenn eine Revocation eintritt, die Gegenleistung zurückgegeben werden, D. eod., l. 1. §. 12. 13. 16. — Bei diesem Grundcharakter der actiones wäre es in der That nicht zu begreifen, daß man sie nicht analog auf später sogenannte donationes inofficiosae anwendete, und daß man für diese ein besonderes, der querela inofficiosi testamenti nachgebildetes Rechtsmittel schuf; wenn man nicht annehmen müßte, daß die römische Jurisprudenz eine Herübernahme der actiones auf Fälle des gewöhnlichen Pflichttheils für unzulässig hielt. Eine Analogie aber, welche die römische Jurisprudenz selbst beanstandete und verwarf, können wir gewiß nicht als gerechtfertigt ansehen. *β*) D. si a par. quis manum. s., XXXVII. 12. l. 2. Non usque adeo exaequandus est patrono parens, ut etiam Faviana aut Calvisiana ei detur, quia *iniquum* est, *ingenuis hominibus non esse liberam rerum suarum alienationem*. Wenn man nicht einmal dem parens manumissor, der doch gewiß dem patronus am nächsten stund, die actiones gab, um wie viel weniger dürfen sie andern Pflichttheilsberechtigten zugestanden werden! Und was ausnahmeweise dem impubes arrogatus gewährt worden ist, das darf als Ausnahme keinen Anhaltspunkt für analoge Ausdehnung abgeben; überdieß ist zwischen der quarta des Pupillen und jedem andern Pflichttheil der wesentliche Unterschied, daß jene als æs alienum gilt.

2) Denn wo in fraudem veräußert, folglich (die vorige Note) ganz oder theilweise geschenkt wird, und wo mithin für den Patron die actio Faviana und Calvisiana möglich wäre, da ist auch eine querela inofficiosae donationis zulässig. Und diese erscheint sogar noch vortheilhafter, da sie keinen dolus malus voraussezt, sondern jede wissentliche, ein damnum pecuniarium zu Gunsten eines Andern, also eine Schenkung enthaltende Veräußerung durch sie angegriffen werden kann, welche den Pflichttheil verlezt, wenn sie auch nicht in der Absicht gemacht wurde, um den Pflichttheil zu verkürzen; während die actio Faviana und Calvisiana wesentlich voraussezt dolum malum, »quo minus pars debita ad eorum quem perveniat,« D. si qu. in fr. patr., XXXVIII. 5. l. 1. pr. —

3) Es ist vor Allem I.) so viel gewiß, daß wegen eigentlicher Schenkungen d. h. wegen der auch in der äußern Erscheinung als Schenkung sich kund gebenden Geschäfte unter Lebenden, welche anzufechten der Patron wie der impubes arrogatus die actio Faviana und Calvisiana hat (Note 1.), Pflichttheilsberechtigten anderer Art die querela inofficiosae donationis und auch nur sie zukomme. Hieran ist theoretisch so wenig zu zweifeln, als die Praxis irgend je daran gezweifelt hat. Wenn mithin die Frage aufgeworfen wird, ob Pflichttheilsberechtigte (außer dem Patron und impubes arrogatus) die actio Faviana und Calvisiana nach der Praxis haben, so kann man einzig und allein II.) scheinbar onerose Veräußerungen im Auge haben, die aber in der Wirklichkeit ganz oder theilweise Schenkungen sind. Nach dem, was im Texte (und Note 1—2.) bemerkt wurde, ließe sich im All-

gemeinen ein doppeltes Mittel denken, sie anzufechten, nehmlich eine analoge actio Faviana und Calvisiana unter den geeigneten Voraussetzungen, oder die querela inofficiosae donationis, wie bei den eigentlichen Schenkungen. Wir haben nun zu untersuchen, ob die Praxis, mit der wahren Theorie übereinstimmend, sich auf den einfachen Standpunkt der Schenkung stelle, und die onerose Veräußerung, so fern sie Schenkung ist, wie jede eigentliche Schenkung anzugreifen gestatte, oder ob sie als Mittel für diesen Angriff eine analoge actio Faviana und Calvisiana eingeführt und festgestellt habe.

Der Streitpunkt, ob und wie scheinbar onerose, aber dem Wesen nach Schenkungen enthaltende Veräußerungen angefochten werden können, wird bei den, das gesammte römische Recht mehr oder minder umfassend behandelnden Schriftstellern des vorigen und des gegenwärtigen Jahrhunderts nur selten besprochen. So weit ich sehen kann, ist er völlig übergangen bei G. G. Titius, S. v. Cocceji, Schaumburg, Ludovici, Ben. Schmidt, Hofacker, Höpfner, Dabelow, Thibaut, Günther, Mackeldey, Mühlenbruch. Einzelne, die ihn berühren, entscheiden sich entweder schlechthin, oder unter namentlicher Berufung auf die Praxis für die Zulässigkeit der Anfechtung vermittelst der actio Faviana und Calvisiana, z. B. Mencken, syst. jur. civ., XXXVIII. 5. — C. G. Schmidt, theor. pract. Commentar zu J. L. Schmidt, gerichtliche Klagen und Einreden, §. 570. ff. — Glück, Pandektencommentar, Thl. 7. S. 191. Andere sagen mehr vorsichtig, es werde der Angriff vermittelst dieser actiones für zuläßig gehalten, oder sie verwerfen jeden Angriff, oder äussern sich doch in der Art, daß sie die genannten actiones wenigstens nicht für statthaft zu erachten scheinen, z. B. Hellfeld, Jurisprud. forens., §. 1622. — Schweppe, Röm. Privatrecht (Ausg. Mejer) §. 970. — Wening-Ingenheim, Civilrecht, Thl. 3. (Ausg. 1825), B. 5. §. 147. — Sonach ist die neuere Doctrin einer analogen Anwendung der actio Faviana und Calvisiana (mit Ausnahme des impubes arrogatus) entschieden nicht günstig; während sie der Annahme, daß Schenkungen, auch wo sie in der Hülle oneroser Geschäfte erscheinen, mit der Querel angefochten werden können, durchaus nicht im Wege steht. Denn gerade indem sie großentheils des Zweifels, ob und wie sie anzufechten seyen, gar nicht gedenkt, so hat sie auch gegen deren Behandlung als Schenkungen, unter deren Begriff sie fallen, sich nicht ausgesprochen. Aber sie müßte und würde, wenn sie eine analoge Ausdehnung der actio Faviana und Calvisiana zulässig gefunden hätte, hierüber sich bestimmt ausgesprochen haben. — Gerade auf dieselbe Weise verhält es sich mit der Praxis.

Die Gloße äussert sich nicht bestimmt, scheint jedoch eher gegen analoge Anwendung der actio Faviana und Calv. zu seyn, ad D. si quid in fr. patr., l. ult. — si a par. qu. manum., l. 2. — Von den Rechtsgelehrten nach der Glosse hat sie Cinus, ad C. si in fraud. patr. verworfen, und einen Angriff überhaupt nur vom Standpunkt der Schenkung aus gebilligt. Bartolus ist einmal, in D. de bon. auct. jud. poss., l. 7. gegen jede Anfechtung, unterscheidet aber dann wieder, sich selbst widersprechend, ob der Erwerber fraudis particeps sey oder nicht, und will dorten die actio Fav. und Calv., hier eine Anfechtung vom Standpunkte der Schenkung aus zugelassen wissen, in D. si a par. qu. manum. l. 2. — Eben so in Widerspruch mit sich befangen ist Albericus, die act. Fav. und Calv. bald zugestehend, bald verweigernd, in D. si qu. in fr. patr., l. ult. — in C. si in fraud. patr. — Die Ausdehnung dieser actiones auf Pflichttheilsberechtigte mißbilligt Baldus, in C. l. c. l. 2., ferner J. Maynus, in C. de inoff. test., auth. unde si parens etc., welcher blos vom Standpunkte der Schenkung aus ein Anfechten zuläßt. — Daß sich bei diesen, theils schwankenden, sich widersprechenden, theils analoger Ausdehnung der actio Fav. und Calv. entschieden entgegen stehenden Ansichten der Glosse und der in der Praxis hochgeachteten Rechtsgelehrten nach der Glosse bis in das 16. Jahrhundert keine Praxis zu Gunsten jener Ausdehnung gebildet haben werde, kann man im Voraus vermuthen. Und so ist es auch. J. Clarus, Sententiae §. donatio, qu. 24. n. 5. (Clarus selbst würde, wenn emtor fraudis particeps wäre, nicht dagegen seyn). A. Gail, Pract. Observ., II. 96. nr. 4—5. — Petr. Heigius, Quaestiones juris, l. qu. 25. nr. 57. nr. 71. sequ. — A. Fachinaeus, Controv. VI. 85. (Für sich will Fachinäus die actiones zulassen, wenn die Veräußerung dolo malo geschah, um die legitima zu verkürzen.) Uebrigens sind im 16. Jahrhundert eben so wenig als in neuern Zeiten häufige Erörterungen über den hier behandelten Gegenstand zu treffen. — In spätern Zeiten, namentlich im 17. Jahrhundert, wird die Statthaftigkeit einer analogen Herübernahme der actio Fav. und Calv. auf Notherben von hochgestellten Praktikern allerdings behauptet, z. B. Ben. Carpzov, Jurisprud. for., II. 12. def. 36. — Brunnemann, ad D. si quid in fr. patr., l. ult. — W. A. Lauterbach, Collegium theor. pract., XXXVIII. 5. §. 3. — S. Strych, Usus mod., XXXVIII. 5. §. 3. — J. H. Boehmer, de actionibus, II. 3. §. 41. — Indessen ist weder ihre Anzahl, noch die Art und Weise ihrer Aeusserung, indem sie zum Theil vorsichtig sagen, es werde behauptet, (colligitur, colligunt), noch der Mangel an zahlreichen Autoritäten, die anzuführen, wo es möglich, jene Praktiker selten versäumen, geeignet, der Annahme einer wirklichen Praxis zur Stütze zu dienen. Wozu noch kommt, daß es zwar an Erkenntnissen nicht fehlt, welche auch onerose Veräusserungen wegen Verlezung des Pflichttheils anzugreifen gestatten, aber, so weit ich bemerkte, bezeichnet keines derselben, selbst keines von denen, die Carpzov (l. c.) anführt, die actio Faviana oder Calv. als das einschlagende, wirksame Mittel. C. Ph. Richter, Centur. var. jur. dec., I. dec. 39. — Philippi, Usus pract. J., III. ecl. 33. — de Canngiesser, Decisiones (Cass. 1768.) dec. 126. 151. — Sie alle lassen vielmehr auch den Sinn zu, daß solche Veräusserungen vom Standpunkte der Schenkung aus anzufechten seyen. Einzelne Entscheidungen verwerfen sogar die Actio Fav. und Calv. geradezu, oder stellen sich namentlich auf den Standpunkt der Schenkung; und bei Gelegenheit derselben ist denn auch von einer venditio inofficiosa die Rede, eine freilich unpassende, doch, genauer besehen, kaum zu mißverstehende Sprachweise, C. L. Crell, Diss. utrum liberi actione Quasicalvisiana venditiones parentum inofficiosas revocare possint, §. 2. §. 9. sequ. — Leyser, Meditat. ad Pand., spec. 91. med. 2. — Und dieser Standpunkt der Schenkung wird nicht blos, wie oben bemerkt, von einzelnen Rechtsgelehrten nach der Glosse, als Cinus, J. Maynus, theilweise Bartolus, sondern auch von spätern in der Praxis angesehenen Schriftstellern besonders festgehalten, Schneidewin, ad J. II. 7. §. 2. nr. 81—82. — Hartm. Pistoris, Quaestiones juris, lib. II. p. 2. qu. 38. nr. 67—88. — P. Heigius, l. c. — A. Faber, Codex defin. for., III. 20. def. 6. — D. Mevius, ad jus Lub., II. 2. art. 33. nr. 165. sequ. besonders 189/95. — Mueller, ad Leys. spec. 91. observ. 226.

IV. Die arme Wittwe.

§. 111.

Auch die arme Wittwe hat ihr Erbrecht gegen ein Testament 1), ohne daß sie jedoch dasselbe umstieße 2), oder ihren Theil gerade erbesweise erhalten müßte 3).

1) Nov. LIII. c. 6. pr. ... *Εἰ μεντοι πρεσβειον τι καταλιποι αὐτῃ ὁ ἀνηρ ἐλαττον της τεταρτης μοιρας, ἀναπληρουσθαι τουτο κ. τ. λ.* §. 2.

2) Denn dies ist nicht bestimmt; sie hat eben ein Recht auf ihre Quote.

3) Nov. LIII. c. 6. — Dieses Recht der Frau hat viele Aehnlichkeit mit der bonorum possessio contra tabulas eines patronus, und wird daher, wo die Anordnungen der Novellen LIII. und CXVII. uns verlassen, wohl richtig nach dessen Analogie behandelt, z. B. D. de bon. lib., XXXVIII. 2. l. 16. §. ult. l. 20. §. 2—3.

V. Die bonorum possessio contra tabulas nach dem edictum de conjungendis cum emanc. liberis, und die des parens manumissor.

§. 112.

Die bonorum possessio contra tabulas, welche in Gemäßheit des edictum de conjungendis cum emancipato liberis gegeben wurde, ist schon durch die Novelle 118.[1]), und die, welche der parens manumissor hatte, durch die neuere Praxis[2]) unanwendbar geworden.

1) Indem nehmlich nach dieser Novelle das Intestaterbrecht der Entferntern in väterlicher Gewalt neben den nähern Mittelspersonen ausserhalb derselben unmöglich und daher vernichtet worden ist, oben §. 83, so kann von einer bonorum possessio contra tabulas in dieser Richtung nicht mehr die Rede seyn. Denn, sobald das Testament rescindirt wäre, müßten die Entferntern erben, wie ab intestato, oben §. 97.;

ab intestato hätten sie aber nach Novelle 118. nichts geerbt und nicht zu erben. — Man könnte zu der Frage versucht seyn, ob durch diese Novelle, indem sie alle Intestat bonorum possessio der liberi aufhob, nicht überhaupt jede contra tabulas bonorum possessio aufgehoben worden sey? Allein etwas Anderes ist es aufheben, um Intestaterbrecht zu entziehen, und etwas Anderes aufheben, um prätorisches Erbrecht in ein civiles zu verwandeln.

2) Man könnte glauben, sie sey schon durch Novelle 115. in Verbindung mit Novelle 118. überflüssig geworden, weil der parens manumissor naturalis — ein non naturalis hatte die bon. possessio contra tabulas gar nicht, D. ad Sctum Tert., XXXVIII. 17. l. 2. §. 15. — ein besseres Notherbrecht erlangt habe. Indessen lassen sich doch Fälle denken, wo bei dem Zusammentreffen mit gleich berechtigten Intestaterben die bonorum possessio in Rücksicht auf die Größe der Portion vortheilhafter seyn würde. — Allein die Praxis, welche das Intestaterbrecht des parens manumissor ausser Gebrauch sezte, oben §. 84, hat eben damit auch die bonorum possessio unmöglich gemacht. Notherbrecht ohne entsprechendes Intestaterbrecht ist etwas Undenkbares.

Zweites Buch.

Ausübung des Erbrechts.

Erster Abschnitt.

Transmission.

§. 113.

Die Möglichkeit, das Erbrecht auszuüben[1]), geht nicht auf die Erben über[2]). Indessen giebt es Ausnahmen[3]). —

Römischrechtlich wird:

I. einem eingesezten Erben, wenn wegen eines erwarteten postumus[4]) die Delation aus einem Testamente[5]) noch unentschieden[6]), der eingesezte Erbe aber unter allen Umständen Erbe seyn würde[7]), eine bonorum possessio deferirt[8]), und dieselbe oder an ihrer Statt eine andere[9]) seinen Erben gewährt, im Falle er, ohne von ihr Gebrauch gemacht zu haben, verstürbe[10]);

II. demjenigen, welcher, als ein später Berufener, wegen der bonorum possessio Carboniana noch kein Erbrecht gelten machen kann [11]), vorläufig eine bonorum possessio angeboten [12]) und, so er, ehe er sich ihrer bediente, ablebte, auf seine Erben übergetragen [13]);

III. den Erben dessen, welcher durch die Anordnung des Sctum Silanianum gehindert war, die Erbschaft zu erwerben [14]), das Erbrecht zur Ausübung vorbehalten [15]);

IV. der Tochter eines Patrons, welche, im Streite ob der Falschheit eines Testaments und ungewiß wegen der Art der Delation, weder aus dem Testamente noch ab intestato Erbe werden konnte [16]), vergönnt, ihr Intestaterbrecht auf die Erben zu versenden [17]);

V. das Erbrecht eines reipublicae causa absens, welcher die Zeit zur Geltendmachung versäumte [18]) oder die durch einen Stellvertreter vorgenommene agnitio bonorum possessionis nicht zu genehmigen im Stande war [19]), den Erben desselben verliehen.

Ob diese Bestimmungen analog ausgedehnt werden dürfen, ist allerdings zweifelhaft [20]).

Teutschrechtlich sind zwei Arten der angeführten Transmissionen (no. III. und IV.) hinweggefallen [21]). Dagegen erkennt die Doctrin und Praxis den Grundsaz an, daß die in dem römischen Recht namentlich zugestandenen Versendungen des Erbrechts wohl ausgedehnt werden mögen[22]). Ihm gemäß muß allenthalben, wo der Erblasser aus einem rechtlichen oder genügenden factischen Hinderniß sein Erbrecht nicht gelten machen konnte, eine Transmission anerkannt werden[23])[24]).

1) Unten §. 116.

2) Weder nach civilem noch nach prätorischem Rechte, C. de jur. delib., VI. 30. l. 7. — qui adm. ad bon. poss., VI. 9. l. 4. —, nicht einmal das Recht zu genehmigen, D. de bon. possess., XXXVII. 1. l. 3. §. 7., und aus der substitutio so wenig als aus der institutio, D. de suis et leg., XXXVIII. 16. l. 9. — de vulg. et pup. s., XXVIII. 6. l 45. §. 1. — Daher D. de adqu. v. om. hered., XXIX. 2. l. 81. Totiens videtur heres institutus etiam in causa substitutionis adisse, quotiens adquirere sibi possit: nam si mortuus esset, ad heredem non transferret substitutionem. Zu vergl. §. 35. Note 6.

3) Alle diese Ausnahmen beziehen sich zwar nicht nach dem ältern, aber doch nach dem spätern Rechte (vergl. nr. II.), auf eine hereditas delata, und es läßt sich kein Fall aufzeigen, wo eine hereditas nondum delata versendet würde. Man führt zwar die Transmissionen unter I. und II. als Beispiele der Transmission eines noch nicht deferirten Erbrechts auf, vergißt aber, daß hier eine bonorum possessio vorläufig schon gewährt, mithin auch vorläufig schon ein Erbrecht deferirt wird. Der Fall von nr. IV. hingegen betrifft nicht ein noch nicht deferirtes, sondern ein deferirtes Erbrecht, das der Erbe nur deshalb noch nicht ausüben konnte, weil er des Grundes der Delation nicht gewiß war.

4) Suus, D. de adqu. vel om. her., XXIX. 2. l. 84.... quamdiu *rumpi* testamentum potest etc. — oder emancipatus, D. de bon. p. c. tab., XXXVII. 4. l. 4. §. ult.... quamdiu *contra tabulas* peti potest etc.

5) Die ab intestato ist in dem vorausgesezten Fall nicht suspendirt, D. de adqu. v. om. her., XXIX. 2. l. 30. §. 6., und selbst

die ex testamento nicht, wenn der postumus gehörig eingesezt oder enterbt ist, D. eod., l. 30. §. 2.

6) D. eod., l. 84. Ventre praeterito si filius, qui fuit emancipatus aut exter heres institutus sit, quamdiu rumpi testamentum potest, *non defertur* ex testamento hereditas etc.

7) D. eod..... quia, sive frater ei nascatur sive non nascatur, patri heres futurus est. eademque ratio facit, ut emancipato subveniri debeat, qui alterutro casu rem omnimodo habiturus est. — Der suus freilich ist, wenn kein postumus adgnascirt, rückwärts ipso jure Erbe ab intestato geworden, D. eod.... sed si vacuo ventre mulier fuit, et incerto eo filius in familia retentus vita decessit, heres fuisse intelligitur etc. jedoch nur, wenn er allein eingesezt und ihm auch kein substitutus gegeben worden ist, D. de lib. et post., XXVIII. 2. l. 16. Si filius heres institutus sit, omisso postumo, filioque substitutus nepos ex eo sit, si interim moriatur filius, postumo non nato, nepotem tam patri quam avo suum heredem futurum: quod si nemo filio substitutus sit et solus ipse institutus sit, tunc, quia eo tempore, quo is moriatur, certum esse incipit, neminem ex eo testamento heredem fore, ipse filius intestato patri heres existat etc. Vergl. de adqu. v. om. her., XXIX. 2. l. 30. §. 6.... sive *institutum* postumum proponas etc.

8) Nehmlich eine vorläufige bonorum possessio contra tabulas, die er, wenn der postumus erschiene, commisso per alium edicto haben würde, D. de b. p. c. t., XXXVII. 4. l. 4. §. ult. ... etiam nondum nato eo alius, qui heres institutus est, bonorum possessionem contra tabulas admittere potest etc. — de adqu. v. om. h., XXIX. 2. l. 84., die aber natürlich, non nato postumo, in eine bonorum p. secundum tabulas sich verwandelt, oben §. 96. Note 17. —

9) Entweder die vorläufig mögliche contra tabulas, oder die secundum tabulas, in welche sie überging.

10) D. de bon. p. c. t., XXXVII. 4. l. 4. §. ult. — l. 5..... ut, etsi ante moriatur, bonorum possessionis beneficium ad heredem

transmittat. Sed, etsi decesserint.... non est iniquum, praetorem decernere, heredibus eorum salvum fore commodum bonorum p. secundum tabulas vel contra tabulas.

11) Er kann es, sofern er als später berufener heres sein Erbrecht unabhängig von einer bonorum possessio auszuüben im Stande ist, D. de Carb. edict., XXXVII. 10. l. 12..... Quid enim, si non potuerunt *adire hereditatem* jure cessante vel ob litem in dubium constituti? wodurch er indessen vor der Hand gegenüber von dem impubes in keine bessere Lage kommt.

12) Noch zur Zeit Papinians scheint dieß nicht der Fall gewesen zu seyn, D. eod. Scriptus heres, contra quem filius impubes, qui subjectus dicitur, ex edicto primo bonorum possessionem petit, exemplo legitimi secundum tabulas interim accipere non potest etc., und darauf weist auch die Art und Weise hin, wie Ulpian den entgegen gesezten Grundsaz ausspricht, D. unde lib., XXXVIII. 6. l. 1. §. 4. Sed et si ex Carboniano edicto bonorum possessio data sit, *magis est, ut dicere debeamus*, ab intestato nihilominus posse peti. *ut enim suo loco ostendimus*, non impedit bonorum possessionem edictalem Carboniana bonorum possessio.

13) D. de Carb. ed., XXXVII. 10. l. 12.... quod si medio tempore scriptus vel ille, qui intestati possessionem habere potuerit, moriantur, heredibus eorum succurrendum erit. Diese Transmissio ist durch die später gestattete Möglichkeit, sich vorläufig für die Annahme der Erbschaft zu erklären, so wenig hinweggefallen, als die provisorisch gewährte bonorum possessio in dem Fall von nr. I. der Transmission im Wege steht. Wahrscheinlich haben die Sammler die Stelle von Ulpian und die von Papinian aufgenommen, weil sie in der einen keinen Gegensaz gegen die Transmission in der andern erblickten, während sich der Widerspruch, so weit er die vorläufig zugelassene bonorum possessio betrifft, durch die eben auf Fortbildung hinwei-

sende Fassung des Ulpianischen Fragments von selbst ausgleicht.

14) Unten §. 117.

15) D. de Scto Silan., XXIX. 5. l. 3. §. 30—31.

16) D. de bon. lib., XXXVIII. 2. l. 6. §. 1. l. 42. §. ult., vergl. mit D. de adqu. v. om. hered., XXIX. 2. l. 46. Man würde wohl irren, wollte man jene Stellen von dem Fall verstehen, wenn die filia patroni aus dem Testament angetreten hatte. Denn um ex testamento antreten zu können, hätte sie certa seyn müssen, daß das testamentum nicht falsum sey. Dessen konnte sie aber nur dann certa seyn, wenn sie selbst, wie l. 46. cit. sagt, accusaretur. Nun wird vorausgesezt, daß das Testament wirklich falsum war, und die Intestaterbfolge eröffnet gewesen sey, D. de bon. lib., XXXVIII. 2. l. 42. §. ult.... filio mulieris servavit D. Marcus eam partem bonorum, quam filia patroni vel jure intestati, si vixisset, habere potuit, wie denn ausserdem eine Transmission, nachdem filia patroni ex testamento angetreten gehabt hätte, keinen Sinn gehabt haben würde. Also müßte die filia patroni eines falsum überwiesen worden seyn; und dennoch sollte Mark Aurel eine Transmission gewährt haben?

17) D. eod. und l. 6. §. 1.

18) C. de rest. milit., II. 51. l. 1. Daß hier gar keine transmissio sondern bloß eine in integrum restitutio aus der Person des reip. causa absens gewährt werde, ist darum unrichtig, weil dieser selbst durch jene restitutio nur gegen den Ablauf der Zeit gewahrt würde, aber dann immer noch sein Erbrecht erst ausüben müßte. Aehnlich seine Erben. Durch restitutio wird bloß der Nachtheil der abgelaufenen Zeit von ihnen abgewendet; durch die Transmission erst erlangen sie den Vortheil, das von ihrem Erblasser noch nicht ausgeübte Erbrecht ausüben zu dürfen. Die Transmission freilich erhalten sie wegen der reip. c. absentia ihres Erblassers.

19) D. de adqu. v. om. her., XXIX. 2. l. 86. Zu vergl. die folg. Note. — Hier wird eine Transmission in Folge einer resti-

tutio ertheilt, aber nicht einer restitutio aus der Person des gestorbenen Erben, da dieser, sofern er intra diem starb, zur Zeit seines Todes keiner restitutio bedurfte und somit auch zu keiner berechtigt war. Allerdings liegt der Grund der den Erben ertheilten restitutio denn doch wiederum in der absentia reip. causa ihres Erblassers.

20) Gegen die Ausdehnung spricht a) daß es sich in allen den Fällen im Grunde nur von Ausnahmen handelt, die als solche schon nicht ausgedehnt werden dürfen; b) D. de Scto Silan., XXIX. 5. l. 3. §. ult. Si et aliud impedimentum sit de non adeunda hereditate vel aperiendarum tabularum, sit et Senatus consulti, nihil prodesse impedimentum Scti, si et aliud fuit etc. l. 4. — c) D. de adqu. v. om. her., XXIX. 2. l. 84. junct. D. de b. p. c. t., XXXVII. 4. l. 4. §. ult., worin nur der, welcher als suus oder emancipatus neben dem postumus Erbe würde, eine außerordentliche Hülfe erhält, nicht der exter, welcher doch auch durch den erwarteten postumus am Antreten gehindert wird. d) C. de rest. mil., II. 51. l. 1..... si Valerianus *post exactos dies*, quibus bonorum possessio defertur, in militia defunctus est — verbunden mit der gleichzeitigen Ansicht Papinians, der, wenn der Erbe intra diem starb, ebenfalls nur humanitatis causa eine Transmission in dem Fall gewährt wissen will, wenn es sich bloß noch um Genehmigung einer bereits nachgesuchten bonorum possessio handelt, D. de adqu. v. om. poss., XXIX. 2. l. 86. Für die Zulässigkeit einer Ausdehnung könnte man die Art und Weise anführen, wie die römischrechtliche Doctrin selbst einzelne kaiserliche Constitutionen behandelte und daraus erweiternd eine Transmission in andern mehr oder weniger ähnlichen Fällen begründete. So hat a) Papinian ein Rescript von Pius (D. de adqu. v. om. her., XXIX. 2. l. 30. pr.) benutzt, um daraus für einen sehr verschiedenen Fall eine Transmission abzuleiten, D. eod. l. 86..... quod et hic humanitatis gratia obtinendum est; so sehen wir, daß b) ein Rescript von Marc Aurel, welches, wie Papinian berichtet,

unter besondern Umständen (si falsum testamentum ab aliis in *provincia* dictum, atque ita res per appellationem extracta esset) dem Sohn der Patronstochter (filio mulieris servavit etc.) eine Transmission gegeben hatte, D. de bon. lib., XXXVIII. 2. l. 42. §. 3., von den spätern Rechtsgelehrten in einem viel weitern Umfang angewendet wurde, D. eod. l. 6. §. 1. Cum patroni filia heres instituta esset a liberto *falsumque testamentum dictum esset*, et appellatione interposita et pendente diem suum obisset, *heredibus* ejus .. subvenit etc.

21) In Betreff von no. III. unten §. 117; in Betreff von no. IV., weil wir das ganze Verhältniß des Patronats nicht mehr haben.

22) Ich sage geflissentlich „den Grundsaz" im Allgemeinen. Denn über den Umfang und die Art der Ausdehnung sind die Ansichten nicht gleich. Manche glauben, daß, wo ein rechtliches Hinderniß der Erwerbung der Erbschaft im Wege stehe, finde Transmission Statt; während sie, was no. V. anbelangt, die Fälle des röm. Rechts im Ganzen etwas mehr, obgleich nicht durchaus wörtlich strenge festhalten. Andere lassen allenthalben wegen eines factischen Hindernisses Transmission zu, während sie hinsichtlich rechtlicher Hindernisse etwas mehr beschränken. Wiederum Andere wollen überall, wo die Antretung, sey es factisch, sey es rechtlich, unmöglich war, eine Transmission zugestehen. Außerdem theilen sich die Meinungen über die Form der Transmission. Bald soll sie allenthalben, bald nur bei factischen Hemmnissen durch in intregrum restitutio vermittelt werden. In der Hauptsache erkennt die gemeine Meinung an, daß die einzelnen, oben angeführten Transmissionen des römischen Rechts nur als Beispiele zu behandeln, und daher immerhin einer analogen Erweiterung zugänglich seyen; und die mehr oder weniger einschränkende Ansicht Einzelner stüzt sich wesentlich auf die Beurtheilung der Fälle des römischen Rechts selbst und die dadurch gebildete Grundlage für die

Ausdehnung. Gewiß kann nicht geleugnet werden, daß es zu allen Zeiten Rechtsgelehrte gab, welche analoge Ausdehnung verwarfen; allein Viele von ihnen erkennen selbst an, daß die herrschende Meinung für dieselbe sey, z. B. A. Faber, Conj. jur. civ., XIV. 1. — a Sande, Decis. Fris., IV. 9. def. 1. — G. Henr. Brueckner, de transmiss. heredit. (Erf. 1690.) §. 3. 6. 33. 36/37. —; andere dagegen bleiben denn doch nicht ganz genau bei der Vorschrift des römischen Rechts, wenn sie z. B. sagen, wer wegen reip. causa absentia die Delation nicht erfuhr oder anzutreten verhindert war, der transmittire die Erbschaft, L. F. J. Höpfner, Commentar, §. 546. — C. A. Guenther, Principia j. rom., II. §. 831. — Man vergl. Petr. Gregorius (Tholos.), Syntagma jur. univ. l. XLVI. c. 2. §. 23. — A. Gomez, Variar. resol. I. 9. nr. 56. — F. Duarenus, ad tit. D. de adqu. v. omit. h., c. 5. (opera p. 452/453.) — Donellus, Comment. j. c., VII. 4. — Joach. Mynsinger, Responsa jur., resp. 97. nr. 12—20. — Collegium Argent., lib. 29. tit. 2. §. 15. — H. Bocer, de adquir. vel omitt. hered., thes. 44—46. — O. Hilliger, Donellus enucl., VII. 4. — Er. Ungepaur, de transmissionibus (Alt. 1628.) §. 35. — Ben. Carpzov, Jurispr. for., III. 14. def. 24. — Brunnemann, in Cod., de j. del. l. 7. l. 19. — W. A. Lauterbach, Colleg. theor. pract., lib. 29. tit. 2. §. 25. — Burch. Bardili, de hered. adit. (Tub. 1654.) §. 28. — Consilia Tubing., VII. cons. 44. nr. 63. sequ. — a Berger, Oecon. jur., II. 4. §. 49. — L. Mencken, Systema jur. univ., lib. 29. tit. 2. §. 6. — G. G. Titius, Jus priv. rom. german., VII. 12. §. 24. — J. H. Boehmer, Introd. in jus Dig., lib. 29. tit. 2. §. 24. — Mollenbeck, Thesaur. j. c., lib. 29. tit. 2. ad Not. 34. — Schaumburg, Comp. jur. Dig., lib. 29. tit. 2. §. 11. — F. E. a Pufendorf, Observ. j. un., t. 4. obs. 265. §. 2. — Hellfeld, Jurispr. for., §. 1496. — F. Ch. J. Fischer, das erbschaftl. Versendungsrecht, (Regensb. 1786.) S. 175. ff. — Schröter in Siebenkens jur. Magaz., Thl. I. nr. 19. besonders §. 13. — Mueller ad Leys., obs. 571. — Promptuarium jur. nov., sub

v. hereditatis aditio, §. 38—42. — C. Chr. Hofacker, Principia j. c., tom. II. §. 1446. — A. F. S. Green, de transmissione hereditatis (Lips. 1792.) p. 4—5. — Thibaut, Pandektenrecht (8e Ausg.) §. 826. Schweppe, Privatrecht (Ausg. von Mejer) Thl. 5. §. 877. — Wening-Ingenheim (5e Ausg. von Friz) §. 547. — Muehlenbruch, Doctrina Pand. (ed. 3a.), tom. III. §. 702. — Marezoll, in Zeitschrift für C. R. u. Pr., Thl. 2. S. 62. ff.

23) Ist einmal die Möglichkeit der Ausdehnung dem Princip nach zugestanden, so ist in der That nicht abzusehen, weshalb man nicht im vollen Maaße ausdehnen sollte, und wenn man die römischrechtlichen Transmissionen sub I.—IV. benuzt, um wegen rechtlicher Hindernisse Transmission zuzulassen, warum man no. V. nicht dazu gebrauchen könnte, um in Fällen, wo der Erblasser aus factischen Gründen anzutreten verhindert war, eine Transmission für statthaft zu halten. Glauben doch selbst Solche, welche sonst nicht für Ausdehnung in Betreff factischer Hindernisse sind, daß man die absentia reip. causa nicht so streng wörtlich nehmen dürfe, z. B. A. Faber, Conject. j. c., XIV. 1. — Marezoll, in Zeitschrift für C. R. und Pr., Thl. 2. S. 75. — Und dann ist namentlich kein Grund vorhanden, weshalb das, was Papinian in D. de adqu. v. om. hered., XXIX. 2. l. 86. von einem Fall, wo vielleicht einzig bon. poss. secundum tabulas möglich war, ausspricht, nicht auf jede bonorum possessio, und auf jede hereditas, wenn der Erbe intra diem praescriptionis longissimi temporis stirbt, dürfte angewendet werden. Die vorhergegangene agnitio durch einen Stellvertreter, welche in dem Papinianischen Beispiel vorgekommen war, möchte auch, sobald überhaupt eine Ausdehnung für zuläßig angenommen wird, nicht der Art wesentlich gehalten werden, daß man bei bonorum possessiones, wo sie nicht Statt fand, und bei der hereditas, wo sie in der Regel nicht stattfinden kann, eine Transmission auszuschließen berechtigt wäre. — Ueberdieß ließe sich wohl

aus den Transmissionen in no. I.—IV. selbst ein Schluß auf factische Hindernisse ziehen; da doch, so wie man einmal analogisch ausdehnt, gewiß nicht die rechtliche Natur des Hindernisses als das Wesentliche und die Hauptsache betrachtet werden darf, sondern eben das Hinderniß an und für sich. Verbinden wir vollends die Transmissionen in I.—IV. mit denen in V.; so wüßte ich in der That nicht, was der analogischen Erweiterung für alle rechtliche und genügende factische Hindernisse mit hinreichendem Grunde entgegen zu halten wäre.

Was die Form anbelangt, in welcher die Transmissio ertheilt wird; so muß an der Hand des römischen Rechts zwischen rechtlichen und factischen Hindernissen unterschieden werden. Für die leztern ist darin die in integrum restitutio als Form der Transmission bezeichnet D. de adqu. v. om. h., XXIX. 2. l. 86. — C. de rest. milit., II. 51. l. 1.; wohl nur in dem Sinne, daß ein nicht vorhandenes Rechtsverhältniß, das durch Erwerbung der Erbschaft begründbare, als vorhanden angenommen wird, indem man die Erben des Erben eben dadurch für verlezt hält, daß ihr Erblasser, factisch abgehalten, das Erbrecht nicht ausüben und die Erbschaft nicht erwerben konnte. Wegen rechtlicher Hindernisse werden bald actiones utiles genannt, D. de Scto Silan., XXIX. 5. l. 3. §. 30—31. l. 4., bald eines Decrets des Prätors, D. de b. p. c. t., XXXVII. 4. l. 5.... praetorem decernere etc., bald eines subvenire, D. de bon. lib., XXXVIII. 2. l. 6. §. 1. gedacht. Ob aber hierunter eine in integrum restitutio gemeint sey? Das Einfachere wäre gewiß eine actio utilis, wie wenn der verstorbene Erbe angetreten gehabt hätte, ohne daß sie gerade auf eine in integrum restitutio formell gestüzt seyn müßte; um so mehr, als eine integri restitutio nach den sonst dabei obwaltenden Regeln in den hier einschlagenden Verhältnissen nur höchst uneigentlich angewendet würde. Und warum wollen wir nicht das Einfachere als das Richtigere annehmen? das anßerdem noch dadurch an Wahrscheinlichkeit gewinnt, daß die restitutio gar nicht erwähnt wird, während man die Transmission wegen factischer Hindernisse ausdrücklich auf sie gründet. — So würde mithin unter Voraussezung einer juristischen Abhaltung den Erben des Erben ohne weiteres anzutreten gestattet und eine actio utilis zu geben seyn, mit welcher sie, sobald sie die Voraussezung dargethan hätten, obsiegen müßten; factische Hemmnisse dagegen begründeten nur eine in integrum restitutio. Der Unterschied ist gewiß nicht unbedeutend, wenn wir, von Anderm abzusehen, auch bloß das tempus petendae restitutionis im Auge behielten.

24) Man führt römischrechtlich noch eine Transmission auf, sofern der Erbe in der Ungewißheit, ob der Erblasser fähig war, einen Erben zu haben, rechtlich sich in der Unmöglichkeit anzutreten befand, und beruft sich auf D. ad Sctum Tert., XXXVIII. 17. l. 1. §. 1. Allein, wenn man die Stelle genau erwägt, so enthält sie keine Zugestehung einer Transmission, sondern die Gewährung einer provisorischen bonorum possessio, gerade damit der Erbe die Erbschaft antreten, und so auf seine Erben bringen könne, und es handelt sich in ihr davon, an *medio tempore* succurri per praetorem debeat, ne, si medio tempore decesserint, *nihil ad heredem* transmittant. Die Ertheilung einer solchen vorläufigen bonorum possessio bringt es aber durchaus nicht nothwendig mit sich, daß, wenn auch ihre agnitio versäumt würde, eine Transmission zulässig sey. —

§. 114.

Es wird ferner, in Uebereinstimmung mit dem römischen Rechte:

I. Wenn [1]) ein Ascendent seinen Descendenten [2]) in einem Testamente zum Erben ernannt hat [3]), und dieser nach dem Tode[4]) des Testirers vor Eröffnung des Testaments[5]) und vor der Antretung[6]) stirbt, das ihm deferirte[7]) Erbrecht auf seine Descendenten als seine Erben[8]) transmittirt[9]).

II. Jedes Erbrecht eines innerhalb erbetener[10]) Deliberationsfrist, oder innerhalb eines Jahres von erfahrener[11]) Delation an, ohne Erklärung[12]) gestorbenen Erben so transmittirt, daß dessen Erben noch während des Restes dieser Zeit[13]), doch nie über ein Jahr von der Delation an[14]) die Erbschaft erwerben können[15]). Für die bonorum possessio gilt die Zeit zur agnitio derselben als Deliberationsfrist[16]). Analog muß auch eine von dem Erblasser selbst für den Antritt bestimmte Zeit behandelt werden[17]).

1) Ursprünglich hing wohl die Anordnung mit Bestimmungen der lex Papia Poppaea zusammen. Nach dieser lex konnte ein Testamentserbe, wenn er ex parte eingesezt und nicht suus war, ante apertas tabulas nicht antreten, C. de caduc. toll., VI. 51. l. un. §. 5. — de jure delib., VI. 30. l. 3. — D. de jur. et fact. ign., XXII. 6. l. 1. §. ult. — de cond. et dem., XXXV. 1. l. 21. in f. So geschah es leicht, daß zwischen dem Tode des Erblassers und der Eröffnung des Testaments durch den Tod eingesezter Erben Portionen ausfielen. Dieß schien besonders hart, wenn die Erben Descendenten des Erblassers waren, vollends dann, wenn sie selbst Kinder hatten, die nun von der groß- oder urgroß-elterlichen Erbschaft nichts erhielten. Dieser Härte wollte Theodosius begegnen, indem er, wenn Testamentserben als Descendenten ante apertas tabulas sterben, deren Erbrecht auf ihre Kinder transmittiren läßt, C. de his qui ante ap. tab., VI. 52.

l. un. — Allerdings würde die Begünstigung eine noch grö͏ßere gewesen seyn, wenn Theodosius selbst unter der Voraussezung, daß der Testamentserbe bei Lebzeiten des Erblassers gestorben wäre, den Uebergang des Erbrechts auf die Descendenten des Erben, und somit eine Art gesezlicher Substitution angeordnet hätte. Indessen a) lag hiezu wenigstens in der lex Papia Poppaea kein Grund. Denn sofern der eingesezte Erbe bei Lebzeiten des Erblassers gestorben wäre, würde auch ohne diese lex die Erbschaft nicht auf seine Descendenten gekommen seyn, wenn sie gleich ohne diese lex nicht caduca geworden wäre; und steht entgegen b) das entschiedene Gewicht, welches die Stelle darauf legt, daß die Erben ante apertas tabulas gestorben seyen. Zwar stirbt, wer bei Lebzeiten des Erblassers stirbt, immerhin auch ante apertas tabulas. Aber wer wird sich auf eine solche Weise ausdrücken, die sprachlich schon auf die Zeit nach dem Tode bezogen werden muß, da bei Lebzeiten des Erblassers von einer apertura tabularum gar keine Rede seyn kann? Und wo giebt es in allen uns erhaltenen römischrechtlichen Schriften ein Beispiel, daß der Ausdruck „ante apertas tabulas mori“ auch für die Lebenszeit des Erblassers gebraucht wird? Wohl hieß der Ausdruck „ante apertas tabulas“ zur Zeit der lex Papia Poppaea eben so viel als „vor der Delation.“ Aber nicht „vor der Delation überhaupt und allgemein“, sondern „vor der Delation, indem man nach dem Tode des Erblassers vor Eröffnung des Testaments hinwegfiel.“ Und mit welchem Rechte dürfen wir schließen: weil die begünstigt sind, welche insofern die Delation nicht erleben, als sie nach dem Tode des Erblassers ante apertas tabulas sterben, so seyen auch alle begünstigt, die bei Lebzeiten des Erblassers, und mithin vor der Delation sterben, obgleich hier auf die apertura tabularum gar nichts ankommt? c) Theodosius verleiht den eingesezten Descendenten jene Begünstigung „sive se noverint scriptos heredes, sive ignoraverint.“ Damit sollte doch offenbar etwas Besonderes gewährt seyn. Was wäre nun dieß, wenn die Testamentserben, mögen sie vor oder nach dem Erblasser sterben, die Erbschaft auf ihre Descendenten brächten? Welchen Unterschied könnte es ausmachen, ob die Erben die Einsezung kannten oder nicht, wenn ihre Descendenten die Erbschaft unter allen Umständen erhalten sollen? Umgekehrt, sobald wir annehmen, Theodosius habe das Hinwegfallen der Erben nach dem Tode des Erblassers im Auge gehabt, erhält jener Zusaz eine sehr vernünftige und wichtige Bedeutung. Die Anordnung der lex Papia Poppaea hatte im concreten Fall bloß unter der Voraussezung, daß der eingesezte Erbe die Einsezung kannte, einen unmittelbaren nachtheiligen Einfluß. Denn ohne von der Einsezung zu wissen, hätte der Erbe vor der Eröffnung nicht antreten können, selbst wenn der Antritt vorher erlaubt gewesen wäre. Nun will Theodosius sagen, ob er gleich um der lex Papia Poppaea willen eine Anordnung zu Gunsten der Descendenten machen zu müssen glaube, so möge diese Gunst doch nicht auf den Fall beschränkt seyn, wo die lex unmittelbaren Nachtheil bringe, nehmlich auf den Fall, in welchem der Erbe seine Einsezung kenne, aber wegen der lex nicht antreten dürfe, sondern auch wenn ihm die Einsezung unbekannt geblieben sey, sollen seine Descendenten desselben Vortheils genießen. d) die Theodosische Constitution sagt ferner „derelictam sibi hereditariam portionem posse transmittere, memoratasque personas.... eam tanquam debitam vindicare." Der Ausdruck „transmittere" ist, ich will nicht gerade sagen, ein eigentlich technischer, aber doch der gebräuchliche und regelmäßige, um zu bezeichnen, was wir unter Transmission verstehen, D. de Scto Silan., XXIX. 5. l. 3. §. 30. — de b. p. c. t., XXXVII. 4. l. 4. §. ult. — ad Sctum Tert., XXXVIII. 16. l. 1. §. 1. — C. qui adm. ad bon. p., VI. 9. l. 4. — de jur. delib., VI. 30. l. 7. — de caduc. toll. VI. 51. l. un.

§. 5. Das Natürliche scheint daher zu seyn, daß wir diesen Ausdruck der Theodosischen Constitution in dem regelmäßigen Sinne nehmen. Um ihn anders aufzufassen, dazu müßten besonders sprechende, hier nicht vorliegende Gründe berechtigen. Verbinden wir aber das Wort „transmittere" mit den vorhergehenden Worten „derelictam *sibi* hereditariam portionem" und mit den folgenden „tanquam *debitam* vindicare" und bedenken wir, daß man doch von einem institutus gegenüber von dem aus eigenem Rechte erwerbenden substitutus schwerlich sagen wird „derelictam *sibi* portionem transmittit", und daß in dem „tanquam debitam" kaum etwas Anderes angedeutet seyn kann, als sie mögen die Portion vindicare, als hätte ihr Ascendent sie angetreten und als stehe sie ihnen eigentlich rechtlich schon zu; so haben wir gewiß unterstüzende Momente genug, um dem Wort „transmittere" seine gewöhnliche Bedeutung zu lassen. e) Hätte Theodosius eine gesezliche Substitution für die Descendenten der Descendenten angeordnet, so würde nachher weder eine Uebergehung von postumi, die succedendo in locum parentum als postumi erschienen, noch ein Nachtheil für das Testament aus diesem Grunde möglich gewesen seyn. So würde es in der That schwerlich Jemand zu erklären vermögen, wie es komme, daß Justinian die Lehre von dem Einfluß solcher postumi in Institutionen, Digesten und Codex vortragen lasse, ohne irgend anzudeuten, daß durch die Theodosische Verordnung eine Aenderung eingetreten sey, weil diese postumi stets als gesezlich substituirt, mithin ipso jure als gehörig berücksichtigt sich darstellten. Oder glaubt man, Justinian habe in der Rücksicht die Theodosische Bestimmung abgeändert, aber dessen ungeachtet die Theod. Constitution in den Codex aufgenommen, ohne ein Wort über die Bedeutung zu sagen, in welcher er sie verstanden wissen wolle? f) Endlich C. de caduc. toll., VI. 51. l. un. §. 5. bezieht die Theod. Anordnung einzig auf die caduca, und die eigentliche Transmission. Dieß erhellt aus dem ganzen Zusammenhange mit solcher Evidenz, daß man sich höchstens damit helfen könnte, die Sammler des Codex hätten eben jene Anordnung unrichtig aufgefaßt. Ist dieß für eine Verordnung wahrscheinlich, welche zur Zeit Justinians noch nicht 100 Jahr alt und in lebendiger Uebung war? — Zu vergl. noch die folgenden Noten. — Gegen diese Gründe scheint denn auch die Bemerkung „licet non sint invicem *substituti*" die Bedeutung nicht zu verdienen, welche man ihr zur Begründung der Annahme einer gesezlichen Substitution geben wollte. Theodosius wollte doch wohl nur sagen: auch ohne daß die Descendenten der Descendenten ihren zunächst eingesezten Ascendenten substituirt seyen, in welchem Falle eine Transmission überflüssig seyn würde, indem die Substituten, sobald die instituti nicht Erben werden, aus eigenem Rechte die Erbschaft erhalten können, soll, wenn die instituti ante apertas tabulas hinwegfallen, eine Transmission eintreten. Folgt nun aber hieraus, daß in allen Fällen, in welchen eine substitutio die Descendenten der instituti zum Erbrecht gerufen hätte, diesen Descendenten auch ohne substitutio die Befugniß verliehen worden sey, das ihren Ascendenten zugedacht gewesene Erbrecht auszuüben? Dieser Schluß ist gewiß ein sehr gewagter. Daraus daß Theodosius bemerkt, die Descendenten der instituti bedürfen, sobald sie selbst substituirt seyen, der neuen Wohlthat nicht, geht doch nicht hervor, daß sie diese Wohlthat nun allenthalben haben sollen, wo sie als substituti ein eigenes Recht zu erben gehabt und mithin ihrer nicht bedurft hätten. Und wenn Theodosius sein beneficium in der Ausdehnung gewähren wollte, wozu stellt er nachher die Bedingung, sofern die Eingesezten „ante apertas tabulas" gestorben seyn würden? Spricht er nicht hiedurch klar die Absicht aus, die Wohlthat, die unter Voraussezung einer substitutio unnöthig wäre, bloß in einem beschränkten Maaße zu ertheilen? Hätte Theodosius die Descendenten der instituti in dem weiten Umfange begünstigen wollen, so würde er einfach „licet non sint invicem substituti, seu cum extraneis seu soli sint instituti, in liberos suos etc." gesagt, nicht aber das Hinwegfallen ante apertas tabulas als Voraussezung des transmittere in einem Zwischensaze hervorgehoben haben. — Also keine gesezliche Substitution, sondern eine Transmission hat Theodosius unter der Voraussezung angeordnet, daß eingesezte Descendenten nach dem Tode des Erblassers ante apertas tabulas sterben würden.

Nachdem indessen Justinian den Grundsaz der lex Papia Poppaea aufgehoben hatte, so war allerdings die ursprüngliche Veranlaßung zur Theodosischen Constitution hinweggefallen. Nichts desto weniger hat sie Justinian beibehalten und ihren Inhalt nicht nur durch Aufnahme derselben in den Codex, sondern auch durch C. de caduc. toll., VI. 51. l. un. §. 5. wiederholt bestätigt. In der That erscheint sie aber auch nach Aufhebung der papischen Bestimmung darum nicht unwichtig zu seyn, weil die Transmission auch dann eintreten soll, wenn der eingesezte Erbe seine Einsezung nicht kannte. Zu vergl. Note 3.

2) Ohne Rücksicht auf Geschlecht, Grad, väterliche Gewalt C. de his qui ante ap. tab., VI. 52. l. un..... filios seu *filias*, nepotes aut *neptes*, pronepotes aut *proneptes*, a patre vel *matre*, avo vel *avia*, proavo vel *proavia* scriptos heredes etc.

3) C. l. c.... filios ... *scriptos* heredes ... licet non sint invicem *substituti*, seu cum extraneis seu soli sint *instituti*, et ante *apertas tabulas* defuncti, sive se noverint *scriptos* heredes etc. Ohne Unterschied, ob ex asse oder ex parte. C. l. c..... seu *soli* sint instituti. Freilich, wenn Theodosius blos den Nachtheil aus der lex Papia Poppaea und einzig diesen abwenden wollte, so hätte er seine Wohlthat den heredes ex asse wohl nicht angedeihen lassen. Nachdem er aber einmal so weit gegangen war, auf das Wissen von der Einsezung keine Rücksicht zu nehmen (oben Note 1.), so

war nur sehr consequent, daß er auch den heres ex asse, gerade des möglichen Nichtwissens wegen, begünstigte. — Ob die Descendenten nicht auch ab intestato? Der Grund, welchen Theodosius anführt (perindignum est, fortuitas ob causas — gaudere) würde allerdings auch auf die Descendenten als Intestaterben passen. Aber können wir des weiter greifenden Grundes wegen glauben, daß Theodosius das, was er in bestimmt lautenden Worten nur den Testamentserben zuwendete, und was er durch eine nur auf diese passende Veranlassung (die Härte der lex Papia Poppaea) zu verordnen bewogen ward, auch den Intestaterben zugestehen wollte? Dann hätte er sich gewiß nicht so ausgedrückt, wie er sich in den dispositiven, Eingangs dieser Note herausgehobenen, Worten ausdrückte. — Vom Standpunkte des Justinianischen Rechts aus ließe sich immerhin behaupten, nachdem Justinian den Grundsaz der lex Papia Poppaea aufgehoben habe, sey keine Ursache mehr vorhanden gewesen, die Begünstigung, wenn man sie beibehielt, blos für Testamentserben beizubehalten. Indessen a) darf man deshalb, weil Justinian die Verordnung von Theodosius bestätigte, ohne weiters annehmen, er habe sie in einem viel ausgedehntern Sinn bestätigt? Er hätte, wenn er von ihrem ursprünglichen Inhalte so wesentlich abweichen wollte, dieß irgendwie kund geben müssen; er hat jedoch eine gerade entgegengesezte Absicht ausgesprochen, theils b) indem er sagt C. de caduc. toll., VI. 51. l. un. §. 5.... exceptis videlicet liberorum personis, de quibus Theodosiana lex super hujusmodi casibus introducta loquitur. Hätte er die Descendenten ohne Einschränkung, als Erben ab intestato wie ex testamento begünstigen wollen, so würde er etwa allgemein gesagt haben: exceptis liberorum personis. Er fügt aber noch eine Limitation hinzu: quibus Theodosiana lex loquitur. Also nicht alle Kinder, sondern nur die nimmt er aus, von welchen die Theodosianische Constitution rede. Konnte er deutlicher seine Absicht aussprechen, daß er die Kinder nicht ohne Unterschied begünstigen wolle? Einzig die, von denen Theodosius spricht, mithin einzig die, welche in einem Testament eingesezt sind, sofern und soweit sie durch Theodosius eine Transmission haben, will auch Justinian ausnehmen. Theils zeigt c) schon die Titelüberschrift „de his qui *ante apertas tabulas* hereditatem transmittunt“, die doch von den Sammlern herrührt, daß man auch von Seiten Justinians blos Testamentserben im Auge gehabt habe. Und wenn wir dazu nehmen, daß die Sammler, indem sie der Theodosischen Anordnung eine Stelle, sogar einen eigenen Titel in dem Codex einräumten, und folglich deren speciellen Inhalt unmöglich übersehen konnten, die dispositiven Worte ohne alle Abänderung ließen; so wüßte ich nicht, wie sie die Meinung, daß Kinder nur als Testamentserben die Wohlthat der Transmission genießen, noch bestimmter hätten kund geben sollen. Wirklich gab es auch d) für die Sammler einen sehr vernünftigen Grund, die theodosische Beschränkung beizubehalten. Bei Testamenten, selbst wenn Descendenten eingesezt sind, geschieht es leicht und häufig, daß die Eingesezten ihre Einsezung nicht kennen und daher erst durch die Eröffnung die Delation erfahren. Anders verhält es sich mit Descendenten als Intestaterben. Diese, den doch seltenern Fall größerer Abwesenheit ausgenommen, bekommen bald nach dem Tode auch Wissenschaft von der Delation. Für diese war mithin, besonders nach der Anordnung Justinians in C. de jur. del., VI. 30. l. 19. beinahe gar kein Bedürfniß vorhanden, sie der Theodosischen Anordnung theilhaftig zu machen.

4) Oben Note 1.

5) Rubr. tit. C. de his qui *ante apertas tabulas*. l. un.... et *ante apertas tabulas* defuncti etc. Wenn man dagegen glaubt, daß diese Beschränkung im Justinianischen Rechte hinwegfallen müsse, so bedenkt man auch hier nicht, daß aus der einfachen Bestätigung der Theodosischen Constitution eine so wesentliche Modification derselben noch nicht hevorgeht, daß

die von den Sammlern herrührende Ueberschrift das „ante apertas tabulas" geflissentlich aushebt, und die Constitution mit den bedeutungsvollen Worten „et ante apertas tabulas defuncti" aufgenommen worden ist, und daß endlich zwischen dem ante und dem post apertas tabulas ein großer Unterschied obwalte, indem dorten der eingesezte Erbe die Delation meistens nicht kennt, während sie ihm hier durch die Apertur bekannt wird.

6) Zur Zeit, als Theodosius seine Verordnung erließ, konnte von einer Antretung ante apertas tabulas niemalen die Rede seyn; in dem Justinianischen Recht verhält sich das anders, und da versteht es sich von selbst, daß man nach der Antretung keiner Transmission bedarf.

7) C. de caduc. toll., VI. 51. l. un. §. 5.

8) Hiefür kann man sich nicht auf C. de his qui ant. ap. t., VI. 52.... si tamen hereditatem non recusant etc. berufen. Denn diese Worte mögen dem Zusammenhang nach wohl eher den Sinn haben, die Descendenten der Testamentserben können die großelterliche Erbschaft, als wäre sie von den leztern schon erworben, ansprechen (tanquam debitam vindicare), es wäre denn, daß sie dieselbe nicht haben wollen; so daß hereditatem recusare auf die großelterliche, nicht elterliche Erbschaft geht. — Dagegen folgt der im Text aufgestellte Saz aus dem ganzen Grunde dieser Transmission (perindignum est, fortuitas ob causas etc.) Wenn die Kinder ihre elterliche Erbschaft nicht erlangen, so würden sie die großelterliche Erbschaft auch alsdann nicht bekommen haben, wenn ihre Eltern post apertas tabulas und nach deren Erwerbung erst gestorben wären; und sie würden nicht fortuitas ob causas vel casus humanos avita vel proavita successione fraudari, nicht wegen des frühern Todes ihrer Eltern, der ja hier ganz einflußlos erschiene, sondern durch ihren eigenen Willen von der großelterlichen Erbschaft ausgeschlossen seyn. Es ist ja auch:

9) Von keiner gesezlichen substitutio (oben Note 1), sondern von einer Transmission die Rede, die doch nicht mehr wirken kann, als selbst die Antretung von Seiten der eingesezten Erben gewirkt haben könnte.

10) C. de jure delib., VI. 30. l. 19.

11) C. eod.... et si quidem is, qui *sciens* hereditatem vel ab intestato vel ex testamento sibi esse delatam, deliberatione minime petita, intra annale tempus decesserit; hoc jus ad successionem.. extendat. — Indessen Nov. CLVIII.

12) C. eod.... vel si hoc quidem non fecerit, non tamen successioni renunciaverit.... sed nec aliquid gesserit, quod aditionem vel pro herede gestionem inducat etc.

13) C. eod.... praedictum arbitrium (nehmlich die wirkliche oder fingirte Deliberation mit den möglichen Folgen der Antretung oder Ausschlagung) in successionem suam transmittat etc.

14) C. eod.... ita tamen, ut unius anni spatio eadem transmissio fuerit conclusa. et si.. deliberatione minime petita intra annale tempus decesserit etc.

15) C. eod..... *praedictum arbitrium* in successionem suam transmittat.

16) C. eod. geht schwerlich blos auf das civilrechtliche Erbrecht. Die dispositiven Worte (Ideoque sancimus — fuerit conclusa) sprechen so allgemein, daß man sie gewiß nicht auf die hereditas im eigentlichen Sinn beschränken darf. Wenn nun aber weiter auch von hereditas die Rede ist (sciens hereditatem ... delatam, heredem eum vocatum, adeundam vel renunciandam hereditatem etc.), so würde es in der That doch gewagt seyn, diesen Ausdruck im eigentlichen Sinne als Gegensaz gegen die bonorum possessio, und nicht vielmehr in der allgemeinen, auch die bonorum possessio mit umfassenden Bedeutung zu nehmen, ohne daß die Worte „adeundam" „adeunda" im Wege stünden. Indessen findet bei der bonorum possessio der wesentliche Unterschied Statt, daß die Zeit zu ihrer Anerkennung von selbst schon als De-

liberationsfrist gilt, D. de succ. ed., XXXVIII. 9. l. 1. §. 12. ... ideoque placuit, eis praestitui annum, scilicet ita moderate, ut *neque ipsi urgerentur* ad bonorum possessionis petitionem, neque bona diu jacerent. Sane nonnunquam urgentibus creditoribus interrogandi sunt in jure, an sibi bonorum possessionem admittant, ut, si repudiare se dicant, sciant creditores, *si deliberare se adhuc dicant, praecipitandi non sunt.* Wie denn auch die für die bonorum possessio festgestellte Zeit gar keinen andern Zweck hat und ursprünglich haben sollte, als den, welchen man bei der hereditas durch das tempus deliberandi zu erreichen trachtete, J. de bon. poss., III. 9. §. 4. — D. de succ. ed., XXXVIII. 9. l. 1. pr. vergl. mit D. de adqu. v. om. her., XXIX. 2. l. 69. — de bon. auct. jud. poss., XLII. 5. l. 4. Und wer weiß, ob nicht das prätorische Edict in Betreff der deliberatio sich an die Grundsäze der bonorum possessio, und an die für diese regelmäßig vorgeschriebene Zeit anschloß, D. de jur. delib., XXVIII. 8. l. 2. —

17) Nehmlich analog der erbetenen Deliberationsfrist, und dem tempus agnoscendae bon. possessionis.

§. 115.

Verschieden [1]) von einem transmittirten Erbrecht ist das Recht 1) des Hausvaters eine seinem verstorbenen Hauskinde deferirte Erbschaft für sich zu erwerben, wenn er dasselbe wegen absentia reip. causa nicht zum Antritt anweisen [2]), oder überhaupt nicht zum Antritt bestimmen [3]) konnte; 2) eines jeden Vaters [4]), eine seinem Kinde déferirte Erbschaft zu erwerben, sofern lezteres während der infantia starb [5]).

1) Denn der väterliche Ascendent hat die nachbenannten Rechte nicht als Erbe des Hauskindes, und theilweise sogar als

wäre er selbst Erbe, C. de bon. quae lib., VI. 61. l. 8. §. 2.... quasi ipse pater ab initio fuisset heres institutus etc.

2) D. de adqu. v. om. her., XXIX. 2. l. 30. pr.

3) C. eod., l. 8. pr. — §. 2.

4) C. de jur. del., VI. 30. l. 18. §. 3. Ea vero, quae de infante in potestate parentum constituto statuimus, locum habebunt. et si quacunque causa sui juris idem infans inveniatur.

5) C. eod. l. 18. §. 1..... jure patrio quasi jam infanti quaesita capere.

Zweiter Abschnitt.

Die Ausübung an sich, deren Form und Wirkung.

Erstes Kapitel.

Die Ausübung an sich, und deren Form.

Quellen.

J. de hered. qual. et diff., II. 19.
D. de adqu. v. om. hered., XXIX. 2.
C. de jur. delib., VI. 30.
—— rep. v. abst. hered., VI. 31. (ht.[1])

§. 116.

Die Ausübung [1]) eines jeden Erbrechts [2]) sezt nicht bloß die Delation an sich [3]), sondern auch das Bewußtseyn derselben nach allen möglichen Beziehungen voraus, so daß der Erbe sowohl des Todes des Erblassers [4]) und seiner Fähigkeit, beerbt zu werden [5]), als darüber gewiß seyn muß, daß er selbst berufen sey [6]) und aus welchem Grunde [7]) und, wenn ex testamento, ob pure oder sub conditione[8]), ex asse oder parte[9]). Bei Personen in fremder Gewalt entscheidet das Bewußtseyn des Gewalthabers[10]), bei denen unter Vormundschaft das des Vormundes[11]).

1) d. h. Antreten oder Ausschlagen, D. ht., l. 18. l. 21. §. 2.

2) Der hereditas und bonorum possessio. Zu vergl. die Stellen in folg. Noten.

3) D. ht., l. 21. §. 2. Sed ita demum pro herede gerendo adquiret hereditatem, si jam sit ei delata. Daher a) D. ht., l. 27. — b) D. ht., l. 30. §. 1. l. 69. Dieß gilt als Regel auch von der bonorum possessio, wie schon a) aus dem sich ergiebt, was oben bei Gelegenheit der Transmission angeführt wurde (§. 113. sub I. II.) b) D. ht., l. 30. pr.... Idemque per bonorum possessionem etc. — de bon. poss. s. t., XXXVII. 11. l. 2. pr..... expectandi igitur liberi erunt, quamdiu bonorum possessionem petere possunt: quod si tempus fuerit finitum, aut ante decesserint, vel repudiaverint, vel jus petendae bonorum possessionis amiserint, *tunc revertetur* bonorum possessio ad scriptos. §. 4.... et per seriem substitutos admittimus. — und. lib., XXXVIII. 6. l. 1. §. 3..... consequens erit, ut ab intestato posse *peti incipiat.* l. 3. — und. leg., XXXVIII. 7. l. 4.... quo primum ab intestato bonorum possessio peti potuisset. — unde cogn., XXXVIII. 8. l. 1. §. 8. — ht., l. 70.... Idem juris est in bonorum possessione, ut prius scriptus repellat bonorum possessionem, deinde is qui ab intestato *petere potest.* — de bon. lib., XXXVIII. 2. l. 42. §. 2.... *Cum enim praecedit alia possessio, qui sequitur accipere non potest.* — Indessen giebt es hier Modificationen, nehmlich oben §. 113., dann C. qui adm. ad bon. p., VI. 9..... eo additione, ut, etiamsi intra alienam vicem, id est prioris gradus, properantius exseratur, nihilominus tamen *efficaciam parem, quasi suis sit usa curriculis,* consequatur, d. h. wenn der bonorum

possessor nur die Delation erlebe, so soll er keiner neuen agnitio bon. poss. bedürfen; aber diese Wirksamkeit ex post dürfen wir nicht so mißverstehen, als ob nun der bonorum possessor vor der wirklichen Delation nicht mehr repudiiren könnte, oder, wenn er vorher stürbe, transmittirte.

4) D. ht., l. 19. — Zu vergl. ht., l. 13. §. 1. l. 32. pr.

5) Ueberhaupt, oder auf eine bestimmte Weise, D. ht., l. 22. l. 32. §. 1. l. 34. pr. — und. leg., XXXVIII. 7. l. 2. §. 3. — ad Stum Tert., XXXVIII. 17. l. 1. §. 1. —

6) J. ht., §. ult.... dummodo sciat,.... se ei heredem esse. — D. ht., l. 23., daher D. ht., l. 30. §. 1—3. §. 5.

7) d. h. a) J. ht., §. ult.... eum, in cujus bonis pro herede gerit, testato intestatove obiisse etc. — D. ht., l. 17. §. 1. l. 22. — b) wenn ex testamento, D. ht., l. 17. pr. l. 30. §. ult. Zu vergl. ht., l. 46. — C. de b. p. s. t., VI. 10. l. 1. — Dann ferner D. ht., l. 51. pr. c) in welcher Eigenschaft, D. ht., l 22. l. 93. — Wenn jedoch der Erbe ab intestato auch ex testamento gerufen wäre, D. ht., l. 17. §. 1. l. 77.

8) D. ht., l. 32. §. 1. — Indessen D. ht., l. 34. §. 1. — Einen Gegensaz des frühern und des spätern Rechts, in D. de cond. et dem., XXXV. 1. l. 21. und D. ht., l. 21. §. ult.... *puto*, posse adire hereditatem etc.

9) D. ht., l. 93. — Uebrigens zu vergl. D. ht., l. 75. — doch D. ht., l. 21. §. ult.

10) D. ht., l. 30. §. 7. l. 93.

11) Versteht sich, sofern der Bevormundete blos des Consenses bedarf, nicht; sondern nur wo er auctoritate tutoris, D. ht., l. 9., oder gar der Vormund allein für den Bevormundeten das Erbrecht ausüben kann. Dasselbe bei der bon. possessio, obgleich hier der Vormund für den Bevormundeten auch in Fällen zu erwerben vermag, wo der leztere blos des Consenses bedürfte.

§. 117.

Römischrechtlich [1]) soll, wenn der Erblasser durch Gewalt umkam [2]), kein Erbe antreten [3]) oder auch nur das Testament eröffnet werden [4]), bevor die Sclaven in Untersuchung genommen sind [5]). Geschah die Tödtung ohne Gewalt, so kann der Erbe wohl antreten [6]), aber den Tod soll er, wo möglich [7]), rächen [8]). Teutschrechtlich findet diese Bestimmung nur noch eine höchst beschränkte Anwendung [9]).

1) D. de Scto Silan., XXIX. 5. (ht. [1]). — C. de his quib. ut ind., VI. 35. (ht. [2]).

2) D. ht. [1]), l. 1. §. 17—21. Doch D. ht. [1]), l. 1. §. 24.

3) D. ht. [1]), l. 3. §. 29. l. 5. §. 1.

4) D. ht. [1]), l. 3. §. 18. sequ.

5) D. ht. [1]), l. 1. §. 25. sequ. — l. 3. pr. §. 1. sequ. — C. ht. [2]). l. 3. l. ult.

6) D. ht. [1]), l. 1. §. 21. — C. ht. [2]), l. 9.

7) C. ht. [2]), l. 7.

8) D. ht. [1]), l. 5. §. ult. l. 21. pr. §. 1. — C. ht. [2]), l. 9. — Die Art des Rächens, D. ht. [1]), l. 20. l. 21. §. 2. — C. ht. [2]), l. 6. — Indessen C. ht. [2]), l. 6.

9) Denn wir haben keine Sclaven, und alle und jede Verpflichtung zur Anklage ist aufgehoben, CCC. art. 214.; wie denn ferner durch das Verschwinden des Anklageprocesses aus unserm gemeinen Rechte sogar die Möglichkeit, einer solchen Verpflichtung nachzukommen, jezt nicht mehr Statt findet. Auf der andern Seite kann es übrigens nur als gerechtfertigt gelten, wenn man dem Erben wenigstens das auferlegt, was er auch in unsern Verhältnissen noch vorzunehmen im Stande ist, und im Falle der

Vernachläßigung die römischrechtlichen Nachtheile eintreten läßt. Daß jedoch einer hieraus abgeleiteten Nothwendigkeit zur Denunciation, sofern der Richter nicht sonst schon in genügende Kenntniß versezt worden wäre, die Praxis entgegen stehe, ist eine unerwiesene und unerweisliche Behauptung. Man vergl. Bened. Carpzov, Jurispr. for., p IV. const. 11. def. 10—11. — Brunnemann, in D. ht.[1]), l.. 1. nr. 3—5. — in C. ht.[2]), l. 10. — N. Hertius, de herede occisi vindice (Giess. 1676.), sect. III. §. 3. sequ. — W. A. Lauterbach, Coll. theor. pract., lib. XXIX. tit. 5. §. ult. — Schilter, Praxis jur. rom., exerc. 38. §. 179. — a Berger, Oecon. jur., II. 14. th. 19. Not. 4. th. 56. Not. 2. — L. Mencken, Systema jur. civ., XXIX. 5. §. 2. — G. G. Titius, Jus privat. rom. germ., VII. 12. §. 27. — J. H. Boehmer, Introductio, XXIX. 5. §. 3. — a Wernher, Select. obs. for., t. I. p. 1. obs. 155. — Schaumburg, Compendium j. D., XXIX. 5. §. 1. — Hellfeld, Jurispr. for., §. 1506. — M. G. Wernher, Lectiss. comment., XXIX. 5. §. 2. — Hofacker, Principia, II. §. 1615. — Gebr. Overbeck, Meditationen, III. med. 172. — Thibaut, Pandektenrecht (8te Ausg.) §. 868. —

§. 118.

A. Hereditas.

Der suus heres[1]) ist durch sein Daseyn zur Zeit der Delation Erbe[2]), kann sich aber, sofern er sich dessen nicht unwürdig gemacht hat[3]), von dieser Nothwendigkeit befreien (abstinere)[4]), und überträgt die Wohlthat auf seine Erben[5]).

Der heres extraneus[6]) bedarf zur Erwerbung einer besondern Handlung[7]), die er in eigener Person[8]), und daher[9]) als unmündig aber infantia major unter seines Vormundes auctoritas[10]), als minor, prodigus, und wer sonst vermögensrechtliche Lasten nicht für sich übernehmen kann, consensu des Vormunds[11]) vornimmt. Für den infans handelt ausnahmsweise der tutor[12]), nicht ebenso für den furiosus der curator[13]). — Hauskinder gelten hinsichtlich der castrensia peculia wie patresfamilias[14]); ausserdem kann für den infans der Hausvater[15]), jedes andere Hauskind selbst unter Zustimmung (jussu)[16]) des Hausvaters antreten.

Die Form dieser Handlung ist, nachdem die cretio[17]) aufgehoben wurde[18]), die aditio[19]) oder die pro herede gestio[20]); die Handlung muß aber innerhalb der vom Erblasser[21]), oder durch das Gesez[22]) bestimmten, oder der ertheilten Zeit zur Ueberlegung (tempus deliberandi, deliberatio)[23]) erfolgen.

1) Ueber den Begriff, D. ht., l. 6. §. 5—6. Interdum filiifamilias et sine aditione adquirent hereditatem his, in quorum sunt potestate, ut puta, si nepos ex filio exheredato heres sit institutus; patrem enim suum sine aditione faciet heredem, et quidem necessarium etc.

2) D. de suis et leg., XXXVIII. 16. l. 14., deßhalb auch necessarius, J. ht., §. 2., und zwar selbst für einen andern, D. ht., l. 6. §. 5—6., auch als pupillariter substitutus, D. ht., l. 42. pr.... ceterum utique si frater a patre fratri substitutus impuberi sit, sine dubio necessarius heres existet. — de hered. inst., XXVIII. 5. l. 3. §. ult. — Allein, D. de cond. inst.. XXVIII. 7. l. 12.

3) a) D. ht., l. 71. §. 3—9. — b) D. ht., l. 91. — C. ht.[1]), l. 2. —

4) J. ht., §. 2. — D. ht., l. 57. — Indessen bedarf das abstinere ebenfalls einer Erklärung, D. ht., l. 12. Ei, qui se non micuit hereditati paternae, sive major sit sive minor, non esse necesse praetorem adire, sed sufficit, se non miscuisse hereditati. et est... rescriptum, non esse necesse pupillis in integrum restitui.., quorum pater *constituerat* non agnoscere hereditatem etc. — Hat er sich aber immiscirt, D. ht., l. 11. l. 57. — Die Wirkung des abstinere, D. ht., l. 20. §. 4.... nam, cum se filius abstinet, idem debebit consequi jure Praetorio, quod emancipatus consequitur, qui hereditatem repudiavit etc., und aus diesem Grunde, D. ht., l. 99. — C. de leg. hered., VI. 58. l. 6. Dennoch D. de fideic. libert., XL. 5. l. 30. §. 10. Sed et si suus heres se abstinuerit, libertati fideicommissae.. subventum est, tametsi non est sine herede, qui suum heredem habet licet abstinentem se, und darum D. ht., l. 57. pr... ut, quamvis.. jure civili teneantur, tamen in eos actio non detur etc. l. 99.... Sanctum Cassium praetorem, causa cognita, actiones hereditarias *utiles* daturum etc. — de bon. libert., XXXVIII. 2. l. 6. §. 2.... quamvis nomine sit heres etc. In wie fern der suus, welcher des abstinere sich bedient hatte, zurücktreten und Erbe werden könne, C. ht.[1]), l. ult. — D. de jur. delib., XXVIII. 8. l. 8.

5) D. ht., l. 7. §. 1. Und nicht blos auf den suus als Erben; indem Paulus vielmehr zweifelt, ob dem filius, troz dem daß er necessarius, noch das abstinere aus der Person seines Vaters möglich sey. D. ht., l. 56. Si is, qui immiscuit se hereditati, decessisset, deinde alter se abstinet; eadem conditio deferenda est *heredi* ejus, quae et ipsi, nehmlich D. ht., l. 55... ut aut totam agnoscat aut a tota recedat, et ita se *abstinere* potest propter alium, qui per suam personam non poterat.

6) J. ht., §. 3., und mit Bewußtseyn, D. ht., l. 15—16.

7) Daher auch voluntarius, D. ht., l. 15—16.

8) D. de adqu. r. d., XLI. 1. l. 54. pr. Homo liber hereditatem nobis adquirere non potest etc. — ht., l. 90. — C. ht., l. 5. — Uebrigens läßt es sich wohl hören, daß man durch einen Stellvertreter mit speciellem Mandat anzutreten gestatte, sofern in solchem speciellen Mandat der Wille, Erbe zu werden, sich nothwendig ausspricht. Dieß ist es wirklich auch allein, was von denen, die einen Stellvertreter für zuläßig halten, mit geringer Ausnahme, unter freilich unpassender Berufung auf D. ht., l. 25. §. 7—8. l. 26., behauptet wird. Jo. Harpprecht, in Inst., II. 19. §. 7. nr. 19. sequ. — H. Bocer, de adqu. v. om. hered., th. 17. Not. f. — Brunnemann, ad Dig. ht., l. 90. — W. A. Lauterbach, Colleg. theor. pract., ht. §. 20. — S. Stryck, Usus modern., ht. §. 5—7. — Burch. Bardili, de hered. aditione, th. 36. — a Berger, Oecon. jur., II. 4. th. 49. Not. 3. — Lud. Mencken, Systema j. c., ht., §. 5. — Mollenbeck, Thesaurus jur. civ., ht. Not. 27—28. — W. A. Schoepf, de aditione hered., (Tub 1750.) §. 3. — Ben. Schmidt, Principia jurispr. romano-germ. (Ing. 1762.) II. 19. §. 8. — Hofacker, Principia, II. §. 1442. — Der Grund der römischrechtlichen Bestimmung liegt nicht, wie behauptet wird, in der Eigenschaft der Antretung als actus legitimus. Denn D. de R. J., l. 77., worauf man sich hiefür bezieht, bezeichnet die Unmöglichkeit der Stellvertretung nicht als Merkmal der actus legitimi, und auch sonst wissen wir nirgend woher, daß alle sogenannten actus legitimi als solche keiner Stellvertretung zugänglich waren. Der Grund scheint vielmehr in dem rein Persönlichen des Erbrechts zu liegen. Wie es der Person anhängt, daß es nicht auf deren Erben übergeht; so muß es auch durch die Person selbst ausgeübt werden. Daher selbst der Herr, der sonst alle Rechte durch den Sclaven erwirbt, das Erbrecht durch ihn nicht erlangt, sondern erst dann in die Erbschaft eintritt, wenn der Sclave in eigener Person das Erbrecht bereits ausgeübt hat, D. ad leg. Aquil.,

IX. 2. l. 23. pr. — ad leg. Falcid., XXXV. 2. l. 63. pr. — de furt., XLVII. 2. l. 52. §. 28. — ht. l. 62. §. 1. l. 80. §. 2. l. 82. — Hieraus erklärt sich, was Paulus, gerade in unmittelbarer Beziehung auf die Erwerbung durch einen Stellvertreter, sagt D. de off. proc. Caes., I. 19. l. 2.... heredis enim instituti, in adeundis vel repudiandis hujusmodi hereditatibus, voluntas exploranda est.

9) Daß man durch die Antretung auch Lasten übernimmt, D. ht., l. 8. würde noch nicht beweisen, daß nicht der tutor für den Pupillen antreten könne. —

10) C. ht., l. 5. — Doch C. ht., l. 18. §. ult.

11) D. ht., l. 5. §. 1. —

12) C. ht., l. 18. §. 2. Doch auch hier, C. ht., l. 18. §. ult.

13) C. de curat. fur., V. 70. l. ult. §. 3.

14) D. de castr. pec., XLIX. 17. l. 5. l. 19. §. 1.

15) C. ht., l. 18. pr. Aber auch der Vater, welcher nicht Hausvater ist, C. ht., l. 18. §. 3. Ea vero, quae de infante in potestate parentum constituto statuimus, locum habebunt et si quacunque causa sui juris idem infans inveniatur.

16) Begriff des jussus, D. ht., l. 25. §. 7. sequ., Form, D. ht., l. 25. §. 4—5. — Indessen D. ht., l. 52. pr. Zu vergl. D. ht., l. 30. pr. — Man sehe noch oben §. 115.

17) Caj. II. 164. sequ. — Ulp., XXII. 27. sequ. —

18) C. ht., l. 17.

19) In dem frühern Recht gab es wohl nur zwei Arten der Erwerbung, das cernere hereditatem und das pro herede gerere, Caj. II. 166. — III. 87. — Ulp., XXII. 25. — Deshalb sind bei Cajus (II. 167.) die Worte „vel etiam nuda voluntate" nur als nähere Bestimmung des zweiten Gliedes, nicht als eine dritte Form der Antretung außer dem cernere und pro herede gerere aufzufassen. Nicht entgegen, daß uns das pro herede gerere als ein „*rebus hereditariis* tanquam dominus (oder „heres") *uti*" bezeichnet wird, Caj. II. 166. — Ulp. XXII. 26. — Paulus, Sent., IV. 8. 29. Denn dieß ist wohl nur als das unmittelbare gerere herausge-

hoben. Aber, wenn Julian sagt, D. ht., l. 20. pr.... pro herede gerere, qui aliquid tanquam heres facit; pro herere autem gerere non esse facti quam *animi*, und wenn Paulus und Ulpian sagen, jener D. ht., l. 88. Gerit pro herede, qui *animo agnoscit successionem, licet nihil attingat hereditarium* etc., dieser D. ht., l. 10. Si ex asse heres *destinaverit* partem habere hereditatis, videtur in assem pro herede gessisse, und wenn endlich Diocletian entscheidet C. ht., l. 12., daß, wer bonorum possessio agnoscire, mithin nur wörtlich erklärt, er wolle Erbe seyn, „pro herede gerere non ambigitur“, wenn mithin, abgesehen von der cretio, jede Willenserklärung unter das pro herede gerere aufgenommen ward, so gab es ja, ausser der förmlichen Erklärung durch cernere gar kein Drittes mehr, welches neben das cernere und pro herede gerere hätte gestellt werden können. Adire hereditatem hingegen scheint das Allgemeinere gewesen zu seyn, und sowohl das cernere als das pro herede gerere umfaßt, Caj. II. 162—164. 167/68. — Ulp., XXII. 29., und im Allgemeinen den freiwilligen Erwerb gegenüber von dem nothwendigen, den Erwerb des voluntarius im Gegensaz zu dem des necessarius heres bezeichnet zu haben, Caj. II. 37. 162/63 III. 87. —

Nachdem die cretio aufgehoben war und es nur noch das pro herede gerere gab, mußte natürlich das leztere mit dem adire hereditatem zusammen fallen. Allein die Verfasser der Justinianischen Rechtsbücher scheinen den frühern Gegensaz auf das adire hereditatem und das pro herede gerere übertragen zu haben, J. ht., §. 7., wo das „vel nuda voluntate“ nicht mehr wie bei Cajus als Apposition erscheinen kann, ohne dem vorhergehenden „aut“ allen Sinn zu benehmen, D. ht., l. 25. §. 7.... quid si pro herede gerere mandavit, filius adiit (ursprünglich crevit) hereditatem etc. l. 69.... neque adire (ursprünglich cernere) hereditatem potest, neque pro herede gerere... aut adeat (Interpolation) aut pro herede gerat etc. — C. ht., l. 19. l. 22.

§. 14.; ohne darum dem adire hereditatem seine frühere, allgemeinere Bedeutung zu entziehen. Daher hat das adire hereditatem im Justinianischen Recht einen doppelten Sinn, indem es bald auch das pro herede gerere in sich begreift, bald einen Gegensaz zu demselben bildet. — In diesem leztern Sinn bezeichnet dann „adire hereditatem" den Erwerb durch eine Erklärung, welche nicht stillschweigend durch Handlungen, sondern verbis, nutu etc. ausgedrückt wird, mit einem Worte die nuda voluntas, J. ht., §. 7.

20) J. ht., §. 7.... pro herede autem gerere quis videtur, si rebus hereditariis tanquam heres utatur... pro herede enim gerere est pro domino gerere. — D. ht., l. 20. pr.... pro herede autem gerere non esse facti quam animi. nam hoc animo esse debet, ut velit esse heres etc. l. 87. pr. — C. ht.[1]), l. 1. — Beispiele, wo dieser animus vorausgesezt wird, J. l. c. — D. ht., l. 20. §. 1. l. 86. §. 2. l. 88. — Wo man indessen dieselbe Handlung, auch ohne Erbe zu seyn, vornehmen konnte, vergl. D. ht., l. 20. §. 2—4. l. 78., und selbst da, wo man sie in der Regel nur als Erbe vorzunehmen befugt ist, dennoch D. ht., l. 20. §. 1. Wo man hingegen einzig und allein als Erbe zu handeln im Stande war, vergl. D. ht., l. 20. §. 4. l. 86. §. 2. Darauf natürlich, ob man sich bei der Handlung sonst irrte, kommt nichts an, D. ht., l. 21. §. 1. l. 88. — Hingegen muß bei Stellen, wie die leztere, und wie D. ht., l. 10. im Sinne des Justinianischen Rechts stets noch eine Handlung als Trägerin der animi destinatio hinzugedacht werden, während in C. ht., l. 12. eben die agnitio bonorum possessionis als jene Handlung zu nehmen ist. Doch bin ich weit entfernt, zu leugnen, daß solche Erklärung eben ein Nothbehelf ist, der aber nicht uns, sondern der geringern Umsicht der Sammler zur Last fällt.

21) Einfach als modus, oder in Form einer blos der Einsezung hinzugefügten, oder etwa gar durch eine Nacherbeseinsezung verstärkten Bedingung, D. ht., l. 72.

22) C. de inoff. test., III. 28. l. 36. §. 2. — In neuern Zeiten glaubte man in C. ht., l. 22. §. 1. die Bestimmung zu finden, der Erbe müsse innerhalb dreier Monate von erfahrener Delation an erwerben oder ausschlagen. Aber über die Folge des Nichtantretens und Nichtausschlagens suchten sich verschiedene Ansichten gelten zu machen. Bald soll nehmlich die Antretung, bald die Ausschlagung gesezlich fingirt seyn. — Mir erscheint die ganze Meinung eben so unrichtig als neu. Denn a) wer die Ausschlagung als gesezlich fingirt annimmt, der kann sich einzig auf eine Veränderung der Interpunction stüzen, indem er die Worte „nullo nec inventario faciendo nec alio circuitu exspectando“ noch zu dem Vordersaze zieht, und erst mit „sit alienus etc.“ den Nachsaz beginnen läßt, und hiedurch zu dem Sinn gelangt, der Erbe, welcher dadurch verzichte, daß er während drei Monate weder ein Inventar errichte, noch die Erwartung des Ausgangs einer Deliberation sich möglich gemacht habe (citra trium mensium spatium .. renunciet nullo nec inventario faciendo nec alio circuita exspectando), der sey ausgeschlossen (sit alienus ab hujusmodi hereditate etc.) Allein, so aufgefaßt, würde das Gesez eine Frist nicht für die Ausübung des Erbrechts überhaupt, sondern für die Antretung mit Inventar oder die Bitte um Deliberation anordnen; abgesehen davon, daß ein Erbe, welcher antritt, aber kein Inventar errichtet, ebenfalls als ausschlagend angesehen werden müßte (renunciet *nullo inventario faciendo*), was mit dem Eingang des Paragraphen (si quidem recta via — infixa) in dem offenbarsten Widerspruch stände. — Ueberdieß ist hiebei gar nicht in Rechnung genommen, daß Justinian des Zeitraums von drei Monaten blos bei dem Verzichte auf die Erbschaft gedenkt; und daß mithin, will man anders Justinian nicht den Widersinn aussprechen lassen, man möge inner dreier Monate ausschlagen, weil man sonst nach dieser Zeit, sofern weder angetreten noch ausgeschlagen sey, als ausschlagend gelte,

nur die fingirte Antretung die gesezliche Folge des Nichtausschlagens und und Nichtantretens seyn könnte. b) Sollte hingegen die Antretung gesezlich fingirt seyn, so wüßte man nicht, wozu denn Justinian zuerst den Saz aufstellt „si quidem recta via adire maluerit — voluntate infixa.“ Wenn schon das Nichtausschlagen und Nichtantreten in den ersten drei Monaten nach erfahrener Delation den Antritt vermöge gesezlicher Fiction zur Folge hat, natürlich ohne daß die wirksame Errichtung eines Inventars mehr möglich wäre, wozu noch ausdrücklich festsezen, man könne sogleich antreten, ohne ein Inventar zu errichten? c) Es läßt sich gar nicht einsehen, wie mit der Nothwendigkeit, in den ersten drei Monaten anzutreten oder auszuschlagen, die in demselben Gesez (§. 13.) bestimmte höchste Größe der Deliberationsfrist vereinigt werden sollte. Kann man neun Monate oder gar ein Jahr deliberiren, ob man antreten oder ausschlagen wolle, so kann man doch unmöglich genöthigt seyn, inner drei Monate anzutreten oder auszuschlagen. Aus diesem Widerspruch kommen wir nur heraus, wenn wir neben das Antreten und Ausschlagen noch ein Drittes stellen, die Bitte um Deliberation, so daß der Erbe innerhalb dreier Monate antreten oder ausschlagen oder um eine Frist zur Ueberlegung nachsuchen müsse. Wo hat aber Justinian irgend in dem Gesez einen solchen Zwang wegen der Deliberation festgesezt? Nur wir würden ihn mit derselben Willkühr, womit wir das Antreten oder Ausschlagen an die Frist von drei Monaten knüpfen, in das Gesez hineinfolgern, um ihn dann als durch dasselbe geboten ansehen zu können. Man könnte zwar in den Worten „nec inventario faciendo nec alio circuitu exspectando“ eine Hinweisung auf solchen Zwang finden wollen, indem man ganz richtig den alius circuitus auf die Deliberation bezöge, und die Worte e contrario so erklärte, wer nicht „apertissime .. renunciet“, der habe ein Inventar zu errichten oder zu deliberiren. Aber wo ist denn hier gesagt, daß, um nach drei Monaten zu deliberiren, man vorher darum gebeten haben müsse? Und ist es denn wahr, daß wer innerhalb dreier Monate weder ausschlage noch deliberire, ein Inventar zu errichten habe? Dieß führt d) auf eine weitere Betrachtung. In den ersten drei Monaten nach erfahrener Delation zum Antreten, Ausschlagen oder Deliberiren gehalten seyn — ein solches Gebot enthielte eine dermaßen wesentliche Abänderung des frühern Rechts, eine so große Beschränkung, und, bedenkt man, daß auf seine Vernachlässigung nach der einen Meinung der fingirte Ausschluß, nach der andern die fingirte Antretung ohne Inventar gesezt wäre, auch eine solche Härte; daß wir, ohne durch die klarsten Ausdrücke genöthigt zu seyn, die Sanction desselben nicht für wahrscheinlich halten können. Durch klare Ausdrücke dringt sich uns aber jenes Gebot so wenig auf, daß sich dasselbe nur vermöge einer sehr künstlichen Interpretation aus dem angeführten Paragraphen herausfolgern läßt. Denn, wie schon ad a) bemerkt, können die, welche nach drei Monaten den Ausschlag fingiren, sich nur auf eine Wortverbindung berufen, die theils auf einen verschiedenen, theils auf einen unrichtigen Saz führte. Diejenigen, welche die Antretung fingiren, müssen die Schlußworte des Paragraphen „sit alienus ab hujusmodi hereditate" unnatürlich pressen, um e contrario ihre Behauptung herauszufolgern. Allerdings liegt in dem Schlußsaze, daß, wer nicht inner drei Monate ausschlage, non alienus sey. Aber ist denn „non alienus" gleichbedeutend mit „angetreten haben"? Alienus ist der durch sein eigenes Zurückweisen völlig Ausgeschlossene; non alienus kann hingegen sowohl der seyn, welcher angetreten, als der, welcher sich noch nicht entschieden hat. Denn auch der Leztere ist non alienus nicht ausgeschlossen. Bei jenem Schlusse e contrario wird aber das „non alienus" dem angetreten haben, dem Erbe geworden seyn, ohne alle Berechtigung gleichgesezt, nur um eine Fiction der Antretung nach Verfluß von drei Monaten in dem Geseze zu finden.

Ganz anders Justinian. Dieser ist weit entfernt davon, im ersten Paragraphen seines Gesezes einen Termin für Antretung oder Ausschlagung aufzustellen. Er will nichts als den Standpunct seiner neuen Constitution, die Fälle bezeichnen, auf welche sie berechnet und nicht berechnet sey. Der Gang seiner Sanction ist dieser. Wer unter allen Umständen anzutreten entschlossen sey, und ohne weitere Rücksicht, und ohne irgend einen Gedanken an mögliche Reue angetreten habe; der bedürfe keines Inventars, für den seyen die nachfolgenden Bestimmungen überflüssig. Von einer Frist für die Antretung ist hier keine Rede; wann er antrete, sogleich, nach kürzerer, längerer Zeit, das ist ganz gleichgültig. Genug, er will antreten, und hat ohne alle bedenkliche Rücksicht angetreten. Wer umgekehrt jedenfalls auszuschlagen beabsichtige, so sehr, daß er aufs Entschiedenste noch inner der ersten drei Monate zurückgewiesen habe, dem sey ebenfalls weder ein Inventar noch eine Deliberation nothwendig oder möglich, der sey eben von der Erbschaft überhaupt ausgeschlossen. So daß die Worte „nullo neo inventario faciendo nec alio circuitu exspeotando" in Verbindung mit den Anfangsworten der in §. 1. enthaltenen zweiten Bemerkung, nehmlich in Verbindung mit den Worten „similique modo" auf folgende Weise aufgelöst werden müssen: similique modo — renunciet; ei nullum nec inventarium faciendum nec alius circuitus exspectandus est, sed sit alienus etc. Wer jedoch nicht so entschieden die Erbschaft anzunehmen oder abzulehnen gedenke, daß er sie alsbald ohne Umstände haben wolle oder zurückweise, sondern, in Zweifeln befangen, vielleicht längere Zeit bedürfe, um zu einem Entschlusse zu kommen, für den und auf den seien die Bestimmungen des gegenwärtigen Gesezes berechnet. Der Gegensaz dessen, welcher inner dreier Monate auf das Bestimmteste (apertissime) die Erbschaft ablehnt, ist nicht der, dessen Annahme oder Ausschlagung Justinian fingirt wissen will; sondern der, welcher, zweifelnd und unentschieden, in jener kurzen Frist weder zum unbedenklichen Antritt noch zum unbedenklichen Ausschlagen kommen würde. Für ihn, wie ihn Justinian selbst im Eingang des zweiten Paragraphen nennt, den dubius, utrumne admittenda sit necne defuncti hereditas, sollen nun zwei Wege offen stehen. Entweder möge er antreten und ein Inventar errichten; aber freilich muß er dann sobald antreten, daß er das Inventar zu rechter Zeit beginnen und vollenden kann; oder mag er eine Deliberation nachsuchen und erhalten. Hiezu ist er aber nicht gezwungen, und, wenn nicht dritte Betheiligte ihn drängen, auch an keine Zeit gebunden.

23) Entweder auf freiwilliges Ansuchen, z. B. um manches zur Kundnahme von dem Stande der Erbschaft vornehmen zu können, was man ausserdem, ohne pro herede gerens zu gelten, nicht vornehmen könnte, oder bedrängt von Betheiligten, D. ht., l. 69. — C. ht., l. 9. — D. ad Sctum Treb., XXXVI. 1. l. 9. §. 1. — de reb. auct. jud. p., XLII. 5. l. 4. — Wegen des suus, D. de jur. delib., XXVIII. 8. l. 7—9. — Ob das tempus blos Einmal oder auch mehrere Male ertheilt werden könne? Für das Erstere scheinbar, C. ht., l. 22. §. 13..... *semel* enim et non saepius eam peti concedimus. Für das Leztere wirklich a) daß 9 Monate und 1 Jahr nur als eine Zeit genannt ist, die nicht überschritten, über die hinaus nicht noch eine weitere gewährt werden solle, C. ht., l. 22. §. 13. non tamen *amplius* ... uno anno... novem mensibus; ut neque.. *aliud tempus* eis indulgeatur). Und nur in Beziehung auf diese höchste Zeit, über welche hinaus nicht einmal die imperialis largitas eine weitere zugestehen möge, sagt Justinian „semel *enim* et non saepius eam peti concedimus.“ Wie nun aber ganz und gar nicht ausgeschlossen ist, daß man bei Ertheilung des tempus deliberandi unter dem höchsten Maaß zurück bleibe; so ist auch mit den lezten Worten nicht gesagt, daß in diesem

Fall, und bis zur Erreichung des höchsten Maaßes eine wiederholte Frist nicht nachgelassen werden dürfe. Umgekehrt führt die ganze Tendenz, ein maximum festzusezen, und die Anordnung, wenn es durch die erste Ertheilung schon erschöpft seyn würde, durch eine zweite Ertheilung nicht über dasselbe hinauszugehen, ihrem ganzen Geiste nach darauf, daß bis zur Erschöpfung des maximum öftere Gewährungen und Fristverlängerungen lediglich nicht verboten seyen; b) D. de jur. del., XXVIII. 8. l. 1. §. ult. — l. 4., Stellen, die, als Fragmente aus verschiedenen Schriften von Ulpian und Paulus in einander geschoben und einen Plaz in einem kleinen Titel einnehmend, der Aufmerksamkeit der Sammler nicht entgangen und mithin nicht aus Versehen aufgenommen seyn können. — Das regelmäßige minimum, D. eod., l. 2., das maximum, C. ht., l. 22. §. 13. — Die Folgen der Deliberation, in Hinsicht a) des Deliberirenden zur Kenntnißnahme, D. eod., l. 5. pr. — ht., l. 28., zur Verfügung, D. de jur. delib., XXVIII. 8. l. 5. §. 1. l. 6. l. 7. §. 3., zum Genuß (vescendi gratia), D. eod., l. 7. pr. §. 3. l. 9. — b) dritter Betheiligter, D. ht., l. 69. und namentlich der Gläubiger, C. ht., l. 22. §. 14. womit zu vergl. D. her. instit., XXVIII. 5. l. 23. §. 1—2. de reb. auct. jud. poss., XLII. 5. l. 4. —

Ob es übrigens eine Deliberationsfrist gebe, die, ohne daß man um sie angesucht hätte, ipso jure eintrete, und ein Jahr von erfahrener Delation an dauere, darüber stellt sich uns folgendes als gewichtig heraus. Zur Bejahung der Frage a) C. ht., l. 19.... ut ex hac causa *deliberare* videatur... Si enim ipse ... *annali tempore translapso nihil fecerit*, ex quo vel adeundam vel renunciandam hereditatem manifestaverit, *is* cum successione sua ab hujusmodi beneficio *excludatur*.... quo completo *nec heredibus ejus* alius regressus.. servabitur; b) C. ht., l. 22. pr.... unam quidem de his, qui *deliberandum* pro hereditate sibi delata existimaverint... §. 11.... sed sit hoc spatium ipso jure *pro deliberatione* heredibus concessum etc. §. 13.... quidam ... pro *deliberando* nobis supplicandum necessarium esse existimant, quatenus eis liceat *annale tempus* tergiversari. etc. Es lassen sich jedoch gegen die einzelnen, hier bemerkten gesezlichen Aussprüche und deren Beweiskraft manche sehr bedeutende Einwürfe gelten machen, nehmlich ad a) daß die Worte „ut deliberare videatur“ auch eine blos fictionsweise und zum Behufe der Transmission angenommene, nicht eine wirkliche, Deliberation im Auge haben könnten. Noch weniger beweist der zweite Ausspruch „is cum successione sua excludatur“. Denn da der Erbe als gestorben vorausgesezt wird, ohne das Erbrecht ausgeübt zu haben, so ist er selbst natürlich ausgeschlossen, und Justinian will nur herausheben, daß nicht allein er selbst, sondern auch seine Erben ausgeschlossen seyen. Daß aber er selbst, auch wenn er noch lebte, ausgeschlossen wäre, das sagt Justinian nicht, sondern wir müssen es ihn erst sagen lassen, um es dann in seinen Worten zu finden. Gleiches gilt in Betreff des dritten Ausspruchs „nec heredibus ejus alius regressus servabitur“. Dem Erben selbst, sagt Justinian, ist schon durch seinen Tod, da er seines Erbrechts sich nicht bedient hatte, die Erbschaft entzogen; aber nicht einmal seinen Erben soll ein Zugang zu ihr offen seyn, nachdem sie den Rest des Jahrs, ohne anzutreten, verstreichen ließen. Ad b) erscheint es in der That höchst zweifelhaft, ob Justinian mit den ausgehobenen Worten des principium auch nur C. ht., l. 19. und nicht vielmehr eine andere, uns ebenfalls nicht aufbewahrte Constitution gemeint habe. Hätte er die l. 19. im Auge gehabt, so würde es ein bedenklicher Umstand seyn, daß Justinian im Verlaufe offenbar die Absicht an den Tag legt, jene Constitution sammt einer andern, die uns nicht erhalten ist, und einer weitern von Gordian aufzuheben, und alle zusammen mit seinem neuen Geseze zu verschmelzen ex omnibus itaque istis unam legem colligere, nobis apparuit esse humanum etc.), während er doch später die l. 19. wiederholt bestätigt, C. de cad. toll., VI. 51. l. un. §. 5. — Nov. 158., und die Annahme, Justinian habe die l. 19. hinsichtlich dessen, was sie über die Deliberation angeordnet, aufgehoben, hinsichtlich der Transmission aber bestätigt, wohl nur als ein Nothbehelf erscheint. Sollte er übrigens auf die l. 19. hingewiesen haben, so könnte dieß wohl auch einzig in dem Sinne geschehen seyn, er habe früher eine Anordnung in Beziehung auf solche, welche eine Deliberationsfrist sich erbeten haben (qui deliberandum existimaverint), getroffen und eine Transmission an die Deliberationsfrist geknüpft und so das Institut der Deliberation bestätigt. Nun wolle er aber jene Anordnung in sofern zurücknehmen, als er die ganze wirkliche Deliberation überflüssig mache, ohne darum die Transmission wegen blos fingirter Deliberation aufzuheben. Im §. 11. hingegen sagt Justinian, die Zeit der Errichtung des Inventars, nehmlich ein Vierteljahr oder ein Jahr, solle den Erben Statt der Deliberationsfrist insofern dienen, als sie während jener Zeit so wenig als während dieser belangt werden können. Wie aber hieraus folgen solle, daß Justinian in l. 19. eine gesezliche Deliberation von einem Jahre angeordnet habe, das vermag ich wenigstens nicht einzusehen. Eben so wenig beweist dafür der §. 13. Man suchte früher, äussert hier Justinian, die Deliberation aus Aengstlichkeit oder Schlauheit sogar über ein Jahr hinaus zu ziehen, indem man öfters um Deliberation bat (pro deliberando nobis *supplicandum* .. existimant, eandem deliberationem .. *repetita prece* accipere). Wo liegt hier eine nur irgend nothwendige Beziehung auf ein durch die l. 19. angeordnetes tempus legale deliberandi? Justinian sagt einfach, man habe früher die Deliberation so lang als möglich auszudehnen gesucht, sogar über ein Jahr, während dessen man doch gewiß bei jeder Erbschaft erfahren könne, woran man sey. Theils aus übertriebener Aengstlichkeit (vana formidine), theils aus Schlauheit (callida machinatione), um etwa die auf Erklärung dringenden Betheiligten hinzuhalten, oder die Zeit der Transmission, welche noch ein Jahr nicht übersteigen sollte, vielleicht doch zu verlängern. Diesem Mißbrauch wolle er steuern. Hier ist nirgend die Rede von einer gesezlichen Deliberationsfrist; und das von Justinian erwähnte Mittel, das öftere Nachsuchen um Deliberation, weist gewiß nicht darauf hin, daß es vorher ein tempus legale für dieselbe gegeben habe. — Wenn diesem Allen nach die Gründe der **Bejahung** nicht zur Genüge beweisen, so müssen wir die **Verneinung** a) schon darum für richtiger halten. Denn ohne genügende Beweise für die Aenderung des frühern Rechts, das nur eine erbetene Deliberation kannte, sind wir nicht berechtigt, dieselbe anzunehmen. b) Gegen diese Annahme sprechen aber die Umstände, α) Justinian sagt in l. 19., nachdem er eine fictive Deliberation zum Behuf der Transmission festgestellt hat, am Schlusse des Sazes „ut unius anni spatio eadem transmissio fuerit conclusa". Dieß deutet uns doch durch den stillschweigend gesezten Gegensaz zwischen Transmission und Deliberation entschieden an, daß diese möglicher Weise länger dauern könne als jene. Dasselbe tritt uns aus dem Schluß der l. 19. hervor „quo completo nec heredibus ejus alius regressus in hereditatem habendam servabitur". Was ist nehmlich der alius regressus? Wer nicht behaupten will, daß Justinian alle andere Transmission und allen andern Zugang der Erben des Erben zur Erbschaft ausser ex causa deliberandi hiemit abgeschnitten habe — und dieß hat noch Niemand behauptet und wird schwerlich Jemand zu behaupten sich getrauen — der kann unter dem alius regressus nichts anderes verstehen, als eine Transmission, so die erbetene Deliberation ein Jahr überstiege. Lassen die Erben das Jahr verstreichen, so sollen sie nicht blos wegen fictiver Deliberation, sondern auch aus dem andern, weitern Grunde einer wirklichen keinen Anspruch mehr an die Erbschaft machen können. Ist es aber wahrscheinlich, daß Justinian eine gesezliche Deliberation von einem Jahr angeordnet habe, wenn die erbetene auch über das Jahr hinausgehen konnte? wahrscheinlich, daß der von Betheiligten bedrängte Erbe auch über ein Jahr hinaus sollte deliberiren können, der ganz und gar nicht gedrängte und durch keine Veranlassung zum Erbitten genöthigte Erbe nur ein Jahr deliberiren dürfte? Und welche andere Folge könnte die Versäumung dieses gesezlichen Jahrs für den Erben haben, als daß man ihn der Erbschaft für verlustig erklärte? Wie denn auch die Ansicht, welche ein tempus legale statuirt, in ihrer Berufung auf die Worte „*is* cum successione sua *excludatur*", „*nec* heredibus ejus alius regressus.. servabitur" diese Folge als die gesezliche andeutet. Aber dann müssen wir β) fragen, ist's wahrscheinlich, daß Justinian in einem Gesez, das er offenbar im Interesse der Erben machte, in einer Sanction, die er selbst ein beneficium nennt, diese höchst nachtheilige Bestimmung gemacht haben werde, und gemacht haben werde ohne alle Noth, ohne alle Veranlassung, ohne auch nur ein Wort zur Rechtfertigung zu sagen? Wäre jedoch die entgegengesezte Ansicht auch richtig, und müßten wir ihr gemäß voraussezen, Justinian habe in C. ht., l. 22. die l. 19. im Auge gehabt, so würde γ) doch jedenfalls diese l. 19. mit dem, was sie über die Deliberation anordnet, durch die l. 22. abgeschafft worden seyn. Denn Justinian spricht nicht nur in dem principium der l. 22. sich klar dahin aus „ex *omnibus* itaque istis *unam legem* colligere, nobis apparuit esse humanum etc.", sondern er kennt nach §. 13. auch keine Deliberation als eine erbetene (et haec quidem de his sancimus, qui deliberationem, nullam petendam curaverint, *quam* putamus quidem penitus post hanc legem esse *supervacuam*, et *debere ei derogari... quis locus deliberationi relinquitur?....* ne quis nos putaverit antiquitatis penitus esse contemptores, *indulgemus* quidem eis *petere deliberationem* etc.), und wiederholt im §. 15. Notissimum autem est, hac constitutione, quae omnes casus continet, nostris constitutionibus jam pro eisdem capitulis promulgatis esse *derogatum* etc. Somit würde jedenfalls nach der l. 22. von der l. 19. nichts übrig geblieben seyn, als was sie über die Transmission verordnete. Denn diesem müßte man zufolge C. de caduc. toll., VI. 51. l. un. §. 5. — Nov. 158. fortdauernde Gültigkeit zugestehen. Aber freilich wüßte ich nicht, wie man es nun mit der Transmission halten sollte, wenn keine Deliberation erbeten würde? denn eine gesezliche Deliberation giebt es nicht mehr; während Justinian in l. 19. nach der Ansicht, die hier auf einen Augenblick als richtig vorausgesezt wurde, gerade von dem Daseyn der durch ihn angeordneten gesezlichen Deliberation ausgegangen seyn würde.

§. 119.

B. Bonorum possessio.

Eine bonorum possessio kann auch durch Stellvertreter[1]) erworben werden, daher von Allen durch Vormünder[2]), durch den Hausvater[3]), jedoch nur[4]) in Folge einer Erklärung vor Gericht[5]), innerhalb der gehörigen Zeit[6]).

1) D. de bon. poss., XXXVII. 1. l. 3. §. 7. — Zu vergl. D. eod., l. 16. — ht., l. 48.

2) D. de bonor. poss., XXXVII. 1. l. 11. — C. qui adm. ad b. poss., VI. 9. l. 7. Freilich durch den Bevormundeten selbst nicht ohne auctoritas oder consensus C. l. c. — D. eod., l. 7. §. 1. — Indessen C. l. c. — ht., l. 18. §. 4. und daher auch D.

eod., l. penult. — Jedoch, was den furiosus anbelangt, C. de curat. fur., V. 70. l. 7. §. 3. 8—9. Sin autem in furore diem suum finierit vel ad suam sanitatem perveniens eam repudiaverit, si quidem successio est, ad eos referatur ... i. e. vel ad substitutum, vel ab intestato heredes, vel ad nostrum aerarium: eo scilicet observando, ut hi veniant ad successionem, qui mortis tempore furiosi propinquiores existant ei, ad cujus bona vocabuntur, si non in medio esset furiosus etc.

3) D. eod., l. 7. §. 1. — C. ht., l. 18. pr. — Selbst der väterliche Ascendent, welcher nicht Hausvater ist C. ht., l. 18. §. 3. Ea vero.. locum habebunt, etsi quacunque causa sui juris idem infans inveniatur. — Ist das Hauskind mündig, D. ht., l. 6. §. 1. — C. qui adm. ad b. p., VI. 9. l. 1. — Zu vergl. D. quis ord. in poss., XXXVIII. 15. l. ult. pr. §. 1. — C. de bon. qu. lib., VI. 61. l. 8. pr. §. 1. sequ. —

4) Daher hier kein necessarius heres, D. de bon. poss., XXXVII. 1. l. 3. §. 3.

5) Früher eine solemnis petitio (datio, admissio etc.), C. de cur. fur., V. 70. l. 7. §. 3. — comm. de succ., VI. 59. l. 1—2. — seit Constantin eine Erklärung vor Gericht, C. de cur. fur., V. 70. l. 7. §. 3. — qui adm. ad b. p., VI. 9. l. ult. — J. de bon. poss., III. 9. §. 7. (zu vergl. unten §. 134.), ob blos vor dem competenten Gericht? C. eod.... apud quemlibet judicem etc. weder dafür noch dagegen. Aus historischen Gründen wird die Frage richtiger bejaht. — In der Regel kein Decret, C. de cur. fur., V. 70. l. 7. §. 3., ausser wo eine causæ cognitio nöthig. —

6) Eine andere für Eltern und Kinder, eine andere für die übrigen Erben, J. de bon. poss., III. 9. §. 4. — D. de succ. ed., XXXVIII. 9. l. 1. §. 12., ohne Unterschied der bonorum possessio, D. eod., l. 1. §. 14. — Berechnung, D. quis ord. in poss., XXXVIII. 15., l. 2. — C. qui adm. ad bon. p., VI. 9.

l. 2. l. 5. — Personen, in fremder Gewalt, D. eod., l. 3. — C. qui adm. ad bon. p., VI. 9. l. 1. Aber theils D. quis ord. in poss., XXXVIII. 15. l. 5. pr. §. 1. vergl. mit C. de bon. quae lib., VI. 61. l. 8., theils D. de bon. poss., XXXVII. 1. l. 7. §. 1. jedoch D. de bon. poss. furios., XXXVII. 3. l. 1. — Solche, die Vertreter haben, D. de bon. poss., XXXVII. 1. l. 7. §. 1. Zu vergl. D. de jur. et fact. ign., XXII. 6. l. ult. — Dann D. ad Munic., L. 1. l. 14. — Allein auch hier D. de bon. poss. furios., XXXVII. 3. l. 1.

§. 120.

Ausgeschlagen 1) wird jedes Erbrecht 2) durch jedwede Erklärung 3); und man kann in der Regel 4) weder nach der Ausschlagung wieder antreten 5), noch nach der Antretung ausschlagen 6).

1) Repudiare.

2) Sowohl hereditas als bonorum possessio.

3) J. ht., §. ult. — de bon. poss., III. 9. §. 5. — D. ht., l. 95. — de succ. ed., XXXVIII. 9. l. 1. §. 6. — Zu vergl. D. ht., l. 17. §. 1. l. 77. l. 97.

4) Ohne das ausserord. Mittel einer in integrum restitutio; doch oben, §. 118. Not. 5. a. E.

5) J. ht., §. 7. — C. ht.[1]), l. 4. — D. und. lib., XXXVIII. 6., l. 1. §. 3. — quis ord. in poss., XXXVIII. 15. l. 4.

6) C. ht.[1]), l. 4.

Zweites Kapitel.

Wirkungen.

Quellen.

J. de hered. qual. et diff., II. 19.
D. de adqu. v. om. hered., XXIX. 2.
C. de jur. del., VI. 30.
—— rep. v. abst. her., VI. 31. (ht.[1]).

§. 121.

In Folge der Antretung gehen alle vermögensrechtliche Verhältnisse auf den Erben über[1]), der denn auch in alle Verbindlichkeiten, ohne Rücksicht auf den Bestand der Maße, eintritt[2]) und sich deshalb Verfügungen über eigene Sachen, welche der Erblasser bei Lebzeiten vorgenommen hatte, gefallen lassen muß[3]). Unmittelbare vermögensrechtliche Beziehungen zwischen dem Erblasser und dem Erben gleichen sich aus[4]), und das ererbte Vermögen bildet nunmehr nur einen Theil des Vermögens des Erben[5]).

1) D. ht., l. 37. — de bon. possess., XXXVII. 1. l. 1. — l. 3. §. 2.
2) D. ht., l. 8.... hereditas autem quin obliget nos aeri alieno, *etiam si non sit solvendo*, plus quam manifestum est. — C. ht., l. 10. — Zu vergl. D. de bon. lib., XXXVIII. 2. l. 36. ... solvendo hereditas est, quae inveniat heredem..... cum

eo ipso sufficere patrimonium videri possit, quod et heredem habeat et bonorum possessorem.

3) D. de exc. rei vend. et trad., XXI. 3. l. 1. §. 1. — C. de rei vind., III. 32. l. 14. — de evict., VIII. 45. l. 14. — de donat., VIII. 54. l. 24. —

4) Daraus a) D. de servit., VIII. 1. l. 18. — de legat., 30. l. 116. §. 4. — de manum. test., XL. 4. l. 6. — b) D. de her. v. act. vend., XVIII. 4. l. 2. §. 18. — de solut., XLVI. 3. l. 75. und zwar D. de lib. leg., XXXIV. 3. l. 21. §. 1.... confusione perinde extinguitur obligatio ac *solutione*. — de fidej., XLVI. 1. l. 71. pr. — Daher D. de evict., XXI. 2. l. 41. §. 2.... cum debitor creditori suo heres extiterit, ratio quaedam inter heredem et hereditatem ponitur, et intelligitur major hereditas ad debitorem pervenire, quasi soluta pecunia, quae debebatur hereditati, et per hoc minus in bonis heredis esse; et ex contrario, cum creditor debitori suo extitit heres, minus in hereditate habere videtur, tanquam ipsa hereditas heredi solverit. — ad leg. Falc., XXXV. 2. l. 1. §. 18. — ad Sctum Treb., XXXVI. 1. l. 80. — de cond. ind., XII. 6 l. 45. — Aber D. de fidej., XLVI. 1. l. 71. pr.... et puto, aditione hereditatis confusione obligationis *eximi personam* etc. und daher die Entscheidung in l. 71. pr. selbst, und D. de solut., XLVI. 3. l. 93. pr. §. 1. Si duo rei sint stipulandi, et alter alterum heredem scripsit, videndum, an confundatur obligatio? placet non confundi ..... Item si duo rei sint promittendi, et alter alterum heredem scripsit, non (dieses non muß offenbar aus innern, nicht minder äusserlich tüchtig unterstützten Gründen von §. 2. heraufgenommen und dagegen im §. 2. gestrichen werden) confunditur obligatio. — de fidej., XLVI. 1. l. 21. §. ult. — de duob. reis, XLV. 2. l. 13. Indessen D. de fidej., XLVI. 1. l. 71.... sed et accessiones ex ejus persona liberari propter illam rationem, quia non possunt pro eodem apud eundem obligati esse, ut, quemadmodum incipere alias non possunt, ita nec remaneant etc. l. 21. §. 3. l. 50. — de so-

lut., XLVI. 3. l. 34. §. 8. —, und wenn die Hauptobligation des Debitor mit der des Fidejussors insofern zusammentrifft, als dieser jenen beerbt, D. eod., l. 93. §. 2. Sed si reus heredem fidejussorem scripserit, confunditur obligatio etc. l. 95. §. 3. — de fidej., XLVI. 1. l. 5. l. 21. §. 4., außer, D. de solut., XLVI. 3. l. 95. §. 3. Quod vulgo jactatur, fidejussorem, qui debitori heres extitit, ex causa fidejussionis liberari, totiens verum est, *quotiens rei plenior promittendi obligatio* invenitur: nam si reus *duntaxat fuit obligatus*, fidejussor liberabitur. e contrario *non potest dici non tolli* fidejussoris obligationem, si debitor *propriam et personalem* habuit defensionem (da eine „personalis defensio" die obligatio an sich nicht afficirt und zur minus plena macht), nam (denn umgekehrt, wenn) si minori XXV. annis bonae fidei pecuniam credidit, isque nummos acceptos perdidit, et intra tempora in integrum restitutionis decessit herede fidejussore, difficile est dicere, causam juris honorarii, quae potuit auxilio minori esse, *retinere* (d. h. hier impedire, als ob die causa juris honorarii blos eine personalis defensio erzeuge) fidejussoris obligationem, quae principalis (d. h. plenior) fuit, et cui fidejussor is accessit sine contemplatione juris praetorii. auxilium igitur (weil er sine contemplatione juris praetorii, d. h. ohne zu wissen, daß es hier von einem minor und der Möglichkeit einer in integrum restitutio sich handle) restitutionis fidejussori (als fidejussor, da er, non confusa obligatione, als solcher haftet), qui adolescenti heres extitit, intra constitutum tempus salvum erit. — de fidej., XLVI. 1. l. 21. §. 2., und endlich auch insofern, als der Schuldner Erbe wird des Fidejussors, D. de solut., XLVI. 3. l. 93. §. ult. Quid ergo si fidejussor reum heredem scripserit? confundetur obligatio etc. — de fidej., XLVI. 1. l. 14. l. 21. §. 2. — de separ., XLII. 6. l. 3., außer D. l. c. und de fidej., XLVI. 1. l. 21. §. 2. —

5) D. de vulg. et pup subst., XXVIII. 6. l. 10. §. 2.

§. 122.

Aus der Antretung wird der Erbe auch allen Singularsuccessoren verhaftet[1]), und zwar nach dem Novellenrechte[2]) auch über den Bestand der Maße, wenn er nicht ein Mittel wählt, das ihm auch gegen Gläubiger viele Vortheile gewährt[3]).

Dieses Mittel besteht in der nach der Antretung[4]) zu rechter Zeit[5]) und auf die rechte Weise[6]) vorgenommenen Errichtung eines Inventars[7]), dessen Folgen sichtbar werden theils in der Feststellung des Nachlasses[8]), in der Art des Haftens gegen Gläubiger und Singularsuccessoren[9]), und in der Zeit, wo der Erbe belangt werden kann[10]), theils in der Befugniß, Gläubiger und Singularsuccessoren zu zahlen[11]), und Erbschaftssachen zu veräussern[12]).

Gleiche Wirkungen kann der Erbe sonst unter keinen Umständen erzielen, namentlich nicht, wenn er sich Deliberation erbittet[13]), obgleich ihm auch hier die gehörige Errichtung eines Inventars nicht ganz nuzlos ist[14]). Und das teutsche Recht hat hierin nichts geändert[15]).

1) D. de Obl. et act., XLIV. 7. l. 5. §. 2.

2) Denn nach vornovellischem Rechte, D. ad leg. Falc., XXXV. 2. l. 11. §. 5. — ad Sctum Treb., XXXVI. 1. l. 1. §. 17. — C. de test. mil., VI. 21. l. 12.

3) Nov. I. c. 2. §. 2. *Eἰ μεντοι μηδι ποιησειεν* inventarium… *ὀυ παρακαθεξει φαλκιδιον, ἀλλα πληρωσει τους ληγαταριους*

και φιδεικομμισσαριους, κἀν εἰ το της καθαρας οὐσιας. ὑπερβαινη μετρον ἡ των ληγατων δοσις.

4) C. ht., l. 22. §. 2.... sed adeat hereditatem, vel sese immisceat etc. §. 4... hereditatem sine periculo habeant etc. Zu vergl. §. 5—12., aus deren Geiste sich unabweislich ergiebt, daß Justinian die Antretung stets voraussezt.

5) C. ht., l. 22. §. 2—3.

6) C. ht., l. 22. §. 2—3. und namentlich in Betreff der Singularsuccessoren, Nov. I. c. 2. §. 1.

7) Durch sich selbst oder andere C. ht., l. 22. §. 3.... tamen placuit dare eis facultatem inventarii conscribendi vel per se vel per instructos procuratores in loca, ubi res positae sunt, mittendos. Nicht entgegen §. 2.... omni tamen modo inventarium *ab ipso* conficiatur etc.

8) C. ht., l. 22. a) §. 9. In computatione autem patrimonii damus ei licentiam excipere et retinere quidquid in funus expendit, vel in testamenti insinuationem, vel in inventarii confectionem, vel in alias necessarias causas hereditatis approbaverit sese persolvisse etc. b) in Betreff der confusio, welche, sofern der Erbe creditor, nicht Statt findet, §. 9. ... Si vero et ipse aliquas contra defunctum habebat actiones, non hae confundentur etc. c) hinsichtlich des Beweises, §. 10. Nov. I. c. 2. §. 1. — und endlich d) einer Unterschlagung, §. 10. — Nov. I. c. 2. pr. —

9) C. ht., l. 22. §. 4. §. 12. — Nov. I. c. 2. pr. §. 1. —

10) C. ht.. l. 22. §. 11.

11) C. ht., l. 22. §. 4—8.

12) C. ht., l. 22. §. 4. §. 8. —

13) C. ht., l. 22. §. 14. — Nov. I. c. 2. §. 2.

14) C. ht., l. 22. §. 14. — Nov. I. c. 2. §. 2.

15) Schon römischrechtlich, C. ht., l. 22. §. 15.... scilicet ut milites, etsi propter simplicitatem praesentis legis subtilitatem non observaverint, in tantum tamen teneantur, quantum in hereditate invenerint etc., ohne daß diese Bestimmung durch die, die creditores gar nicht umfassende, son-

dern nur Singularsuccessionen betreffende Nov. I. c. 4. §. ult. aufgehoben wäre. Daß es sich ferner schon römischrechtlich allerdings rechtfertigt, wenn man gegen die Nachtheile eines nicht errichteten Inventars aus genügender Ursache in integrum restitutio ertheilt, dafür a) allgemeine Gründe, b) Nov. I. c. 4. §. 1. *Ἀνήβοις δὲ καὶ ἐλάττοσι τὴν ἡλικίαν οὐδὲν ὁ παρ' ἡμῶν προκρίνει νόμος. ἔστι γὰρ αὐτοῖς, εἴτι κατὰ τὰς εἰρημένας ἡμῖν αἰτίας βλάβειεν, διπλῆ τις βοήθεια, καὶ ἡ διὰ τῆς ἀποκαταστάσεως κ. τ. λ.* Daß hingegen eine gemeine Praxis in Teutschland eine jurata specificatio die Stelle des Inventars vertreten lasse, ist unerweislich. Zu vergl. B. Carpzov, Jurispr. for., III. 33. def. 17—18. — D. Mevius, Decis., p. II. dec. 96. VI. dec. 59. Not. 1. — dec. 265. 411, VII. dec. 50. Not. 6. — J. N. Hertius, de effectu non conf. inv., §. 8—9. (op. II. t. 3. p. 164/65). — S. Stryck, Usus modernus, XXVIII. 8. §. 2. — W. A. Lauterbach, Collegium theor. pract., XXVIII. 8. §. 19. — F. E. v. Pufendorf, Obs. j. un., II. obs. 101. — S. de Cocceji, jus civ. contr., XXVIII. 8. qu. 2. — D. G. Struben, rechtl. Bedenken (Ausg. Spangenberg) 2. Bed. 277. — de Canngiesser, Collectio notab. decis. (Manh. 1790.) I. dec. 23. nr. 4—8. — Hellfeld, Jurisprud. for., §. 1472. — C. F. Walch, Introd. in controv. j. civ., II. c. 4. m. 2. §. 69. — Mueller ad Leys., obs. 563. — Malblanc, de jurejurando (ed. 2a 1820), §. 48. —

§. 123. [1]

Gläubiger des Erblassers [2], aber auch Legatare und Fideicommissare [3]) können eine Absonderung (separatio) des erbschaftlichen Vermögens zu ihrer ausschließlichen Befriedigung ansprechen [4]), sofern sie den Erben nur nicht irgend wie als ihren Schuldner anerkannt haben [5]).

1) D. de separ., XLII. 6. (ht.[2]).

2) D. ht.[2]), l. 1. §. 1—2. §. 7., nicht die creditores des Erben, D. ht.[2]), l. 2. ausser D. ht.[2]), l. 1. §. 5.

3) D. ht.[1]), l. 6. pr.

4) D. ht.[2]), l. 1. §. 1. Dagegen können dieselben auch das Vermögen des Erben zum Nachtheil von dessen Gläubigern in keinem Fall in Anspruch nehmen, D. ht.[2]), l. 1. §. 17. l. 3. §. 2. l. 5. — Wohl aber nach den leztern, sofern sie einen genügenden Grund zur Entschuldigung hatten, D. ht.[2]), l. 1. §. 17..... at si creditores defuncti desiderent, ut etiam in bonis heredis *substituantur*, non sunt audiendi. separatio enim, quam ipsi petierunt, eos ab istis bonis separavit. si tamen temere separationem petierunt creditores defuncti, impetrare veniam possunt, *justissima scilicet ignorantiae causa* allegata. Nicht entgegen D. ht.[2]), l. 5.... quod si proprii ad solidum pervenerunt, id quod supererit, tribuendum hereditariis quidam putant, mihi autem id non videtur, cum enim separationem petierunt, recesserunt a persona heredis et bona secuti sunt, et quasi defuncti bona vendiderunt... idemque existimo dicendum, etiam si, circa separationem bonorum *decepti*, minus consecuti sunt, quam proprii heredis creditores etc. und D. ht.[2]), l. 3. §. 2. Sed in quolibet alio creditore, qui separationem impetravit, probari commodius est, ut, si solidum ex hereditate servari non possit, ita demum aliquid ex bonis heredis ferat, si proprii creditores heredis fuerint dimissi: quod sine dubio admittendum est, circa creditores heredis, dimissis hereditariis., indem Paulus, wenn er selbst den decepti den Rückgriff verweigert, damit eben nur solche meint, die keine *justissima* ignorantiae causa haben; während Papinian blos die allgemeine Vorbedingung für den Rückgriff heraushebt (*ita demum* aliquid.. ferat etc.) denselben aber, auch wo jene Vorbedingung vorhanden ist, nicht ohne Weiteres gestattet. Daß es ihm nur um Feststellung der allgemeinen Vorbedingung zu thun ist und er zunächst einzig denen entgegentritt (probari com-

modius est), welche die Separationsgläubiger etwa neben den creditores heredis zulassen wollten, zeigt der Zusammenhang mit dem vorhergehenden (D. ht.[2]), l. 3. §. 1.) Daß aber propriis creditoribus heredis dimissis nicht ohne Weiteres ein Rückgang auf den Erben zulässig sey, das deutet er in dem Schlußsaz an, quod *sine dubio* admittendum etc. — Das Ausschließliche selbst, D. ht.[2]), l. 1. §. 3.

5) D. ht.[2]), l. 1. §. 16. Beispiele, §. 10. 11. 15. — Ausserdem steht noch der Separation entgegen, D. ht.[2]), l. 1. §. 12. 13.

§. 124.

Die Antretung erzeugt ebenfalls eine obligatio unter Miterben[1]), einmal auf Theilung und Leistungen verschiedener Art[2]), dann auch zur collatio[3]).

Die leztere[4]), nach ihren beiden Arten[5]) ursprünglich entstanden im prätorischen Recht[6]), hierauf beschränkt[7]) und mannigfach erweitert[8]), ist auch im neuesten Rechte noch eine zwiefache[9]).

1) J. de obl. qu. quas. ex contr. nasc., III. 27. §. 4.

2) Worüber am Passendsten im Obligationenrecht.

3) D. de collat., XXXVII. 6. l. 3. pr. Praetor non sub conditione collationis bonorum possessionem contra tabulas promittit, sed demonstrat, quid data bonorum possessione fieri oportet etc.

4) D. eod. (ht.[3]). — de dot. collat., XXXVII. 7. (ht.[4]). — C. de collat., VI. 20. (ht.[2]).

5) Collatio (bonorum) der emancipati und dotis collatio.

6) Zur Gleichstellung vorerst bei der bonorum possessio contra tabulas, sofort auch bei der b. p. intestati, D. ht.[3]), l. 1. pr. — de b. p. c. t. XXXVII. 5. l. 20. §. 1.... neque ex hac

parte edicti verbis id facere cogitur, unde contra tabulas accepit bonorum possessionem ... neque ex illa parte edicti, qua intestato patre mortuo emancipatus ad bonorum possessionem admissus ad collationem compellitur etc. — ht.[4]), l. 1. pr. —

7) In Folge der Entstehung von Peculien.

8) Nehmlich I) die collatio der emancipati, insofern auch a) dem suus, der jure civili contentus die bonorum possessio ausschlägt, conferirt werden sollte, D. ht.[3]), l. 10. — und b) gewisse Gegenstände ihr mit Bestimmtheit unterworfen wurden, C. ht., l. 20. pr. Denn daß dieses principium von der collatio der emancipati handelt, ergeben gleich die ersten Worte „illud sine ratione — suis conferunt". Für die collatio dotis konnte vor dieser constitutio unmöglich ein Zweifel obwalten, und wäre die Bestimmung der Regel „ut omnia etc." eigentlich ohne Sinn gewesen. Die Gegenstände waren bei der dotis collatio so genau festgestellt, daß darüber weder zu streiten noch zu verordnen war. Eben so wenig würde der Ausspruch „haec autem regula etc." auf die dotis collatio passen, da Justinian erst im §. 1. die einfache donatio zu dieser collatio zieht. II) Die dotis collatio, theils in sofern, als a) sie auch unter Voraussezung eines Erbens nach Civilrecht eintreten sollte, D. ht.[4]), l. 1. pr. — C. ht., l. 12., theils b) in Hinsicht der Personen und Gegenstände, C. ht., l. 17. 19. 20. §. 1. — III) Beide collationes dadurch, daß sie, auch wenn von der einen oder andern Seite in Folge der Querela geerbt würde, für anwendbar erklärt, D. de b. p. cont. tab., XXXVII. 4. l. 20. §. 1.... iste enim, qui mansit in potestate, quod exheredatus nominatim fuit, non est vocatus ad bonorum possessionem contra tabulas ... quia et si frater ab intestato heres sit, emancipatus tamen non inde accepit bonorum possessionem etc. — ht.[4]), l. 6—7..... nec ipsa dotem fratribus suis conferet, cum diverso jure fratres sunt heredes. vergl. mit C. ht., l. 17.... vel inofficiosa querela mota res-

cisso ..... emancipatus videlicet liberis .... collaturis, und daß sie selbst auf die testamentliche Erbfolge ausgedehnt wurden, Nov. XVIII. c. 6. —
Daß beide Collationes nicht verschmolzen und zu einer gemacht worden seyen, erhellt A) für das vorjustinianeische Recht a) daraus, daß wir auch keine einzige Stelle haben, woraus die Vereinigung der früher getrennten collationes hervorginge, vielmehr alle auf uns gekommenen Reste der vorjustinianeischen Jurisprudenz eine Verschiedenheit von Collationsarten voraussezen. b) So tritt insbesondere aus einer Anordnung von Leo, etwa 6 Jahrzehende vor Justinian, der Gegensaz von collatio bonorum und dotis collatio, C. ht., l. 17., wenn anders der Schlußsaz nicht eine Justinianeische Interpolation ist, auf's zweifelloseste hervor. So kennt noch Anastasius, kaum 25 Jahre vor Justinian, die eigenthümliche collatio der emancipati, C. ht., l. 18. — de legit. her., VI. 58. l. 11. — B) Für das Justinianeische Recht a) daraus, daß die beiden collationes, welche bis auf Justinian getrennt neben einander bestanden, durch keine Anordnung Justinians vor den Novellen umgeändert und zu einer alles umfassenden collatio gemacht worden sind. b) Die Verfasser der Justinianeischen Rechtsbücher haben sogar die fortdauernde Verschiedenheit und Getrenntheit der collatio bonorum und dotis mit unzweideutiger Klarheit anerkannt, indem sie α) denselben in den Pandekten zwei verschiedene Titel anwiesen; β) dieselben sowohl in Pandekten als Codex, obgleich der leztere nur einen Titel für beide hat, durch die aufgenommenen Stellen, Juristenfragmente und Constitutionen, und deren unverkennbaren Inhalt aus einander hielten, jene als die eigenthümliche der emancipati, diese als die eigenthümliche dotis collatio darstellten. γ) Die oben bemerkten Constitutionen von Leo und Anastasius aufnahmen, welche Aufnahme nur um desto entscheidender seyn müßte, wenn der Schlußsaz in der Leonischen constitutio wirklich eine Justinianeische Interpolation enthal-

ten sollte. δ) C. ht., l. ult., eine constitutio Justinians, welche den abgesonderten Fortbestand der Emancipatencollation zu ihrer Zeit auf das Gewisseste voraussezt und ihn nicht aufhebt. Denn der Zweifel, welchen Justinian durch sie beseitigen will (ut nemini de caetero super collatione *dubietas* oriatur), konnte ja nur diese Collation betreffen; und die Art, wie ihn Justinian unter Herbeiziehung der Analogie von dem peculium castrense beseitigt, hat ja lediglich nur für sie einen Sinn. Wären beide Collationen bereits zu einer verschmolzen gewesen, so würde ja jeder Gedanke an eine Collation der Adventition unmöglich gewesen seyn, und hätte Justinian, sey es, daß es nur eine Collation schon gab oder daß er aus beiden eine einzige machen wollte, zur Beseitigung des Zweifels einfach auf diese Einheit hinweisen oder diese Einheit als Princip hinstellen müssen. Statt dessen sagt er aber, wie die castrensia nach den frühern Gesezen schon der Collation entzogen waren, weil auch das Hauskind sie praecipua hatte, so sollen aus demselben Grunde, weil das Hauskind sie praecipua habe, auch die Adventitien nicht conferirt werden. Konnte er klarer die Fortdauer der Emancipatencollation anerkennen?

Allerdings waren durch die vielen Beschränkungen der collatio bonorum nach dieser constitutio nur noch solche Gegenstände derselben übrig, welche von dem Ascendenten selbst herrührten, oder so angesehen werden mußten, wie wenn sie von ihm herrührten. Allein durch solche Abnahme an Umfang hörte die collatio bonorum nicht auf, gegenüber von der sogenannten dotis collatio ihre eigenthümliche Natur zu behaupten. Eben so wenig ist c) durch die Novellen eine Vereinigung der beiden collationes bewirkt worden; α) nicht durch Nov. XVIII. c. 6., weil die Ausdehnung der collationes auf die testamentliche Erbfolge an sich noch keine Veränderung in den Grundsäzen, welche sonst bei der einen und der andern collatio nach ihrem besondern Wesen bis dahin bestanden, irgend mit sich bringt. Ueberdieß hat Justinian am Ende seiner Sanction mit dürren Worten bestimmt, daß, abgesehen von dieser Ausdehnung, alles Andere, was er früher in Betreff der collationes gut geheißen habe, in alter Kraft fortbestehe. β) Nicht durch Nov. CXVIII. Die Erhebung der emancipati zu Civilerben kann, obgleich die collatio bonorum in ihrer Entstehung auf das innigste mit dem prätorischen Erbrechte zusammen hing, nicht eine stillschweigende Derogation der Collation enthalten, da der ganze Grund ihrer Einführung nach der Novelle wie vor ihr ungeschwächt fortbesteht. Durch die collatio sollte der Selbsterwerb der emancipati und ihr Erbrecht neben den nicht für sich erwerbenden sui ausgeglichen werden. Das Bedürfniß dieser Ausgleichung ist aber, soweit es vor Nov. CXVIII. vorhanden war, auch noch nach ihr vorhanden, und nicht dadurch verschwunden, daß sie das prätorische Erbrecht der emancipati in ein civilrechtliches verwandelte. Wie denn auch Anastasius schon die collatio der emancipati auch in dem Fall fortbestehen ließ, wo dieselben jura legitima haben würden. —

Verkennen läßt sich immerhin nicht, daß die emancipati nun schlimmer daran sind, als Enkel und Urenkel durch Töchter und Enkelinnen, welche, obschon mit den sui gleich erbend, doch nicht conferiren. Allein dieß ist nicht erst durch die Novelle 118. so geworden, sondern schon vor den Novellen so gewesen; indem jenen Enkeln und Urenkeln bereits in den Institutionen das gleiche Erbrecht ohne Pflicht zur Collation verliehen war.

§. 125.

Es conferiren aber blos Descendenten den Descendenten [1]), ohne Unterschied jedoch wie sie erben [2]), sofern sie nur erben[3]) und jedenfalls ab intestato geerbt hätten[4]), Nähere den Entferntern und umgekehrt[5]); vorausgesezt, daß die Verpflichteten durch ihre Miterben den Berechtigten einen Nachtheil zufügen[6]). Conferirt wird, um was die Berechtigten zur Todeszeit an Collationsgegenständen bereichert sind[7]), oder dolo es zu seyn aufgehört haben[8]). Nach dem Tode des Erblassers haftet man auch wegen culpa[9]), und stehet für mora ein[10]). Die Collation geschicht zunächst durch cautio[11]), kann aber auch nach Belieben[12]) der Verpflichteten durch reelles Einwerfen[13]) oder Nachlaß am Erbtheil geschehen[14]). Pflicht und Recht zur Collation geht auf die Erben über[15]).

1) Ausser Descendenten war in dem frühern und ist im Justinianeischen Rechte von Niemanden die Rede, der collationspflichtig oder berechtigt wäre. Wie indessen aus C. ht., l. 20. oder aus Nov. XVIII. c. 6. etwas Anderes folgen solle, vermag ich nicht einzusehen. Für die dotis collatio noch ins Besondere zu vergl. XCVII. c. 6. i. f.

2) Ab intestato oder ex testamento, Nov. XVIII. c. 6., oder contra testamentum, D. ht.[3]), l. 1. pr. — ht.[4]), l. 3. — C. ht.[2]), l. 17.

3) D. ht.[3]), l. 3. §. 5. — C. fam. herc., III. 36. l. penult. — D. ht.[4]), l. 8—9. — Jedoch, D. ht.[3]), l. 8.

4) Nov. XVIII. c. 6., welche, was sonst galt, auf das Erben der Intestatberechtigten ex testamento nur ausdehnte.

5) D. ht.[3]), l. 2. pr. §. 6—7. — D. ht.[4]), l. 1. §. 3—4. — und zwar die Entferntern als Stamm D. ht.[3]), l. 2. §. 7. l. 7. — C. ht.[2]), l. 19. — Sind in einem Stamme Collationspflichtige und Berechtigte, dann D. ht.[4]), l. 1. §. 2. Si sit nepos et neptis ex eodem filio, et dotata sit neptis, sit et

filius non pater eorum, neptis omnem dotem soli fratri collatura est; emancipata autem dotem et bona sua soli nepoti, non etiam patruo conferet. §. 4. — de conj. c. emanc. lib., XXXVII. 8. l. 1. §. ult. — Daher D. eod., l. 1. §. 13—15. — ht.[3]), l. 1. §. 3. — Nicht entgegen C. ht.[2]), l. 19., da hier, wo es sich von Collation des durch den verstorbenen Ascendenten, als Mittelsperson, Empfangenen handelt, der ganze Stamm nicht blos theilweise, sondern in seiner Gesammtheit als collationspflichtig erscheint. Indessen, D. de conj. cum em. lib., XXXVII. 8, l. 1. §. 16. Si sit filius in potestate, alius emancipatus, ex defuncto unus nepos in potestate alius nepos emancipatus.... ait posse dici, tres eum partes facere, unam sibi, unam fratri, unam istis collaturam, quamvis hi minus quam patruus ex hereditate avi concurrente patre sint habituri.

6) D. h. nach vornovellischem Recht a) bei der collatio bonorum durch das Miterben per quer. inof. t. oder ab intest. und contra tab. nach prätorischem Recht, D. ht.[3]), l. 1. §. 5. Totiens igitur collationi locus est, quotiens aliquo incommodo affectus est is, qui in potestate est interventu emancipati etc. Ein solcher Nachtheil fiel daher weg, α) D. ht.[3]), l. 1. §. 3. Si ex dodrante fuit institutus filius, qui erat in potestate, extraneus ex quadrante, emancipatum accipientem contra tabulas, pro quadrante tantum bona sua collaturum Julianus ait; quia solum quadrantem fratri abstulit etc. noch vielmehr, D. ht.[3]), l. 1. §. 4. — β) D. ht.[3]), l. 1. §. 6—7. — C. ht.[2]), l. 1. l. 9. — γ) die vorige Note. — b) für die dotis collatio durch das Miterben ab intestato, oder contra testamentum überhaupt, und war also kein Nachtheil da α) arg. D. ht.[3]), l. 1. §. 3—4. — β) D. ht.[4]), l. 3. l. 5. pr. — C. ht.[2]), l. 7. — γ) ebenfalls die vorige Note.

Nach dem Novellenrechte, in Gemäsheit Nov. XVIII. c. 6., kann die Folge (sub β), daß testamentliche Berücksichtigung die Collation ganz oder theilweise aufhebe, nicht mehr eintreten; darum ist aber der Grundsaz selbst nicht unanwendbar geworden, sondern hat in den übrigen Fällen seine volle Anwendbarkeit behalten.

7) Mithin C. ht.[2]), l. 20. pr. — D. ht.[4]), l. 1. §. 5—6., und überhaupt, D. ht.[3]), l. 2. §. 1. — C. ht[2])., l. 6. — Doch D. ad Sctum Treb., XXXVI. 1. l. 54. . . . . cum enim de conferendis bonis fratribus ab emancipato filio quaereretur, praecipuum autem, quod in castris fuerat adquisitum militi, relinqui placeret, consultus Imperator sumptus, quos miles fecerat, non ex eo tantummodo patrimonio, quod munus collationis pati debuit, sed pro rata etiam castrensis pecuniae decedere oportere statuit.

8) D. ht.[3]), l. 1. §. 23. — Nicht entgegen Nov. XCVII. c. 6.

9) D. ht.[3]), l. 2. §. 2.

10) D. ht.[4]), l. 5. §. 1.

11) D. ht.[3]), l. 1. §. 9.

12) D. ht.[3]), l. 1. §. 11. Quamvis autem edictum praetoris de cautione loquatur, tamen etiam *re posse fieri* collationem, Pomponius.. scripsit... igitur dividat, inquit bona sua cum fratribus, et, *quamvis non caveat, satisfacit edicto* etc. §. 12. Sed et si tantum forte.. remittat..., dicendum est, emancipatum *satis contulisse videri* etc. §. 13.... sic tamen, ut *possit* supplere cautionem *vel collatione* vel *caeteris modis*, quibus supra diximus etc.

13) D. ht.[3]), l. 1. §. 11. — ht.[4]), l. 1. §. 8.

14) D. ht.[3]), l. 1. §. 12. — C. ht.[2]), l. 5.

15) Versteht sich, wenn der Verpflichtete und Berechtigte nicht vor der Begründung der Pflicht und des Rechts hinwegfallen und nun die Reihe des Erbens an Andere kommt, D. ht.[3]), l. 1. §. 8. — C. ht.[2]), l. 14.

§. 126.

Zur Collation verpflichtet sind:

A. Emancipati gegenüber von den sui [1]) in der Art, daß sie denselben, nach einem bestimmten Verhältniß[2]), Alles conferiren, was sie selbst bei Lebzeiten des väterlichen Ascendenten erworben haben, ohne es mit dessen Tode als sui zum Voraus (praecipuum) ansprechen zu dürfen[3]), mithin:

a) weder castrensische und adventitische[4]) Peculien, noch das, wozu der Erblasser gegen den suus eben so verpflichtet ist, wie gegen den emancipatus[5]), noch was ihnen leztwillig verschafft wurde[6]), dagegen immerhin:

b) die mit der Emancipation nicht entzogenen profectitia[7]), so wie alle andern bei der Emancipation oder später gemachten Geschenke[8]), und folglich auch eine verschaffte käufliche Bedienstung[9]), ausgenommen vor der Verfallzeit gewährte Befriedigungen von Ansprüchen[10]) und daher auch nicht die Früchte aus den Adventitien[11]), wohl aber die ihnen als Söhnen gewährte Ausstattung[12]).

1) D. ht.[3]), l. 2. §. 5. l. 3. §. 2. — C. ht[2]). l. 9. —

2) D. ht.[3]), l. 1. §. 24. Portiones collationum ita erunt faciendae. ut puta, duo sunt filii in potestate, unus emancipatus habens trecenta: ducenta fratribus confert, sibi centum; *facit enim eis partem*, quamvis is sit, cui conferri non solet. quod si duo sint filii emancipati habentes trecenta et duo in potestate, aeque dicendum est, singulos singulis, qui sunt in potestate, centena conferre, centena retinere, sed ipsos invicem nihil conferre. Die nähere Anwendung, D. ht.[3]), l. 3. §. 2. l. 2. §. 5—7. l. 3. §. ult. l. 7. — de conj. cum em. lib., XXXVII. 8. l. 1. §. 14. sequ. Freilich entsteht hiebei eine kleine Ungleichheit, D. ht.[3]), l. 2. §. 5..... nec indignari eos oportere, si plus conferant et minus accipiant,

quia in potestate eorum fuerit, bonorum possessionem omittere etc.

3) D. pro soc., XVII. 2. l. 52. §. 8.... quamvis filius emancipatus haec non cogatur conferre fratri in potestate manenti; quia, etsi in potestate maneret, praecipua ea haberet. — ht.[3]), l. 3. §. 4.

4) D. ht.[3]), l. 1. §. 15. — ad Sctum Treb., XXXVI. 1. l. 54. — C. ht.[2]), l. ult.

5) Z. B. Alimente. Ergiebt sich theils mit Nothwendigkeit aus der allgemeinen Regel, weil der suus das Empfangene ebenfalls praecipuum hätte, theils daraus, daß, was der emancipatus in Folge einer Verpflichtung des Ascendenten erhält, die nicht aus einem die Collation veranlassenden Grunde herrührt, der Collation so wenig unterworfen seyn kann, als ein dem emancipatus heimgezahltes mutuum. Wir bedürfen daher keiner Berufung auf Stellen, D. fam. herc., X. 2. l. 50. — C. de postl. rev., VIII. 51., die gar nicht von der Collation handeln, sondern davon, ob eine Auslage eines Ascendenten von dem Descendenten ersezt werden müsse. Und wenn C. l. c. sagt „de pretio quidquam tractare non convenit", und D. l. c. sagen „in rationem portionis... computari aequitas non patitur", so ist damit weiter nichts als eine aus dem Empfange hervorgegangene Verbindlichkeit zum Ersaz geleugnet; über die zur Collation aber lediglich nichts bestimmt. — Hätte der Ascendent etwas geleistet, wozu er eigentlich und streng genommen nicht verpflichtet war, z. B. Alimente, während der Descendent eigenes Vermögen hatte, oder in größerm Maaße als ihm obgelegen wäre, so muß man unterscheiden, a) der Ascendent könnte deshalb keinen Anspruch auf Vergütung machen, z. B. D. de negot. gest., III. 5. l. 34. — C. de neg. gest., II. 19. l. 11. —, so würde auch eine Collation nicht Statt finden; weil hier der suus (der etwa ein peculium castrense hätte) dem emancipatus gleich stünde, und durch die Leistung am Ende eben doch gewissermaßen eine obliga-

tio naturalis getilgt wurde. b) Dem Ascendenten käme ein Anspruch auf Ersaz zu, z. B. D. l. c. — C. l. c., so könnte wieder von einer Collation keine Rede seyn; weil das Empfangene nicht blos den sui conferirt, sondern an die Erbesmasse geleistet, oder, was dasselbe, dem emancipatus in seinen Erbtheil ganz eingerechnet werden müßte, und mithin nicht bloß den sui, sondern allen Erben ein Vortheil daraus erwüchse, was denn auch D. fam. hercisc., X. 2. l. 50. andeuten, wenn sie sagen „*si non credendi animo* pater misisse fuerit comprobatus, sed pietate debita ductus, *in rationem portionis*, quae ex defuncti bonis ad eundem filium pertinuit, *computari* aequitas non patitur." Endlich c) der Ascendent möchte wohl ohne alle Verbindlichkeit und doch schenkungsweise geleistet haben, um gar keinen Ersaz zu erhalten. In diesem Fall würde gelten, was überhaupt bei Schenkungen an emancipati Rechtens ist, Note 8.

6) Dafür schon der Umstand, daß der suus solche Verschaffungen ebenfalls als praecipuum hat, D. ht.[3]), l. 3. §. 2... diversum est in legato conditionali; quia, etsi in potestate fuisset, et post mortem patris conditio extitisset, ipse haberet actionem. l. 1. §. 19. — C. ht.[2]), l. 12..... cum autem fratres tui durantes in familia patris, peculium, si hoc.. *neque relictum* eis doceatur, praecipuum habere non possint etc., dann D. ht.[3]), l. 1. §. 7. — C. ht.[2]), l. 16. — Wie man indessen aus der Regel C. ht.[2]), l. 20. pr.... ut omnia, quae in quartam portionem.. computantur... omnimodo coheredibus suis conferant etc., je das Gegentheil ableiten zu können glaubte, das läßt sich um so weniger erklären, als, wenn auch nicht schon das ganze Wesen der Collation es mit sich brächte, diese constitutio selbst klar darauf hinweist, daß nur, was bei Lebzeiten des Erlassers erworben ist, der collatio unterliege (ut lucrum, quod *tempore mortis* ad eum pervenire poterat... conferatur) und nur solche Erwerbungen unter jener Regel begriffen seyen.

7) C. ht.[2]), l. 17.... emancipatus ea, quae in ipsa emancipatione a parentibus suis (ut adsolet fieri) consequuntur etc. junct. C. de emanc. lib., VIII. 49. l. ult..... et peculium donare etc.

8) C. ht[2])., l. 17....ea, quae in ipsa emancipatione a parentibus suis (ut adsolet fieri) consequuntur etc. junct. C. de emanc. lib., VIII. 49. l. ult..... vel alias res liberalitatis titulo in eos transferre. — Was die später gemachten Geschenke betrifft, so müssen 1) die, welche mit der Bestimmung gegeben werden, damit sie der Empfänger in den Pflichttheil einrechne, schon nach der Regel in C. ht.[2]), l. 20. pr. zur Collation kommen. 2) Andere, einfache Schenkungen anbelangend, könnte man meinen, dieselben seyen von der Collation ausgenommen, weil auch Geschenke an sui mit dem Tode des Hausvaters zu Kraft gelangen. Allein gerade die leztere Annahme ist es, welche bedeutenden Zweifeln unterliegt. Vor Justinian convalescirten Geschenke an Hauskinder allerdings durch den Tod des Hausvaters, C. Greg. famil. herc., l. 2. — Vat. fragm., §. 274. 277. 278. 281. — Ob aber diese Ansicht auch in die Justinianeische Zeit und in das Justinianeische Recht übergegangen sey? Dafür könnte man sich auf etwa drei Constitutionen, zwei vorjustinianeische und eine von Justinian berufen, wenn man übersehen wollte, daß dieselben doch wohl auch noch andere Erklärungen zulassen. Der ersten, C. fam. herc., III. 36. l. 18. pr. Beweiskraft hängt von dem Sinn ab, welchen man mit dem filiae nomine comparare verbindet. Als einfacher, schenkungsweiser Erwerb aufgefaßt, würde die Stelle darthun, daß Schenkungen an Hauskinder durch den Tod des Ascendenten in donationes mortis causa verwandelt werden. Denken wir uns aber darunter einen Erwerb für die Tochter mit der Bestimmung, daß er ihr erst nach dem Tode des Erwerbers zufallen solle, und denken wir uns weiter, daß man und nicht mit Unrecht gezweifelt, ob ein solcher Erwerb als mortis causa donatio behandelt werden möge; so würde sich der Inhalt der Stelle ohne alle Beziehung auf

gewöhnliche Schenkungen an Hauskinder erklären. Noch weniger beweist C. de inoff. don., III. 29. l. 2., da hier Alles davon abhängt, welche Successionsart in der Stelle vorausgesezt wird. Wie nun die constitutio hierüber lediglich nichts sagt, so hindert uns auch nichts, eine Erbfolge ex testamento, in welchem die Anfragende auf den Pflichttheil eingesezt war, zu Grunde zu legen, wo sich denn die Entscheidung auch alsdann rechtfertigt, wenn Schenkungen an Hauskinder nicht convalesciren. Unter dem alienum adminiculum, dessen der emancipatus nicht bedürfe, können wir uns dann eine ausdrückliche leztwillige Bestätigung vorstellen. — Am wenigsten spricht dafür C. de donat. i. vir. et ux., V. 16. l. 25. Denn Justinian bestimmt hier nicht, daß gewisse Schenkungen durch den Tod bestätigt werden, sondern er sagt einfach, Schenkungen an Hauskinder, zwischen Mann und Frau, und von aliae personae in eam cui donare non poterant, sollen per silentium dann confirmirt werden, wenn sie insinuirt seyen. Wann sie jedoch per silentium, überhaupt und sofern sie die Insinuationsquantität nicht erreichen, zu Kraft gelangen, darüber spricht er sich nicht aus. Wir können daher das silentium auf den Tod, non revocata donatione, wir können es auf einen andern möglichen Act, oder wir können es theils auf jenen, theils auf diesen beziehen. Um hier einen Anhaltspunct zu haben, wollen wir einmal mit den „aliae personae in eam etc.“ beginnen. Welche Personen hat hier Justinian im Auge? Er kann keine andere meinen, als Herrn, die ihre Sclaven beschenken. Daß aber Schenkungen an Sclaven durch den Tod des schenkenden Herrn convalescirten, davon ist gewiß keine Rede. Unter dem silentium der aliae personae muß also hier das non adimere bei der manumissio verstanden werden, C. de pecul. ej., VII. 23. l. un. — J. de legat., II. 20. §. 20. und Schrader, ad h. l. verba: *si vivus — non adimatur.* Warum könnte nun das silentium in Betreff der Hauskinder nicht ebenfalls auf das non adimere bei der emancipatio gehen? Justinian würde demnach anordnen, Schenkungen werden durch silentium, d. h. bei Hauskindern durch emancipatio ohne Ademtion, zwischen Mann und Frau durch Tod ohne Revocation, an Sclaven durch manumissio ohne Entziehung nur dann und so weit confirmirt, als sie keiner Insinuation bedürfen oder insinuirt worden seyen. Blos eine specielle leztwillige Bestätigung könne die Insinuation ersezen u. s. w. — Wenn somit alle die angeführten Stellen dafür, daß Schenkungen an Hauskinder durch Tod confirmirt werden, keinen entschiedenen Beweis liefern, sondern immer noch bedeutenden Zweifeln Raum lassen, so spricht dagegen a) Schenkungen des Hausvaters an Hauskinder fallen der Natur der Sache nach in das peculium profectitium; wie dieß auch das Justinianeische Recht anerkennt, D. de donat., XXXIX. 5. l. 31. §. 2. — de castr. pec., XLIX. 17. l. 15. pr. — Zu vergl. C. de donat., VIII. 54. l. 17. — Das peculium profectitium aber fällt in die Masse, und bildet, wo es nicht verschafft ist, keinen Voraus des Hauskindes, D. de cond. indeb., XII. 6. l. 38. — C. fam. hercisc., III. 36. l. 13. — ht., l. 12. Zu vergl. D. fam. herc., X. 2. l. 20. §. 1. — de manum., XL. 1. l. 7. — Sollten Schenkungen im Einzelnen hievon eine Ausnahme machen, so müßte das im Justinianeischen, ähnlich wie im frühern Rechte, ausdrücklich und zweifellos geordnet seyn. Im Falle des Zweifels hingegen muß es bei der Regel bleiben. b) D. pro hered., XLI. 5. l. 2. §. 2. — pro donat., XLI. 6. l. 1. §. 1. l. 4. — D. ht.[4]), l. 8. — C. fam. hercisc., III. 36. l. 4. — ht.[2]), l. 13. Ist es irgend wahrscheinlich, daß alle diese, klar und unzweideutig redenden Stellen blos historisches Recht enthalten und aus Versehen aufgenommen worden sind? Wenn wir namentlich den zweifellosen Inhalt der leztern von Diocletian herrührenden Stelle (si is filiae familias constitutae tibi a patre donatus est, cum sorore patri communi succedens *eum praecipuum habere contra jura* postulas) mit den Constitutionen in den Vaticana fragmenta vergleichen, so kann man kaum umhin, bei C. ht.[2]), l. 13. an eine Interpolation zu denken. Um so beweisender ist sie für das Justinianeische Recht. Halten wir nun die unzweideutigen Fragmente und Constitutionen mit jenen immerhin bedenklichen Constitutionen des Codex zusammen, so kann das Ergebniß schwerlich ein anderes seyn, als daß wir bei den entschieden sprechenden Stellen uns beruhigen. — Jedenfalls erscheint die Meinung, daß Schenkungen an Hauskinder durch den Tod kräftig werden, für das Justinianeische Recht in dem Grade zweifelhaft, daß, was die Collation betrifft, aus dieser Meinung lediglich nichts abgeleitet werden darf und wir, ungestört durch sie, uns an den Aussprüchen der Quellen über die Collation selbst halten müssen. Diese Aussprüche entscheiden aber für die Collation 1) D. ht.[3]), l. penult. Paulus respondit, ea quae post mortem patris reddi debuerunt, emancipatum filium, quamvis prius consecutus sit, quam deberentur, fratri, qui in potestate patris relictus est, conferre non debere: cum post mortem patris *non tam ex donatione* quam ex causa debiti ea possidere videatur. — 2) C. ht.[2]), l. 1. Emancipatos liberos testamento heredes scriptos, et ex eo successionem obtinentes, a patre *donata* fratribus conferre non oportere etc. — 3) C. ht.[2]), l. 17..... emancipatis videlicet liberis, ea quae ... post emancipationem ab eisdem parentibus acquisierint, collaturis; endlich 4) Nov. XVIII. c. 6..... *ἀλλα και τα πραγματα ἐχειν τα κατα προικα τυχον ἠ καθ᾽ ετερον τροπον διδομενα κ. τ. λ.* Offenbar will Justinian in diesen zur Einleitung gehörigen Worten auf die beiden Collationsarten hinweisen, von welchen er die dotis collatio wörtlich, die collatio bonorum durch die Worte alio modo data mittelbar bezeichnet. Was sind nun aber die alio modo data? doch wohl nicht das bei der Emancipation ausschließlich, sondern auch das nachher Gegebene. Hiezu kommt nun aber 5) folgende Betrachtung. Was bei der Emancipation gegeben wird, die Ueberlassung des profectitium oder Anderes, ist ja eben so gut Geschenk wie später Geschenktes. Wenn nun Lezteres nicht zu conferiren wäre, warum soll Ersteres conferirt werden? Und wenn dieses auch nicht conferirt würde, so hätte die collatio bonorum gar keinen Gegenstand, und schon zur Zeit der Abfassung von Digesten und Codex keinen gehabt. Dann aber müßten die Verfasser dieser beiden Rechtsbücher in der That ihre Besinnung und ihren Verstand völlig verloren gehabt haben, daß sie dessen ungeachtet der collatio bonorum in den Digesten einen eigenen Titel widmeten, und ihrer auch im Codex so viel, und sogar im Gegensaz der dotis collatio erwähnten. Denn effectiv hätte es ja keine collatio bonorum mehr gegeben. Daß aber vollends Stellen wie die oben (1—3.) angeführten und namentlich C. ht.[2]), l. 17. mit ihrem Schlußsaz, ins Besondere wenn dieser Schlußsaz eine Interpolation enthielte, aufgenommen wurden; dieß überstiege Alles, was der gesunde Menschenverstand zu begreifen vermöchte, ohne den Sammlern die totalste Unfähigkeit für das ihnen übertragene Geschäft zuzuschreiben. Und doch haben sich dieselben, wovon ihre Werke troz manchen Mängeln und Unvollkommenheiten genügendes Zeugniß geben, ganz anders bewährt! — Zu vergl. folgende Note.

9) C. ht.[2]), l. 20. pr. — D. ht.[3]), l. 1. §. 16. Aus der ersten Stelle sehen wir, daß namentlich in Betreff der Collation einer militia Zweifel obwalteten, die Justinian durch Aufstellung einer allgemeinen Regel entschied. Eine militia, die dem emancipatus angeschafft wird, ist ein Geschenk wie jedes andere. Wenn nun Geschenke nicht zu conferiren wären, so hätte bei der militia gar kein Zweifel entstehen können. Umgekehrt weil namentlich auch Geschenke der Collation unterworfen sind, waren Zweifel möglich, ob man bei der militia auf die Eigenschaft des Amtes oder auf die der Käuflichkeit das meiste Gewicht zu legen habe.

10) D. ht.[3]), l. penult.

11) Denn die regelmäßigen Adventitien post mortem patris reddi debuerunt. Wenn sie der Ascendent vorher, sey es bei der Emancipation, sey es nachher an den emancipatus herausgab, so hat sie der leztere, wie Paulus sagt, non tam ex donatione quam ex causa debiti. Dazu kommt noch der weitere Grund, daß die Früchte der Adventitien auch von dem suus lucrirt werden, wenn der Hausvater sie ihm überläßt, C. de bon. qu. lib., VI. 61. l. 6. §. 2. Sin autem res sibi memorato modo adquisitas parens noluerit retinere, sed apud filium aut filiam vel deinceps personas reliquerit, nullam post obitum ejus licentiam habeant heredes alii.. *eundem usumfructum, vel quod ex hoc ad filiosfamilias pervenit* .. sibi vindicare; sed quasi diuturna donatione in filium celebranda... ita causa intelligatur, ut eundem usumfructum post obitum patris ipse lucretur, parente jus exactionis, quasi sibi debitae a filio, qui usumfructum consensu ejus possidebat, suae posteritati vel successioni minime transmittente etc. So erscheint es nur folgerichtig, wenn man auch die Früchte solcher nach der Emancipation gemachten Erwerbungen, welche adventitzisch geworden wären, der Collation nicht unterwirft.

12) D. h. was den Haussöhnen gegeben wird, wenn sie einen besondern Haushalt anfangen. Denn dieses aus und bei Gelegenheit der sogenannten teutschen Emancipation Gegebene kann unmöglich anders beurtheilt werden, als im Sinne von C. ht.[2]), l. 17..... emancipatis videlicet.... ea quae in ipsa emancipatione a parentibus suis, ut adsolet fieri, consequntur.... collaturis.

§. 127.

B. Kinder jeder Art[1]) unter sich in Hinsicht der dos und donatio propter nuptias[2]), auch einfacher

Schenkungen je nach Umständen[3]) und teutschrechtlich in Hinsicht der Aussteuer[4]) und Hochzeitgeschenke[5]).

1) C. ht.[2]), l. 17.... praesenti lege credidimus inserendum, ut in dividendis rebus ab intestato defunctorum parentum tam dos quam ante nuptias donatio conferatur, quam pater vel mater, avus vel avia, proavus vel proavia, paternus vel maternus dederit vel promiserit pro filio vel filia, nepote vel nepte, pronepote vel pronepte etc. — Nov. XCVII. c. 6.

2) C. ht.[2]), l. 17.

3) C. ht.[2]), l. 20. §. 1.

4) Da sie der dos ähnlich behandelt und beurtheilt wird.

5) Indem sie, wie die dos römischrechtlich, dem Beschenkten verbleiben, selbst wenn er aus der väterlichen Gewalt nicht ausgetreten ist und durch Heirath, weil er keinen besondern Haushalt anfängt, nicht austräte.

§. 128.

Der Erblasser kann indessen die Collation ausschließen, sowohl überhaupt als in Betreff einzelner Gegenstände, entweder ausdrücklich[1]) oder durch eine Theilung seines gesammten Nachlasses[2]). Er kann sie aber auch anordnen[3]) theils für sonst nicht verpflichtete und berechtigte Personen[4]), theils für Gegenstände, die ihr in der Regel nicht unterworfen sind[5]), sofern es nur in einer gültigen Anordnung geschieht[6]).

Weigert sich der Verpflichtete der Collation, so werden ihm die Erbschaftsklagen nicht gewährt[7]) oder kann die condictio indebiti eintreten[8]).

1) Nov. XVIII. c. 6...... *εἰ μη ῥήτως ἐπισκηψειεν αὐτος βουλεσθαι μη γενεσθαι συνεισφοραν κ. τ. λ.* — aber freilich in einer gültigen l e z t w i l l i g e n Anordnung. Denn eine vertragsmäßige Bestimmung würde effectiv einen theilweisen Erbvertrag enthalten, und somit römischrechtlich wenigstens ohne Erfolg, obgleich teutschrechtlich immerhin von Bedeutung seyn. „Ausdrücklich" (ῥήτως) heißt aber nicht gerade so viel als „in bestimmten" oder, wie wir zu sagen pflegen „in dürren Worten." Die Novelle will, darauf weist der ganze Zusammenhang hin, hiemit nur sagen, daß die Collation nicht wie früher durch die Errichtung eines Testaments schon stillschweigend ausgeschlossen, sondern hiezu eine Erklärung des Erblassers erfordert werde. Ob aber diese Erklärung in bestimmten Worten oder sonst mittelbar und stillschweigend durch andere Verfügungen gegeben werde, darüber sezt die Novelle nichts fest, und darum auch:

2) D. fam. hercisc., X. 2. l. 39. §. 1..... quaesitum est, an soror fratri dotem conferre deberet? respondi secundum ea, quae proponerentur, *si nihil indivisum reliquisset*, rectius dici ex *voluntate* defuncti collationem dotis cessare.

3) Eine solche Anordnung enthält nehmlich, genau genommen, nichts Anderes, als eine Singularsuccession zur Belästigung dessen, dem man die Collation auflegt, und zur Begünstigung dessen, dem sie gemacht werden soll. Wie nun der Erblasser jeden Erben mit Leistungen eigener oder fremder Sachen beschweren kann, warum sollte er das nicht auch in der Form können, daß er eine Collation für nicht Verpflichtete und nicht Berechtigte festsezt? Sind nur die nöthigen, formellen wie materiellen Voraussezungen für die Singularsuccession vorhanden, so läßt sich nicht einsehen, weshalb sie nicht auch in dieser Gestalt ihre Geltung hätte. — Einen Einfluß zur Festsezung einer Collation erkennt auch das römische Recht an, wenn gleich zunächst in einer etwas andern Richtung, C. ht.[2]), l. 1. l. 7. l. 20. §. 1. — de rei ux act., V. 13. l. un. §. 12.

4) Die vorhergeh. Note.

5) Selbst solcher, zu deren Leistung der Ascendent verpflichtet war. Eine Verpflichtung des Erblassers schließt an sich die Collation nicht aus, wie wir dieß an der dotis collatio sehen. Dann aber kann das vermöge einer Verbindlichkeit Geleistete doch nicht anders beurtheilt werden, als alles andere der Collation nicht unterworfene Besitzthum des Erben; und läßt man in Beziehung hierauf die Anordnung einer Collation zu, warum sie in Beziehung auf Jenes ausschließen.

6) Sey es in einer geeigneten leztwilligen, sey es in einer Verfügung unter Lebenden, sofern dieselbe eine nähere Modification einer Liberalität enthielt, C. ht[2])., l. 20. §. 1. in f., ganz consequent nach der Regel C. ht.[2]), l. 20. pr., indem ja auch die einer Liberalität unter Lebenden hinzugefügte Bestimmung der Einrechnung in den Pflichttheil volle Kraft hat.

7) D. ht.[3]), l. 3. pr. — C. ht.[2]), l. 11. 12. 14.

8) C. ht.[2]), l. 8.

§. 129.

Nach der Antretung [1]) kann die Erbschaft an Andere übertragen werden [2]). Aber der Veräusserer hört dadurch nicht auf, Erbe zu seyn [3]), und dieß zeigt sich nicht nur gegenüber vom Dritten [4]), sondern auch im Verhältniß zu dem Erwerber [5]) und in Beziehung auf die Anwachsung [6]). Dessen ungeachtet wird der Erwerber als Erbe behandelt [7]), indem sich die confusio wieder aufhebt [8]), derselbe alle onera hereditaria zu übernehmen hat [9]), dagegen aber auch alles zur Erbschaft Gehörige zu fordern berechtigt ist [10]). Das obligatorische Verhältniß zwischen Veräußerer und Erwerber wird übrigens, einzelne Abweichungen abgerechnet[11]), nach den auch sonst geltenden Regeln beurtheilt[12]).

1) Vorher ließe sich eine Uebertragung nur insofern denken, als in ihr die genügenden Bedingungen für die Antretung zugleich enthalten sind.

2) Durch Kauf, Schenkung ꝛc. D. de hered. pet., V. 3. l. 13. §. 10. — de hered. vel act. vend., XVIII. 4. (ht.[5]). — C. de hered. v. act. vend., IV. 39. (ht.[3]). —

3) Schon a) nach der allgemeinen Regel, oben §. 2. b) nach Analogie des Fiduciars, obgleich der Fideicommissar, welcher früher allgemein, seit dem Pegasianum wenigstens theilweise blos als Erbschaftskäufer gegolten hatte, Caj. II. 252. — J. de fideic. hered., II. 23. §. 6. — in Folge des Trebellianum eine dem heres gewiß weit näher kommende Stellung einnahm und einnimmt, und zeigt sich c) darin, daß selbst die Anerkennung des Käufers als Quasie-Erben nur in obligatorischer Gestalt hervortritt, z. B. D. ht.[5]), l. 2. §. 18—19..... emtorem .. *teneri* venditori hereditatis, sive .. testator debuit etc. Et si servitutes amisit heres institutus adita hereditate, *ex vendito* poterit experiri adversus emtorem, *ut servitutes ei restituantur.* l. 18. .... cum emtore hereditatis vel ex stipulatu vel ex vendito recte experietur etc. l. 24.... recte puto ex vendito te acturum, ut tibi praestetur, quia ideo eo minus hereditas venierit, ut id legatum praestaret emtor etc.

4) C. ht.[3]), l. 2. Ratio juris postulat, ut creditoribus hereditariis et legatariis seu fideicommissariis te convenire volentibus tu respondeas, et cum eo, cui hereditatem venundedisti, tu experiaris suo ordine... quamvis enim ea lege emerit, ut creditoribus hereditariis satisfaciat, excipere tamen actiones hereditarias invitus cogi non potest. l. 5. Emtor hereditatis, *mandatis actionibus,* eo jure uti debet, quo is, cujus persona fungitur etc. de legat., VI. 36. l. 2. —

D. ht.[5]), l. 2. §. 8. Non solum autem hereditarias actiones sed etiam eas obligationes, quas ipse heres constituit, dicendum erit praestari emtori debere etc., obgleich theils C. ht.[3]), l. 1. — de pact., II. 3. l. 2. — de legat. I. l. 94. .... is autem, ad quem hereditas ex emtione servi heredis scripti pervenerit, ex causa cogendus erit fideicommissum praestare, id est, si dominus servi heredis scripti solvendo non erit., theils C. ht.[3]), l. 5.... quamvis utiles etiam adversus debitores hereditarios actiones emtori tribui placuit. — D. de pact., II. 14. l. 16. — de hered. pet., V. 3. l. 54.

5) Wie dieß schon hervortritt a) in der vorigen Note, b) D. ht.[5]), l. 14. §. 1. Si hereditas venierit, venditor res hereditarias tradere debet etc. — C. ht.[3]), l. 6., c.) Oben Note 3. c.)

6) Was für den fiduciarius gilt, das muß noch vielmehr bei dem freiwilligen Veräußerer gelten. Ob aber der Erbe das, was er vermöge Anwachsung erhalten hat, nicht dem Erwerber herausgeben müsse? Allerdings gilt als Regel, D. ht.[5]), l. 2. §. 4. .... et non solum quod jam pervenit, sed et quod *quandoque* pervenerit, restituendum erit. Denn D. ht.[5]), l. 2. §. 1.... hoc agi videtur, ut, quod ex hereditate pervenit, in id tempus, quo venditio fit, id videatur venisse. Allein dieß ist denn doch nur die Regel, das, was man im Allgemeinen als Absicht der Contrahenten annehmen zu dürfen glaubt, D. ht.[5]), l. 2. §. 1..... et verius est, hoc esse servandum quod actum est; *plerumque* autem hoc agi videtur etc. Daß nun aber ein späterer Erwerb durch Accretion auch unter die Regel falle, oder daß nicht blos das zur veräusserten Portion selbst Gehörige, sondern auch eine ganz andere Portion, die zu der veräusserten in Folge der Anwachsung hinzukömmt, nach der, obgleich nicht ausgesprochenen, Absicht der Contrahenten dem Erwerber zu Theil werden soll; dieß ist doch weder wahrscheinlich, noch von Ulpian als etwas Wahrscheinliches und Bestimmendes anerkannt. Wenn Ulpian

sagt „*plerumque* autem hoc agi videtur"; so weist er eben damit darauf hin, es gebe Fälle, wo man, wenn sich die Contrahenten nicht aussprechen, nicht sagen könne „hoc agi videtur" — und in welchem Fall ist eine solche Ausnahme mehr gerechtfertigt, als in dem fraglichen?

7) D. ht.[5]), l. 2. §. 18. .... emtorem hereditatis vicem heredis obtinere etc. — comm. praed., VIII. 4. l. 9. .... quia id agitur, ut quasi tu heres videaris extitisse.

8) D. ht.[5]), l. 2. §. 18. ... et *idcirco* teneri venditori hereditatis sive, cum moritur, testator debuit... sive sub conditione et postea conditio extitisset, ita tamen, si ejus debiti *adversus herėdem* actio esse poterat, ne forte etiam ex his causis, ex quibus cum herede actio non est, cum emtore agatur. §. 19. — comm. praed., VIII. 4. l. 9.

9) D. ht.[5]), l. 2. §. 16—17. ... namque hereditaria onera etiam haec sunt ..... quia et ea, inquit, impensa hereditaria est etc. Die Anwendung a) D. l. c. und §. 20. — b) D. ht.[5]), l. 2. §. 7. c. f. l. 18. — c) l. 24. — C. ht.[3]), l. 2. — Zu vergl. D. ht.[5]), l. 2. §. 10.

10) D. ht.[5]), l. 2. pr.... id inter ementem et vendentem agatur, ut neque amplius neque minus juris emtor habeat, quam apud heredem futurum esset etc. §. 9. Sicuti *lucrum omne* ad emtorem hereditatis respicit etc., und zwar §. 4. 1. (oben Note 6.) zu vergl. D. ht.[5]), l. ult. Jedoch l. 2. §. 3..... illud retinendum est, cum effectu videri pervenisse, non prima ratione etc., daher D. ht.[5]), l. 2. §. 8. Indessen §. 7. und was die Anwachsung betrifft, oben Note 6. —

11) Nehmlich a) D. ht.[5]), l. 7. l. 13. — b) D. ht[5]), l. 21..... Si ergo hominem vendiderit et is decesserit, an pretium ejusdem debeat? non enim deberet Stichi promissor, si eum vendidisset, mortuo eo, si nulla mora processisset. sed ubi hereditatem vendidi et postea rem ex ea vendidi, potest videri, *ut negotium ejus agam*, quam (so viel als tanquam) hereditatis. sed hoc in re singulari non potest credi; nam si eundem hominem tibi vendidero, et, necdum tradito eo,

alii quoque vendidero pretiumque accepero, mortuo eo videamus, ne nihil tibi debeam ex emto, quoniam moram in tradendo non feci: pretium enim hominis venditi non ex re sed propter negotiationem percipitur, et sic fit, quasi alii non vendidissem; tibi enim rem debebam non actionem. at cum hereditas venit, tacite hoc agi videtur, ut, si quid tanquam heres feci, id praestem emtori, *quasi illius negotium agam.* Ganz übereinstimmend mit den auch sonst geltenden Grundsätzen, deren nähere Entwicklung in das Obligationenrecht gehört und hier zu weit führen würde, fährt Paulus fort: quod si rem, quam vendidi, alio possidente petii et litis aestimationem accepi, utrum pretium illi debeo an rem? utique rem; non enim actionem sed rem praestare debeo: quod si vi dejectus vel propter furti actionem duplum abstulero, nihil hoc ad emtorem pertinebit. nam si *sine culpa* desiit detinere venditor, actiones suas praestare debebit non rem, et *sic aestimationem* quoque etc. Zu vergl. D. de act. emt., XIX. 1. l. 31. pr. — de furt., XLVII. 2. l. 80. pr. l. 14. pr.

12) Daher für onerosen Erwerb, D. ht.[5]), l. 3. l. 21.

Dritter Abschnitt.

Klagen.

Erstes Kapitel.

Hereditatis petitio.

Quellen.

D. de hered. petit., V. 3. (ht.)
— si pars hered. pet. V. 4. (ht.[1]).
C. de petit. hered., III. 31.

§. 130.

Wer, sey es civilrechtlich [1]), sey es prätorischrechtlich [2]), Erbe ist, oder, obgleich aus singulärem Grunde berechtigt, als Erbe behandelt wird [3]), der hat eine Klage auf das Ganze der Erbschaft, wie auf einen Theil derselben [4]). Zuläßig jedoch ist sie nur [5]) gegen die pro herede [6]) oder pro possessore [7]) Besitzenden [8]), ohne Rücksicht, ob der Erbe schon besessen hatte [9]). Auch gegen die Erben solcher Besitzer [10]), wie gegen die Erwerder aus singulärem Grunde, sofern sie als Erben behandelt werden[11]), nicht aber gegen den, welcher vermöge besondern Rechts dem Kläger entgegen tritt[12]) und eben darum auch nicht gegen den Erwerber einzelner Gerechtsamen[13]). Indessen kann dolus es bewirken[14]), daß die an und für sich nicht zuläßige Klage durchgesezt werde, und zwar in zwiefacher Beziehung[15]).

1) D. ht., l. 1—3.

2) D. de poss. her. pet., V. 5. l. 1—2.

3) Dahin gehört a) D. de fideic. hered. pet., V. 6. l. 1—3. — b) D. ht., l. 54. pr. und endlich wohl c) D. de pact., II. 14. l. 16. Zu vergl. C. de hered. v. act. vend., IV. 39. l. 5. — Oben, §. 129. Note 7.

4) D. ht.[1]), l. 1. pr. §. 1. und zwar D. ht.[1]), l. 1. §. ult. Aber D. ht.[1]), l. 1. §. 3—4.

5) Denn D. ht., l. 10. §. 1. Itaque qui ex asse vel ex parte heres est, intendit quidem hereditatem suam esse totam vel pro parte, sed hoc solum ei officio judicis restituitur, quod adversarius possidet etc.

6) D. ht., l. 9. Ueber den Begriff Caj. IV. 144. — J. de interd., IV. 15. §. 3. — D. de usurp., XLI. 3. l. 33. §. 1. Nicht entgegen 1) Caj. II. 52. sequ. Allerdings usucapirte man früher auch bei mala fides pro herede, aber darum war der Besiz an sich nicht ein Besiz pro herede, wie denn Cajus selbst (IV. 144.) das pro herede und pro possessore possidere in diesem Sinn einander gegenüber stellt, zu vergl. folg. Note; 2) D. ht., l. 11. indem eben diese Stelle aus dem Schlußsaz „sed enim et bonorum possessor pro herede videtur possidere“ erklärt werden muß.

7) D. ht., l. 9. — Ueber den Begriff, D. ht., l. 12—13. pr. §. 1. .... omnibus etiam titulis hic pro possessore haeret et quasi injunctus est. denique et pro emtore titulo haeret.

.... Item in titulo pro donato quaeritur etc., und so konnte und kann das pro possessore dem pro herede inhäriren, die vorg. Note. Zu vergl. Caj. IV. 144. — J. de interd., IV. 15. §. 3.

8) D. ht., l. 9., und zwar D. ht., l. 18. §. ult. Nunc videamus, quae veniant in hereditatis petitionem: et placuit, universas res hereditarias in hoc judicium venire, sive *jura* sive *corpora* sint. Der Begriff der juris possessio gleichsam erweitert, a) D. ht.), l. 13. §. ult. Item a debitore hereditario quasi a juris possessore etc. l. 14. sequ. — l. 20. §. 4. Cum praediximus, omnes hereditarias actiones in hereditatis petitionem venire, quaeritur, utrum cum sua natura veniant an contra? utputa est quaedam actio, quae inficiatione crescit, utrum cum suo incremento an vero in simplum venit, ut legis Aquiliae? et Julianus .. scribit, simplum soluturum. — b) l. 16. §. 3. Non solum autem a debitore defuncti sed etiam a debitore hereditario peti hereditas potest etc. §. 6. — c) l. 34. §. 1..... certe si pretium rerum hereditariarum venditarum in peculio servi habeat, et Julianus existimat posse a domino quasi a juris possessore hereditatem peti. l. 16. §. 1. 2. 5. — d) l. 35. Idem Julianus ait, etiamsi nondum pretia rerum consecutus sit, posse a domino quasi a juris possessore hereditatem peti, quia habet actionem etc. l. 16. §. 4. 7. — aber D. ht., l. 19. §. ult. — Was jedoch corpora, und entsprechende jura in re (superficies z. B.) betrifft, nicht zu übersehen D. ht., l. 19. pr. Et non tantum hereditaria corpora sed et quae non sunt hereditaria, quorum tamen periculum ad heredem pertinet, ut res pignori datae defuncto, vel commodatae depositave etc. l. 20. §. 18. l. 20. pr. Item veniunt in hereditatem etiam ea, quae hereditatis causa comparata sunt. et si quidem pecunia hereditaria sint comparata, sine dubio venient: si vero non pecunia hereditaria, videndum erit; et puto etiam haec venire, si magna utilitas hereditatis versetur, pretium scilicet restituturo herede. §. 1. Uebrigens, was debitores

hereditarii anbelangt, D. ht., l. 42. Si debitor hereditarius non ideo nolit solvere quod se dicat heredem, sed ideo, quod neget aut dubitet, an hereditas pertineat ad eum, qui petit hereditatem, non tenetur hereditatis petitione.

9) Dieß wäre allerdings anders, wenn man die Begriffe hier eben so zu fassen hätte, wie bei der usucapio pro herede nach früherm, Caj. II. 52. und nach neuerm Recht D. de usurp., XLI. 3. l. 29., und wie bei dem interdictum quorum bonorum, Caj. IV. 144. — J. de interd., IV. 15. §. 3. — D. de interd., XLIII. 1. l. 2. §. 3. — Und da müßte es doch auffallen, daß dieses Umstandes und überhaupt dessen, daß man nur solche Sachen pro herede oder possessore besitze, in deren Besitz der Erbe noch nicht gekommen war, in Verbindung mit der hereditatis petitio gar nicht gedacht wird. Aber es ist gerade das Gegentheil davon ausgesprochen, D. ht., l. 44. Cum is, qui legatum ex testamento *percepit*, hereditatem petit, si legatum quocunque modo *redditum* non sit, judicis officio continetur, ut victori *deducto eo, quod percepit*, restituatur hereditas .. l. 19. §. 1. Quod si pro emtore usucapio ab herede *impleta* est, non veniet in hereditatis petitionem; quia *heres ... eam vindicare potest*, nec ulla exceptio datur possessori.

10) D. ht., l. 13. §. 3.

11) Dahin gehört D. ht., a) l. 13. §. 5—6. l. 20. §. 13. — b) l. 13 §. 4. §. 8—10.

12) C. in quib. caus. c. l. t. p., VII. 34. l. 4. — Doch D. ht., l 13. §. 1.

13) C. ht., l. 2..... emptor autem, qui proprio titulo possessionis munitus est, etiam singularum rerum jure convenitur. Offenbar soll hier der Saz ausgedrückt werden, daß ein Käufer, wie er sich auf einen besondern Grund stüze, eben auch nach dem für Ansprüche an einzelne Gegenstände geltenden Rechte beurtheilt werden müsse. — D. ht., l. 16. §. 7 in f. l. 25. §. 17.

14) D. ht., l. 13. §. 13..... ex dolo eum teneri etc. — l. 25. §. 8. — l. 45. — de dolo, IV. 2. l. penult. — de rei vind., VI. 1. l. 27. §. 3. Es ist mithin etwas rein obligatorisches, und daher pro possessione dolus est, D. de R. J., l. 131.

15) D. ht., l. 13. §. 13. l. 25. §. 8.

§. 131.

Ob und in wie weit der Belangte Erbschaftsgegenstände besitze und dieserhalb hafte, das wird nicht nach der Zeit der litis contestatio beurtheilt. Auch nach ihr Erlangtes [1]) oder Abgegangenes [2]), so wie vor ihr Abgegangenes, muß berücksichtigt werden. Doch ist jene Zeit oder vielmehr die der controversia mota nicht ohne bedeutenden Einfluß.

Denn A.) der bonae fidei posessor [3]) ist a) aus der Zeit vor der controversia mota gehalten, Alles herauszugeben, um was er aus der Erbschaft bereichert ist [4]), also alle Erbschaftsgegenstände sammt Accessionen und bezogenen Früchten [5]), ohne durch usucapio hievon befreit zu seyn [6]), alles von Erbschaftsschuldnern Beigetriebene sammt Accessionen und bezogenen Nuzungen [7]), und in demselben Maaße das durch Veräußerung [8]) Erworbene. Dahin gehören denn auch actiones [9]), die indessen, auch ohne Veräußerung erworben, der Herausgabe unterliegen [10]). Für Alles, was er, aus welchem Grunde es sey, nicht mehr hat, ist er unverantwortlich [11]), und kann deshalb auch den Betrag aller Auslagen in Abzug bringen [12]). b) Nach der controversia mota [13]) hingegen haftet auch der bonae fidei possessor, mit geringer Abweichung[14]), in derselben Weise, wie der malae fidei possessor[15]).

1) D. ht., l. 18. §. 1. l 41. und daraus D. ht., l. 16. pr. Quod si in diem sit debitor vel sub conditione, a quo petita est hereditas, non debere eum damnari: rei plane judicatae tempus spectandum esse... an dies venerit etc.

2) Freilich nicht unbeschränkt, D. ht., l. 40. pr. l. 41.

3) D. h. nicht gerade der pro herede possidens, D. ht., l. 25. §. 5. Ein error juris schließt die bona fides hier nicht aus, weil hier deren Gegensaz gerade dolus ist, D. ht., l. 25 §. 6.

4) D. ht., l. 20. §. 6..... eos autem, qui justas causas habuissent, quare bona ad se pertinere existimassent, usque eo duntaxat, quo locupletiores ex ea re facti essent etc. l. 22—23.

5) Nehmlich, was Früchte betrifft, sowohl die wirklichen als die, welche loco sunt fructuum, D. ht., l. 25. §. ult. — l. 29. Zu vergl. l. 13. §. 7. l. 20. §. 3. l. 25. §. 9. —

6) Darauf weist schon a) der Grundsaz hin, daß der bonae fidei possessor Alles restituiren müsse, um was er bereichert sey; denn wer wollte nach dem Erwerb des Eigenthums behaupten, daß er keine Bereicherung aus der Erbschaft habe? Dazu kommt b) die Analogie eines Eigenthumserwerbs in Folge einer Veräusserung, in welchem Falle man allerdings eine Verpflichtung zur Herausgabe wegen Bereicherung annimmt. c) C. in quib. caus. c. l. t. praescr., VII. 34. l. 4. *Hereditatem quidem petentibus longi temporis praescriptio nocere non potest*; verum his, qui *nec pro herede nec pro possessore* sed pro emtore vel donato seu alio titulo res, quae ex hereditate sunt vel fuerunt, possident, cum *ab his* successio vindicari non possit, nihil haec juris definitio nocet. — ht., l. 7. Hereditatis petitionem, quae adversus pro herede vel pro possessore possidentes

exerceri potest, *praescriptione longi temporis non summoveri*, nemini incognitum est, cum mixtae personalis actionis ratio hoc respondere compellat. a *caeteris* autem tantum specialibus in rem actionibus vindicare posse, si non agentis intentio *per usucapionem vel longum tempus* explosa sit. — de edict. D. Hadr. toll., VI. 33. l. 3..... sive enim post *annale tempus* (d. h. zur Zeit dieser Verordnung usucapio) sive post *majoris aevi curricula* (d. h. praesc. longi temp.) aliquis fuerit missus .. nullum ei temporis obstaculum objiciatur, nisi *tantum temporis* (d. h. longissimum) effluxerit, quod possit vel possessori plenissimam securitatem super dominio (nach C. de praescr. tr. v. q. ann., VII. 39. l. 8.) praestare, vel ipsi, qui missus est, omnem intentionem excludere. si enim.. temporis prolixitas occurrerit, manifestissimum est, non solum missionem, sed etiam *principalem causam esse sopitam.* Ob schon zur Zeit von Cajus dem Sctum Hadrianum die Deutung gegeben wurde, wornach die usucapio pro herede auch des pro herede und also bona fide Besitzenden dem Erben gegenüber wirkungslos werden mußte (atque si usucapta non esset), bleibt immerhin zweifelhaft (Caj. II. 56—57. — C. pro hered., VII. 29. l. 1.).

7) D. ht., l. 25. §. 18. l. 55. l. 30.

8) a) Der ganzen Erbschaft, D. ht., l. 13. §. 4—6. l. 16. §. 2. — b) einzelner Gegenstände, D. ht., l. 16. §. 5. l. 20. §. 17. l. 25. §. 11. in f., und natürlich D. ht., l. 23. §. 1. l. 25. pr., aber auch D. ht., l. 25. §. 1. Item si rem distraxit et ex pretio aliam rem comparavit, veniet pretium in petitionem hereditatis non res, quam in patrimonium suum convertit. sed si res minoris valet, quam comparata est, hactenus locupletior factus videbitur, quatenus res valet etc. Zu vergl. §. 130. Note 8. und l. 22. Si at rem et pretium habeat bonae fidei possessor .. an audiendus sit, si velit rem dare non pretium?..... oportet igitur possessorem et rem restituere petitori et quod ex venditione ejus rei lucratus est.

9) Nehmlich a) D. ht., l. 16. §. 5... sive quis possidens sive non rem vendiderit, petitione hereditatis eum teneri, si jam pretium recepit, sive petere possit *ut et hic actionibus cedat*, l. 20. §. 17. — b) D. ht., l. 16. §. ult... si quis ex causa fideicommissi restituerit hereditatem vel singulas res praestiterit, peti ab eo hereditatem posse, quia habet condictionem earum, quae sunt ex ea causa solutae.. sed et si pretia rerum, quas distraxit, ex causa fideicommissi solvit, peti hereditatem ab eo posse, quia repetere potest. sed his casibus actiones suas duntaxat eum praestaturum etc. l. 17. l. 31. pr. — c) D. ht., l. 30.... dicendum itaque est in bonae fidei possessore, haec tantummodo eum praestare debere, id est, vel sortem et usuras ejus, si et eas percepit vel nomina cum eorum cessione in id facienda, quod ex his adhuc deberetur, periculo scilicet petitoris.

10) D. ht., l. 16. §. 4. l. 40. §. 2.

11) D. ht., l. 25. §. 11.... quemcunque igitur sumtum fecerint ex hereditate, si quid dilapidaverunt, perdiderunt, dum re sua abuti putant, non praestabunt: nec, si donaverint, locupletiores facti videbuntur etc. l. 23. pr. l. 31. §. 3. Indessen D. ht., l. 25. §. 15—16. Adeo autem, qui locupletior factus non est, non tenetur, ut, si quis putans se ex asse heredem partem dimidiam hereditatis sine dolo malo consumpserit, Marcellus.. tractat, num non teneatur? quasi id, quod erogaverit, ex eo fuerit, quod ad eum non pertinebat sed ad coheredes.... sed in proposita quaestione tribus visionibus relatis, una prima, deinde alia posse dici totum quod superest restituere eum debere, quasi suam partem consumserit, tertia utrique quod consumtum est decedere... puto tamen, residuum integrum non esse restituendum, sed partem ejus dimidiam. Quod autem quis ex hereditate erogaverit, utrum totum decedat an vero pro rata patrimonii ejus ... ut in id factus locupletior videatur, quod solebat ipse erogare ante delatam hereditatem, ut, si quid lautius contemplatione hereditatis impendit, in

hoc non videatur factus locupletior, in statutis vero suis sumtibus videatur factus locupletior.... et verius est, ut ex suo patrimonio decedant ea, quae, etsi non heres fuisset, erogasset.

12) Und zwar ohne Unterschied der Auslagen, und eines durch sie erreichten und fortdauernden oder nicht erreichten und nicht fortdauernden Erfolges, D. ht., l. 37—39. — Dahin auch übernommene Obligationen, D. ht., l. 20. §. 20. l. 40. §. 3. — Sogar, D. ht., l. 50. §. 1. Si defuncto monumentum... bonae fidei possessor fecerit, potest dici, quia voluntas defuncti vel in hoc servanda est, utique si probabilem modum faciendi monumenti sumptus, vel quantum testator jusserit, non excedant, eum .. impensas ratione doli exceptione retenturum, aut actione negotiorum gestorum repetiturum, veluti hereditario negotio gesto etc.

13) D. ht., l. 20. §. 11. l. 25. §. 7.

14) D. ht., l. 40. pr.

15) Note 13. — Malae fidei possessor ist jedoch nicht blos der pro possessore possidens, D. ht., l. 25. §. 5.

§. 132.

B.) Dieser haftet unter allen Umständen wie der bonae fidei possessor[1]), aber noch viel weiter als der leztere, sofern er von der mala fides an nicht blos für dolus und culpa[2]), sondern auch für casus einsteht[3]), eben darum durch Veräußerungen den Gehalt seiner Leistung nicht mindert[4]), obgleich er nach Verhältnissen zur Veräusserung sogar verpflichtet ist[5]), dann aber auch, wenn er dieser Verpflichtung nachkam, einige gelindere Beurtheilung erfährt[6]). Aus demselben Grunde muß er wegen versäumter Vortheile Rede stehen[7]), und kann wegen Auslagen nur in beschränktem Maaße eine Vergütung ansprechen[8]). Doch bleibt er ohne Verantwortlichkeit, wenn er obligatorische Rechte nicht gelten machte[9]).

1) D. ht., l. 28. Post Senatusconsultum enim omne lucrum auferendum esse tam bonae fidei possessori quam praedoni, dicendum est. l. 36. §. 3.

2) D. ht., l. 25. §. 2. l. 31. §. 3. l. 54.

3) Welcher die Sache beim Erben nicht getroffen hätte, D. ht., l. 20. §. ult...... at ubi deperditae sunt et deminutae, verum pretium debet praestari, quia, si petitor rem consecutus esset, *distraxisset* et verum pretium rei non perderet. l. 36. §. 3. l. 40. pr.

4) Indem er, wenn die Sache in Beziehung auf ihn nicht durch Zufall zu Grunde ging, eben so haftet, wie wenn er dieselbe nicht veräussert und annoch hätte, D. ht., l. 20. §. ult..... si quidem res apud emtorem extent,... sine dubio *ipsas res debet praestare* malae fidei possessor etc. l. 20. §. 2.... et ipsum fundum, et fructus in hereditatis petitionem venire etc. Doch §. 12. Haec adversus bonae fidei possessores: nam ita Senatus locutus est, eos qui se heredes existimassent. caeterum si quis sciens ad se hereditatem non pertinere distraxit, sine dubio non pretia rerum sed ipsae res veniunt in petitionem hereditatis et fructus earum — sed imperator Severus.. idem videtur fecisse et in malae fidei possessoribus; atquin Senatus de his est locutus qui se heredes existiment; nisi forte ad eas res referemus, quas distrahi expedierat, quae onerabant magis hereditatem quam fructui erant — ut sit in arbitrio petitoris, qualem computationem faciat adversus malae fidei possessorem, utrum ipsius rei et fructuum an pretii, et usurarum post motam controversiam. l. 36. §. 3. Si praedo dolo desisset possidere, res autem eo modo interierit, *quo esset interitura etsi eadem causa possessionis mansisset*, melior est causa

praedonis etc. Wenn sie hingegen in Beziehung auf ihn durch Zufall zu Grunde ging, giebt er den wahren Werth oder den empfangenen, nach Wahl des Erben, heraus, D. ht., l. 20. §. ult.... verum pretium debet praestari etc. l. 33. §. 1. ... si decesserit, fortassis nec pretium: sed non passurum judicem, qui cognoscit, possessorem pretium lucrari scribit et verius est. — l. 36. §. 3..... itaque et si pluris venierit, electio debebit esse actoris, ut pretium consequatur: alioquin lucretur aliquid praedo.

5) D. ht., l. 33. §. 1. Julianus scribit, si hominem possessor distraxerit, si quidem non necessarium hereditati, petitione hereditatis pretium praestaturum: imputaretur enim ei, si non distraxisset etc. l. 53.

6) D. l. c., und l. 20. §. 2. §. 12. Indessen, D. ht., l. 2. §. 16. Quid si *post petitam hereditatem* res distraxerit? hic ipsae res venient, fructusque earum. sed si forte tales fuerunt, quae vel steriles erant, vel tempore periturae, et hae distractae sunt vero pretio, fortassis possit petitor eligere, ut sibi pretia et usurae praestentur., ausser D. ht., l. 5.

7) Daher nicht blos fructus percepti, sondern auch die culpa nicht bezogenen D. ht., l. 25. §. 4. 9. — C. ht., l. 1. §. 1., und für den wirklichen malae fidei possessor, sofern er auch für casus haftet, D. de rei vind., VI. 1. l. 62. §. 1. Generaliter autem cum de fructibus aestimandis quaeritur, constat animadverti debere, non an malae fidei possessor fruiturus sit, sed an petitor frui poterit, si ei possidere licuisset. — Was Zinse anbelangt, C. ht., l. 1. §. 1., und aus Früchten, D. ht., l. 51. §. 1., es handelte sich denn vom bonae fidei possessor post m. cont. D. de usur., XXII. 1. l. 15..... neque eorum, qui prius percepti *quasi* malae fidei possessori condicuntur. C. ht., l. 1. §. 1.; aber auch der malae fidei possessor zahlt keine Zinse, wenn er vorhandenes Erbschaftsgeld unberührt liegen läßt, D. ht., l. 20. §. 14. — de rei vind., VI. 1. l. 62. pr., wofern er aber Kapitalien macht, D. ht., l. 30.

8) Nehmlich D. ht., l. 36. §. ult. fructus intelliguntur deductis impensis.... quod non solum in bonae fidei possessoribus naturalis ratio expostulat verum etiam in praedonibus etc. l. 38.... praedo autem non aliter, quam si res melior sit. l. 39. §. 1. — Wegen geleisteter Zahlungen, D. ht., l. 31. pr. — C. ht., l. ult. §. 1. — und wegen übernommener Obligationen, C. ht., l. ult. §. 1. — damn. infect., XXXIX. 2. l. 39. §. 1.

9) D. ht., l. 31. §. 3. l. 49.

§. 133.

Auch die, welche von den pro herede oder pro possessore Besizenden ex causa singulari Einzelnes erworben haben, können — freilich nicht mit der hereditatis petitio — belangt werden, selbst nachdem die Veräusserer schon belangt waren [1], vorausgesezt daß der pro herede Besizende mala fide veräussert hatte [2]. Hat er aber bona fide veräussert, so kann nach ihm der Erwerber nicht in Anspruch genommen werden [3], wohl indessen vor ihm, wenn kein Rückgriff wegen Eviction Statt findet [4]. Aehnliche Grundsäze gelten in Betreff von debitores hereditarii, welche gezahlt haben [5].

1) D. ht., l. 13. §. 14..... sed si is, qui dolo desiit, ante conveniatur, eum qui possidet non liberabit. Indessen D. ht., l. 25. §. 8. —

2) Denn es gehört wesentlich dazu, daß der Veräusserer dolo desiit possidere.

3) D. ht., l. 25. §. 17..... certe, si minori pretio res venierint et pretium quodcunque illud actor sit consecutus, multo magis poterit dici exceptione eum summoveri etc. Zu vergl. D. ht., l. 13. §. 4—6. —

4) D. ht., l. 25. §. 17. — Zu vergl. D. ht., l. 16. §. ult.

5) Nehmlich D. ht., l. 25. §. 17..... nam et si id, quod a debitoribus exegit possessor, petitori hereditatis solvit, liberari debitores ... sive bonae fidei possessor sive praedo fuit, qui debitum ab his exegerat, et ipso jure eos liberari. — l. 31. §. ult. — Im andern Fall können freilich debitores belangt werden, aber theils nur, wenn sie dem malae fidei possessor zahlten, theils nur, wenn sie keinen Rückgriff haben.

Zweites Kapitel.

Das interdictum quorum bonorum, de tabulis exhibendis, und das remedium ex l. ult. C. de edict. D. Hadr. toll.

Quellen.

D. quorum bonorum, XLIII. 2. (ht.)
— de tab. exhib., — 5. (ht.[1.])
C. quor. bonor., VIII. 2. (ht.)
— de edict. D. Hadr. toll., VI. 33. (ht.[1.])
— de tab. exh., VIII. 7. (ht.[2.])

§. 134.

Das interdictum quorum bonorum, ein possessorisches [1]), summarisches Rechtsmittel [2]), wird dem bonorum possessor wie dem heres [3]) gegen einen Jeden gegeben, der pro herede oder pro possessore besitzt [4]), um den Besitz körperlicher Sachen zu erlangen [5]). Die

Klagen, wobei es sich von dem Rechte handelt, werden vorbehalten [6]).

1) Daß dieses Interdict ein possessorisches, kein petitorisches Rechtsmittel sey, ergiebt sich daraus. Dasselbe geht a) nur auf corpora hereditaria und weder gegen debitores hereditarii, noch gegen solche, die veräußert oder Forderungen beigetrieben haben, D. ht., l. 2. — C. ht., l. 3., und, was hieraus von selbst erhellet, es ist dabei b) blos um den Besitz dieser corpora zu thun, wie dieß ausdrücklich anerkannt wird theils schon durch die Bezeichnung „adipiscendae possessionis" theils durch die Art, von seinem Erfolge zu reden, C. ht., l. 1..... non aliter *possessor* constitui potes etc. l. 3..... in petitorem *corpora* transferantur etc. Wie wenig jedoch in Herausgabe dieses Besitzes eine definitive Restitution gesezt werde, das mögen diejenigen leichter erkennen und behaupten, welche das Interdict und die ganze bonorum possessio ursprünglich für den heres entstehen lassen. Bringen wir indessen die erste Entstehung der bonorum possessio und mithin des Interdicts in einen, wie ich immer noch zu glauben mich berechtigt halte, wahrscheinlichern Zusammenhang mit der usucapio pro herede; so konnte doch, auch nach dieser Annahme, von Anfang an unmöglich etwas weiteres, als vorläufiger Besitz, der in der Folge vermittelst der usucapio pro herede erst zum Recht führen sollte, bezweckt werden. Die bonorum possessio mußte vor allem ein Recht geworden seyn, ein jus successionis enthalten, bevor das ursprünglich und noch in viel späterer Zeit mit der bonorum possessio eng verbundene Interdict (Caj. III. 34.) mehr als bloßen Besitz gewähren konnte. Hat es aber diese Umwandlung erfahren, und war es später gemäß dem durch die bonorum possessio verliehenen jus auf definitive Restitution der corpora hereditaria gerichtet? Ein jus successionis wurde die bonorum possessio einzig dadurch, daß der Magistrat ein entsprechendes Klagrecht mit dersel-

den verband. Denn wie alles magistratische Recht nur an der Hand und durch das Mittel von actiones, exceptiones und interdicta aufkam und sich bildete, so auch die bonorum possessio. Der Magistrat war nicht im Stande, Jemanden zum Nachfolger in omne jus defuncti zu machen (praeter heredem facere non potest), sondern blos als solchen zu behandeln, und zwar als solchen zu behandeln durch Verleihung einer entsprechenden Klage. Und erst, nachdem sich die Klage festgestellt hatte, war auch das ihr zu Grunde liegende Recht als ein, wie Cicero sagt, durch Gewohnheit begründetes Recht (*jus* honorarium) vorhanden. Welche Klage mochte es nun gewesen seyn, die der Prätor mit der bonorum possessio verband? Das interdictum quorum bonorum gewiß nicht. Denn in seiner ursprünglichen, und (wie wir durch Cajus, Paulus und die spätern Imperatoren wissen) stets beibehaltenen Beziehung auf corpora hereditaria war es nicht geeignet, Mittel zu seyn zur Geltendmachung eines jus successionis, das doch nicht auf corpora beschränkt werden konnte. Solches Mittel war, wie uns auch gesagt wird, die actio fictitia, Caj. IV. 34. — Ulp., XXVIII. 12. — Theoph. ad J., III. 9. §. 2., d. h. eine actio, qua ficto se herede agit, nicht nur wenn er einzelne, dem Erblasser zugestandene Gerechtsame unmittelbar als einzelne gelten machte, sondern auch wenn er sein Recht unmittelbar auf die universitas und mittelbar den Anspruch auf Einzelnes bezog. Diesen actiones fictitiae lag die prätorische Anerkennung zum Grunde, der bonorum possessor sey wie der heres ein successor per universitatem, und mit ihnen erst war es möglich, ihm ein jus successionis (natürlich prätorischrechtlich) zuzuschreiben. Allerdings wird durch diese Ansicht die hereditatis petitio für den bonorum possessor, sey es in unmittelbarer sey es in mittelbarer Anwendung, ziemlich weit hinauf gerückt, da Labeo schon die bonorum possessio als ein jus bezeichnet, D. de bonor. poss., XXXVII. 1. l. 3. §. 1. — Sollte indessen hierin ein Grund gegen dieselbe liegen? Ich wüßte nicht wie; da wir auf ein jüngeres Alter dieser actiones nirgends hingewiesen werden. Im Gegentheil dürfte ihre Erwähnung bei Julian (in D. de bon. poss. c. t., XXXVII. 4. l. 13., deren ganze, uns vorliegende Fassung eine Interpolation nicht wahrscheinlich macht, und in D. de Carb. edict., XXXVII. 10. l. 3. §. 13., wo die Fassung und der Inhalt dem Gedanken an eine Interpolation sogar entschieden entgegen tritt, und wo das „*hereditatem petere* quasi bonorum possessor Carbonianus" im Zusammenhang mit dem „directa actione petere quasi heres" unabweislich von einer hereditatis petitio fictitia der bonorum possessor verstanden werden muß), und die Art ihrer Erwähnung nicht als einer neuen sondern als einer im allgemeinen gar nicht zu beanstandenden Gerechtsame des bonorum possessor auf eine frühere Zeit der Entstehung hinführen. Welche Stellung hatte aber das interdictum quorum bonorum neben dieser actio? Es läßt sich gar nicht denken, daß nun auch die Natur des Interdicts sollte geändert und auf definitive Restitution gerichtet worden seyn; denn dann hätte man unnöthiger Weise zwei Rechtsmittel zu dem gleichen Zwecke geschaffen. Dieß würde gegen die römische Oeconomie gewesen seyn, die zwar verschiedene Rechtsmittel für denselben Zweck bestehen lassen mochte, wenn sie sich einmal in der historischen Entwicklung zusammenfanden, die aber schwerlich die Natur eines Rechtsmittels je geändert hat, um unnützer Weise die Rechtsmittel zu vervielfältigen. So ist uns in der That auch nirgends eine Veranlassung gegeben zu dem Glauben, daß man dem Interdict eine Wirkung definitiver Restitution beigelegt habe. Weit eher möchte man in Cajus, den Institutionen und den Stellen des Codex (loc. cit.) den Beleg finden, daß es sich dabei in der spätern und namentlich in der Justinianeischen Zeit blos um vorübergehenden Besitz gehandelt habe und handle. Mit dieser Annahme vereinigt sich seine Beibehaltung neben der actio in rem utilis auf das vollkommenste. Durch sie wird ferner das Summarische seiner Natur erklärt, wie umgekehrt in diesem Summarischen ein weiterer, im hohen Grade sprechender Beweis für jene Annahme gelegen ist. Denn daß ein Rechtsmittel, bei welchem summarisch und zwar in der Art summarisch, wie dieß bei dem interdictum quorum bonorum der Fall war und ist, verfahren wurde und wird, keine definitive sondern nur eine provisorische Wirkung haben konnte und hat; das dürfte sich ohne weitere Auseinandersetzung von selbst verstehen. Es fragt sich einzig und allein:

2) ob das interdictum quorum bonorum auch wirklich ein blos summarisches, und welcher Art summarisches, Rechtsmittel gewesen sey und ist? — Wir können hier jede Erörterung über das Verhältniß des Interdictsverfahrens zu dem Verfahren mit actiones im Allgemeinen für die Periode des ältern ordo judiciorum privatorum aus dem Grunde umgehen, weil dieses Verhältniß keinen entscheidenden Einfluß auf unsere Frage hat. Mag auch das Interdictsverfahren im Allgemeinen nicht mehr und wohl weniger summarisch gewesen seyn als das Verfahren mit actiones; dennoch erschiene ein hieraus für das interdictum quorum bonorum gezogener Schluß unstichhaltig. Denn dieses interdictum war und ist summarisch. Dieß zeigt sich A.) in Rücksicht des Beweises. Was nehmlich α) die Zeit betrifft, in welcher der ordo judiciorum und das zwischen magistratus und judex getheilte Verfahren noch nicht aufgehoben war, so ließe sich immerhin denken, daß der zur Verhandlung und Entscheidung über das interdictum quorum bonorum bestellte judex sein Augenmerk nicht blos darauf zu richten hatte, ob bonorum possessio ertheilt, sondern auch darauf, ob sie mit Recht ertheilt worden sey, und daß mithin der Kläger nicht blos die Gewährung zur bonorum possessio, sondern auch seine Befugniß dazu darthun mußte. Und daß sich die Sache wirklich also verhalten habe, dafür könnte man sich zunächst auf die Worte des Interdikts, wie wir sie noch bei Ulpian

lesen, D. ht., l. 1. pr. Quorum bonorum ex edicto meo illi possessio data est etc. berufen. Denn diese Worte, in welchen die Voraussetzung enthalten ist, unter welcher der Kläger obsiegen könnte, lassen einen doppelten Sinn zu, einen einfachen, dem Ausdruck unmittelbar entsprechenden, und einen mehr künstlichen. Nach jenem würde für den Kläger, um durchzudringen, zunächst nichts weiter erfordert worden seyn, als der Beweis einer formell gültigen datio, d. h. Beweis, daß ihm der Magistrat, formell gültig, in Gemäsheit seines Edicts bonorum possessio gegeben habe, ohne daß er auch noch zu beweisen gehabt hätte, es sey die Ertheilung materiell begründet gewesen, d. h. der Magistrat habe wirklich seinem Edicte gemäs gehandelt. Nach diesem hingegen würden die Worte „ex edicto meo" ebensowohl als die Worte „possessio *data est*" auf eine besondere Bedingung hingewiesen haben, die der Kläger zum Behufe seines Sieges erfüllen mußte; so daß er nicht blos die datio, sondern auch den Umstand, daß sie wirklich nach den Voraussetzungen des Edicts (ex edicto) erfolgt sey, oder sein Recht dazu, und also seinen Anspruch auf bonorum possessio beweisen mußte. Wie aber diese leztere, obgleich mehr künstliche, Erklärung an sich möglich und zulässig erscheint, so könnte man für ihre Richtigkeit, und die Richtigkeit des durch sie erzielten Resultats namentlich die Analogie anderer Interdicte anführen. Denn bei diesen war es Regel, daß sie der Magistrat ohne alle Weiterung ertheilte, und der hierauf bestellte judex, beauftragt zu untersuchen, „an contra edictum praetoris factum sit," nicht die durchaus zweifellose Ertheilung des Interdicts, sondern die Frage zum Gegenstand der Untersuchung und Entscheidung machte, ob das Interdict rechtlich anwendbar und wie nach dem darin enthaltenen Grundsaz zu entscheiden sey. Allein gerade jener Analogie und der Voraussetzung, daß man das interdictum quorum bonorum wie andere Interdicte behandelt habe, und somit auch der Statthaftigkeit der vorhin bezeichneten Auslegung der Interdictsworte „quorum bonorum etc.“ stehen gewichtige Umstände im Wege. Die andern Interdicte wurden von dem Magistrat ohne alle Verhandlung auf einseitiges Ansuchen gegeben, dem interdictum quorum bonorum hingegen ging die Ertheilung der bonorum possessio voraus. Dorten sprach der Magistrat durch Ertheilung des Interdicts nur den Grundsaz aus, wie gewisse Handlungen zu beurtheilen seyen, die Beurtheilung im concreten Fall dem judex anheimgebend; hier stüzte sich der Magistrat auf einen von ihm selbst ausgegangenen Act, als auf die Grundlage für die Anwendbarkeit des Interdicts. Dorten konnte der judex, im Sinne der Ertheilung, über deren Begründetseyn d. h. die Anwendbarkeit des Interdicts untersuchen und entscheiden; hier war durch die Gewährung der bonorum possessio schon über die Anwendbarkeit des Interdicts entschieden, und der judex, welcher die Rechtmäßigkeit der Gewährung der bonorum possessio in den Bereich seiner Entscheidung gezogen hätte, würde über einen, der Ertheilung des Interdicts vorhergegangenen und bereits consumirten Act, und zwar einen consumirten Act nicht einer Parthie, sondern des Magistrats selbst zu entscheiden sich angemaßt haben. Und hätte der judex über das Rechtmäßige der datio bonorum possessionis zu entscheiden gehabt, so müßte man annehmen, der Magistrat habe die bonorum possessio eben so wie nachher das Interdict ohne weiters ertheilt. Denn sobald der Magistrat die bonorum possessio erst nach vorheriger Untersuchung ertheilte, so wird es im höchsten Grade unwahrscheinlich, daß auch der judex noch hintendrein über das Begründete der Ertheilung aufs Neue untersuchen und entscheiden durfte. Jener Annahme stehen jedoch sehr bestimmte Angaben entgegen. Es wird so vielfältig in Betreff der bonorum possessio von einem „peti, dari posse, non posse etc.“ in einem auf die erste Erlangung der bonorum possessio hinweisenden Zusammenhang und in solcher Art, z. B. D. de bon. poss., XXXVII. 1. l. 7. pr. — si tab. t. ext., XXXVII. 2, l. un. — de b. p. sec. tab., XXXVII. 11. l. 1. §. 8. sequ. l. 2. §. 7. — und. lib., XXXVIII. 6. l. 3. — und. leg., XXXVIII. 7. l. 2. §. 3. geredet, daß wir kaum umhin können vorauszusetzen, der bonorum possessio ertheilende Magistrat habe, bevor er sie ertheilte, untersucht, ob das Verlangen derselben nach seinem Edicte begründet sey. Freilich wird nicht allenthalben, und vielleicht wegen zuverlässiger und klarer Sachlage nicht häufig eine solche Untersuchung nöthig gewesen seyn; aber wo sie das war, da trat sie wohl auch ein. Allerdings ließe sich fragen, wodurch sich die bonorum possessio edictalis, wenn auch bei ihr eine Untersuchung vorhergehen konnte, von der decretalis unterschieden habe? Der Unterschied bestund darin, daß hier noch ein Decret nöthig war, weil die Bedingungen nicht in der Weise einfach vorhanden waren, wie sie das Edict voraussezte, dorten aber, wo der Fall an sich unter das Edict gehörte, der Magistrat nur von der Richtigkeit der angegebenen Momente sich zu überzeugen hatte, um ohne Decret in Rücksicht auf sein Edict schon bonorum possessio gewähren zu können. Von diesem Unterschied zwischen der decretalis und edictalis und zugleich von der Möglichkeit, daß auch die leztere erst auf eine vorgenommene Untersuchung ertheilt wurde, vergewissert uns folgende Stelle, D. quis ord. in poss., XXXVIII. 15. l. 2. §. 1. Dies bonorum possessionis utiles esse, palam est. sed non sessionum numerabuntur, si modo ea sit bonorum possessio, quae de plano peti potuit. quid si ea, *quae causae cognitionem pro tribunali desiderat, vel quae decretum exposcit?* sessiones erunt nobis computandae etc. Denn daß das Wörtchen „vel“ hier nicht blos erklärend wiederholt, was unter der bonorum possessio, quae causae cognitionem desiderat zu verstehen sey, liegt klar zu Tage. Durch all dieses werden wir zu der Ueberzeugung hingedrängt, daß wir die Worte des Interdicts „quorum bonorum etc.“ nicht in der mehr künstlichen, sondern in der einfachen, nächsten Wortbedeutung aufzufassen haben, und daß demnach der Magistrat vor der datio bonorum possessionis deren Zulässigkeit, nicht der über das Interdict erkennende judex deren Rechtmäßigkeit geprüft habe, und daß es die formell gültige datio allein war, deren Daseyn zur Begründung des Interdicts bei dem judex erfordert wurde, aber auch genügte. Und hierin bestätigt uns ein Blick auf die decretalis. Niemand wird leugnen, daß auch dem bonorum possessor ex decreto das interdictum quorum bonorum zukam. Sollte nun ebenfalls hier der judex befugt gewesen seyn, zu untersuchen und zu entscheiden, ob der Magistrat im Geiste des Edicts gehandelt habe, indem er bonorum possessio durch Decret ertheilte, und ob mithin dem Kläger rechtlich bonorum possessio zustehe? Dieß wäre schon der Natur der Sache nach etwas Unmögliches gewesen; und so bliebe, um dem judex sonst eine Entscheidung über das Recht zur bonorum possessio zuzuschreiben, nichts anders übrig, als willkührlich und ohne nachweislichen Grund die decretalis von der edictalis abweichen zu lassen. — Indessen giebt es zwei Stellen, auf die man sich scheinbar gegen die hier vertheidigte Ansicht berufen möchte, und wirklich auch schon berufen hat, nehmlich C. ht., l. 1. l. 2. — Die zweite fällt freilich, genau genommen, nicht mehr eigentlich in die Zeit der Geltung des alten ordo judiciorum; aber sie steht derselben so nahe, daß man schwerlich fehlen würde, wenn man ihren Inhalt mit dem frühern Recht in Zusammenhang brächte. Es kommt mithin Alles auf diesen Inhalt selbst an. Gerade der Inhalt ist aber nicht geeignet, für oder wider zu beweisen. Liest man nehmlich „si..recte, petita bonorum possessione, quaesisti successionem etc.", und verbindet man das „recte" mit „quaesisti possessionem"; so würde allerdings daraus folgen, es müsse die prätorische Nachfolge mit Recht erlangt seyn, und dieß erwiesen werden, wenn das Interdict durchgesezt werden solle. Hält man hingegen die gewöhnliche Leseart „si.., recte petita bonorum possessione, quaesisti successionem“, fest und verbindet man das „recte“ mit „petita bonorum possessione“; so würde die Stelle einfach sagen, es müsse die bonorum possessio gehörig nachgesucht und natürlich erlangt seyn, um das Interdict durchzusezen, eben damit auch sagen, daß die formell gültige Erlangung genüge. Beide Arten, zu lesen, stehen sich mit gleichem Rechte gegenüber, keine hat mehr Gründe des Vorzugs für sich als die andere; und daher ist die Stelle unentscheidend. Ganz anders verhält es sich mit C. l. c., l. 1., die in den Worten „quamvis enim bonorum possessionem ut praeteritus agnovisti, tamen interdicto quorum bonorum non aliter possessor constitui poteris, quam si te defuncti filium esse et ad.. bonorum possessionem admissum probaveris“ klar ausspricht, daß die Erlangung der bonorum possessio an sich nicht hinreiche, sondern noch der Beweis ihrer Rechtmäßigkeit oder der Beweis des gegründeten Anspruchs auf bonorum possessio hinzukommen müsse. Dennoch verliert auch sie ihre Bedeutsamkeit, sobald wir bedenken, daß sie ein Rescript enthält und auf einen besondern Fall sich bezieht. Es handelte sich nehmlich von einem Präterirten, welcher bonorum possessio contra tabulas erhalten hatte, und nun dem Testamentserben mit dem interdictum quorum bonorum gegenüber trat (quamvis enim bonorum possessionem ut *praeteritus* agnovisti etc.) In Hinsicht des vorläufigen Besizes aber, wovon bei dem Interdict allein die Rede war und seyn konnte, ging zur Zeit dieses Rescripts (wie noch im neuesten Rechte) der Testamentserbe durchaus vor, C. de ed. D. Hadr. toll., VI. 33. l. 2. Quamvis quis se filium defuncti praeteritum alleget ...; tamen scriptus heres in possessionem mitti solet. Wollte mithin der Präterirte gegen den Testamentserben mit dem interdictum quorum bonorum obsiegen, so genügte es nicht an dem Beweis der petitio und datio bonorum possessionis, sondern es mußte das bessere Recht, folglich dargethan werden, daß die bonorum possessio contra tabulas dem Rechte nach begründet sey. Auf diese Weise erklärt sich die Entscheidung Caracalla's aus dem gerade vorgelegenen Verhältniß von selbst, ohne daß sie uns zu dem Schlusse berechtigte, der Interdictskläger habe allenthalben und in der Regel nicht allein die datio, sondern auch sein wohl begründetes Recht darauf zu beweisen gehabt. — Hatte der judex nicht über das Recht zur bonorum possessio und nur über deren formell gültige datio zu erkennen, hatte der Kläger nicht sein Recht und eben nur das Daseyn einer formell gültigen datio zu beweisen; so kann auch, was den Beweis anbelangt, die summarische Natur des Interdicts kaum mißkannt werden.

Der Interdictskläger war gegenüber von dem judex des Beweises seines Rechts völlig enthoben, und blos zu dem in Vergleich damit sehr leichten Beweis der einfachen datio bonorum possessionis gehalten. Diesen leztern Beweis kann man in Hinsicht des Rechts zur bonorum possessio höchstens als eine Bescheinigung gelten lassen; und selbst als Bescheinigung nur, wenn man auch davon ausgeht, es habe derselbe darum genügt, weil man denjenigen, welchem der Magistrat bonorum possessio ertheilt habe, vorläufig als Berechtigten betrachten, und mit dem Interdict, wobei es nur auf vorläufigen Besiz abgesehen war, immerhin durchlangen lassen zu können glaubte, ohne ihn mit einem erschöpfenden Beweise seines Rechts zu belästigen. Dabei habe ich keineswegs ausser Acht gelassen, daß der datio eine Untersuchung vorherging, in welcher sich der Magistrat bestrebt haben wird, von der Rechtmäßigkeit der datio überzeugt zu werden, daß diese Ueberzeugung doch nur durch Beweis von Seiten des darum Nachsuchenden zu erzielen war, und daß mithin der Beweis der datio bei dem judex und der Sieg mit dem Interdict einen andern auf die Rechtmäßigkeit des

Anspruchs zur datio gerichteten Beweis bei dem Magistrat voraussezte. Denn ich habe auch in Erwägung genommen die Art und Weise, wie der Magistrat bei der datio bonorum possessionis verfuhr, und welchen Beweis er forderte. Die datio bonorum possessionis war kein Act streitiger Gerechtigkeitspflege. Wurde daher das Recht zur bonorum possessio sogleich, und bevor sie noch der Magistrat ertheilt hatte, oder auch nach der Ertheilung schon von Seiten eines Dritten, welcher gleich gut oder besser berechtigt zu seyn behauptete, in Streit gezogen; so ertheilte der Magistrat gar keine definitiv wirksame bonorum possessio oder ließ die ertheilte nicht definitiv fortwirken, sondern machte die verliehene bonorum possessio und ihre Wirksamkeit von dem Ausgange des Streits über das Recht dazu abhängig. Lag jedoch ein solcher Streit nicht vor, so war auch von einer erschöpfenden Beweisführung wegen des Rechts zur bonorum possessio keine Rede; der Magistrat gab sich, wenn je Zweifel obwalteten, zufrieden, sobald ihm jenes Recht einigermaßen wahrscheinlich gemacht war, er sich einigermaßen von demselben überzeugt halten konnte. Und eine hierauf gewährte bonorum possessio ließ er auch wirksam seyn, so lange Niemand auftrat, der als gleich gut oder besser Berechtigter das Recht dazu in Abrede zog. Dieses Verfahren und diesen Hergang der Sache lernen und erkennen wir an der bonorum possessio ex edicto Carboniano. a) Die bonorum possessio Carboniana war eine ausserordentliche, und das Ausserordentliche bestund gerade darin, daß theils troz dem Streite, ob der impubes inter liberos und zu erben berechtigt sey, bonorum possessio ertheilt, theils der Streit je nach Umständen in tempus pubertatis aufgeschoben ward, D. de Carb. edict., XXXVII. 10. l. 1. pr. l. 3. §. 5. Woraus wir entnehmen können, daß, abgesehen von dem Fall der Carboniana, der Magistrat gar keine wirksame bonorum possessio gab, sobald das Recht zu ihr von einem andern Berechtigten bestritten wurde, D. eod.,

l. 3. §. 3. — de ventr. in poss. mitt., XXXVII. 9. l. 7. §. 1. — b) Die bonorum possessio ex edicto Carboniano ward gewährt nach einer summarischen Untersuchung, sofern sich der Magistrat von dem Rechte des impubes nur einigermaßen überzeugt hatte, D. eod., l. 3. §. 4. — Bringen wir hiemit das Princip der Carboniana, wornach ausserordentlicher Weise bonorum possessio gegeben werden sollte „ac si nulla de ea re controversia esset", D. eod, l. 1. pr., in Verbindung; so erhalten wir als einfaches Resultat die Regel: allenthalben, wo kein gleich gut oder besser Berechtigter das Recht zur bonorum possessio bestritt, genügte eine summarische Untersuchung und darauf gestüzte Wahrscheinlichkeit, um die datio zu bewirken. Denn nur die Ertheilung der bonorum possessio, ungeachtet eines Streits, verstieß bei der Carboniana gegen die sonst geltenden Grundsäze, die Art der Ertheilung aber und deren Wirksamkeit erfolgte und sollte erfolgen in Uebereinstimmung mit denselben, erfolgte nehmlich und sollte erfolgen, wie wenn kein Fall der Abweichung vorläge, ac si nulla de ea re controversia esset. Durch die lezte Erörterung sind wir zugleich auf eine Beschränkung der summarischen Eigenschaft des Interdicts aufmerksam gemacht, die wir aber erst nachher bei der Frage, ob Einreden zulässig seyen, auseinander sezen können. β) Nachdem der alte ordo judiciorum, mit ihm die Getrenntheit des Verfahrens verschwunden, und der Magistrat es war, welcher bonorum possessio ertheilte und über die Interdictsklage erkannte, da hatte jene Ertheilung auch ihren wesentlichen Zweck verloren. Statt daß früher die datio bonorum possessionis als Grundlage für das interdictum quorum bonorum diente, und deshalb nicht umgangen werden konnte, weil eben der judex nach seiner Instruction darauf zunächst untersuchen mußte, ob eine bonorum possessio formellgültig data sey; so war jezt die datio rein überflüssig, weil der über das Interdict entscheidende, durch keine Instruction gebundene Magistrat mit der

Untersuchung über die Anwendbarkeit des Interdicts zugleich untersuchen konnte, ob eine bonorum possessio in der Art begründet sey, um eine datio derselben zu rechtfertigen. Wenigstens mußte es sich als etwas Unnöthiges, Weitläufiges und sogar Unpassendes herausstellen, daß der Magistrat zuerst untersuchte, ob bonorum possessio zu geben sey, denn sie gab, und endlich, wenn die Interdictsklage angestellt wurde, darnach fragte, ob eine formell gültige datio, die doch in der Regel von ihm selbst ausgegangen war, vorhanden sey oder nicht. Dieß, scheint es, hat Constantin eingesehen. Daher seine Verordnung, daß es für die Zukunft keiner solemnis petitio und datio mehr bedürfe, sondern jede Erklärung vor Gericht hinreiche, um zunächst bonorum possessio zu erwerben, C. qui adm. ad b. poss., VI. 9. l. ult. — Eine natürliche Folge dieser Anordnung war es aber, daß der, welcher bonorum possessio durch einfache gerichtliche Erklärung erworben hatte, wenn er später das interdictum quorum bonorum gelten machte, sich auf eine datio, die es nicht mehr gab, auch nicht mehr berufen und durch den Beweis einer datio seine Interdictsklage nicht mehr begründen konnte. Sollte nun die einfache Erklärung vor Gericht, wodurch man bonorum possessio erwarb, nach der Constantinischen Verordnung auch hingereicht haben, um das Interdict durchzusezen? Dieß anzunehmen würde höchst willkührlich seyn. Indem Constantin die petitio und datio für überflüssig erklärte, hat er die Interdictsklage gewiß nicht aller Begründung entheben wollen. Worin bestund jedoch diese Begründung, und wodurch ward sie herbeigeführt? Eine ausdrückliche Bestimmung haben wir darüber nicht, weder von Constantin, noch von einem seiner Nachfolger. Dem Geiste seiner Anordnung in Verbindung mit dem frühern Recht ist es indessen angemessen, daß der Magistrat die Untersuchung, welche er vor Constantin zum Behufe der datio angestellt hatte, nach der Constantinischen Sanction alsdann anstellte, wenn eine Interdictsklage vorgebracht wurde, und daß der Interdictskläger an die Stelle der datio, die er früher zu beweisen hatte und leicht bewies, das Recht zur bonorum possessio in derselben Weise darzuthun suchte, wie dieß früher geschah, um eine datio zu erwirken. Constantin änderte das ab, was nach dem Standpunkte des Verfahrens zu seiner Zeit eine unpassende Sonderbarkeit geworden war; hiedurch wurde aber das Wesentliche für die Begründung des Interdicts, nehmlich die summarische Untersuchung und Bescheinigung des Rechts zur bonorum possessio, in deren Folge die datio geschehen war, nicht abgeschafft, sondern nur in eine spätere Zeit, nehmlich in die Zeit verlegt, wo die Interdictsklage angestellt werden würde. So sind wir zu dem Ergebniß gelangt, daß nach der Constantinischen Gesezgebung das interdictum quorum bonorum in Beziehung auf den Beweis eben so wie früher summarisch war, indem es blos eine in summarischer Verhandlung zu liefernde Bescheinigung des Rechts voraussezte. Der Standpunkt dieser Constantinischen Gesezgebung ist nun auch noch der Standpunkt des Justinianischen Rechts, indem, so weit uns bekannt ist, nach Constantin eine Aenderung nicht getroffen wurde. — Zur Bestätigung der Ausführung über das frühere Recht, die uns zu diesem Resultate geleitet hat, dürfte aber in nicht geringem Grade der Umstand dienen, daß wir jezt in den Stand gesezt sind, eine völlig genügende, aus dem Rechtszustande der Zeit geschöpfte und in ihr begründete Erklärung für die Constantinische Anordnung (C. qui adm. ad b. p., VI. 9. l. ult.) zu geben. B) In Rücksicht der Einreden. Es ist bereits oben bemerkt worden, daß schon nach dem frühern Recht der Magistrat die datio bonorum possessionis nicht wirksam seyn ließ, wenn ein Anderer das Recht dazu bestritt, indem er gleich gut oder besser berechtigt zu seyn behauptete. Hieraus ergab sich von selbst auch für das interdictum quorum bonorum eine oben schon angedeutete Beschränkung. Stund nehmlich der Interdictskläger einem solchen gegenüber, welcher gleich gut oder besser berechtigter bonorum possessor seyn wollte, sey es, daß auch er eine datio schon erwirkt hatte oder nicht, war es ihm nur im Lauf der Verhandlung möglich, eine datio für sich zu beweisen; so konnte der Kläger nicht wohl mit dem einfachen Beweis der datio ausreichen. Vielmehr mußte er in diesem Fall nothwendig sein Recht voll und erschöpfend beweisen. Der Natur des Rechtsverhältnisses nach hatte mithin die Einrede des gleich guten oder gar bessern Rechts zur bonorum possessio volle Wirksamkeit insofern, als der Kläger nun zur Widerlegung der erwiesenen Einrede schreiten, und, nicht mehr bei dem Beweise der datio sicher, sein Recht genügend und vollständig darthun mußte. Als in Folge der Constantinischen Verordnung die petitio und datio überhaupt, und mit ihr auch ein Beweis der leztern, als Begründung des Interdicts hinweggefallen, und an die Stelle desselben eine summarische Nachweisung des Rechts getreten war, so verstund es sich von selbst, daß die Einrede des gleichen oder bessern Rechts noch eben so wie vor Constantin berücksichtigt wurde. Der Interdictskläger ward durch eine solche Einrede genöthigt, auf bloße Bescheinigung zu verzichten, und sich zu einem strengen Beweise seines Rechtes zur bonorum possessio herbeizulassen, wenn er anders das Interdict durchsezen wollte. Und dieß ist wiederum der Stand des Rechts auch in der Zeit Justinians, sintemal wir nicht wissen, daß nach Constantin bis Justinian oder von diesem selbst eine Abweichung gemacht worden wäre. Wie es denn auch zu allen Zeiten in der Natur der Sache lag und liegt. Wenn nach frühern Recht der Beklagte sein gleich gutes oder besseres Recht durch den Beweis der datio zu erhärten, wenn er nach Constantinischem und Justinianeischem Recht neben der erworbenen bonorum possessio sein Recht dazu zu bescheinigen vermochte und vermag; so trat und tritt er mit der gleichen Befugniß zu dem Interdict dem Kläger gegenüber, und der Grundsaz „in pari causa melior est causa possidentis“ mußte und muß sich hier wie sonst gelten machen. Der Erfolg konnte früher und kann im neuern Recht nur derselbe seyn. Der Kläger stellt der Einrede, welche durch Behauptung und natürlich Bescheinigung des Rechts einer gleich guten oder bessern bonorum possessio die Geltenmamachung des Interdicts zu nichte macht, sein gutes und volles Recht gegenüber, und bringt es dem Richter zur Ueberzeugung. — Eine andere Einrede mußte dem Beklagten von der Zeit an zustehen, wo man dem Testamentserben eine missio in bona gewährte, welche allen andern Ansprüchen zunächst vorging, C. de ed. D. Hadr. toll., VI. 33. l. 2—3. Denn konnte sich der Beklagte auf ein Testament berufen, das ihn zu dieser missio berechtigte, so war es für den Kläger unmöglich, mit dem Interdicte durchzudringen, indem ja der Beklagte sogleich als Kläger hätte obsiegen müssen. Hier gab und giebt es im Justinianeischen Rechte keinen andern Ausweg, als daß Kläger, um den Beklagten zu überwältigen, sein Recht genugsam erweise, C. ht., l. 1. — Was andere Einreden betrifft, so fehlt uns allerdings eine allgemeine Vorschrift über ihre Zulässigkeit oder Unzulässigkeit; aber über Eine Gegenrede haben wir eine der Art motivirte Entscheidung, daß wir daraus immerhin einen Schluß auf andere Einreden machen mögen. Wenn der Beklagte von einzelnen Sachen aus der Gesammtheit deren, welche der Beklagte pro herede besaß und der Kläger mit dem Interdict in Anspruch nimmt, behauptet, daß er sie nicht pro herede, sondern jure singulari etwa als Eigenthümer besitze, so soll er damit nicht gehört, sondern „omnibus frustrationibus amputatis“ dem Kläger der Besitz eingeräumt und dem Beklagten die Eigenthumsklage vorbehalten werden (secunda actione proprietatis non exclusa) C. ht., l. 3. — Zu vergl. C. Th. quor. bon., IV. 21. l. un. — Es tritt sogar das Eigenthümliche ein, daß, während der Besitz pro herede oder pro possessore eine wesentliche Voraussezung ist, wenn das Interdict gegen Jemanden Statt finden soll, hier die auf Einzelnes aus einer Gesammtheit gerichtete Behauptung, man besitze es titulo proprio, nur um frustrationes abzuschneiden, nicht beachtet, sondern dem Beklagten die Last der klägerischen Rolle auferlegt wird. Um so mehr dürfen wir hieraus die Folgerung ziehen, daß bei dem Interdict überhaupt keine Einrede, die zu einer frustratio führen könnte, also keine Einrede altioris indaginis berücksichtigt, sondern stets ad separatum verwiesen werde. Einzig wenn wir diesen Grundsaz festhalten dürfen, erklärt sich uns eine Entscheidung, die eine Einwendung, welche genau genommen gar keine eigentliche Einrede bildete, doch nur darum zurückweist, weil sie dieselbe besonderer Umstände wegen als Einrede behandeln zu können glaubt.

Fassen wir das Bisherige kurz zusammen, so war und ist das interdictum quorum bonorum ein blos auf vorläufigen Besiz gerichtetes, und darum summarisches Rechtsmittel, weil es keines Beweises, sondern blos einer Bescheinigung des Rechts bedarf, und regelmäßig keine Einreden altioris indaginis zuließ und zuläßt. Und nun erklärt sich uns auch, wenn von diesem Interdict gesagt wird, es sey C. Th., quor. appell., XI. 36. l. 22.... beneficio celeritatis inventum etc.

3) C. ht., l. 1..... et ad *hereditatem* vel bonorum possessionem te admissum probaveris. Diese, nach ihrer Ueberschrift von Severus und Antoninus herrührende Stelle kann indessen in der Fassung unmöglich ächt seyn. Aus Cajus wissen wir, daß zu seiner Zeit das Interdict nie dem heres als solchem, sondern nur dem bonorum possessor gegeben wurde, Caj. III. 34. IV. 144.; und aus den Worten des Edicts, wie sie noch Ulpian anführt, D. ht., l. 1. sehen wir, daß auch zu seiner Zeit noch blos der bonorum possessor (quorum bonorum possessio data est) des Interdicts theilhaftig war. Wie läßt es sich nun denken, daß in einer mit Ulpian gleichzeitigen Constitution die Worte „ad hereditatem" vorgekommen seyen? Wenn aber jeder Versuch,

die Stelle mit dem gleichzeitigen Rechte in Einklang zu bringen, an dem klaren und einfachen Wortlaut scheitern muß, so bleibt uns nichts übrig, als eine Interpolation anzunehmen. Was sie als Recht ausspricht, kann jedoch nur als ein sehr folgerichtiger Fortschritt anerkannt werden, nachdem die bonorum possessio eben so feststand als die hereditas, ja diese bereits überflügelt hatte; und was die Justinianische Zeit hier vollendete, das hätte, genau genommen, schon längst vor ihr mit demselben guten Grunde geschehen können.

4) D. ht., l. 1. pr. — C. ht., l. 2. — Natürlich aber auch gegen den, qui dolo desiit possidere, D. ht., l. 1. pr. — Wohl auch gegen die, gegen welche die hereditatis petitio geht, also sowohl gegen die Erben der pro herede oder pro possessore Besitzenden, wie gegen Erwerber aus singulären Gründen, sofern diese als Erben behandelt werden, oben §. 130. Note 10 — 13.

5) Oben Note 1. — Indessen macht auch hier die vollendete Usucapion des Besitzers nichts aus, D. ht., l. 1. pr.... possideresve, si nihil usucaptum esset etc., indem dieser Satz nicht blos auf den pro possessore, sondern auch auf den pro herede Besitzenden dem Zusammenhange nach zu beziehen seyn möchte; so daß das Interdict und die hereditatis petitio in diesem Punkte Hand in Hand gehen, Oben §. 131. Note 6.

6) C. ht., l. 3.

§. 135.

Wer ein Testament in Händen hat [1]), der kann von jedem Bedachten namentlich von dem eingesezten Erben [2]) mit dem Interdict de tabulis exhibendis auf ein exhibere [3]) belangt werden, ohne Unterschied, ob man das Testament für gültig oder ungültig hält [4]). Nichtherausgabe[5]) zieht Verurtheilung zu dem id quod interest nach sich, selbst wenn der Erbesanspruch am Ende unbegründet seyn sollte[6]).

1) D. ht.[1]), l. 3. §. 1 — 3.

2) D. ht.[1]), l. 3. §. 10. 12. 15. — C. ht.[2]), l. un.

3) d. h. herausgeben, daß Kläger es erhalte, D. ht.[1]), l. 3. §. 8. .. exhibere h. e. materiae ipsius adprehendendae copiam facere. §. 9. exhibere autem apud praetorem oportet etc.

4) D. ht.[1]), l. 1. §. 3. sequ. — Indessen D. ht.[1]), l. ult. De tabulis proferendis interdictum competere non oportet, si hereditatis controversia ex his pendet, aut si ad publicam quaestionem pertinet: itaque in aede sacra interim deponendae sunt aut apud virum idoneum.

5) D. ht.[1]), l. 3. §. 11. sequ. — Ihr ist das dolo desinere possidere völlig gleich, D. ht.[1]), l. 1. pr. l. 3. §. 6. — D. ht.[1]), l. 3. §. 15.... et ideo et si heres sit, qui interdicto usus est, aestimationem consecutus, eadem est distinctio.

6) D. ht.[1]), l. 3. §. 14.... quia poena contumaciae praestatur ab eo, qui non exhibet. §. 15.

§. 136.

Jeder[1]) Testamentserbe, welcher sich auf ein, an keinem sichtbaren[2]) Mangel der äußern Form[3]) leidendes Testament beruft, wird vorläufig, ohne daß irgend eine Einrede gehört würde[4]), in den Besitz der Erbesmasse eingeführt[5]), das Recht selbst und dessen Geltenmachung vorbehalten[6]).

1) Sowohl institutus als substitutus, C. ht.[1]), l. 1.

2) C. ht.[1]), l. 3..... quod in prima figura sine omni vituperatione appareat etc.

3) Dahin gehört auch, daß es, soweit es sich auf den Kläger bezieht, keine Durchstriche ꝛc. enthält, C. ht.[1]), l. 3..... testamentum ostenderit non cancellatum, neque abolitum, neque ex quacunque suae formae parte vitiatum, sed quod in prima figura sine omni vituperatione appareat, et depositionibus testium legitimi numeri vallatum sit etc. Was hingegen die sonst sogenannte, innere Form betrifft, das kann hier nicht in Betracht kommen, weil es theils nicht in die Augen fällt — denn ob z. B. ein Hauskind übergangen ist, kann erst in Folge eines Beweises, daß der Uebergangene ein Hauskind war, beurtheilt werden — theils nach C. ht.[1]), l. 2. —

4) Denn C. ht.[1]), l. 3..... sin autem aliquis contradictor extiterit, tunc in judicio competenti causae in possessionem missionis et subsecutae contradictionis ventilentur, et ei possessio adquiratur, qui potiora ex legitimis modis jura ostenderit, sive *qui missus est* sive qui antea detinens contradicendum putavit etc. sezt ja beinahe zweifellos voraus, daß ein Widerspruch vor der missio gar nicht gehört wird, sondern, hat nur das Testament die gehörigen Eigenschaften, die missio ohne weiters und erst nachher eine Verhandlung und Entscheidung über jeden, das Recht betreffenden Widerspruch erfolgt. Nicht einmal eine praescriptio temporis kann der missio entgegengesezt werden, sondern auch sie kommt erst nachher zur Erörterung, C. ht.[1]), l. 3. ..... nullis angustiis temporum hujusmodi missione coarctanda, sed sive tardius sive praematuro aliquis *missus est*, legis tantummodo arbitrium requiratur, et causa unde vel missio vel contradictio exoritur. sive enim post annale tempus sive post majoris aevi curricula aliquis *fuerit missus*, si tamen ex legitime formato testamento missio procedat, nullum ei temporis obstaculum objiciatur, nisi tantum

temporis effluxerit, quod etc. Nicht entgegen C. ht.[1]), l. 3..... mittatur quidem in possessionem earum rerum, quae testatoris mortis tempore fuerunt *non autem legitimo modo ab alio detinentur* etc. Ob diese missio nur gegen den Statt findet, gegen welchen auch eine hereditatis petitio möglich wäre, oder auch gegen Besitzer aus singulärem Grunde? Justinian spricht sich hierüber nicht ausdrücklich aus. Indessen glaube ich, es liege in der Natur des gelten gemachten Anspruchs, daß man die missio nur gegen den verlangen dürfe, gegen welchen man auch mit der hereditatis petitio auftreten könnte; und vielleicht will dieß auch Justinian andeuten in den Worten „non autem legitimo modo ab alio detinentur."

5) Aber unter öffentlicher Autorität C. ht.[1]), l. 3..... mittatur quidem in possessionem..., et eam *testificatione publicarum personarum* accipiat etc.

6) C. ht.[1]), l. 3.

Drittes Kapitel.

Carbonianum edictum, missio ventris nomine.

Quellen.

D. de Carb. edict., XXXVII. 10. (ht.)
— de ventr. in p. mitt., XXXVII. 9. (ht.[1]).
C. de Carb. edict., VI. 17.

§. 137.

Die Carboniana bonorum possessio ward:

a) in dem Justinianeischen Rechte vor den Novellen nicht nur dem bonorum possessor, sondern auch dem heres[1]) zu dem Zwecke gegeben, damit der bonorum possessor oder der heres vor der Hand als bonorum possessor behandelt werden könne[2]). Aber auch noch Wirkungen einer missio in bona sind unmittelbar damit verbunden gewesen[3]). Wie sie indessen nur bis zu einer gewissen Zeit Kraft hat[4]), so hängt auch ihre Bedeutung als bonorum possessio von einer satisdatio ab[5]).

b) Durch die Novelle CXVIII. ist hierin nichts geändert worden[6]).

1) Es kann hier ununtersucht bleiben, ob dieß schon nach frühern Recht galt oder die hier einschlagenden Stellen interpolirt sind. Daß jedoch nach dem vornovellisch-justinianeischen Rechte der heres, ohne wirklich bonorum possessor zu werden, die Carboniana erhielt, ergiebt sich aus folgenden Stellen, D. de inoff. test., V. 2. l. 20.... totiens enim ea indulgenda est, quotiens, si vere filius esset, *heres* esset aut bonorum possessor etc. — ad Sctum Tert., XXXVIII. 17. l. 2. §. 12. Sed si quis, cum status controversiam pateretur, Carbonianam *solam* acceperit etc. Die Carboniana *sola* kann nicht wohl etwas Anderes seyn, als die Carboniana ohne die ordinaria, also erlangt von einem solchen, der contentus jure civili war. Daher D. ht., l. 3. §. 15. (die folg. Note) auf den bezogen werden muß, der nur bonorum possessor und nicht zugleich auch heres war.

2) Daß der heres, wenn er als heres die Carboniana erhält, nur als bonorum possessor, nicht als heres, D. ad Sctum Tert., XXXVIII. 17. l. 2. §. 12...... an noceat matri *haec bonorum possessio* etc.; daß aber überhaupt jeder bonorum possessor Carbonianus als eigentlicher bonorum possessor behandelt werde, ergiebt sich aus D. ht., a) l. 3. §. 15—16. Sed oportebit hunc, qui se filium

dicit, non solum Carbonianam bonorum possessionem accipere, verum etiam ordinariam agnoscere etc. — b) l. 7. §. 4. Quotiens Carbonianum decretum interponitur, eodem loco rem haberi oportet, quo esset, si nulla controversia fieret ei, qui bonorum possessionem acceperit. l. 1. pr. l. 3. §. 5. — c) l. 4..... possessoriis actionibus utetur etc. l. 15. Haec bonorum possessio non tantum ad possessionem adipiscendam sed ad res etiam persequendas et debitum exigendum, et collationem bonorum, dotis, et omnium quae conferri diximus, prodest. — Freilich dem nächsten Erbesprätendenten gegenüber, D. ht., l. 3. §. 13. Missum autem ex Carboniano in possessionem student praetores possessorem constituere. quod si coeperit aut hereditatem petere quasi bonorum possessor Carbonianus aut singulas res, rectissime Julianus.. scribit, exceptione eum summovendum: contentus enim esse debet, hac praerogativa, quod possessorem eum praetor tantisper constituit. si igitur vult hereditatem aut singulas res petere, petat, inquit, directa actione quasi heres, ut ea petitione judicari possit, an quasi ex liberis heres sit, ne praesumtio Carboniana bonorum possessionis injuriam adversariis afferat etc.

3) D. h. a) er bedarf keines interdictum quorum bonorum, wie er die hereditatis petitio seinen Gegnern als Erbesprätendenten gegenüber, ohnehin nicht auf die Carboniana (die vorige Note) stützen kann; sondern durch die Carboniana wird er zugleich in bona immittirt, ob er gleich dritten gegenüber, die nicht als seine gegnerischen Erbesprätendenten erscheinen, possessoriis actionibus utetur, D. ht., l. 3. §. 13. Missum autem ex Carboniano in possessionem student praetores possessorem constituere.... contentus enim esse debet hac praerogativa, quod possessorem eum praetor tantisper constituit etc. — de inoff. test., V. 2. l. 20. — C. ht., l. 1. Zu vergl. D. ht., l. 5. §. 1. sequ. — b) und kann überdieß Alimente aus der Masse beziehen, D. de inoff. test., V. 2. l. 20..... ut interim et possideat et alatur etc. — ht., l. 5.

§. 3. l. 6. §. 5. Non solum alimenta pupillo praestari debent, sed et in studia et in caeteras necessarias impensas debet impendi pro modo facultatum.

4) Nehmlich D. ht., l. 3. §. 3. Puberi quamvis minori vigenti quinque annis Carbonianum non succurrit. sed si, cum esset pubes, quasi impubes obrepserit, bonorumque possessionem accepit, dicendum erit nihil eum egisse: nam etsi impubes esset mox pubes factus, finiretur bonorum possessionis emolumentum. l. 14. Indessen, D. ht, l. 3. §. 5.

5) Ohne satisdatio hat sie blos die Wirkung einer missio in bona, D. ht., l. 5. §. 1. sequ., aber auch diese nicht vollständig, D. ht., l. 5. §. 1. l. 6. §. 4., obwohl immerhin, D. ht., l. 5. §. 3..... quod si satisdare non potuit et aliter alere se videtur non posse, deminuendi causa usque ad id, quod alimentis ejus necessarium est, mittendus est etc. l. 6. §. 4—5. — Was in diesem Fall der Nichtsatisdatio die Vermögensverwaltung betrifft, D. ht., l. 5. §. 1—2. §. 5. —

6) Denn hat schon vor ihr der heres eine Carboniana erhalten, ohne bonorum possessor zu werden; so muß er auch nach ihr, wo er nach Aufhebung der hieher einschlagenden bonorum possessio nur heres werden kann, eine solche erhalten können. Und wenn es gleich scheinen sollte, daß die Carboniana nach dieser Novelle deshalb unmöglich geworden sey, weil, was sie hauptsächlich bewirken soll, die Behandlung als bonorum possessor nicht mehr eintreten kann; so darf doch nicht vergessen werden, daß mit Aufhebung der Intestat-bonorum p. der liberi die ausserordentliche der Carboniana noch nicht aufgehoben sey, wie auch die bonorum possessio contra tabulas keinen Eintrag litt, obwohl sie nicht weniger auf jener Intestat-bonorum poss. beruht. Abgesehen davon, daß sich die Carboniana auch auf die contra tabulos bezieht, und jedenfalls auch nach der Novelle als missio in bona Bedeutung haben müßte.

§. 138.

Berechtigt zur Carboniana sind ausschließlich die liberi [1]) des Erblassers, sofern ihnen während der Unmündigkeit ihre Eigenschaft, zu den liberi zu gehören, und zugleich ihr Erbrecht bestritten wird [2]). Die Entscheidung dieses Streits selbst kann daneben in tempus pubertatis verschoben werden [3]). Ob eine Carboniana zu ertheilen, und der Streit aufzuschieben sey, darüber wird summarisch erkannt [4]). Ist eine Carboniana gewährt worden [5]), dann hat der Carbonianus bonorum possessor in der Regel die Rolle des Beklagten zu übernehmen [6]).

1) D. ht., l. 1. §. 3. l. 3. pr. — Nicht andere, D. ht., l. 3. §. 7.... non enim de paternis sed de fraternis bonis impuberi fit controversia, wohl indessen l. 6. pr. §. 1. — ht.[1]), l. 7. §. 1.... sed hoc tantum ad eum ventrem erit referendum, qui cum liberis admittitur: ceterum si mittatur unde legitimi vel qua alia ex parte, dicendum est non esse causae cognitionem necessariam. nec enim aequum est, in tempus pubertatis ventrem vesci de alieno, in tempus pubertatis dilata controversia. *sed enim placet, omnes controversias, quae quasi status controversiam continent, in tempus pubertatis differri:* sed non ut in possessione sit, status controversia dilata, sed sine possessione. — Darauf ob sie gegen ein Testament, oder in Gemäßheit eines Testaments, oder ab intestato erben, und in welcher Ordnung der bonorum possessio sie vor der Novelle 118. erbten, kommt und kam nichts an, D. ht., l. 3. pr. l. 6. §. 2., wenn nur:

2) D. ht., l. 6. §. 3. Ita demum autem huic edicto locus est, si status et hereditatis controversia sit etc. l. 3. §. 2. l. 7.

pr. §. 1. Daher D. de inoff. test., V. 2. l. 20. — ht., l. 7. §. 2. Es muß aber das ganze Erbrecht auf dem Spiele stehen, D. ht., l. 3. §. 7. 10. — Gleichgültig jedoch, ob sie Kläger oder Beklagte sind, D. ht., l. 3. §. 9—10. —

3) D. ht., l. 3. §. 5.

4) D. ht., l. 3. §. 4.... si vero ambiguam causam, h. c., vel modicum pro puero facientem, ut non videatur evidenter filius non esse, dabit ei Carbonianam bonorum possessionem.

5) Freilich mit Effect, D. ht., l. 14.

6) Sofern er cavirt hätte oder zu caviren bereit wäre, D. ht., l. 6. §. ult.

§. 139.

Wer, so er geboren wäre, irgend bonorum possessio erhielte [1]), dessen Mutter ward vor der Novelle **CXVIII.**, wenn sie für schwanger gilt, in bona eingesezt [2]), nach etwaiger summarischer Verhandlung [3]), mit der Wirkung, daß ein neben ihr bestellter curator [4]) sie bis zu der Zeit aus der Masse ernähre, wo es sich mit der Schwangerschaft entschieden hätte [5]). Ein Ersaz der bona fide bezogenen Alimente findet jedoch nie Statt [6]).

1) D. ht.[1]), l. ult..... ventrum praetor ex omnibus edicti partibus mittit in possessionem bonorum, non missurus scilicet, si ei nato daturus non esset bonorum possessionem. l. 1. §. 11—12. l. 7. pr. §. 1. — Indessen D. ht., l. 6. *Extraneo* postumo herede instituto non aliter venter in possessionem mittitur, nisi mater aliunde se alere non possit etc.

2) D. ht.[1]), l. 1. pr. §. 1.... quare nec tenet datio bonorum possessionis nisi vere praegnans fuit, et mortis tempore et eo quo mitti in possessionem petit.

3) D. ht.[1]), l. 1. §. 14—15. jedoch unter Umständen nur, wenn es sich von einem venter handelt, qui cum liberis admittitur, D. ht.[1]), l. 7. §. 1. l. 1. §. 15.

4) D. ht.[1]), l. 1. §. 17—18.

5) D. ht.[1]), l. 1. §. 19. l. 5... nec ad rem pertinet, an dotem habeat, unde sustentare se possit, quia videntur, quae ita praestantur, ipsi praestari qui in utero est. — l. 1. §. 1.

6) D. ht.[1]), l. 1. §. 28. l. 3. — Daher D. ht.[1]), l. 9.

Dritter Abschnitt.

Entziehung der Erbschaft.

(auferre, eripere.)

Quellen.

D. de his quae ut ind. auf., XXXIV. 9.
C. de his quib. ut ind. hered. auf., VI. 35.

§. 140.

Manchen, zur Erbschaft gültig Berufenen[1]), und eben darum auch gültig das Erbrecht Ausübenden[2]), wird die Erbschaft von Andern entzogen (aufertur, eripitur), die an ihrer Statt Erben werden[3]), und daher gegen sie selbst[4]), wie gegen Dritte mit der hereditatis petitio auftreten können[5]), aber auch den Beschwerungen sich unterziehen müssen[6]).

1) D. ht., l. 12.... quamvis institutio non valeret *neque superius testamentum ruptum* esset, heredibus tamen ut indignis.. abstulit jam pridem senatus hereditatem etc. l. 25. §. 1.... si vivo testatore decesserit is, cui illicite legatum relictum erat, non fisco hoc vindicatur, sed apud eum, a quo relictum est, remanet.

2) D. de jure fisci, XLIX. 14. l. 29. §. 1. Eum, qui falsum testamentum dixit, posse adire hereditatem constat etc. — ht., l. 2. pr..... et ex substitutione impuberis *adierit* hereditatem. Sogar D. de Scto Silan., XXIX. 5. l. 5. §. 2. Non alias bona publicantur, quam si constabit esse occisum patremfamilias et heredem, ante quaestionem de familia habitam suppliciumque sumtum, *adisse* hereditatem. Nur daraus erklärt sich die Möglichkeit der Bestimmung, D. ht., l. 8. Indigno herede pronunciato, adempta hereditate, confusas actiones restituere non oportet. l. 18. §. 1. — de jur. fisci, XLIX. 14. l. 29. §. 1—2.

3) D. Si quis aliqu. t. proh., XXIX. 6. l. 1. pr..... denegatisque ei actionibus fisco locum fore. — de jur. fisc., XLIX. 14. l. 29. §. 1. — C. ht., l. 8..... cum in' illius quidem partem succedat fiscus etc. — Nov. I. c. 1. §. 1. 4..... *διδομεν ἁπασι τοις τοιουτοις· προσωποις γιγνεσθαι κληρονομους, και ἀδιτιονος ἠτοι* pro herede gestionos *ἐχειν δικαιον.... και ὡς κληρονομους ἁπαντα πραττειν... τουτο ὁπερ και οἱ παλαιοτατοι των νομων ἐκ της οἰκειας αὐθεντιας εδιδοσαν, και κληρονομους ἐποιουν τους οὐδε γεγραμμενους κληρονομους, οὐδε ἐξ ἀδιαθετου προς τον κληρον καλουμενους κ. τ. λ.* Nov. CXV. c. 3. §. 12.

4) D. de bon. damnat., XLVIII. 20. l. 7. §. 4..... cum filiafamilias veneno necasse convinceretur eum, a quo heres instituta erat, quamvis... adierit hereditatem, *vindicari* eam fisco. — de inoff. test., V. 2. l. 8. §. 14. — C. ht., l. 3. l. 10. Sororem fratris necem jure licito vindicantem, evincere ab uxore recte scripta *successionem* non convenit. secundum quae fiduciam innocentiae geris, et neque dolo malo tuo maritum necatum, neque alias indignam te successione probari posse confidis etc. — In der That ist auch nicht abzusehen, welches andere Rechtsmittel der fiscus haben sollte, und wenn, doch gewiß in Rücksicht auf die hereditatis petitio, gesagt ist, D. de hered. pet., V. 3. l. 46. Praedonis loco intelligendus est is, qui tacitam fidem interposuerit, ut non capienti resti-

tueret hereditatem, so kann kaum noch ein Zweifel obwalten, daß gegen den Fiduciar selbst dem Fiscus die hereditatis petitio zukomme. — Zu vergl. die folgenden Noten.

5) D. de hered. petit., V. 3. l. 20. §. 6—7.... cum antequam partes caducae,. fisco peterentur, hi qui se heredes esse existimant, hereditatem distraxerint ...., petitam autem fisco hereditatem ex eo tempore existimandam esse .... Ait Senatus, cum antequam partes caducae fisco peterentur. hoc evenerat, ut partes caducae fisco peterentur. sed etsi ex asse fiat, Sctum locum habebit. Idem et si vacantia bona fisco vindicentur, vel si ex alia quacunque causa ad eum pervenerunt. — de jure fisc., XLIX. 14. l. 43. — Nur aus der, allgemein dem Fiscus zustehenden hereditatis petitio erklärt sich, D. de hered. pet. V. 3. l. 54. — Indessen treten bei dieser hereditatis petitio des Fiscus theilweise einige Modificationen ein, D. ht., l. 18. pr. — C. ht., l. 1.

6) D. de cond. et dem., XXXV. 1. l. 60. §. 1. Fiscus iisdem conditionibus parere debet, quibus persona, a qua ad ipsum, quod relictum est, pervenit; sicut etiam cum suo onere hoc ipsum vindicat. — ad Sctum Treb., XXXVI. 1. l. 3. §. 5. — de Scto. Silan., XXIX. 5. l. 9. — ht., l. 16. §. 2. — de jure fisc., XLIX. 14. l. 14. Dicitur, ex asse hereditates ex Silaniano cum fiscus vindicasset, ut nec libertates nec legata tueatur: quod aperte nullam habet rationem, cum ex quibuslibet aliis causis fisco vindicatis hereditatibus et libertates et legata maneant. —

§. 141.

So tritt an die Stelle berufener Erben der Fiscus:

A.) Wegen Verfehlungen gegen den Erblasser, wenn man denselben getödtet [1]) oder durch Fahrlässigkeit seinen Tod herbeigeführt [2]), ihn in seinem bürgerlichen Zustand angegriffen [3]), über seinen Nachlaß ohne dessen Wissen verfügt [4]), oder ihn an Errichtung beziehungsweise Aufhebung eines Testaments zu eigenem Vortheil verhindert hat [5]). Dahin gehört es auch, wenn man dessen Tod nicht gerächt [6]), oder dessen Testament als falsum angegriffen [7]), oder bonorum possessio contra tabulas nachgesucht hat [8]).

1) D. de bon. damnat., XLVIII. 20. l. 7. §. 4. — C. ht., l. 10.

2) D. ht., l. 3. — Wenn man dagegen eine Anklage des Erblassers als einen Grund zur Indignität anführt, so kann man sich mit Recht weder auf D. ht., l. 1. berufen, welche von dem libertus dem Patron gegenüber handelt, also ein besonderes Pietätsverhältniß im Auge hat, noch auf D. ht., l. 5. §. 9. sequ., welche gar nicht von einer Anklage gegen den Erblasser, sondern von dem Angriffe des Testaments als eines falsum oder inofficiosum sprechen. In der That ließe sich auch nicht begreifen, wie Justinian in Nov. XXII. c. 47. die Anklage gegen Geschwister noch namentlich als Ursache einer Unwürdigkeit aufstellen konnte, wenn dieselbe schon allgemein eine Indignität erzeugt hätte.

3) D. ht., l. 9. §. 2.

4) D. ht., l. 2. §. ult. — de donat., XXXIX. 5. l. 29. §. ult. l. 30.

5) D. si quis aliq. test. proh., XXIX. 6. l. 1. pr. — C. si quis al. test. proh., VI. 34. l. 2. — D. ht., l. 19. — Und was vom Zwang gilt, das gilt auch vom dolus, D. si quis al. t. proh., XXIX. 6. l. 1. §. 1. l. 2. pr. — Hieraus aber auf Zwang und Betrug zur und bei Errichtung eines Testaments zu schließen, geht deshalb nicht an, weil Alles in Folge von Zwang und Betrug Geschehene nichtig ist (oben §. 31), während hier umgekehrt der Zwingende und Betrüger, gerade indem er eine Errichtung oder Aenderung verhinderte, einen Vortheil dadurch sich gesichert haben würde.

6) D. de Scto Silan., XXIX. 5. l. 5. §. 2. — C. ht., l. 1. l. 9. — Man sehe noch oben §. 117.

7) D. ht., l. 5. §. 14. .... quia .. improbasse videtur. §. 15.... infringere voluerit testamentum etc. Doch C. ht., l. 8. — D. ht., l. 5. §. 13. l. 22. — Dagegen D. ht., l. 5. §. 10—12.

8) D. ht., l. 2. pr. —

§. 142.

B.) Wegen anderer Verfehlungen, sofern Erbe und Erblasser eine ehebrecherische oder sonst verbotene Ehe mit einander eingegangen hatten [1]), und durch keinen Irrthum entschuldigt sind [2]). Desgleichen sofern ein Weib, als Beischläferin eines Soldaten, von diesem in einem Testamente eingesetzt worden ist [3]), oder der etwaige Erbe von dem Erblasser ausdrücklich oder stillschweigend als ein unwürdiger bezeichnet [4]), oder als Sohn eingesetzt wurde, während derselbe unterschoben war [5]); endlich sofern man ein fideicommissum tacitum übernahm [6]).

1) C. de incest. nupt., V. 5. l. 4. Qui contra legum praecepta vel contra mandata constitutionesque principum nuptias forte contraxerit, nihil ex eodem matrimonio .. sive deinceps quoque modo datum fuerit, consequatur, idque totum quod ab alterius liberalitate in alterum processerit ut indigno indignaeve sublatum fisco vindicari sancimus etc. — D. ht., l. 2. §. 1. l. 3. — de legat. I., l. ult. — Wegen blutschänderischer Ehe, oben §. 6. c.)

2) C. eod..... exceptis tam faeminis quam viris, qui aut errore acerrimo non affectato insimulatove neque ex vili causa decepti sunt, aut aetatis lubrico lapsi etc. Oben §. 6. Note 16. Aber wesentlich C. eod..... quos tamen ita demum

legis nostrae laqueis eximi placuit, si, aut errore comperto aut ubi ad legitimos pervenerint annos, *conjunctionem* hujusmodi sine ulla procrastinatione *diremerint*.

3) D. ht., l. 14. Ob diese Bestimmung nicht vielmehr allgemeiner genommen werden sollte? D. de test. milit., XXIX. 1. l. 41. §. 1. Mulier, in qua turpis suspicio cadere potest, *nec* ex testamento militis aliquid capere potest etc.

4) Ausdrücklich C. ht., l. 4... quia tamen testatrix voluntatem suam non mereri unum ex heredibus suis declaravit merito ejus portio non jure ad alium translata fisco vindicata est. Stillschweigend, D. ht., l. 12. Cum quidam scripsisset heredes, quos instituere non potuerat, quamvis institutio non valeret, neque superius testamentum ruptum esset, heredibus tamen ut indignis, qui non habuerunt supremam voluntatem, abstulit jam pridem Senatus hereditatem. quod D. Marcus in ejus persona judicavit, cujus nomen peracto testamento testator induxerat etc. Zu vergl. D. de his qu. in test. del., XXIIX. 4. l. 3. — ht., l. 16. §. 2. und oben §. 33. Indessen D. de adim. v. transf. leg., XXXIV. 4. l. 22.

5) D. de jure fisc., XLIX. 14. l. 46. pr. — C. de hered. inst., VI. 24. l. 4.

6) Ueber den Begriff des fideicommissum tacitum, D. de jur. fisci., XLIX. 14. l. 3. pr. Non intelligitur fraudem legi fecisse, qui rogatus est palam restituere.... et fere eo jam decursum, ut fraus legi fieri videatur, quotiens quis neque testamento neque codicillis rogaretur, sed domestica cautione et chirographo obligaret se ad praestandum ei, qui capere non potest etc. §. 1. 2. Quando autem fraus interposita videatur, agendum est, id est, utrum exitus spectari deberet an consilium? forte si tunc, cum tacite fideicommittebatur, non capiebat is, cui restitui jubebatur, mortis vero tempore capere poterat vel contra? et placuit, exitum esse spectandum. — Zu vergl. besonders D. eod., l. 40. — ht., l. 10. pr.

§. 1. — Indessen doch nur D. ht., l. 11.... sed si major modus institutionis quam fraudis fuerit ... de superfluo quarta retinebitur. —

§. 143.

Andere Personen verdrängen die Berufenen, welche sich gegen den Erblasser:

A.) bei dessen Lebzeiten vergangen haben dadurch, daß sie ihn als furiosus vernachlässigten [1]), oder aus der Gefangenschaft nicht befreieten [2]), daß sie unterließen, Vormünder für ihn zu erbitten [3]), oder sich als Geschwister Lebensnachstellungen erlaubten, peinlich anklagten [4]), oder einen Vermögensnachtheil anstrebten [5]).

1) Nehmlich Troz einer Aufforderung von Seiten eines andern, Nov. CXV. c. 3. §. 12., und an ihre Stelle tritt gerade dieser andere, wenn er den furiosus *ἐν τῳ αὐτου οἰκῳ.. ὑποδεξαμενος δαπανημασιν οἰκειοις ἀχρι της τελευτης αὐτου φροντισας δειχθειη.* Mehre sich von selbst aufdringende Fragen hat hier Justinian unbeantwortet gelassen, z. B. wenn der Auffordernde den furiosus nicht aufnahm, bleibt die Vernachlässigung ungeahndet? Wenn die Aufgeforderten bei Lebzeiten des furiosus hinwegfielen, und nun zu dessen Todeszeit andere, die zur Versorgung nicht aufgefordert waren, als nächste Erben gerufen sind, müssen auch diese zurückstehen? Wenn Einzelne der Aufgeforderten sich des furiosus annahmen, werden die Vernachlässigenden auch gegen diese zurückgesezt? u. a. Fragen mehr. Ich meine indessen, die Antwort sollte einfach die seyn, daß wir uns streng an der Anordnung halten, und dieselbe, theils weil sie eine nachtheilige ist, theils weil die mens des Gesezes

zu keinem sichern Ergebniß führt, auf keine Weise ausdehnen.

2) Wo die Nachlässigen zu Gunsten der Nichtnachlässigen, und wenn alle möglicher Weise berufenen Erben nachlässig waren, auch alle zu Gunsten der Kirche des Geburtsorts ausgeschlossen werden, Nov. CXV. c. 3. §. 13., vorausgesezt jedoch, daß sie 18 Jahre alt sind, Nov. cit. Wesentlich übrigens „κἀκεινος εἰδως ἑαυτον ὑπ ἐκεινου γεγραφθαι κληρονομον κ. τ. λ."

3) C. de legit. hered., VI. 58. l. 10. Sciant, qui ad successionem vocantur pupilli mortui, si defuncto ejus patre tutorem ei secundum legem non petierint intra annum, omnem eis sive ab intestato sive jure substitutionis, successionem ejus, si impubes moritur, denegandam esse.

4) Ob bei uns eine Denunciation dieselbe Wirkung habe? Man sollte glauben dürfen, daß die Frage zu bejahen sey.

5) Nov. XXII. c. 47.

§. 144.

Endlich müssen gegen andere Personen zurückstehen B.) alle, welche sich von einer leztwillig übertragenen Vormundschaft entschuldigten [1], das Begräbniß des Erblassers versäumten [2], oder leztwillig gemachte Auflagen über die Gebühr verzögerten [3].

1) D. de legat. I., l. 111. Etiam si partis bonorum se excusaverit tutor.... totum quod testamento datum est, ei auferetur etc. und zwar D. de excus., XXVII. 1. l. 32.... qui non jure datus sit vel tutor vel curator a patre, confirmatus a praetore, excusationis beneficio uti maluit, repellendus est... idem in matris testamento dicendum est. similis est matri quivis

extraneus, qui pupillum heredem instituit eique et in tutore dando prospicere voluit etc. Aber D. h. l. Non semper tamen existimo, eum qui onus tutelae recusavit, repellendum a legato, sed ita demum, si legatum ei ideo adscriptum appareat, quod eidem tutelam filiorum injunxit, non quod alioquin daturus esset, etiam sine tutela etc. — ht., l. 5. §. 2. Sed hoc legatum, quod tutori denegatur, *non ad fiscum* transfertur, sed filio relinquitur cujus utilitates desertae sunt.

2) Sofern er um dessentwillen eingesezt ist, D. de relig., XI. 7. l. 12. §. 4.

3) Nehmlich Nov. I. c. 1. a) §. 1. *Εἰ δε τις μη πληρων το διατεταγμενον, ἀλλ᾽.... ἐκ ψηφου δικαστικης ὑπομνησθεις ἐνιαυτον ὁλον ἑλκυσει, μη πραττων τουτο ὁπερ προσεταχθη κ. τ. λ.* b) §. 1—4.

Druckfehler.

S. 78. Linie 9. statt §. 138. lies §. 141. ff.
— 194. L. 27/28. st. Kosler l. Rosler.
— — L. 3. v. U. st. Brukmer l. Brukner.
— 197. L. 20. st. Note 7. l. Note 8.
— 199. L. — st. §. 85. l. §. 84.
— 200. L. 6. st. §. 61. l. §. 62.
— — L. 8. v. U. st. §. l. §. 112.
— 202. L. 1–2. st. §. 71. l. §. 72.
— 203. L. — st. §. 84. l. §. 85.
— 204. L. 11. v. U. st. zu entschieden l. unentschieden.
— 217. L. 19. st. die vorige Note l. Note 3.
— 230. L. 12. st. a) den durch G. eingef. Rechtssaz seinem l. den durch G. eingeführten Rechtssaz a) seinem.

FSC
www.fsc.org
MIX
Papier | Fördert gute Waldnutzung
FSC® C083411

Kolibri 360 GmbH
Ferdinand-Jühlke-Straße 7
99095 Erfurt, Deutschland
produktsicherheit@kolibri360.de